D1723730

Bernd Biedermann & Siegfried Horst (Hrsg.)
Zur Geschichte der Fla-Raketentruppen
der Luftverteidigung der DDR

Bernd Biedermann & Siegfried Horst

Die Fla-Raketentruppen der Luftverteidigung der DDR

Geschichte und Geschichten

steffen✦verlag

Die Deutsche Nationalbibliothek verzeichnet diese Publikation
in der Deutschen Nationalbibliografie;
detaillierte bibliografische Daten sind im Internet über
http://dnb.d-nb.de abrufbar.

1. Auflage
© Steffen Verlag 2010
Steffen GmbH, Mühlenstraße 72, 17098 Friedland, Tel.: (039601) 274-0
www.steffen-verlag.de; info@steffen-verlag.de
Herstellung: Steffen GmbH, Friedland, www.steffendruck.com

Gestaltung und Satz: Atelier Lautenschläger
www.lautenschlaeger-grafik.de

ISBN 978-3-940101-87-7

Inhaltsverzeichnis

Zur Geschichte der Fla-Raketentruppen der Luftverteidigung der DDR

Geschichten aus dem Leben
der Fla-Raketentruppen

Vorwort

Im Jahr 1958 wurde zur weiteren Vervollkommnung des Systems der Luftverteidigung der DDR, das bis dahin aus Jagdfliegerkräften und Truppen der Flakartillerie bestand, mit der Aufstellung von Fla-Raketentruppen der Lufttreitkräfte/Luftverteidigung der Nationalen Volksarmee begonnen. Das entsprach sowohl den gewachsenen Anforderungen an die Luftverteidigung, die sich aus der ständigen Vervollkommnung der technischen und flugtaktischen Gefechtseigenschaften der Luftangriffsmittel ergaben, als auch der damaligen militärpolitischen Lage in  Europa. In einer unter den damaligen Bedingungen vergleichsweise kurzen Zeit wurden dazu die notwendigen Baumaßnahmen für Feuerstellungen und Kasernen geplant und realisiert, sodass sie bereits 1960 durch die ersten neu aufgestellten Einheiten bezogen werden konnten.

Moderne Fla-Raketenkomplexe importierten wir aus der Sowjetunion und nahmen sie in pioniermäßig ausgebauten Stellungen in Betrieb. Die Ausbildung am neuen Waffensystem erfolgte an Lehreinrichtungen der Sowjetarmee und der NVA. Dabei stellte die Aneignung von Kenntnissen und Fähigkeiten zur Beherrschung der neuen Technik hohe Ansprüche an die Armeeangehörigen.

Erstmalig 1960, und dann jeweils nach Aufstellung und Ausbildung weiterer Truppenteile, erfolgten auf einem Fla-Raketenschießplatz in der Sowjetunion Überprüfungen der Geschlossenheit der Gefechtsbesatzungen und -bedienungen, einschließlich des realen Starts von Fla-Raketen. Mit den dabei nachgewiesenen Fähigkeiten der Einheiten und Truppenteile zur Führung von Gefechtshandlungen waren die Voraussetzungen für ihre Einbeziehung (Zulassung) in das System der ständigen Gefechtsbereitschaft und das Diensthabende System der Luftverteidigung gegeben.

Nach der Aufstellung der Truppenteile entstanden für die Armeeangehörigen der Fla-Raketentruppen neue Aufgaben durch die ständigen Modernisierungen zur Vervollkommnung der Gefechtseigenschaften der Fla-Raketentechnik, die Einführung neuer Waffen- und automatisierter Führungssysteme sowie durch die Umstrukturierung der Regimenter in Fla-Raketenbrigaden. Jährlich mussten sich die Regimenter und Brigaden der Überprüfung ihrer Fähigkeiten zur Führung von Gefechtshandlungen mit realem Start von Fla-Raketen bei steigendem Schwierigkeitsgrad der Luftlage auf dem Fla-Raketenschießplatz der Sowjetarmee stellen. Diese Entwicklung war für die

Armeeangehörigen der Fla-Raketentruppen mit vielen Erfolgen, aber auch schwierigen und anspruchsvollen Situationen verbunden. Möglich wurde sie, weil sie in Einheiten, Truppenteilen, taktischen Verbänden, Lehreinrichtungen und Führungsstäben verantwortungsvoll und engagiert ihre Aufgaben erfüllten. Dazu gehörte auch das Verständnis und die Unterstützung durch die Familien, da die Teilnahme am Gefechtsschießen in der Sowjetunion, den Feldlagern und anderen Ausbildungsmaßnahmen sowie der Dienst im Diensthabenden System immer wieder mit zeitweiligen Trennungen von der Familie verbunden war.

Als einer von den Armeeangehörigen, der von Anfang an in unterschiedlichen Aufgabengebieten und Funktionen bei der Aufstellung der Waffengattung und ihrer weiteren Vervollkommnung beteiligt war, freue ich mich, dass mit diesem Buch die Geschichte der Fla-Raketentruppen und viele Geschichten von ihnen veröffentlicht werden. So können die, die selbst dabei waren, sich beim Lesen an ihre Dienstzeit erinnern, und die, die nach uns kommen, erfahren, was wir erlebt und wie wir es empfunden haben.

Dafür gebührt den Herausgebern, Oberst a. D. Bernd Biedermann und Oberst a. D. Siegfried Horst, sowie den zahlreichen Autoren, die mit ihren Beiträgen ein lebendiges Bild vom Dienst bei den Fla-Raketentruppen gezeichnet haben, mein persönlicher Dank.

Ich wünsche dem Buch möglichst viele Leser in Ost und in West.

Kurt Kronig
Generalmajor a. D.

Zur Geschichte der Fla-Raketentruppen der Luftverteidigung der DDR

Bernd Biedermann
Die Fla-Raketentruppen – eine neue Waffengattung der NVA

Schon einen Monat bevor auf der Grundlage eines Planes der Leitung des Ministeriums für Nationale Verteidigung vom 3. Oktober 1958 mit der Aufstellung von Fla-Raketentruppen (FRT) bei der Luftverteidigung begonnen wurde, fanden in Dessau erste Aussprachen mit Offizieren statt, die zur Ausbildung in die Sowjetunion delegiert werden sollten. Eile schien geboten.

Die Betroffenen erfuhren zunächst weder, wo die Ausbildung stattfinden sollte, noch wie lange sie dauern würde. Sie waren es gewohnt, keine unnötigen oder gar unangenehmen Fragen zu stellen.

Es waren insgesamt 30 Mann:

Beidokat, Valentin	Matz, Günter
Bäsig, Heinz	Meister, Peter
Ehlers, Peter	Merkel, Heinz
Einsiedel, Siegfried	Minkner, Karl
Fritsche, Siegfried	Meyer, Waldemar
Hofmann, Heinz	Nowak, Karl-Heinz
Holziger, Walter	Petzold, Alfred
Klamann, Günter	Resske, Rudi
Klengel, Günter	Schädlich, Roland
Kronig, Kurt	Schneider, Franz
Kubanek, Alfons	Seifert, Heinz
Lang, Manfred	Sende, Ludwig
Langanke, Hans	Szepanski, Georg
Lerche, Rudolf	Trabant, Alfred
Mansch, Horst	Trautsch, Heinz

Major Heinz Trautsch wurde zum Leiter der Gruppe bestimmt. Zusammen mit den anderen Teilnehmern hatte er sich im Oktober 1958 im Ministerium für Nationale Verteidigung zu melden, um in die bevorstehende Aufgabe eingewiesen zu werden und sofort mit einem Sprachkurs Russisch zu beginnen, der bis Januar 1959 stattfand.

Ende der 50er Jahre des vorigen Jahrhunderts hatte die Auseinandersetzung der beiden Militärblöcke an Schärfe zugenommen. Neben der Bedrohung, die sich aus der großen Anzahl moderner strategischer Bomber der USA ergab, wurden immer neue offensive Waffen, darunter überschallschnelle Strahlflugzeuge, die Kernwaffen tragen konnten, auf dem europäischen Kriegsschauplatz stationiert. Hoch

1959 Lehrgang in Ulan-Ude

und schnell fliegende Aufklärungsmaschinen drangen permanent in den Luftraum der sozialistischen Länder ein und betrieben dreist ihr Spionagehandwerk.
Mit den Mitteln der Flak-Artillerie war es nicht mehr möglich, Ziele dieser Art wirksam zu bekämpfen.

Die Einführung und Indienststellung von Fla-Raketenkomplexen (FRK) in die Bewaffnung der Luftverteidigung war deshalb eine Konsequenz, die sich aus dieser Entwicklung ergab. Eine neue Waffengattung musste quasi aus dem Boden gestampft werden. Der Plan des Verteidigungsministeriums sah vor, im Zeitraum von 1959 bis 1963 insgesamt fünf Fla-Raketenregimenter (FRR) mit jeweils vier 4 Fla-Raketenabteilungen (FRA) und je einer Technischen Abteilung (TA) aufzubauen.

Zusammen mit den Kräften der Luftverteidigung der Gruppe der Sowjetischen Streitkräfte in Deutschland, der Truppenluftabwehr der Landstreitkräfte und der Marineluftabwehr sollten sie den Schutz gewährleisten für den Objektraum der Hauptstadt der DDR Berlin, den Raum Neubrandenburg – Pasewalk – Prenzlau, die Küstenrichtung im Abschnitt Stralsund 17 – Rostock – Wismar, den Raum Schwerin – Pritzwalk – Parchim und den Raum Schwarze Pumpe. Diese Einteilung der Räume entsprach sowohl den Sicherheitsinteressen der DDR als auch dem

Anteil, den die Luftverteidigung der DDR im Rahmen der grundsätzlichen Aufgabenstellung der Truppen der Luftverteidigung des Warschauer Vertrages im „Einheitlichen System der Luftverteidigung der Länder des WV" zu erfüllen hatte.

Am 1. Februar 1959 begann für Major Trautsch und seine Gruppe die Reise. Damals fuhr man noch mit dem Zug. Zunächst vom Ostbahnhof Berlin zum Belorussischen Bahnhof in Moskau. Von Moskau ging es dann zusammen mit Waffenbrüdern der Tschechoslowakischen und Polnischen Volksarmee auf der Route der Transsibirischen Eisenbahn in den Fernen Osten, nach Ulan Ude, der Hauptstadt der Burjatischen Autonomen Sozialistischen Sowjetrepublik. Dort, nur hundert Kilometer vom Baikal entfernt, begann im kalten sibirischen Winter eine intensive Ausbildung an dem neuen Fla-Raketenkomplexen Dwina und den Fla-Raketen W-750. Das war für alle Teilnehmer eine harte Zeit. Sie sahen sich vor die nahezu unlösbare Aufgabe gestellt, in knapp fünf Monaten ein völlig neues, kompliziertes und komplexes Waffensystem nicht nur kennen zu lernen, sondern es auch bedienen und warten zu können. Da war schon mal der in Soldatenkreisen bekannte Spruch zu hören: „Der Tag hat 24 Stunden. Wenn die nicht reichen, nehmen Sie doch einfach die Nacht noch hinzu." Für die Mehrheit der Offiziere war im Prinzip alles neu: Die physikalischen Grundlagen, die technologischen Lösungen, die taktischen und technischen Eigenschaften und die Prinzipien des Gefechtseinsatzes. Nur einige wenige kannten die Kommandogeräte, in denen bereits analoge Schaltungen vorhanden waren. Die Dimensionen eines Fla-Raketenkomplexes waren entschieden größer und der kollektive Charakter seiner Bedienung war wesentlich stärker ausgeprägt als bei den bisherigen Mitteln der Luftverteidigung. Es kam buchstäblich auf jeden Einzelnen an, und ohne das Kollektiv vermochte der Einzelne nichts.

Mit der Einführung der für den Start und die Lenkung von Fla-Raketen erforderlichen Technik vollzog sich ein Quantensprung in der bodenständigen Luftverteidigung, wie es ihn lange nicht gegeben hatte. Von nun an würde die Aufgabe nicht mehr nur darin bestehen, den Luftgegner am gezielten Einsatz seiner Mittel zu hindern, sondern ihn zu treffen und zu vernichten.

Die Männer um Major Trautsch waren sich ihrer Verantwortung bewusst. Ihnen war klar, dass sie es sein würden, die zu Hause die zukünftigen Fla-Raketenspezialisten auszubilden hatten. Für jeden galt es, so viel wie möglich zu lernen und zu üben, um selbst ein guter Ausbilder zu werden. Das Beispiel ihrer sowjetischen Lehroffiziere spornte sie an. Deren Methodik, Geduld und auch ihre Konsequenz überzeugten sie stets aufs Neue.

Zum Abschluss des Lehrgangs in Ulan-Ude erfolgte die Verlegung zum Schießplatz der sowjetischen Fla-Raketentruppen bei Aschuluk nördlich von Astrachan. Die Entfernung dorthin betrug ca. 5000 km. Was unsere neuen Raketschiki betraf, so erkannten sie bald, dass sich ihre lange Reise dahin gelohnt hatte. Sie erlebten praktische Vorführungen am Waffensystem und nahmen an einem realen Gefechtsschießen teil. Wohl keiner von ihnen hat diese Eindrücke je vergessen. Allein der Start der Rakete, die bereits unmittelbar nach Verlassen der Rampe Überschallgeschwindigkeit erreicht, und deren Schub die Erde zum Beben bringt, prägt sich für immer ein. Geschossen hat man damals noch auf einen Winkelreflektor, der von einem Flugzeug abgeworfen wurde und am Fallschirm zu Boden ging. Ihn zu treffen war, wie sie später erfahren sollten, bei einem guten Ausbildungsstand der Bedienungen für eine Fla-Rakete wahrlich kein Problem. Aber das reale Schießen hat so oder so seine eigene Faszination. Wer es nicht erlebt hat, kann es nicht nachvollziehen.

Während die Gruppe um Major Trautsch in Ulan-Ude alles daran setzte, die neue Technik zu erlernen, blieb man zu Hause nicht untätig. Rechtzeitig erkannten die Verantwortlichen, dass die Aufgaben des Planes zum Aufbau der Fla-Raketentruppen mit den üblichen Normativen und Hierarchien innerhalb der gesetzten Fristen nicht zu lösen waren. Das betraf im Besonderen die Gesamtheit der Maßnahmen, die mit der kurzfristigen Aufstellung der ersten beiden Truppenteile, den späteren Fla-Raketenregimentern FRR-16 und 17, verbunden waren. Deshalb schuf man im April 1959 das „Erweiterte Sekretariat des Stellvertreters des Ministers und Chefs der LSK/LV". Es stand unter der Leitung von Major Barthel und war dem Chef LSK/LV direkt unterstellt. Wie sich anschließend zeigte, hatte die Führung der LSK/LV die Lage richtig beurteilt.

Außergewöhnliche Situationen erfordern außergewöhnliche Entscheidungen! Im Interesse einer vollständigen Autonomie und Durchsetzungsfähigkeit gegenüber anderen Organen und Bereichen der LSK/LV wurden Major Barthel Offiziere aller Fachgebiete und Dienste direkt unterstellt, die auf ihrem Fachgebiet entsprechende Befugnisse hatten.

Das betraf im Einzelnen: die politische Arbeit; den Bau von Kasernen, Stellungen und Wohnungen; die personelle Auffüllung (Kader); die Sicherheit und Geheimhaltung; die Ausbildung; den Bereich Technik; das Fernmeldewesen und den Chiffrierdienst; die rückwärtige Sicherstellung; die Ausbildung und das VS-Wesen.

Major Barthel und die ihm unterstellten Verantwortlichen hatten das Recht, wenn sie es für nötig hielten, den sonst üblichen Dienstweg zu umgehen und direkt mit den Chefs und Leitern des MfNV zu sprechen, um ihre Anliegen vorzutragen und durchzusetzen.

Mit dem Baupionierbataillon 14 erhielt das „Erweiterte Sekretariat" die entscheidenden Kräfte und Mittel für den pioniertechnischen Ausbau der Feuerstellungen der Abteilungen.

Nach dem Willen der militärischen Führung sollten alle Arbeiten sofort, gleichzeitig, vollständig und in bester Qualität ausgeführt werden. Das kam fast einer Quadratur des Kreises gleich und verlangte deshalb von allen Beteiligten einen hohen persönlichen Einsatz, volles Engagement und eine stabile Motivation, zumal die Bedingungen alles andere als einfach waren.

Angesichts der damaligen wirtschaftlichen Möglichkeiten der DDR, in der Baumaterial knapp war, dringend neue Wohnungen gebaut werden mussten und eine riesige Altbausubstanz zu reparieren und zu rekonstruieren war, hatten es die verantwortlichen Offiziere wahrlich nicht leicht. Sie mussten sich gegen Widerstände in den jeweiligen Territorien durchsetzen, wenn es um den rechtzeitigen Beginn und die planmäßige Ausführung der Bauarbeiten für die Kasernen und Wohnungen ging, die ausschließlich von örtlichen Betrieben auszuführen waren.

Für jeden Regimentsstab mit seinen Diensten und Einrichtungen sowie für die Technische Abteilung wurde ein Kasernenobjekt errichtet. Dazu gehörten ein Stabsgebäude, ein Küchen- und Wirtschaftstrakt, ein Kulturgebäude mit großem Saal und mehrere Unterkunftsgebäude. Hinzu kamen ein Technikpark mit Werkstatt, Garagen und Tankstelle. Ein Heizhaus versorgte das gesamte Objekt mit Warmwasser und Heizung.

Die zweigeschossigen Gebäude mit den Unterkünften waren großzügig und hell. Meistens standen sie inmitten von Bäumen, um sie neugierigen Blicken zu entziehen und die natürliche Tarnung auszunutzen. Hinzu kamen das gesonderte Objekt der Technischen Abteilung und der Gefechtsstand des Regiments, die außerhalb des Stabes lagen.

Für die Feuerabteilungen errichtet man die Kasernenobjekte in einer gewissen Entfernung von den Feuerstellungen (ca. 1 bis 1,5 km). Auch sie erhielten je ein Stabsgebäude, in dem auch der Med.-Punkt und einige Zimmer als Wohnheim eingerichtet waren. Ein Haus wurde für die Funktechnische Kompanie und den Nachrichtenzug und ein Haus für die Startbatterie gebaut. Auch sie waren zweigeschossig, wobei in der Regel ein Gebäude unterkellert war. Die Unterkünfte für die Soldaten und Unteroffiziere waren geräumig und hatten ordentliche sanitäre Einrichtungen.

Außerdem gehörten ein Küchengebäude mit Speiseräumen, ein großzügiger Kfz-Park mit Waschrampe und ein separates Heizhaus zu jeder Abteilung. Parallel zum Bau der Kasernenobjekte wurden in den Standorten, in denen kein freier Wohnraum verfügbar war, Wohnhäuser für die Berufssoldaten gebaut.

Eine sehr spezifische und verantwortungsvolle Aufgabe hatten die Offiziere zu erfüllen, die die Feuerstellungen und Kasernenobjekte für die Abteilungen auswählen mussten. Sie hatten bei allen Anforderungen, die an solche Objekte aus militärischen Gründen gestellt wurden, immer auch noch zwei andere wesentliche

Aspekte zu beachten. Das war einerseits der Charakter der Kulturlandschaft, die im Laufe von Jahrhunderten entstanden war und bewahrt werden musste, andererseits war es die Enge des Territoriums, die jede Entscheidung schwer machte. Es gab ja in der DDR nicht nur militärische Objekte der NVA. Die Sowjetarmee, die mit fünf Armeen in einer Stärke von mehr als 400.000 Mann bei uns stationiert war, hatte längst alle günstigen Standorte belegt. In den meisten Fällen fiel ihre Wahl auf bewaldete Flächen, was sich später als Nachteil für die Bekämpfung tief fliegender Ziele erweisen sollte.

Ausgehend von den festgelegten Räumen der Aufgabenstellung wurden für die Führungen und Stäbe der Fla-Raketenregimenter folgende Standorte und Termine festgelegt:

- FRR-16: Ladeburg bei Bernau, November 1960,
- FRR-17: Stallberg bei Pasewalk, Juni 1961,
- FRR-18: Sanitz bei Rostock, Dezember 1961,
- FRR-13: Parchim, Juni 1962,
- FRR-14: Straßgräbchen bei Kamenz, Juli 1963.

Die Feuerabteilungen des FRR-18 lagen bei den Ortschaften Abtshagen (1. FRA), Barth (2. FRA), Hinrichshagen (3. FRA) und Retschow (4. FRA), FRR-13: Warin (1. FRA), Tramm (2. FRA), Ziegendorf (3. FRA), Stefffenshagen (4. FRA), FRR-17: Altwarp (1. FRA), Eichhof (2. FRA), Burg Stargard (3. FRA), Weggun (4. FRA), FRR-16: Fürstenwalde (1. FRA) Prötzel 2. FRA), Klosterfelde (3. FRA), Kremmen (4. FRA), FRR-14: Groß Döbbern (1. FRA), Großräschen (2. FRA), Kroppen (3. FRA), Großröhrsdorf (4. FRA).

Die westlich unserer Standorte gelegenen Räume und Objekte wurden durch die Luftverteidigungskräfte der Gruppe der Sowjetischen Streitkräfte in Deutschland gedeckt. Zu beachten ist, dass die Umbenennung der Flak-Regimenter (FR) in Fla-Raketenregimenter (FRR) sowie der Flak-Abteilungen (FA) in Fla-Raketenabteilungen (FRA) sukzessive erfolgte. So wurde z. B. das FR-16 erst im Januar 1963 in FRR-16 umbenannt.

Während im Zuge der Formierung der FRT die einen noch damit befasst waren, Stellungsräume zu rekognoszieren, führten andere Gespräche mit ausgewählten Kandidaten für den Dienst bei der neuen Waffengattung. Dazu wurden vor allem in den Flak-Einheiten der Landstreitkräfte geeignete Unteroffiziere und Offiziere gesucht. Aber auch von den Luftstreitkräften, den Funktechnischen Truppen und anderen Waffengattungen – vorzugsweise der Artillerie – musste Personal abgegeben werden. Wenn sich die Betroffenen dann an ihren neuen Standorten oder in den Lehreinrichtungen einfanden, gaben sie zunächst das Bild einer bunten Truppe ab. Das änderte sich grundlegend als die Fla-Raketentruppen ab 1962 ihre eigene Uniform erhielten. Mit blauen Biesen und grauen Schulterstücken sahen sie von da an sehr schmuck aus.

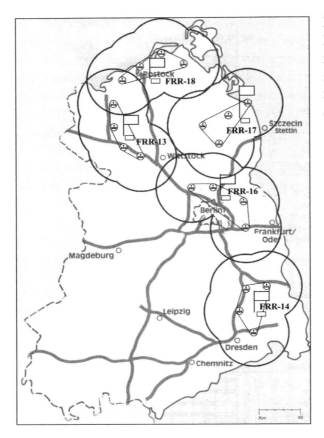

Die Karte zeigt die Dislozierung der FRT mit ihren Wirkungszonen wie sie im Laufe der Formierung und Stationierung bis 1964 entstanden ist.

Um den strengen Forderungen nach völliger Geheimhaltung besser zu entsprechen, hatte man sich dafür entschieden, die Ausbildung in der DDR nicht an bestehenden Lehreinrichtungen durchzuführen. Noch im ersten Halbjahr 1959 wurde deshalb für die theoretische und praktische Ausbildung an der Fla-Raketentechnik das Lehr- und Ausbildungsregiment 12 in der Dienststelle Pinnow bei Angermünde aufgestellt. Zugleich richtete man eine Instandsetzungs- und Versorgungsbasis mit Lager und Werkstatt dort ein. Von da an unterlag dieser Standort den höchsten Anforderungen an die Geheimhaltung. Lehroffiziere waren die in der Sowjetunion ausgebildeten Offiziere wie die Hauptleute Schneider und Kloss, die Oberleutnante Minkner, Merker und Trabant. Kommandeur war Major Trautsch.

Parallel zur Ausbildung in Pinnow liefen weitere Lehrgänge und Kurse in der UdSSR. Im Weiteren gab es neben Ulan-Ude auch noch Lehrgänge in Kalinin und Simferopol.

Am 14. September 1959 erhielt das LAR-12 den ersten Fla-Raketenkomplex der NVA überhaupt. Es war noch die 5-Kabinenvariante von SA-75 Dwina. Vier

Systeme waren im Kofferaufbau je eines Lkw Sil-157 untergebracht: die Leitkabine (U), die Kabine K mit den Systemen Koordinaten von Ziel und Rakete und Kommandoerarbeitung, die Kabine L mit dem Kommandosender und die Verteilerkabine der Stromerzeugung (R). Die Sende-Empfangskabine (P) mit den Antennen befand sich auf einer fahr- und drehbaren Lafette. Einen zweiten derartigen Komplex erhielt nur noch die Abteilung in Fürstenwalde.

Die Truppe erhielt dann im Weiteren eine modifizierte Variante mit zwei 8 m langen Kabinen als Hänger: Kabine UA (Leitkabine) und Kabine AA (mit den Systemen Koordinatenbestimmung, Kommandoerarbeitung und dem Kommandosender) sowie die Sende-Empfangskabine PA. Zur Stromversorgung dienten drei Dieselaggregate, von denen zwei durch die Verteilerkabine R parallel geschaltet werden konnten, um die Leistung zu verdoppeln.

Neben der Technik war eine umfangreiche Dokumentation zum Waffensystem in russischer Sprache übernommen worden. Sie zu übersetzen und im Vorschriftensystem der NVA herauszugeben war eine anspruchsvolle und umfangreiche Aufgabe, die eine große Verantwortlichkeit voraussetzte. Sie konnte nur von Offizieren erfüllt werden, die in der Sowjetunion oder in Pinnow ausgebildet waren. Fachdolmetscher standen ihnen zur Seite.

Das „Erweiterte Sekretariat", das am 1. Dezember 1959 in „Abteilung Luftschutz" umbenannt wurde, war ebenfalls dem Chef der LSK/LV unmittelbar unterstellt.

Die Ausbildung im LAR-12 in Pinnow begann im November 1959 mit den Angehörigen der 1. Flak-Abteilung des Flak-Regiments 16. Kommandeur war Major Wittig, Stabschef Hauptmann Mansch. Kommandeur der Technischen Abteilung war Hauptmann Zimmermann. Zeitlich gestaffelt erhielten die anderen Abteilungen einschließlich der Technischen Abteilung ihre Ausbildung bis zum 15. November 1960. Im gleichen Jahr wurden die Einheiten aufgestellt und formiert.

Anfang 1961 kamen erstmals Offiziersschüler des 3. Lehrjahres aus Geltow nach Pinnow, um dort zusammen mit Unteroffizieren aus der Truppe an der Fla-Raketentechnik ausgebildet zu werden. Lehrgangsleiter bzw. Kompaniechef war Unterleutnant Dieter Bertuch, der die meisten von ihnen bereits aus Geltow kannte. Das war definitiv die erste Offiziersschülerkompanie der Fla-Raketentruppe.
Die Einheiten der weiteren Regimenter (FR-17, -18, -13 und -14) wurden ebenso wie das FR-16 formiert und erhielten ihre Ausbildung in Pinnow.

Die Mehrzahl der jüngeren Offiziere (Zugführer, Stationsleiter, Obertechniker) hat nach ihrer Ernennung zum Offizier an der FAS Potsdam-Geltow ein einjähriges Praktikum in der Produktion absolviert und wurde danach zu den neuen Einheiten versetzt. Hinzu kamen Absolventen von Offiziersschulen anderer Waffengattungen oder aus der Truppe.

Sobald die Einheiten aufgestellt waren, bestand die Aufgabe in Pinnow und in den Standorten darin, möglichst rasch die Geschlossenheit der Besatzungen und Bedienungen beim Gefechtsdienst herzustellen, die Montage und Betankung von Raketen zu trainieren und die prophylaktischen Kontrollarbeiten an der Fla-Raketentechnik zu beherrschen. Die Angehörigen der Einheiten wurden mit viel Bereitschaft und Initiative den Anforderungen gerecht. Selbst in der Freizeit gab es zahlreiche Anstrengungen beim Studium und bei der Gestaltung einer guten Ausbildungsbasis. Zu den zusätzlichen Anforderungen gehörten freiwillige Arbeitseinsätze beim pioniertechnischen Ausbau benachbarter Feuerstellungen.

Allerdings kam es in dieser Phase der Formierung der Fla-Raketentruppen, insbesondere beim pioniermäßigen Ausbau der Stellungen, auch zu einer Reihe ernsthafter Probleme. Harte Arbeits- und Lebensbedingungen, Alkoholmissbrauch und mangelnde Disziplin bei den Pionieren führten dazu, dass Termine nicht eingehalten und verantwortliche Offiziere abgelöst wurden.

Die Termine, die der Minister in seinem Befehl 52/59 vom 30. November für die Herstellung der Einsatzbereitschaft des ersten Fla-Raketenregiments (das spätere FRR-16, erster Kommandeur Oberstleutnant Horst Gorlt) festgelegt hatte, waren wirklich sehr eng. Danach sollte die 1. Feuerabteilung bis 1. April, die 2. FA bis 15. Juni, die TA bis 1. Juli und die 3. und 4. FA bis 1. August 1960 einsatzbereit sein. Trotz größter Anstrengungen konnten diese Termine nicht gehalten werden. Dennoch wurde auf einer Beratung im Vereinten Kommando von sowjetischer Seite vorgeschlagen, die bis 1964 geplanten Lieferungen an Fla-Raketenkomplexen Dwina bereits 1961/62 vorzunehmen. Der Nationale Verteidigungsrat beschloss auf seiner Sitzung am 20. Januar 1961 die Änderung der bestätigten Aufstellungstermine für die 5 Fla-Raketenregimenter und zog den Abschluss auf Ende 1962 vor.

Doch verbleiben wir zunächst noch im Jahr 1960. Am 1. Mai war im Zentralteil der Sowjetunion in der Nähe der Industriestadt Swerdlowsk ein strategisches Aufklärungsflugzeug der CIA vom Typ U-2 mit Fla-Raketen abgeschossen worden. Dieses Ereignis hatte angesichts der vorausgegangenen Zuspitzung des Kalten Krieges (zweite Berlinkrise 1958) eine nachhaltige und vielfältige Wirkung. Schon mehrfach hatte die sowjetische Seite die USA aufgefordert, Spionageflüge über der UdSSR zu unterlassen, ohne dass die Amerikaner darauf reagierten.

Die U-2 mit dem Piloten Francis Gary Powers war in den Morgenstunden des 1. Mai 1960 in Peshawar (Pakistan) gestartet und flog mit 750 km/h in 21.000 m Höhe in den Luftraum der Sowjetunion ein. Sie war allerdings bereits vorher von den Funktechnischen Truppen der sowjetischen Luftverteidigung geortet worden und wurde sicher verfolgt. Ihr Kurs führte weiter in Richtung Nord. Die Landung war im norwegischen Bodø geplant. Man hatte Powers versichert, dass die Russen nicht in der Lage seien, gegen ihn zu handeln, weil er zu hoch fliege und kaum geortet werden könne.

Was weder Powers noch seine Auftraggeber wussten, war a) die Tatsache, dass die sowjetischen Fla-Raketen bis in 27 km Höhe handeln konnten und b) der sowjetische Partei- und Regierungschef Chruschtschow im April die Weisung gegeben hatte, weitere Spionageflüge mit allen Mitteln zu unterbinden. Folgerichtig wurde ungeachtet des Feiertages die Bereitschaftsstufe 1 für alle Einheiten und Truppenteile der Jagdfliegerkräfte und der Fla-Raketentruppen ausgelöst.

Auf dem ersten Abschnitt von Powers Flugroute waren keine Fla-Raketeneinheiten disloziert. Deshalb konnten zunächst nur Jagdflugzeuge eingesetzt werden. Die zur Verfügung stehenden MiG hatten jedoch eine zu geringe Dienstgipfelhöhe. Sie kamen nicht in Schussposition. Im Zuge ihrer Versuche, die U-2 dennoch anzugreifen, soll es durch das Feuer einer Fla-Raketenabteilung, in deren Wirkungsbereich die U-2 inzwischen eingeflogen war, und die den Befehl zur Bekämpfung erhalten hatte, zum Abschuss eines eigenen Flugzeugs gekommen sein. Die Abteilung, die danach die U-2 erfolgreich bekämpfte, hatte Kontrollarbeiten abbrechen müssen und war gerade noch rechtzeitig feuerbereit geworden. Als sie die Rakete startete, war die U-2 fast schon vorbei geflogen, d. h. der Anflug ging bereits in den Abflug über. Dadurch näherte sich die Fla-Rakete auf ihrem letzten Flugabschnitt von hinten. Der Funkzünder sprach dennoch an, das Gefechtsteil detonierte und die Splitter beschädigten das Triebwerk so stark, dass es sofort ausfiel. Powers, der zunächst von einem Defekt ausging, versuchte, das Triebwerk wieder anzulassen. Als ihm das nicht gelang, stieg er aus der Maschine aus und landete am Fallschirm unverletzt auf einem Feld.

Die USA behaupteten zunächst, sie würden kein Flugzeug vermissen. Einige Tage später konnten sie den Auftritt ihres Piloten auf einer Fernseh-Pressekonferenz in Moskau verfolgen. Chruschtschow sagte danach ein geplantes Gipfeltreffen mit dem US-Präsidenten Eisenhower in Paris ab.

Damit hatten die Fla-Raketentruppen erstmals Geschichte geschrieben. Auch wenn man heute die Dinge anders beurteilen mag, dieses Ereignis beflügelte damals alle, die am Aufbau unserer Waffengattung beteiligt waren. Es war ein gutes Gefühl, einer Truppe anzugehören, die in der Lage war, ungebetenen Gästen den Zutritt zum eigenen Haus zu verwehren, auch wenn sie es in großen Höhen versuchten.

Dieses Gefühl hatten auch die Angehörigen der 1. FA des FR-16, die sich in den Monaten Juli und August 1960 unmittelbar auf das 1. Gefechtsschießen in der Sowjetunion vorbereiteten. Dazu fand in der Feuerstellung Markgrafpieske noch eine zusätzliche Intensivausbildung mit Unterstützung von Offizieren des LAR-12 als Ausbilder statt. Für die Ausbildung der Gefechtsbesatzungen in der Raketenleitstation reichte es nicht, wenn sie nur mit der Imitationsapparatur trainieren konnten. Sie mussten auch das Auffassen und Begleiten realer Ziele üben. Deshalb wurden vom Chef LSK/LV spezielle Flüge mit Jagdflugzeugen zur Zieldarstellung befohlen. Dabei waren eine Reihe von Forderungen der Geheimhaltung zu beachten (Minimierung der Abstrahlungsdauer, Auswahl unregelmäßiger Zeiten der Arbeit mit Sender auf Antenne, keine direkte Abstrahlung in Richtung Westberlin bzw. in die Luftkorridore u.a.). Damit wurde zwar der funktechnischen Aufklärung des potenziellen Gegners die Arbeit erschwert, aber zugleich reduzierten sich die Trainingszeiten mit realen Zielen.

Im September 1960 fuhren die Angehörigen des FR-16 im Bestand des Gefechtsstands, der 1. FA und der TA ohne ihre Technik mit der Eisenbahn zum Gefechtsschießen nach Aschuluk. Als erste Vertreter der neuen Waffengattung der noch jungen NVA stellten sie sich dort auf dem Polygon den Überprüfungen zum Ausbildungsstand durch die Spezialisten der Sowjetarmee. Das Schießen selbst erfolgte mit einer Rakete auf einen Winkelreflektor. Im Ergebnis aller Überprüfungen und des Schießens erhielt das FR-16 die Bewertung „Bereit zur Führung von Gefechtshandlungen". Das war zwar keine Note an sich, aber es war ein Prädikat, auf das man angesichts der Kürze der Zeit und der noch fehlenden Erfahrung stolz sein konnte.

Die beteiligten Armeeangehörigen hatten damit ihre Aufgabe erfüllt. Die Mehrzahl der teilnehmenden Offiziere nahm später verantwortungsvolle Dienststellungen als Kommandeure oder Leiter bei den FRT oder in anderen Bereichen der LSK/LV ein.

Die bei der Vorbereitung und Durchführung dieses ersten Gefechtsschießens gewonnenen Erfahrungen hatten große Bedeutung für die weitere Aufstellung und Ausbildung der Truppenteile und Einheiten unserer Waffengattung. Zusammen mit der moralischen Wirkung eines erfolgreichen Schießens spielten sie eine bedeutsame Rolle bei der weiteren Entwicklung der Fla-Raketentruppen der DDR.

Mit Wirkung vom 1. Dezember 1961 wurden zwei Luftverteidigungsdivisionen (LVD) gebildet, zu deren Bestand die Jagdfliegergeschwader mit ihren Funktechnischen Bataillonen (FuTB), die neu aufgestellten bzw. aufzustellenden Fla-Raketenregimenter und die Funktechnischen Regimenter (FuTR) gehörten.

Zum Bestand der 1. LVD mit Stab in Cottbus gehörten zunächst:
die JG-1, -3 und -8, das FRR-16 und das FuTR-4. Die 3. LVD mit Stab in Trollenhagen/Neubrandenburg erhielt die JG-2 und -9, das FRR-17 und später das FRR-18, sowie das FuTR-2.

Im gleichen Monat wurde anstelle der Abteilung Luftschutz ein neues Führungsorgan im Kommando LSK/LV für die Fla-Raketentruppen aufgebaut.

Mit der Bezeichnung „Stellvertreter des Chefs der LSK/LV für Flakartillerie" wurde Oberstleutnant Barthel in diese Funktion eingesetzt. Sie wurde später in „Stellvertreter des Chefs der LSK/LV für Fla-Raketentruppen" geändert.

Die Hauptaufgaben des Bereichs waren die Gefechtsausbildung und die ingenieurtechnische Sicherstellung durch den Fla-Raketen-Ingenieurdienst (FRID). Die Flak-Regimenter der 1. Flak-Division wurden aufgelöst. Aus den vorgezogenen Aufstellungsterminen für die Fla-Raketenregimenter ergab sich zwangsläufig, dass 1961 zu einem entscheidenden Jahr beim Aufbau der FRT wurde.

Im März erfolgte in Pinnow die offizielle Gründung des FRR-17 (Kommandeur Hauptmann Gericke). Gleichzeitig begann die Ausbildung des FRR-18, die im November 1961 abgeschlossen war (Kommandeur Major Otto Hering).

Die Forcierung der Bauarbeiten zur Aufnahme der Technik und zur Unterbringung des Personals standen unverändert im Vordergrund. So wurden zum Beispiel die Offiziersschüler der Flak-Artillerieschule (FAS) Geltow, die am 1. Mai in Berlin an der Ehrenparade teilgenommen hatten, zwei Tage danach nach Sanitz verlegt, um dort am Bau der Anlagen für die Technische Abteilung des FRR-18 teilzunehmen. Sie wohnten in einem Zeltlager, das unmittelbar neben der Baustelle aufgebaut war, verrichteten ohne technische Geräte nur mit Schaufeln und Schubkarren die Aushubarbeiten für die unterirdischen Tanks der Treibstoffkomponenten und waren dabei den ununterbrochenen Angriffen von Myriaden von Mücken ausgesetzt. Sie blieben über einen Monat in Sanitz und arbeiteten sehr hart, bis die Arbeiten wieder im Plan lagen. Das FRR-17 verlegte Anfang Juli 1961 mit seinem Stab, dem Gefechtsstand und dem Versorgungsbereich nach Stallberg. Die Feuerabteilungen konnten noch im gleichen Jahr ihre Feuerstellungen beziehen.

Es war im wahrsten Sinne des Wortes ein heißer Sommer 1961. In den Wochen und Monaten davor hatte sich die Lage in Berlin, zwischen der DDR und der BRD sowie zwischen den Blöcken wesentlich verschärft. Die Zahl der Flüchtlinge von Ost nach West erhöhte sich dramatisch. Es war eine Situation entstanden, die einer Ausblutung der DDR gleichkam und die die strategischen Interessen der Sowjetunion und ihrer Verbündeten direkt berührte. Es war klar, dass etwas geschehen musste, um diese Entwicklung zu stoppen. In einer organisatorisch bis ins Detail vorbereiteten und völlig geheim gehaltenen militärischen Aktion wurden in den Morgenstunden des 13. August 1961 die Grenzen in und um Berlin geschlossen.

Die gesamte NVA wurde in Erhöhte Gefechtsbereitschaft versetzt, natürlich auch die FRT. Ihre Angehörigen dachten wie wohl die meisten Soldaten: Endlich ist etwas passiert und hoffentlich passiert dabei nichts. Es gab durchaus Befürchtungen, die NATO könnte auf die Grenzschließung militärisch reagieren. Wie sich bald zeigen sollte, verlief alles ruhig. Die westlichen Alliierten hatten die Schließung der Grenzen billigend in Kauf genommen. Sie war ihnen offensichtlich lieber als ein Krieg in Europa. Nach fünf Wochen kehrte wieder Normalität in der Armee ein.

Ab 1. November 1961 befanden sich jeweils 50 Prozent der Feuerabteilungen mit einer 6- bzw. 11-Minuten-Bereitschaft im Diensthabenden System (DHS). Im LAR-12 lief inzwischen die Ausbildung weiter auf Hochtouren. In Halbjahres-lehrgängen wurden Offiziere, Unteroffiziere und Unteroffiziersschüler an allen Systemen der Raketenleitstation, an den Startrampen, den Raketen und der Strom-versorgungsanlage ausgebildet. Die Ausbildung der Planzeichner erfolgte ebenfalls in Pinnow. Die Lehrklassen waren so zusammengesetzt, wie später die Einheiten vorgesehen waren. Es gab dabei auch einige Unterrichtseinheiten, an denen von der Abteilungsleitung bis zum Aggregatewart alle Angehörigen der Abteilung teil-nahmen. Da zur Ausbildung unmittelbar an der Technik nur ein Komplex zur Verfügung stand, fand die Ausbildung im Schichtbetrieb statt. Es gab zwei Schichten. Die Tagschicht endete um 16:00 Uhr und übergab den Komplex an die zweite Schicht, die dann bis Mitternacht an der Technik arbeitete. Nach je einer Woche wurde gewechselt.

Zur Überraschung der internationalen Öffentlichkeit und auch der DDR-Bürger wurden bei der Ehrenparade am 1. Mai 1962 erstmals Fla-Raketen der Nationalen Volksarmee gezeigt. Unter Führung seines neuen Kommandeurs, Hauptmann Heinz Naumann, paradierte das FRR-16 mit 14 Fla-Raketen vom Typ W-750 auf Transportladefahrzeugen vorbei an der Tribüne und hunderttausend begeisterten Zuschauern. Die Fla-Raketen stellten ohne Zweifel den Höhepunkt dieser Parade dar. Nach den FRR-16, -17 und -18 hatte im Januar 1962 die Ausbildung des FRR-13 in Pinnow begonnen. Daran nahm auch die erste Hälfte der Offiziersschüler des 3. Lehrjahres der FAS Geltow teil, die nach Pinnow versetzt worden waren. Nach bestandener Prüfung wurden sie am 1. Juli 1962 zum Offizier ernannt. Die zweite Hälfte der Offiziersschüler aus Geltow absolvierte das LAR-12 bis Ende des Jahres. Da Anfang 1962 die Wehrpflicht in der DDR eingeführt worden war, konnten von nun an bestimmte Probleme der personellen Sicherstellung der Streitkräfte besser gelöst werden. Die Möglichkeiten der Einberufung entsprechend qualifizierter junger Männer für den Grundwehrdienst in den FRT wirkte sich positiv auf das Niveau der Ausbildung und der Gefechtsbereitschaft aus.

Was sich nach dem 13. August 1961 niemand vorstellen konnte, trat im Herbst 1962 ein. Die Kubakrise brachte die Welt an den Rand eines Atomkrieges. Das

Foto einer Fla-Raketenstellung auf Kuba, aufgenommen von einer U-2, führte zu einer intensiven weiteren Luftaufklärung durch die USA. Dabei wurde entdeckt, dass die Sowjetunion im Begriff war, Mittelstreckenraketen auf Kuba in Stellung zu bringen. Der Plan Chruschtschows, die Stationierung geheim zu halten, war gescheitert. In der Folge verhängten die USA am 22. Oktober 1962 eine Luft- und Seeblockade gegen Kuba, die am nächsten Tag in Kraft trat.

Die Lage verschärfte sich so, dass die reale Gefahr einer Invasion Kubas bzw. eines Luftangriffs durch die USA bestand. Die Streitkräfte des Warschauer Vertrages wurden in Erhöhte Gefechtsbereitschaft versetzt. Das betraf natürlich auch die FRT der NVA und bedeutete konkret: Alle Truppen verblieben im Objekt, Truppenvorräte wurden verladen, Ausbildung erfolgte nur in den Kasernen und Stellungen, Ausgangs- und Urlaubssperre und Aussetzen der anstehenden Entlassungen. Mit diesem Regime war es ohne weiteres möglich, die Arbeiten und die Ausbildung in den Einheiten und Stäben der FRT uneingeschränkt durchzuführen.

Als am 27. Oktober 1962 ein Aufklärer vom Typ U-2 beim Flug über Kuba von einer Fla-Rakete abgeschossen wurde, stand die Welt so nah wie nie seit 1945 am Rande eines neuen Weltkrieges und wie seither auch nicht wieder. Wie sich später zeigen sollte, hatte der Chef der sowjetischen Luftverteidigung auf Kuba eindeutig gegen die Weisung verstoßen, Fla-Raketen nur bei einem Angriff auf die Insel einzusetzen. Wie schon am 1. Mai 1960, so spielten auch im Oktober 1962 die Fla-Raketen eine bedeutsame politische Rolle. Zum Glück erwiesen sich Kennedy und Chruschtschow, bei allen Unterschieden ihrer Charaktere und Anschauungen, als rationell denkende und handelnde Politiker. Sie bewiesen angesichts des möglichen Infernos höchstes Verantwortungsgefühl, indem sie einen Kompromiss fanden, der die unmittelbare Gefahr eines Krieges bannte, und es jeder Seite erlaubte, das Gesicht zu wahren. Die Russen zogen die Mittelstreckenraketen vollständig ab, die Amerikaner gaben die Garantie, niemals eine Aggression gegen Kuba zu führen und zu einem späteren Zeitpunkt ihre Raketen aus der Türkei abzuziehen. Hier hatten sie allerdings das Zugeständnis erwirkt, dass der Abzug nicht öffentlich bekannt gegeben wird, um ihre Verbündeten nicht zu verunsichern. Die Erhöhte Gefechtsbereitschaft endete am 22. November 1962, die zurückgestellten Entlassungen erfolgten am 26. November

Das FRR-13, das am 07. Oktober 1962 offiziell aufgestellt wurde, erhielt im Dezember 1962 seine Technik. Erster Kommandeur war Hauptmann Peter Prottengeier. Schon am 1. März 1963, noch vor dem ersten Gefechtsschießen, wurde es in das DHS übernommen. Damit waren die ersten vier Fla-Raketenregimenter voll ausgerüstet und einsatzbereit. Entsprechend einer Neuorganisation des Diensthabenden Systems vom 15.03.1963 befand sich von jedem Regiment bei Tag und Nacht je eine FRA im DHS. Hinzu kamen 10 Jagdflugzeuge und 19 Funktechnische Kompanien.

Das FRR-14 wurde im Juli 63 aufgestellt und ging im September ins DHS. Erster Kommandeur war Major Bruno Ringelhan.

Mit der vollständigen Eingliederung der Fla-Raketentruppen in das Gemeinsame Luftverteidigungssystem und das DHS des Warschauer Vertrages war 1963 die erste Etappe der Formierung und Stationierung dieser Waffengattung in der NVA abgeschlossen. In den ersten Jahren waren die Bedingungen im DHS für die Besatzungen der Raketenleitstationen, der Startrampen, der Rundblickstationen und der Gefechtsstände nicht leicht. Der humanitäre Anspruch unserer Gesellschaft wurde im Interesse der Gefechtsbereitschaft über eine lange Zeit unzulässig vernachlässigt. Denen, die es ertragen haben, ist es zu danken, dass innerhalb weniger Jahre eine neue Waffengattung entstehen konnte, die zur Hauptfeuerkraft der Luftverteidigung wurde und im Rahmen des Bündnisses volle Anerkennung fand.

Stellvertretend für alle, die vor allem zu Beginn verdienstvoll am Aufbau unserer Fla-Raketentruppen mitgewirkt haben, seien hier einige Namen genannt, die zu den Gründerväter unserer Waffengattung in der NVA zählen:

Manfred Barthel, Rudi Bräutigam, Horst Gorlt, Karl-Heinz Hacker, Otto Hering, Heinz Naumann, Peter Prottengeier, Gerhard Raspe, Bruno Ringelhan, Heinz Trautsch, Karl Weißleder und Günter Zipfel.

Sie waren, auch wenn sie es damals, Anfang der 60er Jahre, nicht so empfunden haben, Pioniere unserer Fla-Raketentruppen.

In den Folgejahren kamen weitere verdienstvolle Offiziere hinzu, die sich sowohl in der Truppe als auch an Lehreinrichtungen und in den Stäben bewährten. Zu ihnen zählen auch die Teilnehmer des 2. Ausbildungskurses in Ulan-Ude, der von Januar bis September 1962 stattfand:

Heinz Kresse, Ullrich Grell, Karl Dick, Peter Kretzschmar, Heinrich Rohmund, Gerhard Kuhlbarsch , Siegfried Beck, Walter Schwarze, Werner Mädler, Siegfried Schönfelder, Josef Wolny, Herbert Ranft, Peter Schwarz, Werner Baumgart, Wolfgang Metzler, Ronald Harkner, Edmund Waldner, Gerhard Giese, Eckhardt Baumunk, Gerhard Wirsching, Dieter Bertuch, Dieter Barkow, Günter Woinke, Rudi Krolopp, Helmut Just, Horst Jonzeck, Eginhard Krüger. Als Dolmetscher waren dabei: Heinz Schmidt, Karl-Heinz Kirpeit, Walter König, Helmut Schneider und Alfred Hoche.

Stellvertretend für die vielen, die sich in der Truppe, in Stäben und an Lehrein-richtungen Verdienste erwarben, seien hier weiter genannt:

Otto Kaine, Erich Artuschewski, Fritz Pedde, Günter Malow, Heinz Seidler, Kurt Engel, Kurt Warthemann, Horst Kulisch, Werner Eckert, Gerhard Gambke, Horst Lehmann, Siegfried Düring, Gerhard Spakowski, Peter Stefezius, Wilfried Schaarschmidt, Hans Ulrich Meynicke, Ludwig Hümer, Peter Szata, Rolf Hick-mann, Dieter Jäckel, Bernd Kirchhainer, Horst Treptau, Rolf Merkewitz, Wolfgang Kerner, Manfred Böhnsch, Ottomar Klare, Hans-Ferdinand Schäller, Roland Schädlich, Heinz Hagemann, Siegfried Horst, Lothar Herrmann, Hartmut Günther, Gerhard Sebastian, Heinz Wilde, Reinhold Schröter, Harald Lorenz, Wolfgang Prager, Lutz Kreuchauf, Werner Mahlke, Klaus-Dieter Henkel, Ottmar Springer, Hans Soßnowski, Horst Krone, Eberhard Zauch, Eberhard Walther, Heinz Dienst, Walther Kuhn, Peter Schimanski, Dieter Rucks, Dieter Rost, Peter Boer, Manfred Höhne, Rainer Blondzik, Peter Wittich, Dieter Ebert, Dieter Lorenz Gunter Gnilitza, Roland Thomas, Theo Bernsee, Klaus-Dieter Röller u. v. m. Wir schlie-ßen ausdrücklich alle ein, auch diejenigen, die hier nicht genannt wurden, und die doch dazu gehörten.

Der Mensch wird in seine Zeit gestellt, und die stellt ihre Anforderungen an ihn. In Zeiten gesellschaftlicher Umbrüche müssen bestimmte Aufgaben und Funktionen übernommen werden. Diejenigen, die dafür ausgewählt werden, haben in der Regel keine Wahl. Sie sind quasi verpflichtet, den Auftrag anzuneh-men und Erfolg zu haben. Genau dieser Verpflichtung haben sie sich gestellt. Damit sie nicht in Vergessenheit geraten, wurden sie hier genannt.

Bernd Biedermann, Siegfried Horst
Zur Entwicklung der Fla-Raketentruppen der Luftverteidigung der DDR (September 1958 bis Oktober 1990)

1. Juli 1952
Bildung der Volkspolizei-Luft.
Die Flakregimenter befinden sich noch im Bestand der Landstreitkräfte.

14. Dezember 1954
Der Chef der Kasernierten Volkspolizei, Generalleutnant Hoffmann, befiehlt die Umwandlung der KVP zur Kaderarmee.

10. Februar 1956

Im Befehl 1/56 des Ministers für Nationale Verteidigung werden die Bildung der Luftstreitkräfte mit 2 Fliegerdivisionen und einer Schlachtfliegerdivision mit 10.000 Mann und die Bildung der Luftverteidigung mit einer Fliegerdivision und einer Flakdivision mit 10.000 Mann festgelegt.

10. November 1956

Verlegung der Flakartillerieschule von Oranienburg nach Geltow, Aufnahme des Lehrbetriebs am 15.11.56

22. November 1956

Mit dem Befehl 113/56 des Ministers wird der Aufbau eines einheitlichen Führungsorgans für die Luftstreitkräfte und Luftverteidigung angewiesen. Chef der LSK/LV wird Generalmajor Keßler. Dem Stellvertreter Luftvereidigung, Oberst Bauer, sollen zukünftig 3 Flakdivisionen (je 2382 Mann, 78 Flak 100 mm, 42 Flak 57 mm) und die Flakartillerieschule unterstehen.

10. Dezember 1965

1. Flak-Division in Eggersdorf wird gebildet, FR-13 in Eggersdorf, FR-14 in Frankenberg.

15. Mai 1957

Neue Struktur LSK/LV, Stab 1. Flak-Division nach Frankenberg

31. Mai 1957

Aus den Verwaltungen der Luftstreitkräfte (LSK) und der Luftverteidigung (LV) wird unter der Führung des Stellvertreters des Ministers und ersten Chefs der LSK/LV, Generalmajor Heinz Keßler, das Kommando der LSK/LV gebildet.

September 1958

Es werden erste Aussprachen mit Offizieren geführt, die zur Ausbildung als Fla-Raketenspezialisten in die Sowjetunion gehen sollen.

3. Oktober 1958

Durch die Leitung des Verteidigungsministeriums wird der Plan zur Aufstellung von fünf Fla-Raketenregimentern in den Jahren 1961 bis 1964, jedes mit vier Fla-Raketenabteilungen und einer Technischen Abteilung, beschlossen. Das ist die Geburtsstunde der Fla-Raketentruppen der Luftverteidigung.

Februar – Juni 1959

Ausbildung der ersten Offiziere am Fla-Raketenkomplex SA-75 Dwina in Ulan-Ude

14. September 1959

Zuführung des ersten Fla-Raketenkomplexes nach Pinnow

1. Oktober 1959

Bildung des FR-16 (erstes FRR der NVA) in Pinnow

7. Oktober 1959

Abschuss einer amerikanischen RB-57 im Luftraum von Peking durch einen sowjetischen Fla-Raketenkomplex SA-75 Dwina. Der Abschuss wird aus Geheimhaltungsgründen nicht bekannt gegeben.

Juni 1959

Aufbau des Lehr- und Ausbildungszentrums in Pinnow

Herbst 1959

Das FR-16 erhält als erster Truppenteil der NVA die Fla-Raketenkomplexe Dwina.

30. November 1959

Befehl 52/59 des Ministers zur Herstellung der Einsatzbereitschaft des ersten Fla-Raketenregimentes

1. Mai 1960

Abschuss eines strategischen Aufklärungsflugzeuges der CIA vom Typ U-2, geflogen von Francis Gary Powers, durch sowjetische Fla-Raketen im Raum Swerdlowsk

September 1960

Erstes Gefechtsschießen der 1. Feuerabteilung des FR-16

1. November 1960

Oberstleutnant Manfred Barthel wird Stellvertreter des Chefs LSK/LV für Flak-Artillerie, später Fla-Raketentruppen.

November 1960

Einsatz der ersten FRA im Diensthabenden System der GSSD

1. Dezember 1960

Bildung der 1. und 3. Luftverteidigungsdivision

1. März 1961
Offizieller Gründungstag FR-17 und FR-18 noch in Pinnow

Anfang Juli 1961
FR-17 wird mit Stab, GS und Versorgung nach Stallberg verlegt.

1. Januar 1962
Bestand 1. LVD, Kdr. Oberst Rappmann, mit FRR-16
Bestand 3. LVD, Kdr. Oberst Lange, mit FRR-17 und FRR-18
Die FRR-13 und FRR-14 werden 1962 bzw. 1963 aufgestellt.

1. Mai 1962
Erste Teilnahme von Fla-Raketen des FR-16 an Maiparade

1. Hälfte 1962
Das FRR-18 erhält die Fla-Raketentechnik.

7. Oktober 1962
Aufstellung FRR-14 noch ohne Fla-Raketentechnik

Herbst 1962
Kubakrise: Die Sowjetunion stationiert auf Kuba Raketen der Typen SS-4 und SS-5. Die US-Air Force überfliegt ständig mit U-2 Aufklärungsflugzeugen kubanisches Gebiet.

November 1962
Das FRR-17 erhält die Fla-Raketentechnik.

23. Oktober 1962
FRT gehen mit 2 FRA je FRR in das Diensthabende System
Die Feuerbereitschaft ist nach 6 Minuten herzustellen.

23. Oktober 1962
Über Kuba wird ein U-2 Aufklärungsflugzeug von einer sowjetischen Fla-Rakete abgeschossen. Der Pilot, Major Rudolf Anderson, kommt zu Tode. Es droht die Gefahr des Ausbruchs eines Krieges zwischen den Supermächten.
Die sowjetische und amerikanische Seite einigten sich im letzten Moment, nachdem beide Seiten eingelenkt hatten, auf den Abzug der sowjetischen Raketen aus Kuba. Die USA verpflichten sich, keine Invasion gegen Kuba durchzuführen und ihre Mittelstreckenraketen aus der Türkei und Italien abzuziehen.

Dezember 1962

Das FR-13 erhält die Fla-Raketentechnik. Sie wird durch sowjetische Spezialisten übergeben, die direkt aus Kuba kommen.

1. März 1963

Das FRR-13 geht ins Diensthabende System der Luftverteidigung. Neuorganisation DHS je eine FRA des FRR-16, -17, -18 und -13 sind ständig im DHS eingesetzt.

Juli 1963

Das FRR-14 wird aufgestellt.

1964

Beginn des zweiten Vietnamkrieges. Die US-Air-Force geht zur systematischen Bombardierung des Territoriums der SRV über.

1964 – 1969

Erfolgt die Lieferung von Fla-Raketenkomplexen des Typs S-75 Wolchow für die FRR-13, -16 und -18 und die Modernisierung des Typs SA-75 Dwina im FRR-14 und -17 nach den Erfahrungen der Kriegshandlungen.

Dezember 1966

Einschätzung der Entwicklung der LSK/LV: Der Mangel an Wechselfeuerstellungen schränkt die Manövermöglichkeiten ein. Die Fähigkeiten der FRT zur Bekämpfung von Luftzielen in geringen Höhen genügt nicht.

17. Mai 1967

Im Protokoll zwischen Armeegeneral Hoffmann und Marschall Gretschko werden die 5 Fla-Raketenregimenter der LSK/LV der NVA als ständiger Bestandteil der Vereinten Streitkräfte festgelegt.

15. März 1967

Generalleutnant Scheibe wird Chef der LSK/LV.

5. – 10. Juni 1967

Der Sechstagekrieg zwischen Israel und seinen arabischen Nachbarn bringt wegen der ungeschützten Entfaltung der Technik auf den Flugplätzen und in den Feuerstellungen hohe Verluste. Für die FRT der LSK/LV werden Maßnahmen des pioniertechnischen Ausbaus und der Tarnung entwickelt und in Truppeneigenleistung schrittweise mit der Realisierung begonnen. Im zweiten Halbjahr 1967 werden zusätzliche Fla-Raketen in den FRA eingelagert, alle Startrampen mit gefechtsbereiten Raketen beladen und zusätzliche Betankungsanlagen bereitgestellt.

21. August 1968
Um 01.17 Uhr wird die Erhöhte Gefechtsbereitschaft für die LSK/LV ausgelöst. Die FRT hatten die Bereitschaftsstufe 1 nach 18 Minuten erreicht.

15. September 1968
Änderung der Direktive des Ministers zur Herstellung der Erhöhten und Vollen Gefechtsbereitschaft. Bei EG haben alle FRA die Bereitschaftsstufe 2 einzunehmen, und bei VG ist durch alle FRA die Bereitschaftsstufe 1 einzunehmen, die Mobilmachungsbereitschaft herzustellen und die Zugmittel zu dezentralisieren. Es treten neue Festlegungen für das DHS der FRT in Kraft. Je Fla-Raketenregiment sind zwei FRA in der B-2 und zwei FRA in B-3 zu halten.

1970
Bisher sind 15 FRK Dwina und 5 FRK Wolchow modernisiert worden.

31. Januar – 07. Februar 1970
Die Truppenübung „Raureif" findet unter komplizierten Winterbedingungen statt.

16. Juni 1970
Im Protokoll über die Bereitstellung von Truppen der NVA für die Vereinten Streitkräfte wird festgelegt: Bis 1975 sollen im Bestand sein: 20 FRA S-75 M Wolchow, 4 FRA SA-75 M Dwina, 4 FRA S-125 Newa und 4 FRA SA-75 M in Reserve. Es ist eine Fla-Raketenbrigade mit 4 FRA S-75 M und 4 FRA S-125 sowie einem automatisierten Führungssystem Asurk-1MÄ aufzustellen.

13. Juni – 16. Juni 1970
Luftverteidigungsübung „Zenit – 70"

12. Oktober – 18. Oktober 1970
Der Höhepunkt des Ausbildungsjahres ist das Manöver „Waffenbrüderschaft".

Februar bis Juni 1971
45 Mann gehen zur Ausbildung am FRK S-125 Newa in die Sowjetunion.

1. Dezember 1971
Es erfolgt die Aufstellung der 43. Fla-Raketenbrigade auf der Basis des FRR-18 mit 4 FRA S-75 Wolchow, 4 FRA S-124 Newa und dem AFS Asurk-1 MÄ.

1. März 1972

Generalmajor Reinhold wird zum Chef der LSK/LV ernannt und ab September des gleichen Jahres auch zum Stellvertreter des Ministers. Chef des Stabes der LSK/LV wird Oberst Barthel.

1. Juni 1972

Oberst Heinz Trautsch wird Stellvertreter des Chef LSK/LV für Fla-Raketen-truppen.

18. Dezember 1972

Die USA beginnen die Operation Linebaker II. Bis zum 28. Dezember 72 fliegen 129 B-52 von Basen aus Thailand und Guam Angriffe gegen Ziele um Hanoi und Haiphong. Dabei werden 18 B-52 abgeschossen, vorrangig durch FRK des Typs SA-75.

Ab 1973

Die taktischen Übungen „Elbe" werden durchgeführt. Sie beginnen auf dem Territorium der DDR und finden mit dem Gefechtsschießen auf dem Staatspolygon in der Sowjetunion ihren Abschluss.

6. – 26. Oktober 1973

Yom-Kippur Krieg im Nahen Osten. Die Israelischen Fliegerkräfte müssen durch den abgestimmten Einsatz ägyptischer und syrischer FRK S-75 und S125 empfindliche Verluste hinnehmen. Die ägyptische Luftverteidigung vernichtet 118 Luftziele, die syrische 91.

März 1974

In einer Vorlage des Militärrats der LSK/LV wird festgestellt:
ca. 10 % der unteren Offiziersdienststellungen sind nicht besetzt,
die Dienstzeit von 48 Stunden pro Woche wird um 20 – 55 % überschritten,
20 % der Ehefrauen haben keine Arbeit,
die Versorgung mit Wohnraum steht im krassen Widerspruch zum Bedarf.

8. August 1974

Überprüfung des DHS der LSK/LV im Gesamtbestand durch das Oberkommando des Warschauer Vertrages. Alle eingeflogenen 25 Luftziele mit 44 Flugzeugen werden erfolgreich bekämpft, darunter erstmalig Luftziele in 22.000 m Höhe mit Geschwindigkeiten bis zu Mach 3.

21. Juni – 24. Juni 1976

„Granit 76" findet statt. Während der Übung werden Manöver mit 6 FRA und 34 Flakbatterien durchgeführt. Erstmalig wird ein FRR durch Mobilmachung aufgestellt und in die 1. LVD eingegliedert.

26. August 1978

Von Baikonur startet das Raumschiff „Sojus-31" mit Oberstleutnant Siegmund Jähn, dem ersten Deutschen im Kosmos, ins All.

Herbst 1978

Es werden zwei neue Bereiche im Kommando LSK/LV geschaffen: Der Bereich des Stellvertreters des Chefs für Ausbildung der Luftverteidigung mit Generalmajor Heinz Trautsch und der Bereich des Chefs für Ausbildung der Luftstreitkräfte mit Oberst Klaus Baarß.

29. August 1979

Truppenbesuch der Partei- und Staatsführung in Preschen und Peenemünde. Es wird die neueste Militärtechnik der LSK/LV vorgeführt. Die Fla-Raketentruppen zeigten die FRK Wolchow, Newa und das AFS Asurk-1 MÄ.

4. September – 12. September 1980

Das zweite Manöver „Waffenbrüderschaft" findet statt. Die sowjetischen Bombenflugzeuge TU-16 und TU-22 sind ein viel beachteter Höhepunkt.

16. Dezember 1980

Erich Honecker bestätigt das Protokoll zur weiteren Entwicklung der NVA, das unter anderem festlegt: für die Luftverteidigung der DDR 2 FRBr und 4 FRR (5 im Soll II), die Einführung eines weitreichenden Fla-Raketensystems Wega.

31. Dezember 1980

Bestand der FRT der Luftverteidigung: 24 FRA Wolchow, 4 FRA Newa, 8 FRA Dwina , 1 AFS ASURK-1 MÄ

1. Januar 1981

Die Umrüstung der 43. FRBr auf das AFS Vektor-2WÄ erfolgt und das FRR-13 erhält das AFS Asurk-1 MÄ von der 43. FRBr.

Bis 1984

Die FRT der LV erfahren eine beträchtliche Steigerung ihres Kampfwertes. Die Fla-Raketenabteilungsgruppe 431 (Prangendorf) wird mit 2 FRA S-200 Wega eingeführt, und zur Verbesserung der Funkmesssicherstellung des Gefechtsstandes der 43. FRBr wird die Funktechnische Abteilung 4301 aufgestellt. Das FRR-16 Bernau wird zur 41. FRBr mit 4 FRA S-75 und 4 FRA S-125 umgebildet.

Ab 1985

Die 41. FRBr. erhält die FRAG-411 mit 2 FRA S-200 Wega in Badingen und die FuTA-4101.

28. August 1985

Direktive 3/85 des Ministers zur Gefechtsbereitschaft der NVA. Für die FRT der Luftverteidigung wurde festgelegt: in der Ständigen Gefechtsbereitschaft 50 Prozent der FRA in der B-2, in der Erhöhten Gefechtsbereitschaft 25 Prozent der FRA in B-1 und alle übrigen FRA in B-2, in der Gefechtsbereitschaft bei Kriegsgefahr Einnahme der B-1 durch alle FRA, danach Dienst nach Plangrafik, Erhöhung der vorbereiteten Raketen auf 1,5 KS, in der vollen Gefechtsbereitschaft alle FRA in B-1, danach Dienst nach Plangrafik, Erhöhung der vorbereiteten Raketen auf 2 KS. Auf der Grundlage dieser Direktive erlässt der Chef LSK/LV den neuen Befehl 90/85 für das DHS.

14. April 1986

US-Air-Force und Navy führen unter der Bezeichnung „Eldorado Canyon" einen Vergeltungsschlag gegen libysches Territorium.

2. April – 7. April 1986

Die letzte große Luftverteidigungsübung „Granit 86" der Vereinten Streitkräfte findet unter Leitung von Marschall Kulikow statt. Beim gemeinsamen Gefechtsschießen der FRT und JFK der verbündeten Armeen im Raum Astrachan erreichten die beteiligten Truppen der NVA die Note „Ausgezeichnet".

28. Mai 1987

Mattias Rust fliegt mit einer Cessna aus Helsinki kommend in den Luftraum der UdSSR ein und landet nahe dem Roten Platz in Moskau. Aus diesem Ereignis werden Weisungen für das DHS der LSK/LV abgeleitet, die zu unverhältnismäßig hohen Belastungen für Mensch und Material führen.

3. Juli 1987

Der Nationale Verteidigungsrat befasst sich mit dem Stand der Luftverteidigung der DDR. Danach stellt die NVA 18 Prozent der FRBr, 39 Prozent der FRR, 46 Prozent der JG, 41 Prozent der Funktechnischen Posten und 35 Prozent der Batterien der TLA von den Mitteln der Luftverteidigung, die auf dem Territorium der DDR in hoher Dichte konzentriert sind. Das Führungssystem der Luft verteidigung der DDR besteht aus dem HGS der GSSD, dem ZGS der LSK/LV und den GS jeweils nachgeordneten Verbänden und Truppenteilen. Die einheitliche Führung der Luftverteidigung der DDR liegt in den Händen des Oberkommandierenden der GSSD.

1. September 1987
Instruktiv-methodische Ausbildung der Chefs der FRT der Luftverteidigung des Warschauer Vertrages in der Ausbildungsbasis Gatschina zum Fla-Raketensystem S-300 PMU Angara

1. Januar 1988
Generalmajor Kurt Kronig wird als Stellvertreter des Chefs der LSK/LV für Ausbildung der Luftverteidigung mit der Führung beauftragt.

Frühjahr 1988
Beginn des Baus einer Feuerstellung für den S-300 PMU am Standort Retschow

Ab November 1988
Aufstellung der 51. FRBr auf der Basis des FRR-51 in Sprötau. Geplanter Bestand 1 FRA Wega, 4 FRA Wolchow und einer FRA Wolchow mit verkürztem Bestand

1. September – 19. Dezember 1988
Ausbildung des Personals der FRA-4351 und weiterer Offiziere am FRK S-300 PMU in Gatschina

1. Januar 1989
Gemäß Meldung an den Stab der Vereinten Streitkräfte haben die FRT der Luftverteidigung der DDR 4 FRA Wega mit 24 Startrampen, 25 FRA Wolchow mit 150 Startrampen, 9 FRA Newa mit 36 Startrampen und 8 FRA Dwina mit 48 Startrampen.

Frühjahr 1989
Übernahme der Technik des S-300 PMU und Vorbereitung des Personals der FRA-4351 auf das Gefechtsschießen zur Zulassung in das DHS.

Juni 1989
Die letzte Truppenübung „Elbe-89" mit dem Bestand der 3. LVD im Raum Astrachan – Aschuluk. Das Gefechtsschießen wird vom Gefechtsstand der LVD automatisiert geführt. Es nehmen teil: 1 Staffel des JG-9 mit Flugzeugen des Typs

MIG-23, verschiedene FRK der FRT mit 14 Zielkanälen. Während der Prüfungs-schießen werden über 40 Luftziele ohne realen Start und 12 Zieldarstellungsmittel LA-17 und Belka mit realem Start von Raketen erfolgreich bekämpft.

Herbst 1989
Nach den Ereignissen um den 40. Jahrestag der DDR und den Montagsdemon-strationen in Leipzig kommt es zur Ablösung Erich Honeckers. Egon Krenz wird neuer Staatsratsvorsitzender und damit Oberkommandierender der NVA. In vie-len Standorten der FRT gibt es Proteste und Demonstrationen von Bürgern gegen die NVA. Am 20. Dezember 1989 findet in Retschow eine Einwohnerversammlung statt. Die anwesenden Offiziere geben Antwort auf die Fragen der Bürger. Pastor Struve verlangt den sofortigen Baustopp für die neue Feuerstellung S-300 PMU.

24. November 1989
Generalleutnant Berger wird Chef der LSK/LV

31. Dezember 1989
Das Ziel, die neue Feuerstellung der FRA-4351 in Retschow noch 1989 fertig zu stellen, wird nicht erreicht.

18. März 1990
Wahlen in der DDR. Ministerpräsident wird Lothar de Maizière. Durch das Wahl-ergebnis ist die SED praktisch abgewählt worden. Als Minister für Abrüstung und Verteidigung übernimmt Rainer Eppelmann die Führung der NVA.

Ab Juni 1990
Es gibt verstärkte Kontakte zwischen Verbänden und Truppenteilen der NVA und der Bundeswehr. So folgen z. B. Offiziere des Stabes der 3. LVD im August mit ihren Ehefrauen einer Einladung des Kommandeurs der 4. LWD für drei Tage nach Aurich.

23. – 29. August 1990
Offiziere der Bundeswehr führen Bestandsaufnahmen in den Truppenteilen und Einheiten der FRT durch.

12. September 1990
Gemäß Befehl 35/90 des Minister für Abrüstung und Verteidigung ist die Ent-munitionierung der Kampftechnik durchzuführen. Für die FRT bedeutet das, alle Fla-Raketen in Transportlage zu überführen und zu enttanken. Damit ist die Gefechtsbereitschaft und das DHS der FRT beendet.

21. September 1990

Erlässt Minister Eppelmann den Befehl 48/90 über die Aufgaben der NVA im Zusammenhang mit der Bildung gesamtdeutscher Streitkräfte.

24. September 1990

Die Anordnung 27/90 des Chefs der LSK/LV enthält für die Fla-Raketentruppen der Luftverteidigung keine spezifischen Aufgaben mehr.

25. September 1990

Aufgabenstellung zur Abverfügung von sensitiver Technik (FRK S-300) aus der 43. und 51. FRBr zur Übergabe an die Westgruppe der Sowjetarmee.

3. Oktober 1990

Der Befehlshaber des Bundeswehrkommandos Ost erlässt seinen Befehl 01 für die Führung, Ausbildung und Organisation.

Bernd Biedermann, Siegfried Horst
Prüfsteine in der Geschichte der Fla-Raketen

Nachdem die Alliierten des 2. Weltkrieges aus strategischen, ideologischen und anderen Gründen dem gemeinsamen Vorgehen in der internationalen Arena ade gesagt hatten, begann bald ein Wettrüsten zwischen den USA und der NATO auf der einen sowie der Sowjetunion und dem Warschauer Vertrag auf der anderen Seite. Es wurden von den USA Aufklärungsflugzeuge entwickelt, deren Bekämpfung mit den vorhandenen Flugzeugen in den betroffenen Ländern zunächst nicht möglich war. Das führte zu verstärkten Anstrengungen der Sowjetunion bei der Entwicklung ihrer Fliegerabwehrraketen. Die beiden Kombinate ALMAZ und FAKEL der sowjetischen Rüstungsindustrie stellten ab Mitte der 1950er Jahre die ersten Fla-Raketenkomplexe vom Typ SA-75 Dwina und Fla-Raketen W-750 für die Luftverteidigung zur Verfügung.

Die Volksrepublik China erhielt 1959 auf der Grundlage eines Abkommens vom 15. Mai 1953 diese moderne Raketentechnik zum Schutze ihres Luftraumes. Im Zusammenhang mit der Taiwankrise im August 1958 hatten die Streitkräfte Taiwans modernste amerikanische Waffen, darunter auch Aufklärer des Typs RB-57D und später des Typs U-2 erhalten. Gegen diese Aufklärungsflugzeuge konnten die Chinesen mit den eigenen Flugzeugen nicht erfolgreich handeln. Erst mit der Einführung von Fla-Raketenkomplexen mittlerer Reichweite waren sie in der Lage, diese Höhenaufklärer zu bekämpfen

7. Oktober 1959, Peking

Fünf Fla-Raketenabteilungen des Typs SA-75 Dwina, eine Technische Abteilung und 62 Raketen hatte die UdSSR geliefert und um Peking in Stellung gebracht. Die chinesische Führung hatte die Sowjetunion zur Absicherung der Feierlichkeiten zum 10. Jahrestag der VR China um Unterstützung mit Spezialisten gebeten. Sie wurde ungeachtet politischer Differenzen gewährt.

In den ersten drei Monaten des Jahres 1959 waren die RB-57D zehn Stunden über China geflogen, und im Juni des Jahres wurden zweimal Aufklärer über Peking erkannt. Das Flugzeug RB-57D war auf der Basis der britischen Canberra in den USA als strategischer Höhenaufklärer weiter entwickelt worden; Gipfelhöhe 19.000 m, Reichweite bis 1800 km, Geschwindigkeit bis 900 km/h.

Am 7. Oktober 1959 überquerte ein aus Richtung Süden kommendes Flugzeug in 18.000 m Höhe die Seegrenze der VR China. Zunächst versuchte man, das Ziel mit Jagdflugzeugen abzufangen. Nachdem das nicht gelang, der Aufklärer sich aber auf 500 km an Peking angenähert hatte, wurden die Fla-Raketeneinheiten in Gefechtsbereitschaft versetzt. Als der Aufklärer in die Startzone der ersten FRA einflog, startete diese eine Reihe von drei Raketen. Alle Raketen detonierten am Ziel und zerstörten das Flugzeug vollständig. Der Treffpunkt lag in großer Höhe. Die Maschine zerbrach in viele Einzelteile, und die Trümmer wurden über eine große Fläche zerstreut. Der taiwanesische Pilot Intsin Van kam bei dem Abschuss ums Leben. Zwischen der sowjetischen und der chinesischen Führung wurde aus Gründen der Geheimhaltung Stillschweigen über den Vorgang vereinbart. Dafür gab es zwei wesentliche Gründe. Erstens sollte nicht offenbart werden, dass es bereits Fla-Raketen dieser Leistungsparameter gab, und zweitens, dass sie von der Sowjetunion an China geliefert wurden.

Auch die taiwanesische Seite war an einer Offenlegung ihrer Grenzverletzung nicht interessiert. So gab es in Taiwans Zeitungen nur eine kurze Notiz, dass eine RB-57D bei einem Trainingsflug abgestürzt sei. Erst viele Jahre später wurde bekannt, dass der erste erfolgreiche Einsatz sowjetischer Fla-Raketentechnik in der Nähe von Peking stattfand.

1. Mai 1960

Der zunächst für die CIA von Lockheed gebaute und später auch von der US Air Force eingesetzte strategische Aufklärer U-2 rollte am frühen Morgen in Peshawar im Norden Pakistans an den Start. Um 5:26 Uhr (MOZ) gab der Tower den Start frei und Francis Gary Powers startete zu einem seiner routinemäßigen Aufklärungsflüge über sowjetischem Territorium. Es war sein erster Flug über der UdSSR. Er wusste, dass die CIA das riesige Territorium der Sowjetunion systematisch mit hochauflösenden Panoramakameras aus großen Höhen fotografieren ließ. Auch sein Flug war exakt geplant. Er sollte in Pakistan beginnen und irgend-wo in Norwegen, wahrscheinlich am NATO-Flugplatz Bodø enden. Stundenlang würde er über feindlichem Land fliegen, zu genau festgelegten Zeiten die Automatik der Kameras auslösen und danach das nächste Aufklärungsobjekt ansteuern. Die U-2 war z.Z. mit Flugzeugen nicht abfangbar und von möglichen Raketen hatte man Powers nichts gesagt. Die CIA glaubte, am 1. Mai, dem Kampftag der Arbeiterklasse und Feiertag in der UdSSR, würde der eine Teil des Landes demonstrieren und der andere dem Wodka erlegen sein. Doch das war eine Fehlkalkulation, denn seit geraumer Zeit waren die Flüge der U-2 von den Funktechnischen Truppen der UdSSR beobachtet und die Fla-Raketentruppen von Monat zu Monat weiter entfaltet worden. Die geplante Flugstrecke Powers hatte folgende Stationen: Peshawar – Taschkent – Syr-Darja – Aralsee – Tscheljabinsk – Swerdlowsk – Archangelsk – Bodø. Nachdem der Überflug der Staatsgrenze im Süden der Tadschikischen SSR festgestellt war, löste der Zentrale Gefechtsstand der Luftverteidigung der UdSSR für alle Einheiten und Truppenteile der Jagdflieger und Fla-Raketentruppen die Bereitschaftsstufe 1 aus. Die U-2 flog in 21.000 m Höhe mit einer Geschwindigkeit von 750 km/h. Powers bemerkte von den Aktivitäten der sowjetischen Luftverteidigung nichts. Der Strategische Aufklärer U-2 war der Nachfolgetyp der RB-57D und von 1956 bis 1990 im Einsatz. Das Flugzeug hatte folgende Kenndaten: Reichweite 10.300 km, Einsatzhöhe 21.212 m, Geschwindigkeit bis 800 km/h, 1 Pilot. (Fotos im Anhang)

Zunächst wurden, da in diesen Landesteilen noch keine Fla-Raketen entfaltet waren, Jagdflugzeuge eingesetzt. Der Einsatz war erfolglos. Selbst der befohlene Rammstoß durch eine ohne Bewaffnung zufällig im Luftraum fliegende Su-9 konnte wegen Treibstoffmangels nicht ausgeführt werden.

Die Luftlage war so schwierig, dass eine MiG-19 durch Fla-Raketenfeuer abge-schossen wurde und der sowjetische Pilot ums Leben kam. In der Nähe von Swerdlowsk flog die U-2 dann in die Vernichtungszonen der Fla-Raketentruppen ein und wurde durch Fla-Raketen der 57. Fla-Raketenbrigade vom Himmel geholt. Weil Unsicherheit über die tatsächliche Vernichtung der U-2 bestand, starteten andere Abteilungen weitere Fla-Raketen. Die Kommandeure der handelnden Einheiten glaubten, den Gegner im Visier zu haben. Sie schossen jedoch auf Trümmer des bereits um 8:53 Uhr (MOZ) vernichteten Zieles.

Die Handlungen der Luftverteidigung in diesem Fall zeigten, dass sich das Luftverteidigungssystem noch im Aufbau befand, die Ausbildung der Einheiten zur Geschlossenheit noch im Gange war und ein wirksames Freund-Feind-Kennungssystem dringend gebraucht wurde.

Die Kuba-Krise 1962

Im Juni 1961 vereinbarten die sowjetische und kubanische Regierung militärische Unterstützungsmaßnahmen zur Verhinderung einer amerikanischen Invasion auf Kuba. Die UdSSR begann bei völliger Geheimhaltung Mittelstreckenraketen und Flugabwehrsysteme auf Kuba zu stationieren. Die Amerikaner antworteten mit verstärkter Luftaufklärung in geringen und großen Höhen. Allein am 26. Oktober 1962 wurden 11 derartige Flüge durchgeführt. Die kubanischen Verantwortlichen rechneten damit, dass der feindliche Überfall und die Bombardierung militärischer Objekte unmittelbar bevorstanden.

27. Oktober 1962

Die von Major Iwan Gershenow geführte Fla-Raketenabteilung lag im Raum Banes, ca. 180 km vom vorgesetzten Gefechtsstand entfernt. Der Morgen hatte mit einem kräftigen tropischen Regenguss begonnen. Am Vorabend erhielt er ein chiffriertes Telegramm, in dem gefordert wurde, zur Herstellung der Gefechtsbereitschaft und zur Führung von Gefechtshandlungen zur Abwehr einer amerikanischen Invasion bereit zu sein. Es lag etwas in der Luft. Er entschloss sich, die Stationen einzuschalten. Gegen zehn Uhr erhielt er von den Funktechnischen Truppen Angaben zu einem Ziel, das sich von der amerikanischen Basis Guantanamo in Richtung auf seine Feuerstellung bewegte, Entfernung etwa 110 km. Es wurde unter der Nummer 33 geführt, flog in 22 km Höhe und hatte auf die Kennungsabfrage nicht geantwortet.

In der Kabine handelten gemeinsam mit dem Abteilungskommandeur, Iwan Gershenow, der Kompaniechef Wasili Gorshakow, der Leitoffizier Alexander Rjapenko und die Funkorter. Sie begleiteten das Ziel, das der Leitoffizier aufgefasst hatte, zunächst von Hand und danach in automatischer Begleitung. Der Kommandeur fragte beim Gefechtsstand nach dem Feuerbefehl. Erst nach geraumer Zeit erhielt er den Befehl „Ziel Nr. 33 vernichten, mit drei, Reihe!" Das bedeutete, das Ziel mit drei Raketen im Abstand von 6 Sekunden zu bekämpfen. Der Leitoffizier Rjapenko meldete: „Erster Start, Rakete erfasst, zweiter Start, Rakete erfasst …" Die erste Rakete näherte sich dem Ziel, und der Leitoffizier meldete „Ziel getroffen, Ziel fliegt weiter", danach meldete er „Zweite Zerlegung, Ziel vernichtet, Seitenwinkel 332°, Entfernung 12 km." Die Analyse der Meldungen des Leitoffiziers zeigt, dass das Ziel um 9:20 Uhr Ortszeit mit der ersten Rakete getroffen wurde. Der Funkzünder der zweiten Rakete hatte auf die Trümmer des abstürzenden Zieles angesprochen und sie in kleine Teile zerrissen. Sie fielen im Raum Banes auf die Erde. Durch kubanische Militärs wurde der Cockpit der U-2 mit dem Piloten, Major Rudolf Anderson, dort gefunden. Den hinteren Teil fand man am Ufer einer Meeresbucht unweit von Banes.

Dieser Abschuss der U-2 hätte nach der geltenden Befehlslage nicht erfolgen dürfen. Demnach war der Einsatz von Fla-Raketen nur im Falle eines Luftangriffs auf Kuba erlaubt. Er trug dazu bei, dass es zur gefährlichsten Konfrontation zwischen den USA und der Sowjetunion nach dem 2. Weltkrieg kam. Nach dem Abschuss der U-2 wollte der Chef der US-Air-Force, General Le Mey, mit allen verfügbaren Mitteln Kuba angreifen. Das wäre einem Angriff auf die Sowjetunion gleichgekommen. Nur durch das besonnene Handeln von Robert F. Kennedy und Michail S. Chruschtschow konnte der 3. Weltkrieg verhindert werden.

Das Debakel der amerikanischen Operation „Linebaker II"

Der Krieg der USA in Vietnam nahm ab 1972 immer groteskere Formen an. Höhepunkt war die Operation Linebaker II gegen Hanoi und Haiphong.

Die Sowjetunion und China unterstützten die Demokratische Republik Vietnam und ihre Armee mit Bewaffnung und Ausrüstung, darunter auch mit Fla-Raketen. Die Stimmung der amerikanischen Bevölkerung zum Krieg der USA in Vietnam war auf einem Tiefpunkt angekommen. Die Regierung der USA wollte durch die Demonstration militärischer Starke im Verlaufe der Friedensverhandlungen die vietnamesische Regierung unter Druck setzen und startete in der Weihnachtszeit des Dezembers 1972 ein beispielloses Bombardement Vietnams, das sich auf Hanoi und Haiphong konzentrierte. Es dauerte elf Tage an und wurde als Operation Linebaker II bezeichnet. Das Strategische Flieger Kommando (SAC), die Fliegerkräfte der US-Navy, unterstützt von US-Air-Force Kräften, flogen im Rahmen der Operation über 2000 Einsätze auf vietnamesische Ziele. Beispiellos war der Einsatz der B-52, die 740 Einsätze flogen, ein Einsatz, der in diesem Umfang einmalig bleiben sollte. Die B-52 handelten hauptsächlich von den Basen U-Tapao in Thailand und Andersen Air-Force-Base auf Guam. Dieses Flugzeug hat folgende Parameter: Vmax = 1014 km/h, Marschgeschwindigkeit 845 km/h, Einsatzhöhe = 16.765 m, Reichweite = 20.150 km.

Es waren 187 strategische Bombenflugzeuge, und damit fast die Hälfte der strategischen Bomberflotte der USA, im Einsatz. Die Operation wurde vom Hauptquartier des Strategic Air Command (HQ SAC) in Nebraska geplant. Die Bomber wurden von starken Kräften zur elektronischen Kampfführung unterstützt. Das SAC hatte das ehrgeizige Ziel, mit der Operation Linebaker II nachzuweisen, dass auch eine starke Fla-Raketenverteidigung mit entsprechenden Bombenfliegerkräften überwunden werden kann. Dieses Ziel wurde nur zum Teil erreicht. Die eigenen Verluste waren bedeutend.

Nach eigenen Angaben verloren die USA in dieser Operation 15 B-52 und 10 taktische Flugzeuge, darunter 2 modernste F-111. Nach vietnamesischen und sowjetischen Quellen lag die Anzahl noch höher.

Die Flugzeuge wurden in der Mehrzahl von Fla-Raketen getroffen. Insgesamt verloren die amerikanischen Streitkräfte nach vietnamesischen und sowjetischen Angaben bei den Gefechtshandlungen in Vietnam 51 Flugzeuge des Typs B-52. Bei den Angriffen der amerikanischen Fliegerkräfte auf Hanoi und Haiphong wurden 2000 Zivilisten getötet.

Das Ansehen der amerikanischen Regierung und ihrer Streitkräfte wurde im wahrsten Sinne der Worte in Grund und Boden gebombt. Die Handlungen der vietnamesischen Fla-Raketentruppen nahmen von Monat zu Monat an Effektivität zu. Wäre die Operation Linebaker II erfolgreich gewesen, hätte es sicher ein Linebaker III gegeben. Doch so wurde am 27. Januar 1973 in Paris das Friedensabkommen von allen beteiligten Parteien unterzeichnet.

Am Ende des Vietnamkrieges hatten die USA 60.000 Tote zu beklagen und ca. 4000 Flugzeuge und Hubschrauber verloren. Eine genaue Zahl der von Fla-Raketen abgeschossenen Maschinen ist nicht bekannt. Realistische Annahmen dürften im Bereich von 1800 bis 2000 liegen.

Yom-Kippur-Krieg 1973

Am 6. Oktober 1973 eröffneten die ägyptischen Streitkräfte mit 1650 Geschützen und mit 220 Flugzeugen den Angriff auf israelisches Territorium. Es war der 4. arabisch-israelische Krieg. Mit ihm wollte die arabische Seite, besonders Ägypten und Syrien, die herbe Niederlage im dritten dieser Kriege im Jahre 1967 vergessen machen und verlorene Gebiete zurück erobern.

Am höchsten israelischen Feiertag Jom Kippur, an dem das offizielle Leben in Israel ruht, begannen die Araber ihre Offensive. Diese war zunächst sehr erfolgreich, und die Israelis benötigten fast eine Woche, um ihre Kräfte zu formieren und zum Gegenangriff anzutreten.

Bis zum fünften Kriegstag wurden von den Ägyptern nach israelischen und amerikanischen Angaben 85 Flugzeuge, darunter 50 F-4 Phantom mit den Fla-Raketensystemen S-75 und S-125 erfolgreich bekämpft. Insgesamt verloren die Israelis bis zum 24.10.1973 nach sowjetischen und arabischen Angaben 209 Flugkörper. Die Luftverteidigungskräfte, besonders die Fla-Raketentruppen, waren bedeutend erfolgreicher als im 3. israelisch-arabischen Krieg. Sie waren mit modernster Technik ausgerüstet, deutlich besser ausgebildet und auf die Gefechtshandlungen mit einem erfahrenen Luftgegner vorbereitet.

Im Kampf um die Golanhöhen erwiesen sich die israelischen Truppen als die erfolgreicheren. Am 12. Oktober hatten sie die syrische Front im Nordteil durchbrochen und standen 32 km vor Damaskus. In dem als Operation Gazelle bezeichneten Gegenschlag der israelischen Armee wurden die ägyptischen Streitkräfte, die im nördlichen Teil des Landes entlang des Suez-Kanales konzentriert waren, durch die Israelis umgangen. Nördlich des Bittersees überquerte General Arion Sharon mit seinen Truppen den Kanal und kesselte die 3. Ägyptische Armee ein. Wieder einmal hatte sich die Überlegenheit der israelischen Heerführer gezeigt. Durch eine unerwartete und kühne Forcierung des Suez-Kanals hatte sich das Kriegsglück gewendet. Die Sowjetunion unterstützte die arabische Seite verstärkt mit Kriegsgerät und Waffen. Am 25. Oktober 1973 versetzten die Amerikaner ihre Atomstreitkräfte und ihre Streitkräfte in der BRD in Alarmbereitschaft. Es kam zur gefährlichsten Konfrontation zwischen den USA und der Sowjetunion seit der Kuba-Krise

Hektische diplomatische Gespräche zwischen den beteiligten Staaten begannen. Der UN-Sicherheitsrat verabschiedete die Resolution 322 zur sofortigen Einstellung der Kriegshandlungen durch alle Beteiligten. Der Yom-Kippur-Krieg war eine wesentliche Ursache für die folgende Ölkrise. Die OAPEC-Länder beschlossen bis zur Freigabe der besetzten arabischen Gebiete durch Israel die Erdölförderung bedeutend zu verringern und beschlossen gleichzeitig eine Erhöhung der Erdölpreise.

Libyen 1986

In der ersten Hälfte der 80er Jahre wurde Libyen unter seinem Staatschef Gadaffi von den USA für terroristische Handlungen wie die Anschläge von Lockerbie und auf die Diskothek *La Bell* in Berlin verantwortlich gemacht. Der Präsident der USA, Ronald Reagan, entschloss sich zur Operation „Eldorado Canyon", um Gadaffi seine Grenzen aufzuzeigen. Libyen besaß 1986 eines der stärksten Luftverteidigungssysteme außerhalb des Warschauer Vertrages. Die UdSSR hatte dafür 4 FRA S-200 Wega, 86 FRA Wolchow und Newa sowie 300 Jagdflugzeuge, darunter 80 MiG–25, nach Libyen geliefert. Im März wurde die libysche Luftverteidigung durch gezielte Einflüge von See getestet. Gadaffi gab den Befehl zum Einsatz der Fla-Raketengruppe Wega. Mit zwei Raketen wurde das Ziel in einer Entfernung von 105 km bekämpft und verschwand vom Bildschirm. Am Abend des gleichen Tages wurde mit einer Rakete ein weiteres Ziel in 75 km Entfernung abgeschossen.

Operation „Eldorado Canyon"

Am 13. April 1986 informierte die sowjetische Militärführung die libysche Führung über die Konzentrierung der Flugzeugträger im Mittelmeer und einen möglichen Luftüberfall. Sie empfahl, für die Streitkräfte des Landes die „Erhöhte Gefechtsbereitschaft" und für die Luftverteidigung des Landes die „Volle Gefechtsbereitschaft" herzustellen. Gadaffi und die libysche Armeeführung reagierten nicht darauf. Am 14. April 1986 um 17:36 Uhr (GTM) starteten aus England 24 Bomber mittlerer Reichweite mit veränderlicher Tragflächengeometrie vom Typ F-111F und EF-111A in Richtung Libyen. Zur Täuschung, und weil Frankreich und Spanien den Überflug nicht gestattet hatten, erfolgte der Anflug über den Atlantik und der Angriff auf Tripolis aus westlicher und südwestlicher Richtung in geringen Höhen. Die Kampfflugzeuge wurden auf ihren Weg mehrmals in der Luft betankt. Der Flug dauert mehr als sieben Stunden. Gleichzeitig handelten im Mittelmeer der Flugzeugträger USS America und USS Coral Sea.

Die Operation wurde durch einen strategischen Aufklärer SR-71 aus Mildenhall, England, unterstützt. Am 15. April 1986 um 3:35 Uhr (Ortszeit) begann der erste Luftangriff mit den in England gestarteten F-111. Der Angriff auf Tripolis erfolgte von Süden über die Wüste in extrem geringen Höhen. Gleichzeitig starteten von den Flugzeugträgern eine große Anzahl von Drohnen zur Täuschung der Funkmessaufklärung. Die Jagdbomber der Flugzeugträger handelten nach den Drohnen gegen die Funkmessstationen und Raketenleitstationen der FRA S-200. Um 4:00 Uhr erfolgte der zweite Luftangriff auf Tripolis und Bengazi. Um 16:00 Uhr wurde ein dritter Angriff und am nächsten Tag ein vierter Angriff ausgeführt. Die Libyer meldeten 20 abgeschossene Flugzeuge. Die sowjetischen Spezialisten konnten nach Auswertung ihrer objektiven Kontrolle nur 10 Flugzeuge ermitteln. Zum Versagen der libyschen Luftverteidigung führte der Hauptmarschall der Flieger Koldunow in seinem Bericht unter anderem aus: Die Ursachen waren mangelhafte Führung der Kräfte und Mittel der Luftverteidigung, mangelhafter Ausbildungsstand, unzureichende Funkmessaufklärung in extrem geringen Höhen und fehlender Einsatz der Jagdfliegerkräfte.

Diese Einschätzung ähnelt den Bewertungen der ägyptischen und syrischen LV-Kräfte in der Auseinandersetzung mit Israel sehr. Die sowjetische Militärführung wollte oder konnte nicht erkennen, dass die komplizierte Technik moderner Luftabwehrmittel mit dem Bildungsstand der Soldaten in diesen Ländern nicht so beherrscht werden konnte, wie das im Warschauer Vertrag der Fall war.

Bedrohliche Waffen und Manöver
Lockheed SR-71 Blackbird

Die strategische Aufklärung der Amerikaner wollte trotz der in den 60er Jahren stark voranschreitenden Möglichkeiten des Einsatzes von Satelliten noch nicht auf die Luftaufklärung verzichten. Die Genauigkeit der Aufklärung aus dem Kosmos ließ zu wünschen übrig, zudem gab es wegen der festen Flugbahnen der Aufklärungssatelliten erhebliche Einschränkungen. Man setzte auf ein Flugzeug, das nicht nur hoch, sondern auch schnell fliegen konnte. Aus der Lockheed A-12 OXCART, die seit dem Ende der 50er Jahre produziert wurde, entwickelte man die YA-12 A Blackbird und später die M-21 Blackbird. Unter größter Geheimhaltung entstand daraus im berüchtigten Area-51 die SR-71 Blackbird, die 1964 ihren Erstflug hatte und 1966 auf der Beale Air Force Base in Kalifornien in Dienst gestellt wurde. Die SR-71 hatte legendäre Flugparameter: Gipfelhöhe 26.213 m und maximale Fluggeschwindigkeit 3529 km/h. Die Reichweite ohne Nachbetankung wird mit 4830 km angegeben. Sie hatte zwei Mann Besatzung, die mit dem gleichen Höhenanzug flogen wie die amerikanischen Astronauten. In der Zeit von 1972 bis 1989 flogen die SR-71 insgesamt 3551 Aufklärungseinsätze, davon 2752 im Bereich Mach 3.

Im Verlaufe ihres Einsatzes in den US-Streitkräften wurde keine Maschine abgeschossen. Von den insgesamt 32 gebauten Exemplaren gingen 12 durch Unfälle bzw. technische Defekte verloren.

Ab Beginn der 70er Jahre hatte dieses Flugzeug bei allen Angehörigen der Luftverteidigung der DDR einen schlechten Ruf, weil es das Diensthabende System zu allen möglichen Tages- und Nachtzeiten zum Einsatz brachte. Dieser Vogel hatte sogar ein eigenes Signal im DHS. Es lautete „Jastreb", die russische Bezeichnung für Habicht. Wenn dieses Signal auf der Linie der Gefechtsstände ausgelöst wurde, hieß es besonders schnell zu sein und strenge Funkmessdisziplin einzuhalten, weil es zu den Zielen der Flüge gehörte, Aktivitäten des Luftverteidigungssystems des Warschauer Vertrages zu provozieren, um die Abstrahlungen der eingesetzten Funkmessstationen zu registrieren und daraus Schlussfolgerungen abzuleiten.

Es gab bis 1990 außer den Fla-Raketentruppen kein Mittel zur Bekämpfung auf dem Territorium der DDR. Die Fla-Raketenabteilungen S-75 Wolchow, S-200 Wega und S-300 Angara hatten entsprechend ihrer Einsatzhöhen und Startentfernungen die Möglichkeit, die SR-71 zu bekämpfen.

Die MiG–25 der GSSD hätten es unter ganz bestimmten Bedingungen aus einer grenznahen Sperrflugzone heraus auch gekonnt.

Die SR-71, die auf dem Zentraleuropäischen Kriegsschauplatz handelten, waren in Mildenhall, Südost-England, stationiert. Der Flug entlang der Staatsgrenze der DDR nach Süden dauerte ca. 8 – 9 Minuten. Nach dem Flug entlang der Grenze der ČSSR erfolgte der Rückflug auf der gleichen Strecke in Richtung Norden. Gleichzeitig mit der SR-71 befanden sich im Luftraum der BRD in der Regel zwei E-3A AWACS und eine RC-135 für eine Nachbetankung, wenn der Flug in die Tiefe des Ostseeraumes fortgesetzt werden sollte. Aufgrund der großen Flughöhe von 22 km konnten die Aufklärungssysteme die SR-71 bis zu einer Entfernung von 600 km auf ihren Flugstrecken registrieren. Um die Aufklärung der Arbeitsfrequenzen zu verhindern, durften nur festgelegte Funkmessmittel abstrahlen. Dazu gab es die Signale „rot" und „grün". Bei grün war Abstrahlung erlaubt, bei rot Abstrahlung verboten.

Antifunkmess-Rakete Shrike AGM-45

Ausgehend von den „Überraschungen" 1959 bei Peking und 1960 bei Swerdlowsk sowie ersten Erfahrungen in Vietnam sahen sich die Amerikaner veranlasst, etwas gegen die Wirksamkeit der sowjetischen Fla-Raketen zu unternehmen. Dabei ging es vor allem um den Schutz der eigenen Piloten, deren weiterer Einsatz nicht gefährdet werden sollte. Dazu entwickelte das Naval Weapons Center die AGM-45 „Shrike". Diese Antifunkmess-Rakete war 3 m lang und 177 kg schwer. Sie konnte aus Entfernungen von 11 bis 17 km eingesetzt werden, erreichte eine Geschwindigkeit von Mach 2 und brachte den 32 kg schweren Gefechtskopf mit passiver Zielsuchlenkung ins Ziel. Die „Shrike" kam in Vietnam, im arabisch-israelischen Krieg und im Falklandkrieg zum Einsatz. Es wurden insgesamt ca. 18.000 Raketen produziert. Die Amerikaner bewerteten die Einsatzergebnisse als mäßig. Ab 1983 ersetzten sie diese Rakete durch die Antifunkmess-Rakete „HARM" AGM–88.

Anti-Funkmessrakete „HARM" AGM-88

Die AGM-88 „HARM" ist eine Hoch-Geschwindigkeits-Antifunkmess-Rakete, die von der Firma Raytheon speziell für die Bekämpfung bodenständiger Radaranlagen entwickelt wurde. Diese Rakete war ein wichtiger Schritt der USA zur Niederhaltung radargestützter Luftverteidigungssysteme. Dabei wurde die Radarwarnanlage des Flugzeuges genutzt, um Informationen zur Zielbestimmung für den Einsatz der Rakete zu gewinnen. War das Ziel ausgewählt, wurde die Rakete gestartet und lenkte sich dann selbst ins Ziel. Wenn die Radarquelle abschaltete, speichert die Elektronik die letzte Koordinate der Abstrahlung und flog weiter in Richtung Ziel. Die Länge der Rakete betrug 4,1 m und ihr Gewicht 360 kg. Sie erreichte eine maximale Geschwindigkeit von 2280 km/h und konnte aus einer Entfernung bis zu 150 km gestartet werden. Zum ersten Mal wurden die AGM-88 „HARM" 1986 während der Angriffe auf Tripolis und die libysche Luftverteidigung durch Flugzeuge der US-Navy von den Flugzeugträgern „Saratoga" und „America" gegen FRA S-75 Wolchow, S-125 Newa und die S-200 Wega eingesetzt. Nach Aussagen der Amerikaner war der Einsatz sehr effektiv.

Die Maßnahmen der Fla-Raketenabteilungen gegen den Einsatz der AFR „Shrike" waren genau festgelegt und wurden durch die Leitoffiziere und Funkorter ständig trainiert. Das erste und wichtigste Gebot lautete: So wenig wie möglich abstrahlen. Das bedeutete, wenn möglich, das Ziel tele-optisch zu begleiten. Mit Funkmess erfasste Ziele mussten sehr genau daraufhin beobachtet werden, ob sich Zielzeichen abteilten, bzw. ob sich eine Ionisationswolke bildete. Das waren deutliche Hinweise auf den Start einer AFR. Der Leitoffizier gab dann an alle bekannt: „Antifunkmess-Rakete im Anflug". Die Besatzung der Sende-Empfangs-Kabine hatte sofort die Kabine zu verlassen und eine Deckung aufzusuchen. Waren die eigenen Raketen schon gestartet, musste das Ziel bis zur Detonation des

Gefechtskopfes der eigenen Rakete begleitet werden. Danach war die Abstrahlrichtung ruckartig um 10 bis 20° zu verändern und die Hochspannung der Sender abzuschalten. Waren die Raketen noch nicht gestartet, wurde dieser Vorgang sofort eingeleitet.

Gunar Fleißner, Siegfried Horst

Die Fla-Raketentruppen der Luftverteidigung im Bestand der LSK/LV und der Luftverteidigungsdivisionen

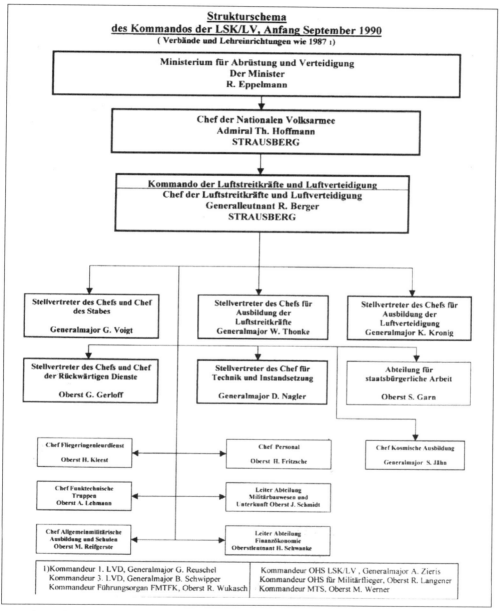

Aus der Jubiläumsschrift zum 50. Jahrestag der LSK/LV

Das voran stehende Strukturschema des Kommandos LSK/LV zeigt die letzte Fassung, die unter Mitwirkung von Minister Eppelmann und seiner Helfer entstanden war. Die Luftstreitkräfte/Luftverteidigung der Nationalen Volksarmee der DDR als Teilstreitkraft, geführt durch das Kommando LSK/LV, setzten sich zuletzt aus zwei Luftverteidigungsdivisionen, einem Führungsorgan der Front- und Militärfliegerkräfte und zahlreichen direkt unterstellten Truppenteilen und Einrichtungen zusammen.

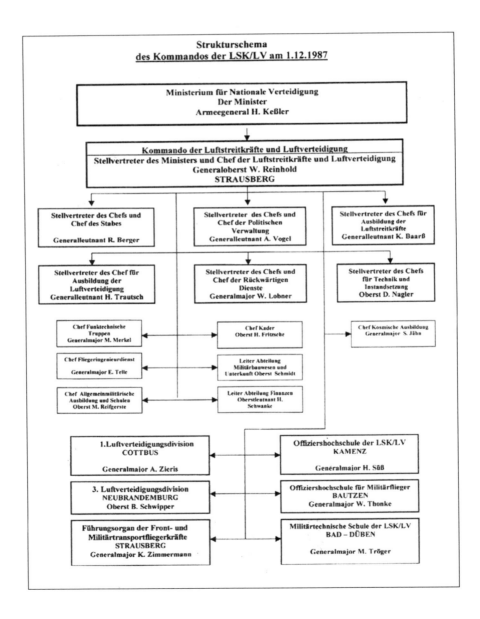

Die Aufgabe der Luftverteidigung war die Abwehr von Luftangriffen auf das Territorium der DDR und der Schutz wirtschaftlicher, administrativer verkehrstechnischer Zentren. Diese Aufgabe erfüllte sie im engen Zusammenwirken mit den Fla-Raketentruppen der Truppenluftabwehr der Landstreitkräfte, wobei die Führung des DHS durch den Zentralen Gefechtsstand der LSK/LV, die Gefechtsstände der Verbände und in der Realisierung durch die Gefechtsstände der taktischen Verbände und Truppenteile der Luftverteidigung des Landes erfolgte.

Im Bestand der Luftverteidigung stellten die Jagdfliegerkräfte mit sechs Jagdfliegergeschwadern die beweglichste Feuerkraft und die Fla-Raketentruppen mit drei Fla-Raketenbrigaden, drei Fla-Raketenregimenter die Hauptfeuerkraft dar. Sieben Funktechnische Bataillone stellten für das DHS, die fliegerische Gefechtsausbildung und das Luftverteidigungsgefecht die Funkmessinformationen bereit.

Die Luftstreitkräfte umfassten zwei Jagdbombenfliegergeschwader sowie Transport- und Aufklärungsflieger. Der Stab des Kommandos LSK/LV befand sich in Eggersdorf, der Zentrale Gefechtsstand-14 bei Fürstenwalde.

Die Fla-Raketentruppen der Luftverteidigung der NVA führte der Chef FRT Generalmajor Kurt Kronig. Im Jahr 1990 gab es aufgrund der gesellschaftlichen Veränderungen in der DDR noch zahlreiche Personalveränderungen in der Führung des Kommandos LSK/LV.

Im Verlauf der Entwicklung der FRT wurden durch die Offiziere und Generale des Bereiches FRT vielfältige Aufgaben erfüllt. Vier grundsätzlich unterschiedliche Waffensysteme wurden eingeführt, neue Raketentypen übernommen und für die Truppe bereitgestellt. Die Automatisierten Führungssysteme ASURK, VEKTOR und SENESH an die Fla-Raketenbrigaden übergeben. Drei Truppenteile entwickelte man zu taktischen Verbänden gemischten Bestandes weiter. Das gesamte Stellungssystem der FRT erhielt durch Truppeneigenleistungen einen deutlich verbesserten pioniertechnischen Ausbau. Die Offiziere des Bereiches FRT organisierten gemeinsam mit den Offizieren der Verbände eine anspruchsvolle Gefechtsausbildung, deren Höhepunkte die jährlichen Feldlager und Gefechtsschießen waren. Stellvertretend seien hier Oberst Metzler, Oberst Warthemann, Oberst Hartig, Oberstleutnant Seifert und Oberstleutnant Serfling und Oberstleutnant Kohlmetz genannt. Sie waren in den Truppenteilen und taktischen Verbänden anerkannte Offiziere der FRT.

Gemeinsam mit dem Instandsetzungswerk Pinnow schuf der Fla-Raketeningenieurdienst die Grundlagen für die industrielle Instandsetzung und Modernisierung der Fla-Raketentechnik. Weitere Informationen zu Aufgaben und Struktur des Kommandos LSK/LV sind in der Publikation „Erlebtes und Geschaffenes – Beiträge zur Geschichte der Luftstreitkräfte/Luftvereidigung der Nationalen Volksarmee der DDR" zu finden.

Die 1. Luftverteidigungsdivision

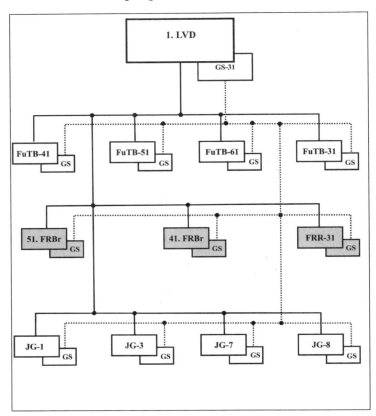

Der Stab der 1. LVD lag in Cottbus und der Gefechtsstand 31 in Kolkwitz. Letzter Divisionskommandeur war Generalmajor Gerhard Reuschel. Als seine Stellvertreter arbeiteten im September 1990:

- Der Stellvertreter des Kommandeurs und Stabschef
  Oberstleutnant Hans Fröhlich
- Der Stellvertreter des Kommandeurs für FRT Oberst Gunar Fleißner
- Der Stellvertreter des Kommandeurs für JFK Oberst Wilfried Kernchen
- Der Stellvertreter des Kommandeurs für Rückwärtige Dienste Oberstleutnant
  Gerald Eisold

Die Fla-Raketentruppen
- 41. FRBr   Stab und Gefechtsstand in Ladeburg
- 51. FRBr   Stab und gemeinsamer Gefechtsstand in Sprötau
- FRR-31   Stab und Gefechtsstand in Straßgräbchen

Die Jagdfliegerkräfte

- JG-1 am Standort Holzdorf   MiG-21
- JG-3 am Standort Preschen   MiG-29
- JG-7 am Standort Drevitz   MiG-21

  Das Geschwader wurde im Oktober 1989 im Ergebnis der Wiener
  Verhandlungen aufgelöst und die Technik verschrottet.
- Das JG-8 am Standort Marxwalde   MIG-21

Die Funktechnischen Truppen

- FuTB-31   Stab und Gefechtsstand Döbern
- FuTB-41   Stab und gemeinsamer Gefechtsstand 1/41 Holzdorf
- FuTB-51   Stab und gemeinsamer Gefechtsstand 51/51 Sprötau
- FuTB-61   Stab und Gefechtsstand Müncheberg

Die 3. Luftverteidigungsdivision

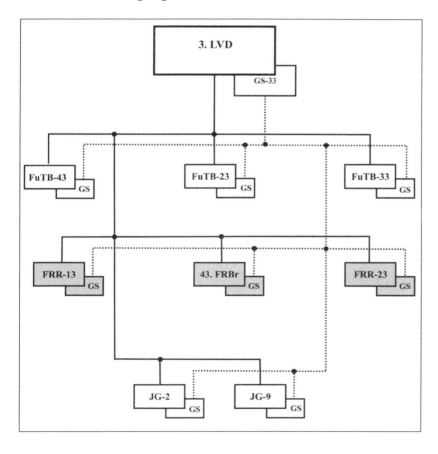

Der Stab der 3. LVD befand sich in Trollenhagen bei Neubrandenburg, die Führung der Truppen erfolgte vom Gefechtsstand-33 in Cölpin. Letzter Kommandeur der Division war Generalmajor Dr. Bernd Schwipper. Als seine Stellvertreter arbeiteten im September 1990:
- Der Stellvertreter des Kommandeurs und Stabschef
  Oberst Andreas Bergelt
- Der Stellvertreter des Kommandeurs für FRT Oberst Siegfried Horst
- Der Stellvertreter des Kommandeurs für JFK Oberst Dieter Paul
- Der Stellvertreter des Kommandeurs für Rückwärtige Dienste
  Oberst Helmut Schmidt

Die Fla-Raketentruppen
- FRR-13   Stab in Parchim, gemeinsamer Gefechtsstand Dargelütz
- 43. FRBr   Stab in Sanitz, automatisierter Gefechtsstand in Rövershagen
- FRR-23   Stab in Stallberg, Gefechtsstand in Uhlenkrug

Die Jagdfliegerkräfte
- JG-2 am Standort Trollenhagen   MiG 21
- JG-9 am Standort Peenemünde   MiG 23

Die Funktechnischen Truppen
- FuTB-23   Stab und Gefechtsstand in Pragsdorf
- FuTB-33   Stab und gemeinsamer Gefechtsstand 9/33 in Pudagla
- FuTB-43   Stab und gemeinsamer Gefechtstand 13/43 in Dargelütz

Die fachliche Führung der Entwicklungsplanung, Ausbildung, ingenieur-technischen und raketentechnischen Sicherstellung der Fla-Raketentruppen

Die fachliche Anleitung der Truppenteile und taktischen Verbände der FRT erfolgte über zwei Führungsebenen. Die Gesamtverantwortung lag beim Stellvertreter des Chefs der LSK/LV für Ausbildung der Luftverteidigung. Er war Vorgesetzter des Chefs FRT und der wiederum der Fachvorgesetzte der Stellvertreter für FRT der Luftverteidigungsdivisionen, die ihrerseits die Ausbildung, ingenieurtechnische und raketentechnische Sicherstellung der Regimenter und Brigaden organisierten.

In enger Zusammenarbeit zwischen Ausbildern und Ingenieuren erfolgten die Kontrollen des Diensthabenden Systems, die jährlichen Feldlager und das Gefechtsschießen der FRT in sehr hoher Qualität.

In den Luftverteidigungsdivisionen unterstanden den Leitern Ausbildung Fachgruppen für die Spezialausbildung, den Gefechtsdienst der Waffengattung und der Flakartillerie. Dem Leiter des Fla-Raketeningenieurdienstes unterstanden die Arbeitsgruppen für technische Ausbildung und Nutzung, für technische Ausbildung und Sicherstellung mit Fla-Raketen und eine Gruppe für Instandsetzung und technische Sicherstellung. Darüber hinaus waren sie verantwortlich für die Fla-Raketenwerkstatt und die dazugehörigen Lager.

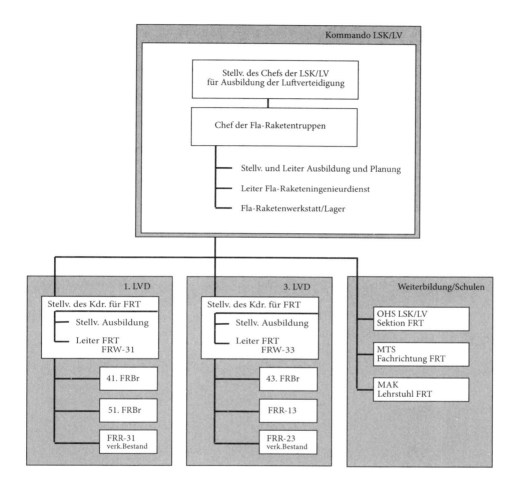

Die Entwicklung der Waffengattung lag in der Verantwortung des Chefs FRT. Nach den Vorgaben und Befehlen des Nationalen Verteidigungsrates, den zuständigen Bereichen und Abteilungen des Ministeriums für Nationale Verteidigung und des Kommandos LSK/LV wurde durch ihn mit seiner Planungsabteilung Vorschläge für neue Standorte der FRT, neue Waffensysteme und Strukturen erarbeitet.

Unter strengster Geheimhaltung wurden einzelne Fachoffiziere der Luftverteidigungsdivisionen in diese Planungs- und Entwicklungsaufgaben einbezogen.

Bei den regelmäßigen Modernisierungen der Fla-Raketentechnik und der Einführungen neuer Technik pflegten die Fachbereiche des Chefs FRT, ganz besonders der Fla-Raketeningenieurdienst, enge Kontakte zu den sowjetischen Militärspezialisten.

In der 1. LVD arbeiteten im September 1990 als Stellvertreter des Kommandeurs für Fla-Raketentruppen Oberst Gunar Fleißner, sein Stellvertreter für Ausbildung war Oberstleutnant Christian Streicher, und der Leiter des Fla-Raketeningenieurdienstes der 1. LVD war Oberstleutnant Gerd Seiffert.

In der 3. LVD arbeiteten zum gleichen Zeitpunkt als Stellvertreter des Kommandeurs für Fla-Raketentruppen Oberst Siegfried Horst, als sein Stellvertreter Ausbildung Oberstleutnant Peter Stefezius und als Leiter des Fla-Raketeningenieurdienstes Oberst Dr. Wilfried Schaarschmidt.

Diese Stellvertreterbereiche trugen die Verantwortung dafür, dass die Truppenteile und taktischen Verbände ständig über einen hohen Ausbildungsstand und eine hohe technische Einsatzbereitschaft verfügten. In diesen Bereichen arbeitete eine hohe Anzahl von Absolventen sowjetischer Bildungseinrichtungen. Die sichere Kenntnis der russischen Sprache ermöglichte eine sehr gute Zusammenarbeit mit den sowjetischen Instrukteuren auf dem Schießplatz, mit den Werksvertretern bei der ingenieurtechnischen Sicherstellung und im Luftverteidigungsgefecht auf den Gefechtsständen als Offiziere des Zusammenwirkens.

Den Bereichen Instandsetzung im Fla-Raketeningenieurdienst des Kommandos und der Verbände oblag auch die Vorbereitung der Fla-Raketentechnik für die industrielle Instandsetzung nach Ablauf der Nutzungsperioden im Industriewerk Pinnow. Diese Tätigkeit gewann mit zunehmendem Alter der Fla-Raketentechnik an Bedeutung.

Eine ökonomisch sinnvolle und militärisch zweckmäßige Methode der Schaffung von technischen Reserven war, dass die aus den Truppenteilen abgezogene ältere Technik nicht verschrottet, sondern durch Modernisierungen auf den neusten technischen Stand gebracht und der Mobilmachungsreserve zugeführt wurde. Basislager dafür war das in Lindhardt stationierte Mobilmachungslager LFRT-21.

Abschließend noch einige Ausführungen zu den Arbeitsgruppen Flak-Artillerie. Sowohl im Kommando LSK/LV als auch in den Luftverteidigungsdivisionen gab es eine Arbeitsgruppe, die für Ausbildung der Flakbatterien und Fla-Raketenschützen verantwortlich war. Die technische Wartung und Sicherstellung führte der Waffentechnische Dienst der Rückwärtigen Dienste durch. Die Luftverteidigungsdivisionen verfügten in den Fla-Raketentruppenteilen, in den Geschwadern, bei den Funktechnischen Truppen und an den Gefechtsständen über Flak-batterie ZU-23 und über tragbare Fla-Raketenkomplexe Strela-2 und FASTA-4. Der Personalbestand dafür befand sich im Soll II, d.h. er stand erst nach durchge-führter Mobilmachung zur Verfügung. Die Arbeitsgruppen Flakartillerie hatten die Aufgabe, die Reservisten der Flakbatterien im Rahmen regelmäßiger Reservistenlehrgängen an der Kampftechnik auszubilden und bei Gefechts-schießen im Ausbildungszentrum der Flakartillerie auf dem Schießplatz Zingst zu überprüfen. Das war eine Aufgabe, die in jedem Ausbildungsjahr sehr zielstrebig und sehr erfolgreich realisiert wurde. Außerdem wurden an allen Standorten, an denen Flakbatterien eingelagert waren, nicht strukturmäßige Geschützbedie-nungen aus dem Bestand der Berufssoldaten formiert und ausgebildet. Die Fla-Raketenschützen erhielten ihre Ausbildung in Lehrgängen, die die Arbeitsgruppen Flakartillerie organisierten und durchführten.

Siegfried Horst
Die Truppenteile und Verbände der FRT der Luftverteidigung

Bei der Einführung der Fla-Raketentruppen in der Luftverteidigung der DDR gab es nur Fla-Raketenregimenter. In der Phase ihrer Aufstellung wurden sie aus Gründen der Geheimhaltung zunächst weiter als Flak-Regimenter bezeichnet. Erst 1963 durften sie offiziell Fla-Raketenregimenter genannt werden. Nach der Auffas-sung der sowjetischen Militärwissenschaft waren die Fla-Raketenregimenter Trup-penteile und die Fla-Raketenabteilungen hatten den Status von Bataillonen. Mit der Aufstellung von Fla-Raketenbrigaden entstanden taktische Verbände der FRT, im Gegensatz zu den Divisionen und Korps, die als operative Verbände galten.

Die Struktur der Fla-Raketentruppenteile blieb über viele Jahre stabil, wenn man von geringfügigen Veränderungen absieht. Ein Beispiel sind die Flak-Batterien zur Eigendeckung. Waren diese zum Beginn noch aktiv, wurden sie schon nach kurzer Zeit ins Soll II überführt und die Technik eingelagert. Diese Elemente standen erst nach durchgeführter Mobilmachung zur Verfügung.

Am 1. Januar 1990 hatten die noch bestehenden Regimenter folgende Struktur: dem Kommandeur eines FRR unterstanden fünf Stellvertreter: der Stabschef, der Leiter der Politabteilung, der Stellvertreter für Ausbildung, der Leiter des Fla-Raketeningenieurdienstes und der Stellvertreter für Rückwärtige Dienste. Der Kommandeur führte vier Fla-Raketenabteilungen und eine Technische Abteilung.

Dazu standen ihm der Gefechtsstand des Regimentes und verschiedene sicherstellende Einheiten zur Verfügung. Das Fla-Raketenregiment hatte eine Friedens- und eine Kriegsstruktur, die erst nach abgeschlossener Mobilmachung wirksam wurde. Die Soll-1 Stärke im Frieden wuchs nach durchgeführter Mobilmachung erheblich an. Im Frieden nicht vorhandene Gruppen, wie die Pioniergruppen und Gruppen der chemischen Abwehr in den FRA, wurden mit zugeführten Reservisten aufgefüllt. Das Gleiche erfolgte bei den für das DHS wichtigen Strukturelementen Führungskompanie, Funktechnische Kompanie und Startbatterie. Bei ihnen wurden zahlreiche Gefechtsfunktionen personell aufgestockt, damit diese Einheiten das Diensthabende System ununterbrochen in Schichten gewährleisten konnten. Das Gleiche traf auf die Regiments- und Brigadestäbe zu. Gruppen wurden nach der Mobilmachung zu Zügen und Züge zu Kompanien. Die Gefechtsstände waren personell so ausgestattet, dass sie das DHS mit drei Gefechtsbesatzungen über 24 Stunden absichern konnten.

1990 hatte das FRR-13 noch den ausreichenden Personalbestand, um regelmäßig das Diensthabende System der Luftverteidigung sicher zu stellen. Die

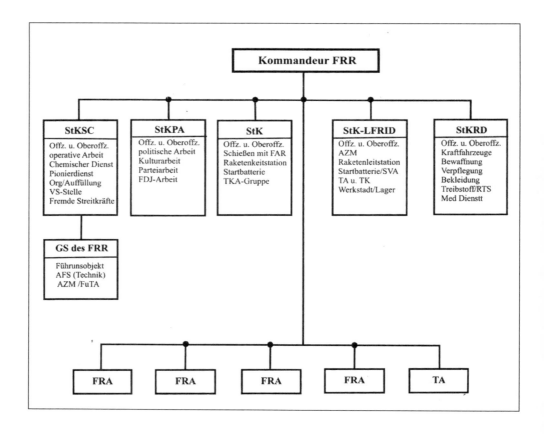

Regimenter der zweiten Linie FRR-23 und FRR-31 waren seit Mitte der achtziger Jahre personell so ausgedünnt, dass der Dienst im DHS nicht mehr möglich war. Das eingesparte Personal wurde für die Aufstellung der 41. und 51. Fla-Raketenbrigade benötigt. Die Gefechtsstärke dieser Regimenter konnte erst nach abgeschlossener Mobilmachung hergestellt werden.

Das Ziel der Entwicklung der FRT der Luftverteidigung der DDR war die Schaffung von Fla-Raketenbrigaden mit gemischtem Bestand. 1971 entwickelte man aus dem FRR-18 die 43. Fla-Raketenbrigade. Mitte der 80er Jahre wurde das FRR-16 zur Basis der 41. Fla-Raketenbrigade und ab November 1988 begann die Erweiterung des FRR-51 zur 51. Fla-Raketenbrigade. Die Entwicklung der Fla-Raketenbrigaden war ein Spiegel der ökonomischen Entwicklung in der DDR. Konnte in den 70er Jahren mit der 43. FRBr noch in relativ kurzer Zeit ein moderner taktischer Verband der Luftvereidigung geschaffen werden, verzögerte sich in den 80er Jahren der Aufbau der 41. FRBr deutlich und die 51. FRBr blieb in den Anfängen ihres Aufbaus stecken.

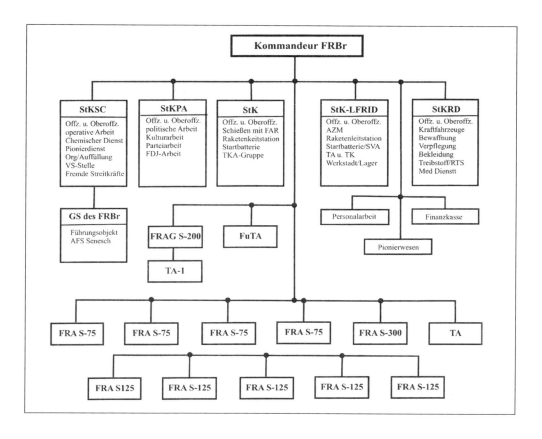

Das Strukturschema orientiert sich an der 43. Fla-Raketenbrigade. Diese Brigade wurde 1971 aus dem Bestand des FRR-18 entwickelt. Sie war der erste taktische Verband der FRT der NVA. Am 1. Oktober 1990 verfügte die 43. FRBr über vier verschiedene Waffensysteme und das modernste automatisierte Führungssystem. Nähere Angaben zur Fla-Raketentechnik finden Sie im Kapitel Bewaffnung und Ausrüstung. Es gab deutliche Unterschiede zwischen den FRBr der 1. LVD und der 43. FRBr an der Küste. Die 41. und die 51. FRBr erhielten ihre Gefechtsstruktur erst nach durchgeführter Mobilmachung durch Aufstellung von je vier Fla-Raketenabteilungen und einer TA des Typs SA-75. Die Fla-Raketenkomplexe, die Raketen und weitere Bewaffnung waren im Lager der Fla-Raketentruppen 21 eingelagert.

	gesamt	Offz.	Fä.	BU	Uffz.	GWD
Stab	136	59	14	20	14	29
GS-41	81	18	6	5	12	40
NK	70	4	8	5	12	41
TIK	36	2	4	2	5	23
FuTA	137	27	10	3	20	77
TA	89	18	2	5	16	48
FRAG	276	81	25	26	64	89
FRA-4121	147	24	6	6	39	72
FRA-4122	147	24	6	6	39	72
FRA-4123	147	24	6	6	39	72
FRA-4124	147	24	6	6	39	72
FRA-4131	73	14	5	6	17	31
FRA-4132	73	14	5	6	17	31
FRA-4133	73	14	5	6	17	31
FRA-4134	73	14	5	6	17	31
gesamt	1705	361	113	114	367	750

Die personelle Stärke einer Fla-Raketenbrigade im Frieden

Die personelle Friedensstärke eine Fla-Raketenbrigade wird dargestellt am Beispiel der 41. FRBr und ist der Chronik dieses taktischen Verbandes der FRT, die von Udo Finger vorgelegt wurde, entnommen.

	gesamt	Offz.	Fä.	BU	Uffz.	GWD	Res.
Soll-Frieden	1705	361	113	114	367	750	31
Auffüllung 1985	0,88	0,70	0,31	1,22	0,97	0,96	1,0

Der Grad der personellen Auffüllung

Der Grad der personellen Auffüllung im Frieden war von Verband zu Verband unterschiedlich, weil die Bereitstellung von Personal in den Dienstgradgruppen von vielen Faktoren bestimmt wurde, die territorial sehr verschieden waren. Die Auffüllung der 43. FRBr war in den Positionen Offiziere, Fähnriche und Berufs-unteroffiziere schon aufgrund ihres längeren Bestehens deutlich besser. Um eine hundertprozentige Auffüllung einer Fla-Raketenbrigade mit ausgebildeten Offizieren und Fähnrichen zu erreichen, war ein Zeitraum von drei bis fünf Jahren erforderlich.

Nach erfolgter Mobilmachung erhöhte sich die Personalstärke der FRT durch die Zuführung in allen Dienstgradgruppen fast um 100 %.
Die Einheiten der FRT der Luftverteidigung waren die Fla-Raketenabteilungen und Technischen Abteilungen. Ihre Strukturen wurden vom Waffensystem bestimmt und unterschieden sich erheblich.

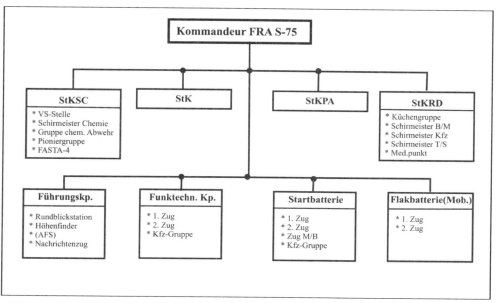

Struktur einer FRA S-75 Wolchow

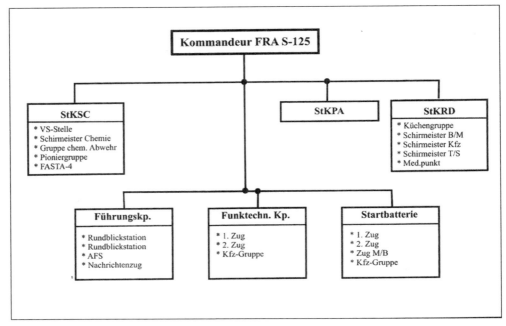

Die Struktur einer FRA S-125 Newa

Für die Truppenteile und taktischen Verbände der Fla-Raketentruppen waren Gefechtsdokumente vorbereitet, die beinhalteten, aus welchen Feuerstellungen die Fla-Raketenabteilungen nach Einnahme der Ausgangslage zur Abwehr des Luftgegners zu handeln hatten. Diese Dokumente unterlagen größter Geheimhaltung und ihr Inhalt war nur wenigen Offizieren bekannt. Wir können heute davon ausgehen, dass bei geordneter Einnahme der Vollen Gefechtsbereitschaft 50 % der Fla-Raketenabteilungen S-75 und S-125 aus Wechselstellungen gut getarnt gehandelt hätten.

Mit der Einführung des neuen Fla-Raketensystems S-300 PMU wäre auf der Grundlage der drei wichtigsten Parameter a) Handlungsreichweite bis 95 km, b) gleichzeitiges Schießen auf sechs anfliegende Ziele und c) Herstellen der Marschlage oder der Gefechtslage in fünf Minuten eine Revolution der Möglichkeiten der FRT vonstatten gegangen. Bei Austausch der vorhandenen Komplexe S-75 und S-125 gegen den S-300 PMU wäre eine Vervielfachung der Gefechtsmöglichkeiten mit gleichem Personalbestand möglich gewesen. Die neuen Manövermöglichkeiten hätten uns überraschende Veränderungen der Gefechtsordnung ermöglicht. Der angreifende Gegner hätte nicht mehr gewusst, wo sich die Abwehrmittel befinden, und ihm wären keine gezielten Schläge zur Niederhaltung der Fla-Raketenabteilungen möglich gewesen.

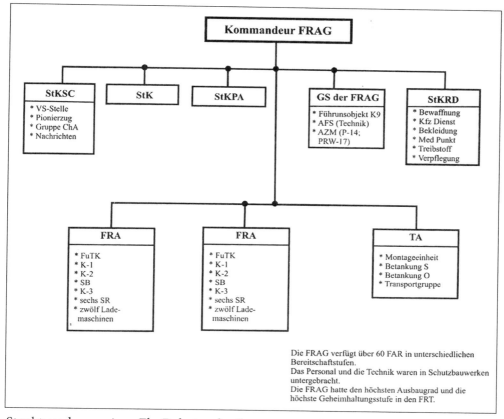

Strukturschema einer Fla-Raketenabteilungsgruppe S-200 Wega

Die Fla-Raketentruppen verfügten 1990 über vier FRK S-200 in Prangendorf und in Badingen. Am Standort Eckolstädt waren zwei weitere FRA mit weitreichenden Raketen im Aufbau. Der Auf- und Ausbau dieser Fla-Raketensysteme gestaltete sich sehr aufwendig. Da sie kaum beweglich waren, kannte der Gegner ihre Standorte sehr genau und konnte umfangreiche Maßnahmen zu ihrer Niederhaltung planen. Deshalb befanden sich alle Elemente, die gedeckt untergebracht werden konnten, in Schutzbauwerken, die gegen den Einsatz herkömmlicher Waffen ausreichend schützten. Für alle Antennensystem traf das nicht zu. Jeder Fachmann weiß, was das im Ernstfall bedeutet hätte.

Die Aufgaben der Truppenteile und taktischen Verbände der FRT der Luftverteidigung

Die Aufgaben im Frieden waren die Ausbildung des Personalbestandes und das Herstellen der Geschlossenheit der Gefechtsbesatzungen, die Gewährleistung der ständigen Einsatzbereitschaft der Kampftechnik und die Teilnahme am Diensthabenden System der Luftverteidigung des Warschauer Vertrages.

Die Aufgaben im Kriege bestanden in der Vernichtung des Luftgegners in den zugewiesen Räumen und Richtungen im Zusammenwirken mit den Jagdfliegerkräften und den Kräften der Truppenluftabwehr der NVA und der GSSD.

Truppenteile und taktische Verbände wurden und werden durch ihre Gefechtsmöglichkeiten charakterisiert. Die Gefechtsmöglichkeiten umfassen die Fähigkeiten eines FRR oder einer FRBr zur Abwehr des Luftgegners. Sie setzen sich aus folgenden Elementen zusammen: den Fähigkeiten zur rechtzeitigen Einnahme der Ausgangslage zur Abwehr der angreifenden Flugkörper, der Fähigkeit zur gleichzeitigen Vernichtung einer Anzahl von Luftzielen des Gegners mit einer definierten Vernichtungswahrscheinlichkeit in verschieden Höhen bei verschiedenen Geschwindigkeiten, auch als Feuermöglichkeiten bezeichnet, der Fähigkeit der Gefechtsordnung des Truppenteils oder des taktischen Verbandes eine bestimmte Fläche, ein Objekt oder eine Richtung vor Angriffen des Luftgegners zu schützen, auch als Deckungsmöglichkeiten bezeichnet, und der Fähigkeit, die Gefechtsordnung des FRR oder FRBr durch Manöver mit FRA zu verändern, auch als Manövermöglichkeiten bezeichnet.

Die Abbildungen zu den Feuerzonen aller Truppenteile und taktischen Verbände am Ende dieses Beitrages vermitteln einen Eindruck von den Deckungsmöglichkeiten, wie sie bis 1990 bestanden.

Die Gefechtsmöglichkeiten der 43. Fla-Raketenbrigade waren zum Ende der Fla-Raketentruppen sehr gut. Die Funkmesssicherstellung des Gefechtsstandes wurde durch eine Funktechnische Abteilung FuTA-4301 und unterstützenden yquellen sichergestellt. Der GS-43 verfügte über das automatisierte Führungssystem „Senesh MÄ". Damit konnte eine gute Beurteilung der Luftlage, die rechtzeitige Alarmierung und Führung der Einheiten realisiert werden. Die Bereitschaft zur Abwehr von Luftangriffen aus der Bereitschaftsstufe 2 konnte in 3 Minuten und 30 Sekunden hergestellt werden. Die vier verschiedenen, 1990 vorhandenen, Fla-Raketenkomplexe S-75, S-125, S-200 und S-300 PMU waren in der Lage, gleichzeitig 17 in die Vernichtungszonen einfliegende Luftangriffsmittel in Höhen ab 25 m bis 40 km, auf Entfernungen von 5 bis 240 km zu bekämpfen. Es gab 1990 kein aerodynamisches Luftangriffsmittel der NATO, das die 43. FRBr nicht bekämpfen und vernichten konnte. Problematisch waren Flügelraketen in extrem geringen Höhen und Ziele unter starken Funkmessstörungen. Nicht direkt bekämpfbar waren Antifunkmess-Raketen.

Die Gefechtsaufgabe für die 43. FRBr bestand in der Deckung der Richtung nördliche Staatsgrenze, der Städte Wismar, Rostock und Stralsund sowie der Standorte der Volksmarine der DDR. Die dazu entfaltete Gefechtsordnung war ein Kompromiss zwischen der Gewährleistung des DHS im Frieden und der Gefechtsaufgabe im Kriege.

Die Manövermöglichkeiten der Fla-Raketenkomplexe waren sehr unterschiedlich. Der FRK S-200 konnte im taktischen Sinne nicht manövrieren. Erst nach stundenlangem komplizierten Abbau war er eingeschränkt mobil. Die Fla-Raketenabteilungen S-75 und S-125 konnte man im Bereich von ein, zwei oder mehr Stunden an einen neuen Standort verlegen.

Gut ausgebildete Einheiten erreichten, besonders beim S-125, wesentlich kürzere Zeiten. In allen FRA S-75 und S-125 wurde die Verlegung halbjährlich trainiert. Mit der Einführung des FRK S-300 PMU standen wir am Beginn einer neue Ära des Manövers in den FRT. Mit der Möglichkeit, in fünf Minuten aus der Gefechtslage die Marschlage herzustellen und umgekehrt, hatte der Begriff „Manöver" für die FRT der Luftverteidigung eine völlig neue Bedeutung bekommen.

In der Phase des Aufbaus der FRT ging man bei der Auswahl der Standorte für Feuerstellung davon aus, dass die FRT vor allem Ziele in mittleren und großen Höhen bekämpfen sollten.

Diese Aussage und die übertriebene Geheimhaltung führten dazu, dass alle FRA S-75 in großen Waldgebieten abseits des Lebens lagen. Erst mit der Bildung der Brigaden wurde dieser Grundsatz aufgegeben. Die FRA S-125 und S-200 wurden überwiegend aufs freie Feld gebaut.

Die Luftbilder zeigen heute wie damals auf den ersten Blick, um welchen Fla-Raketenkomplex es sich handelt, der in der Feuerstellung entfaltet ist oder war.

Das System der Gefechtsstände

Die Gefechtsstände der Truppenteile und taktischen Verbände der FRT waren entscheidende Einrichtungen zur Führung der Truppen im Frieden und im Kriege. Sie wurden ständig weiter entwickelt. Waren sie zu Beginn in normalen Gebäuden und Baracken, in den FRA sogar in abenteuerlichen Bretterkonstruktionen zwischen den Kabinen untergebracht, verfügten die taktischen Verbände zum Teil über sehr moderne mehrstöckige, hermetisierbare Schutzbauwerke.

In der Luftverteidigung der DDR begann die Führungslinie im Zentralen Gefechtsstand bei Fürstenwalde (ZGS). Dieser führte die Gefechtsstände der 1. LVD in Kolkwitz (GS-31) und der 3. LVD in Cölpin (GS-33).

Vom GS-31 wurden die 41. FRBr (GS-41) in Ladeburg, die 51. FRBr in Sprötau (GS-51) und das FRR-31 (GS-31) in Straßgräbchen geführt. Der GS-33 führte die 43. FRBR (GS-43) in Rövershagen, das FRR-13 (GS-13) in Dargelütz und das FRR-23 (GS-23) in Uhlenkrug. Über die Linie der Gefechtsstände wurden drei Hauptaufgaben realisiert: die Führung des Diensthabenden Systems der Luftverteidigung der DDR im Frieden, die Einnahme der Stufen der Gefechtsbereitschaft beim Übergang zum Verteidigungszustand und die Führung der Truppen bei der Abwehr des Luftgegners.

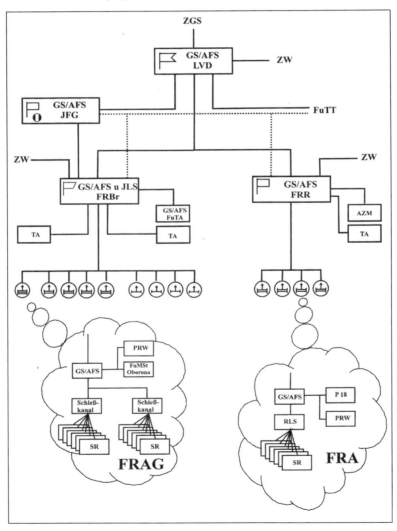

Das Schema zeigt die allgemeinen Führungslinien zwischen dem Zentralen Gefechtsstand der Luftverteidigung der DDR und den Fla-Raketenabteilungen und Fla-Raketenabteilungsgruppen. Über diese Linien wurde auch das Zusammenwirken mit anderen Teilstreitkräften und den Truppen der GSSD realisiert.

Die Rolle der FRT im Diensthabenden System der Luftverteidigung

Die Fla-Raketentruppen waren nicht nur die Hauptfeuerkraft der Luftverteidigung, sondern auch das Rückgrat des DHS der Luftverteidigung, weil sie im Gegensatz zu den Jagdfliegerkräften vom Wetter weitgehend unabhängig waren. Das führte besonders in den Winterhalbjahren zu zahlreichen zusätzlichen DHS-Einsätzen von FRA. Sie mussten häufig für die diensthabenden JFK einspringen, weil die Flugplätze aufgrund des Wetters nicht einsatzbereit waren. Deutlicher Nachteil der FRT war ihre Ortsgebundenheit. Während die JFK im Rahmen ihrer Reichweite große Räume abdecken konnten, oder anders gesagt, die diensthabenden FRA konnten nur handeln, wenn die Ziele in ihre Vernichtungszone einflogen. Unabhängig davon beteiligten sich die Aufklärungsmittel der FRA: P-12, P-15, P-18 und PRW-13, der FRAG mit der weitreichenden Funkmessstation P-14 „Oborona" und PRW-17 sowie die leistungsstarken Aufklärungsmittel Kabina 66, der STU-68 und verschiedene Höhenmesser der Funktechnischen Abteilungen der Fla-Raketenbrigaden an der Ortung der Luftziele.

Gefechtsbereitschaft und Diensthabendes System

Die Gefechtsbereitschaft war in der Nationalen Volksarmee nach den gleichen Prinzipien wie im gesamten Warschauer Vertrag organisiert. Sie umfasste vier Stufen: die Ständige Gefechtsbereitschaft, die Erhöhte Gefechtsbereitschaft, die Gefechtsbereitschaft bei Kriegsgefahr und die Volle Gefechtsbereitschaft. Diese Stufen galten für alle Teilstreitkräfte, Verbände, Truppenteile und Einheiten in gleicher Weise. Nach Waffengattungen und Diensten gab es Besonderheiten, die detailliert geregelt waren. Die Besonderheiten wurden vor allem durch die Bewaffnung bestimmt. Für Panzer gab es verständlicherweise andere Festlegungen als für Jagdflugzeuge oder Fla-Raketen.

Die Ständige Gefechtsbereitschaft (SG)

Diese Stufe galt, wie ihr Name sagt, ständig. Ihre wichtigste Festlegung war, dass ständig 85 % des Personalbestandes am Standort verfügbar sein mussten und Ausnahmen bei Übungen u. ä. vom Vorgesetzten genehmigt bzw. befohlen werden mussten. Die Bewaffnung und Munition befand sich in den Waffenkammer und Lagern. Die Kfz.-Technik war gewartet und in den Parks abgestellt. Die Fla-Raketentechnik war in den DHS-Stellung in der befohlenen Bereitschaftsstufe des

Diensthabenden Systems. Die Fla-Raketen befanden sich auf den Startrampen, den Transport-Ladefahrzeugen und in den Raketenbunkern, bei den FRK S-200 auf den Lademaschinen in den Bunkern. Die Mobilmachungstechnik wie die Flakgeschütze ZU-23 und ihre Zugmittel waren gewartet, konserviert und im Park abgestellt.

In die Ständige Gefechtsbereitschaft eingebettet waren die Bereitschaftsstufen des Diensthabenden System der Fla-Raketentruppen der Luftverteidigung. In der Ständigen Gefechtsbereitschaft befanden sich 50 % der FRA in der Bereitschaftsstufe 2 des DHS. Weitere Ausführungen zum DHS finden Sie im Anschluss an die Stufen der Gefechtsbereitschaft.

Die Erhöhte Gefechtsbereitschaft (EG)

Diese Stufe diente der Vorbereitung weiterer Maßnahmen zur Herstellung der Handlungsfähigkeit der Truppe und der Führung. Der Personalbestand wurde zu 100 % in die Dienststellen befohlen. Alle FRA hatten die Bereitschaftsstufe 2 einzunehmen. Maßnahmen der Mobilmachung wurden nach gesondertem Plan vorbereitet. Die Durchläufe durch die Mobilmachungspunkte wurden geübt und die Technik der Mob-Einheiten auf Befehl entkonserviert. Die Anzahl der gefechtsbereiten Fla-Raketen wurde auf Befehl erhöht und verstärkte Gefechtsausbildung nach speziellen Ausbildungsplänen in den Einheiten der FRA durchgeführt. Die Tarnung der Feuerstellungen wurde vervollkommnet und Scheinelemente zur Täuschung zur Entfaltung vorbereitet.

Die Gefechtsbereitschaft bei Kriegsgefahr (GK)

In dieser Stufe betrug die Übergangzeit in die Bereitschaft zum Start der Fla-Raketen für alle FRA S-75 und -125 nur noch 3 Minuten und 30 Sekunden. Die Mobilmachung war vorbereitet und auf Befehl durchgeführt. Die Verlegung ausgewählter FRA in die Wechselfeuerstellung wurde unter größter Geheimhaltung und Tarnung vorbereitet und auf Befehl durchgeführt.

Die Volle Gefechtsbereitschaft (VG)

In dieser Stufe war die Führung von Gefechtshandlungen im vollen Kampfbestand zur Abwehr des Luftgegners gewährleistet. Alle Einheiten und Gefechtsstände befanden sich in der Startbereitschaft der Fla-Raketen bzw. der Bereitschaftsstufe 1, die Mobilmachung war durchgeführt. Geplante Manöver ausgewählter FRA in Wechselstellungen mussten auf Befehl ausgeführt werden. Die Anzahl gefechtsbereiter Fla-Raketen wurde erhöht. Die Rückwärtigen Dienste verließen die Objekte und begaben sich in die Dezentralisierungsräume. Die Bodenverteidigung der Feuerstellung, des rückwärtigen Raumes, der technischen Zone und des Kasernenobjektes wurde aktiviert.

Das Diensthabende System der Fla-Raketentruppen (DHS)

Die diensthabenden Kräfte der Fla-Raketentruppen waren Bestandteil der DHS-Kräfte der LSK/LV. Die Aufgaben des DHS konnten nur gemeinsam mit den Jagdfliegern, den Funktechnischen Einheiten und den sicherstellenden Kräften aller Waffengattungen in den LSK/LV erfüllt werden.

Das DHS wurde durch den Befehl 90 des Stellvertreters des Ministers und Chef der LSK/LV geregelt. In diesem Befehl waren folgende Hauptaufgaben für das DHS festgelegt:

Die Aufklärung des Luftraumes, die Ortung und Beobachtung von Luftfahrzeugen nach Überflug der Linie X – diese Linie lag ca. 130 km vor der Grenz- und Küstenlinie der DDR. Die Luftverbindungswege von und nach Berlin bildeten dabei einen ständigen Schwerpunkt.

Die Meldung der Luft- und Gefechtslage erfolgte automatisiert oder nichtautomatisiert. Die Luftlage erarbeiteten die Aufklärungs- und Informationszentren (AIZ) der 1. und 3. Luftverteidigungsdivision und stellten diese über diensthabende Funknetze den Einheiten und Truppenteilen im Nord- bzw. Südraum der DDR zur Verfügung.

Die diensthabenden Kräfte der Jagdflieger hatten gegen Luftfahrzeuge, die widerrechtlich in den Luftraum eindringen, zu handeln. Die diensthabenden FRA hatten dazu bereit zu sein. Es gab während des Bestehens des DHS, dank der Vernunft beider der sich gegenüberstehenden Seiten, keinen einzigen Raketenstart der FRT der DDR vom Territorium der DDR. Der Chef der LSK/LV sagte bei einem Besuch in einer FRA der 43. FRBr „… wenn unsere Fla-Raketentruppen ihre Raketen starten müssen, dann hat der 3. Weltkrieg begonnen."

Das DHS hatte für die Abwehr eines überraschenden Angriffes des Luftgegners günstige Bedingungen zu schaffen. Dazu hatten die Gefechtsstände, die sich ständig im DHS befanden, die Überführung der Führungsorgane und Truppen in höhere Stufen der Gefechtsbereitschaft zu führen. Sie hatten die Unterstützung der Volksmarine bei der Aufklärung und Bekämpfung widerrechtlich einlaufender Überwasserziele durch küstennahe Einheiten der funktechnischen Truppen und Fla-Raketentruppen zu gewährleisten. Sie benachrichtigten die unterstellten Gefechtsstände über Satellitenüberflüge und andere Maßnahmen des Gegners zur funktechnischen Aufklärung. Dazu wurden die Signale ROT und GRÜN verwendet. Bei Signal ROT war die Abstrahlung für alle Raketenleitstationen verboten und die Abfrage der Raketenantwortsender durfte nicht durchgeführt werden. Es gab eine Reihe weiterer Aufgaben der Gefechtsstände, die allerdings die Arbeit der FRG im DHS nur wenig tangierten.

Den Befehl zur Eröffnung von Vernichtungsfeuer erteilte:
– der Oberkommandierende der GSSD oder
– der Minister für Nationale Verteidigung oder
– der Stellvertreter des Ministers und Chef LSK/LV.

Im Falle eines überraschenden Luftüberfalls waren gemäß Gefechtsdokumenten auch die Kommandeure der Fla-Raketentruppenteile zur Feuereröffnung berechtigt. Die diensthabenden Besatzungen der Einheiten und Gefechtsstände wurden durch den Leiter der diensthabenden Besatzung mit folgenden Worten vergattert:

„Zur Durchführung des Diensthabenden Systems in der Zeit vom … bis zum … verpflichte ich Sie, getreu dem geleisteten Fahneneid, im festen Klassen- und Waffenbündnis mit der Sowjetarmee und den anderen Bruderarmeen alle gestellten Gefechtsaufgaben zum Schutze des Luftraumes der Deutschen Demokratischen Republik und der sozialistischen Staatengemeinschaft mit hoher Disziplin und Initiative zu erfüllen! Diensthabender …"

Im Diensthabenden System der FRT gab es vier Bereitschaftsstufen

BSFAR	Die Bereitschaft zum Start der Fla-Raketen
B-1	Die Bereitschaftsstufe 1
B-2	Die Bereitschaftsstufe 2
B-3	Die Bereitschaftsstufe 3

Die Zeiten zur Einnahme der Bereitschaftsstufen betrugen:

BSFAR	aus	B-2	3 min 30 sec
BSFAR	aus	B-1	2 min
B-1	aus	B-2	6 min
	aus	B-3	20 min
B-2	aus	B-3	60 min

Für die Einnahme der verschiedenen Bereitschaftsstufen waren Signale der Alarmsirenen in den Feuerstellungen, Kasernenobjekten und Wohnblöcken festgelegt, die jeder auswendig beherrschen musste. Das System funktionierte, weil es Bestandteil der Ausbildung war und ständig trainiert wurde.

Die Bereitschaftsstufen des Diensthaben Systems hatten in den Fla-Raketentruppen folgende Charakteristik:

Die Bereitschaft zum Start der Fla-Raketen

Die gleichen Charakteristika wie die Bereitschaftsstufe-1, zusätzlich wurden durch den Leitoffizier die Startkreise geschlossen und der Oberschaltmechaniker der Startbatterie gab drei Fla-Raketen in Vorbereitung. Auf Befehl wurde Zielsuche in extrem geringen Höhen mit der Raketenleitstation (RLS) durchgeführt. Es bestand nur noch eine Sicherheitsstufe, die den Start der Raketen verhinderte – es war verboten die RLS auf Gefechtsarbeit zu schalten.

B-1 Die Bereitschaftsstufe 1 hatte folgende Charakteristika:
- die diensthabende Gefechtsbesatzung befand sich an den Arbeitsplätzen,
- die Fla-Raketentechnik war eingeschaltet, die Funktionskontrolle durchgeführt
- die Stromversorgung erfolgte von Aggregat
- die Automatisierungstechnik war eingeschaltet und einsatzbereit
- die Aufklärungs- und Zielzuweisungsmittel (AZM) der FRA waren
  eingeschaltet und führten Aufklärung durch
- die Luftlage der eigenen AZM und der Funktechnischen Truppen
  wurde auf dem GS der FRA dargestellt
- die Nachrichtenverbindungen über Funk, Richtfunk und Draht waren in
  Betrieb, die Startrampen waren mit Fla-Raketen beladen und elektrisch
  verbunden

B-2 Die Bereitschaftsstufe 2 hatte folgende Charakteristika:
- die diensthabende Gefechtsbesatzung befand sich in der Feuerstellung und
  auf den AZM, die Fla-Raketentechnik war einsatzbereit und zum Einschalten
  vorbereitet, es konnten Wochenkontrollen oder Gefechtsausbildung mit
  Einhaltung der Übergangszeit durchgeführt werden
- die Automatisierungstechnik war zum Einschalten vorbereitet
- die AZM waren einsatzbereit, führten Kontrollarbeiten
  oder Gefechtsausbildung durch
- die Nachrichtenverbindungen waren einsatzbereit und arbeiteten nach
  Plantabelle
- die Startrampen waren mit Fla-Raketen beladen und elektrisch getrennt

B-3 Die Bereitschaftsstufe 3 hatte folgende Charakteristika:
- die diensthabende Gefechtsbesatzung war in den Einheiten eingeteilt
- der diensthabende Offizier des Gefechtsstandes befand sich mit dem
  Diensthabenden Nachrichten und der SVA in der Feuerstellung und sicherte
- die Alarmierung der diensthabenden Gefechtsbesatzung auf Signal vom
  vorgesetzten Gefechtsstand, an der Fla-Raketentechnik und den AZM
  konnten Monatskontrollen und Gefechtsausbildung durchgeführt werden

- für die Durchführung von Halb-Jahres-Kontrollen an der Fla-Raketentechnik und Manövertrainings wurden den Fla-Raketenabteilungen erhöhte Übergangszeiten gewährt

Das Diensthabende System konnte für einzelne Funktionen durchaus sehr belastend sein. So waren für Offiziere bis zu zehn 24-Stunden-Dienste im Monat und für Soldaten und Unteroffiziere bis zu 20 Tagen DHS am Stück durchaus keine Seltenheit. Diese Belastung konnte auch durch die finanzielle DHS-Zulage und die verbesserte Verpflegung nicht kompensiert werden. Besonders in den 60er Jahren waren die Bedingungen hart. Das DHS wurde wie Kriegsdienst verstanden. Der potentielle Luftgegner durfte in keiner Sekunde aus dem Auge gelassen werden. Da waren Dienstbedingungen und -belastungen Fragen in der zweiten Reihe. Das Diensthabende System war „heilig", weil die sowjetische Seite unnachgiebig an ihren Forderungen festhielt. Es wurde ein Bild vom Luftgegner gezeichnet, das hinsichtlich seiner zeitlichen Möglichkeiten stark übertrieben war. Während wir in unseren Feuerstellungen und Gefechtsständen hockten, waren die NATO-Fliegerkräfte bis auf die wenigen, die zur Alarmrotte gehörten, bei ihren Familien.

Die Fla-Raketentruppen und die Mobilmachung

Die Mobilmachung war wesentliches Element des stufenweisen Anwachsens der Gefechtsbereitschaft der Truppenteile, Verbände und Führungsorgane der NVA. Dabei wurden zwei wesentliche Vorgänge unterschieden: das Auffüllen und das Aufstellen von Einheiten, Truppenteilen, Verbänden und Führungsorganen. Beim Auffüllen wurde Personal den bereits bestehenden Truppen zugeführt und beim Aufstellen entstanden neue Truppen, deren Bewaffnung und Ausrüstung vollständig eingelagert war. Die FRT waren zunächst eine Waffengattung, die nur aufgefüllt wurde. Erst als größere Bestände der Fla-Raketenkomplexe der ersten Generation durch neue System ersetzt wurden und größere Anzahlen ausgebildeter Reservisten zur Verfügung standen, konnte man das Mobilmachungsprinzip der Aufstellung anwenden.

Jede Einheit der NVA, bis auf wenige Ausnahmen, hatte eine Friedensstruktur, das Soll I und eine Kriegsstruktur, das Soll II. Die Friedensstärken und Kriegsstärken bei den FRT standen zunächst im Verhältnis 2:3. Beispiel Friedensstärke einer FRA S-75 150 Mann, Kriegsstärke 225 Mann.

Ab Mitte der 80er Jahre wurden die Fla-Raketenregimenter -23 und -31 aus dem DHS genommen und das Verhältnis verändert. Friedensstärke 75 / Kriegsstärke 225. Diese Veränderungen waren erforderlich, um die weitere Entwicklung der Waffengattung personell abzusichern. Die 41. und später die 51. FRBr sollten entstehen und dazu wurde Personal benötigt. Der Verfügungsrahmen blieb allerdings der gleiche. Die Fla-Raketentechnik und Ausrüstung für acht Fla-Raketenabteilungen war im Lager Lindhardt bei Naunhof eingelagert, sollte hier von den mobil gemachten Reservisten übernommen und den Fla-Raketenbrigaden in Thüringen und im Raum Berlin zugeführt werden.

Nach 48 Stunden vom Beginn der Mobilmachung an sollten diese Kräfte ihre Entfaltungsräume erreichen, die Gefechtsbereitschaft herstellen und mit verstärkter Ausbildung beginnen. Soweit das Prinzip der Aufstellung.

Das Prinzip der Auffüllung erfasste alle Einheiten und Stäbe. So wurden einerseits die Züge, Kompanien, Batterien und Stäbe personell ergänzt, andererseits aber auch aufgestellt, wie z. B. die Flakbatterien. Die Bewaffnung und Ausrüstung war dafür in den Einheiten und Stäben eingelagert. Bei der Auslösung der Mobilmachung entfalteten die Einheiten Mobilmachungspunkte, die die anreisenden und zugeführten Reservisten aufnahmen, ausrüsteten und den jeweiligen Einheiten übergaben.

Die Organisation der Mobilmachung wurde in den FRT ab Beginn der 80er Jahre sehr ernst genommen. Es fand regelmäßig Ausbildung mit geplanten Reservisten statt, um eine verwendungsgerechte Zuführung im Falle der Mobilmachung zu sichern. Auch die komplexe Ausbildung aufzustellender FRA wurde durchgeführt.

Die Erfahrungen zeigten, dass sich das Prinzip der Auffüllung bestehender Einheiten der FRT mit Reservisten bewährte. Diese Reservisten erhielten konzentrierte Ausbildung nach der Einberufung und bildeten eine wirksame Ergänzung für ihre Einheiten. Die Aufstellung von FRA durch Mobilmachung führte dagegen zu fragwürdigen Ergebnissen. Das Herzstück solcher Einheiten bildeten Berufssoldaten und Unteroffiziere aus DHS-Einheiten. Sie fehlten in ihren Stammeinheiten und schwächten dadurch deren Kampfwert. Die aufgestellten FRA benötigten mindestens vier Wochen, um einen minimalen Gefechtswert zu erreichen und erfolgreich am Luftverteidigungsgefecht teilzunehmen. Man kann eine Fla-Raketenabteilung nicht mit einer Flakbatterie gleichsetzen. Die Fla-Raketentechnik ist ein kompliziertes und kollektives Waffensystem. Der Ausfall eines Einzelnen führt zum Ausfall des Ganzen. In einer Flakbatterie können beim Ausfall von Geschützen die restlichen weiter schießen.

Kampf gegen den Erdgegner – die Militärverbindungsmissionen

Neben der Auseinandersetzung mit dem Luftgeber gab es für die Fla-Raketentruppen auch die tägliche Auseinandersetzung mit dem Erdgegner. Das waren keine Panzertruppen, sondern ausgezeichnet ausgebildete Spezialisten der westlichen Alliierten. Im Jahr 1944 beschlossen die Alliierten der Anti-Hitlerkoalition Sowjetunion, USA, Großbritannien und Frankreich in den späteren Besatzungszonen Deutschlands bei dem jeweiligen Oberbefehlshaber, Militärmissionen der anderen Besatzungszonen zu akkreditieren. Kurz nachdem die Vertreter der

Westmächte ihre Positionen in Potsdam-Babelsberg bezogen hatten, begann der Kalte Krieg. Aus östlichen und westlichen Alliierten des 2. Weltkrieges wurden Feinde. Der Wohnsitz der westliche MVM lag in Westberlin und ihr Dienstsitz befand sich weiter in Potsdam. Um dort hinzukommen, wurde regelmäßig die Glienicker Brücke benutzt. Die sowjetischen MVM waren in Frankfurt am Main, in Bünde und Baden-Baden stationiert.

Die Aufgabe sowohl der westlichen als auch der sowjetischen MVM bestand in der militärischen Aufklärung von Truppenstandorten, Truppenbewegungen und Truppenstärken. Die militärische Ausrüstung jeglicher Art war Gegenstand der Aufklärung der MVM. Besondere Schwerpunkte bei den Fla-Raketentruppen waren die Erstaufstellung, die Einführung neuer Waffensysteme wie S-125, S-200 und S-300 und die Schaffung neuer Standorte sowie die Modernisierung der Feuerstellungen und der Bau von Raketenbunkern. Besonders die Briten, als personell stärkste MVM, waren sehr aktiv.

Die Besonderheit für die NVA und damit für die Angehörigen der FRT bestand in der Tatsache, dass die westlichen MVM für uns unantastbar waren. Angehörige der NVA durften diese Fahrzeuge nicht anhalten und kontrollieren. Ihre Autos galten als Territorium der USA, Frankreichs oder Großbritanniens. Deren Bewegungen mussten an die sowjetischen Streitkräfte gemeldet werden, die ihrerseits aktiv wurden. Im Verlaufe der Jahre entwickelte sich ein Beobachtungs- und Meldesystem, das auf MVM-Fahrzeuge spezialisiert war. Die Missionen hatten das Recht, die gesamte DDR mit Ausnahme der militärischen Sperrgebiete zu befahren. Die sowjetischen durften das Gleiche in der gesamten Bundesrepublik.

Reiste eine westliche MVM an einem Grenzübergang in die DDR ein, wurde diese Tatsache in das Meldesystem eingegeben und jeder Führungspunkt erhielt die Information: „Wagen Nr. …, britische MVM, 12. April 1978, 9:30 Uhr, Glienicker Brücke passiert, Fahrt in Richtung Norden begonnen." An entsprechender Stelle wurde darüber entschieden, ob der Wagen offen oder verdeckt begleitet werden sollte. Meistens war das nicht der Fall.

Die Diensthabenden der Gefechtsstände der FRT nahmen die Information entgegen und entschieden über die Weitergabe an die FRA. Das gewählte Beispiel war für das FRR-13 relevant, hatte aber keine Bedeutung für das FRR-31. In allen Fla-Raketenabteilungen gab es eine Einsatzgruppe, die das Eindringen in das Sperrgebiet und die Annäherung an die Objekte verhindern sollte. Für die Armeeangehörigen galt, dass sie keinerlei aktive Handlungen gegen die Fahrzeuge und Angehörigen der westlichen MVM ausführen durften. Dieser Grundsatz wurde streng eingehalten. Die Zufahrtswege zu den Sperrgebieten hatten die Einheiten in Absprache mit den Militärforstbetrieben, die die Sperrgebiete bewirtschafteten, durch einfache Mittel gesichert. Balkensperren und Gräben, die von Pkw nicht überwunden werden konnten, waren die Hauptmittel. Das Schild „Militärisches Sperrgebiet" war wohl das in der DDR am meisten aufgestellte Schild. Die Spezialisten der MVM fanden dennoch immer wieder Möglichkeiten zur optischen und elektronischen Beobachtung der Aktivitäten in den Objekten der FRT. Die Begleitung von Marschkolonnen der FRA durch MVM bei Verlegung in einen neuen Stellungsraum waren sehr häufig. Es gab im Verlaufe der Jahre bis 1990 viele Ereignissen, bei denen MVM von Angehörigen der FRT, nach dem sie in Sperrgebiete eingedrungen waren, ohne Verstoß gegen die geltenden Regeln, blockiert und an die Vertreter der GSSD übergeben wurden. Die Absicherung der Objekte und militärischen Sperrgebiete gehörte zum Alltag der Fla-Raketen-soldaten wie das Wachestehen.

Zum Ende der Fla-Raketentruppen der Luftverteidigung der DDR 1990 waren die Truppenteile und taktischen Verbände der FRT, wie die nachfolgenden Schemen zeigen, entfaltet.

Zur 1. Luftverteidigungsdivision gehörten 1990 folgende FRBr und FRR

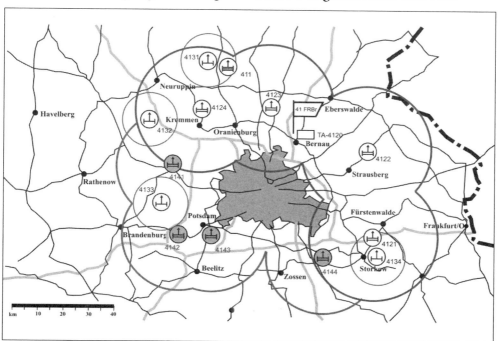

Gefechtsordnung der 41. Fla-Raketenbrigade

Die 41. Fla-Raketenbrigade führte im September 1990 Oberst Wolfgang Scholz. Ihm zur Seite standen Oberstleutnant Karl-Heinz Flohr als Stabschef, Oberstleutnant Gerhard Siebenmorgen als Stellvertreter für Ausbildung, Oberstleutnant Diethard Krauss Stellvertreter und Leiter des Fla-Raketeningenieurdienstes und Oberst Dieter Luckner als Stellvertreter für Rückwärtige Dienste. Kommandeure in den Fla-Raketeneinheiten waren: Kommandeur der Fla-Raketenabteilungsgruppe-411 Oberstleutnant Frank Schreiber, Kommandeur der FRA-4121 Oberstleutnant Peter Bendel, Kommandeur der FRA-4122 Hauptmann Paul, Kommandeur der FRA-4123 Major Uwe Schlundt, Kommandeur der FRA-4124 Oberstleutnant Schulz, Kommandeur der FRA-4131, Oberstleutnant Jahnke, Kommandeur der FRA-4132 Oberstleutnant Jürgen Müller, Kommandeur der FRA-4133 Oberstleutnant Kark, Kommandeur der FRA-4134 Major Werner Gollatz und Kommandeur der Technischen Abteilung 41 Oberstleutnant Horst Tobias.

Nach durchgeführter Mobilmachung kamen vier weitere Kommandeure von Fla-Raketenabteilungen und einer Technischen Abteilung hinzu.

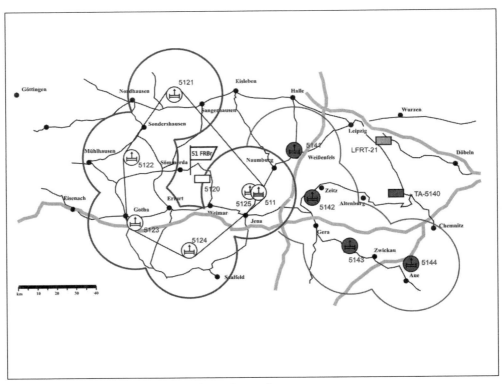

Gefechtsordnung der 51. Fla-Raketenbrigade

Die 51. Fla-Raketenbrigade wurde im September 1990 durch Oberst Walter Winter geführt. Als seine Stellvertreter arbeiteten: Stabschef Oberstleutnant Albrecht, Stellvertreter für Ausbildung Oberst Peter Kunat, Stellvertreter und Leiter des Fla-Raketeningenieurdienstes Oberstleutnant Winfried Hoffmann und für Rückwärtige Dienste Oberst Franz Adler.

Die Fla-Raketenabteilungen wurden geführt von: FRAG-511 (im Aufbau) Major Grünler, FRA-5121 Oberstleutnant Jürgen Stender, FRA-5122 Oberstleutnant Dietmar Korb, FRA-5123 Oberstleutnant Bernd Walter, FRA-5124 Oberstleutnant Graupner, Kommandeur der Technischen Abteilung 51 war Oberstleutnant Kurt Kranich. Auch hier gilt, dass im Falle der Mobilmachung vier FRA und eine TA den Bestand der 51. FRBr erweiterten.

Das Fla-Raketenregiment 31 wurde im September 1990 durch Oberst Dieter Henning geführt. Als seine Stellvertreter arbeiteten: Stabschef Major Lutz Rybak, Stellvertreter für Ausbildung Oberstleutnant Uwe Weinert, Stellvertreter und Leiter des Fla-Raketeningenieurdienstes Oberstleutnant Fritz Kotsch und der Stellvertreter für Rückwärtige Dienste Oberstleutnant Jürgen Schikowsky.

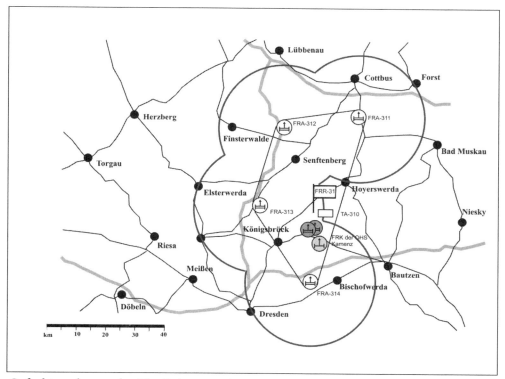

Gefechtsordnung des Fla-Raketenregimentes 31

In den Fla-Raketenabteilungen arbeiteten als Kommandeure: FRA-311 Oberstleutnant Rainer Blondzik, FRA-312 Oberstleutnant Klaus-Ulrich Buhr, FRA-313 Major Klaus Havemeister, FRA-314 Oberstleutnant Franz Bendorf und in der Technischen Abteilung 31 Oberstleutnant Uwe Schädel.

Die 41. und 51. FRBr befanden sich ständig mit 50% der Einheiten und den Gefechtsständen im Diensthabenden System in der Bereitschaftsstufe B2. Die Übergangszeiten in die Bereitschaftsstufe B1, bzw. in die Feuerbereitschaft mit Fla-Raketen betrugen 3,5 Minuten; d. h., nach 210 Sekunden waren die FRA im DHS in der Lage, das Feuer auf gegnerische Luftziele zu eröffnen.

Die FRR-23 und -31 mit ihrem verkürzten Personalbestand befanden sich mit allen Einheiten in einer Bereitschaft von 12 Stunden. Nach dieser Zeit ging das Regiment in eine höhere, befohlene Bereitschaftsstufe (B3, B2 oder B1) über. Die Gefechtsstände dieser Truppenteile waren ständig besetzt.

Zur 3. Luftverteidigungsdivision gehörten 1990 folgende FRR und FRBr

Die 43. Fla-Raketenbrigade führte im September 1990 Oberst Gerhard Spakowski. Als seine Stellvertreter arbeiteten: der Stellvertreter und Stabschef Oberstleutnant Klaus Möhring, der Stellvertreter des Kommandeurs Major Volker Sommerfeldt, der Stellvertreter und Leiter des Fla-Raketeningenieurdienstes Oberst Dieter Huschka und der Stellvertreter für Rückwärtige Dienste Oberstleutnant Karl-Heinz Senftleben.

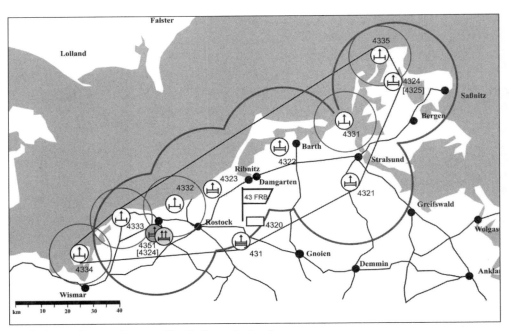

Gefechtsordnung der 43. Fla-Raketenbrigade

Die Fla-Raketenabteilungsgruppe-431, Prangendorf, wurde geführt von Oberstleutnant Detlef Oldenburg. Als Kommandeure der Schießkanäle FRA-4311 und 4312 arbeiteten Oberstleutnant Wolfgang Grubba und Oberstleutnant Helmut Sieg.

Die Kommandeure der Fla-Raketenabteilungen und der Technischen Abteilung waren in der 43. Fla-Raketenbrigade zum Ende der Fla-Raketentruppen:

FuTA-4301, Rövershagen, Oberstleutnant Ahrens, FRA-4321, Abtshagen, Major Rainer Rosenkranz, FRA-4322, Fulendorf, Oberstleutnant Walter Raßbach, FRA-4323, Hinrichshagen, Oberstleutnant Hartmuth Martens, FRA-4324, Neuenkirchen, Hauptmann Andreas Oppermann, FRA-4331, Klausdorf, Oberstleutnant Frank Seidler, FRA-4332, Nienhagen, Oberstleutnant Manfred Lempe, FRA-4333, Kägstorf, Oberstleutnant Winfried Hiller, FRA-4334, Kirchdorf, Oberstleutnant Lutz Voigtsberger, FRA-4335, Lanken, Oberstleutnant Hans Soßnowski, FRA-4351, Retschow, Major Hans-Jürgen Gebbert, TA-43, Sanitz, Oberstleutnant Dietmar Radke.

Im September 1990 war Oberstleutnant Katzmann Kommandeur des Regimentes. Als seine Stellvertreter arbeiteten: der Stellvertreter und Stabschef Oberstleutnant Dieter Bielefeldt, der Stellvertreter des Kommandeurs Oberstleutnant Rolf Stiehler,

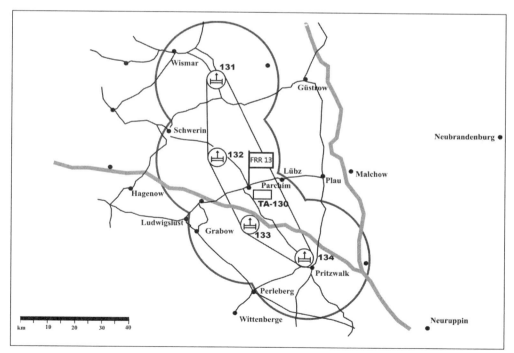

Die Gefechtsordnung des Fla-Raketenregimentes 13

als Stellvertreter und Leiter des Fla-Raketeningenieurdienstes Oberstleutnant Burkhard Schlott und als Stellvertreter für Rückwärtige Dienste Oberstleutnant Bernd Letsch. Als Kommandeure der Fla-Raketenabteilungen und der Technischen Abteilung waren tätig: FRA-131, Warin, Oberstleutnant Christian Danken, FRA-132, Tramm, Oberstleutnant Werner Wagner, FRA-133, Ziegendorf, Oberstleutnant Peter Hunke, FRA-134, Steffenshagen, Oberstleutnant Joachim Becker und TA-13, Parchim, Oberstleutnant Wolfgang Balzke.

Das Fla-Raketenregiment 23 wurde im September 1990 durch Oberst Hans-Jörg Wieche geführt. Als seine Stellvertreter arbeiteten : der Stellvertreter und Stabschef Oberstleutnant Ralf Stolze, der Stellvertreter des Kommandeurs Oberstleutnant Siebenmorgen, der Stellvertreter und Leiter des Fla-Raketeningenieurdienstes Hauptmann Thorsten Schuh und als Stellvertreter für Rückwärtige Dienste Oberstleutnant Gerd Heyer. Die Kommandeure der Fla-Raketenabteilungen und der Technischen Abteilung waren zu diesem Zeitpunkt: FRA-231, Altwarp, Oberstleutnant Jürgen Löffler, FRA-232, Eichhof, Oberstleutnant Herbert Liebenau, FRA-233, Kreuzbruchhof, Major Bernd-Dieter Stoldt, FRA-234, Weggun, Oberstleutnant Siegfried Zimmermann und TA-23, Stallberg, Oberstleutnant Kurt Erdmann.

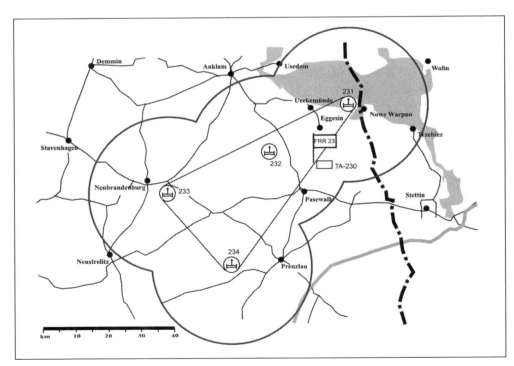

Die Gefechtsordnung des FRR-23

Die normale Entwicklung der Fla-Raketentruppenteile und taktischen Verbände ging im Herbst 1989 mit der Versetzung des 3. Diensthalbjahres in die Reserve zu Ende. Am härtesten bekamen das die Fla-Raketenregimenter 23 und 31 mit ihrem verkürzten Personalbestand zu spüren. Die Fla-Raketenabteilungen dieser Regimenter konnten nur noch durch die hohe Einsatzbereitschaft ihrer Berufssoldaten die Sicherheit der Kasernen und Feuerstellungen, der Fla-Raketentechnik und Bewaffnung gewährleisten. Am 12. Oktober 1989 wurde der Befehl 116/89 des Ministers über den beschleunigten Neubau von Stellungen für die Entfaltung von Fla-Raketenkomplexen der LSK/LV außer Kraft gesetzt. Damit waren die Neubauten in den Fla-Raketenbrigaden beendet.

Nach der Wahl im März 1990 zog mit der Ernennung des Pfarrers Rainer Eppelmann zum Minister für Abrüstung und Verteidigung eine große Verunsicherung in den FRT ein. Wir wussten, wir hatten keine Zukunft mehr. Im August 1990 waren in der Regel noch 6 FRA der Luftverteidigung im Diensthabenden System eingesetzt. Die Gefechtsbereitschaft der Fla-Raketentruppen wurde mit der Entladung und Enttankung aller Fla-Raketen am 17. September 1990 beendet.

Über das, was nach dem Beitritt der ostdeutschen Länder am 3. Oktober 1990 mit den Fla-Raketentruppen der Luftverteidigung der NVA geschah, gibt es bisher noch keine geschlossene Darstellung. Drei Arbeiten sind bekannt, die sich mit den Fla-Raketentruppen der Luftverteidigung der NVA befassen: „Die Geschichte der Flugabwehrraketentruppe der Luftwaffe" auf Seite 277–285, die Geschichte der 41. Fla-Raketenbrigade und das Buch „Hüter des Luftraumes?", in dem ein junger, unerfahrener Akademiker die Luftverteidigung des Warschauer Vertrages zu erklären versucht.

Am 3. Oktober 1990 wurden der Bundeswehr von der NVA riesige Mengen an Bewaffnung und Ausrüstung übergeben. Ein offizieller Verwendungsnachweis bzw. Auskunft über den Verbleib existieren bis heute nicht.

Die Erarbeitung dieses Beitrages wurde durch Oberst a. D. Gunar Fleißner und Oberst a. D. Gerhard Spakowski mit Namen und Fakten unterstützt.

Lothar Herrmann

Die Bewaffnung und Ausrüstung der Fla-Raketentruppen und ihre ingenieurtechnische Sicherstellung

Die folgende Darstellung der Bewaffnung und Ausrüstung der Fla-Raketentruppen lehnt sich an das Beispiel der 43. Fla-Raketenbrigade an, weil sie der erste und größte taktische Verband der Fla-Raketentruppen der NVA war und jeweils mit der modernsten Kampf- und Sicherstellungstechnik ausgerüstet wurde.

Die 43. FRBr stellte zusammen mit dem Jagdfliegergeschwader 9 und dem Fla-Raketenregiment 13 die „erste Linie" der Luftverteidigung im Nordraum der DDR dar. Ihre Einheiten und Einrichtungen verfügten über den vollständigen Soll-1-Bestand an Bewaffnung und Personal und waren ständig im Diensthabenden System der Luftverteidigung eingesetzt. Zu ihrer Bewaffnung gehörten alle Systeme, über die die Luftverteidigung verfügte und die den jeweiligen Stand der Technik verkörperten.

Fla-Raketenkomplex SA-75 Dwina
Nach seiner Aufstellung am 1. März 1961 erhielt das FRR-18 im November 1961 die Fla-Raketenkomplexe SA-75 Dwina.

Im Ausbildungsjahr 1961/1962 absolvierten die Einheiten die Vorbereitung und Zulassung zum DHS, die 1. und 3. FRA die Zulassung zum Gefechtsschießen und das erfolgreiche Erstschießen.

Fla-Raketenkomplex S-75 Wolchow
Mit der Umrüstung auf den Komplex S-75 Wolchow erhöhten sich die Gefechtsmöglichkeiten des Regiments beträchtlich.

Die Einführung des neuen Komplexes begann Anfang 1965 und wurde schon im Mai mit der Zulassung zum DHS abgeschlossen. Eine Besonderheit der Umrüstung bestand darin, dass parallel zur Ausbildung an der neuen Technik das DHS weiter mit dem SA-75 Dwina sichergestellt werden musste.

Fla-Raketenkomplex S-125 Newa
Auf der Grundlage des Befehls 153/71 des Ministers für Nationale Verteidigung wurde die 43. FRBr zum 1. Dezember 1971 auf der Basis des FRR-18 mit zwei neuen FRA S-125 Newa (FRA-436 und FRA-438) als taktischer Verband der LV aufgestellt. Die Abteilungen S-125 hatten bis zum 31. August 1973 in ihren Stellungen an den Standorten Nienhagen und Kirchdorf auf der Insel Poel die Gefechtsbereitschaft herzustellen. Ab Mai 1972 kamen die FRA-435 und FRA-437 hinzu. Die ersten Komplexe S-125 mit der Rakete 5W27 hatten einen Ziel- und

zwei Raketenkanäle. Sie konnten Ziele bis zu einer maximalen Schrägentfernung von 20 km bekämpfen. Die vier Zwillingsstartrampen wurden bei späteren Lieferungen durch vier Vierlingsstartrampen ersetzt. Eine Rundblickstation P-15 ermöglichte die Luftraumaufklärung bei autonomen Handlungen der FRA.

Die Führung einer Brigade mit gemischtem Bestand erforderte zwingend die Automatisierung der Gefechtsarbeit. Deshalb wurde 1973 das Automatisierte Führungssystem (AFS) Asurk 1MÄ eingeführt.

Im Zeitraum 1980 bis 1982 wurde das AFS Asurk 1MÄ durch Vektor 2MÄ ersetzt. Dieses System hatte einen höheren Automatisierungsgrad, konnte mehr Funkmessinformationen bearbeiten und mehr Fla-Raketenkomplexe unterschiedlicher Waffensysteme steuern. Außerdem ermöglichte es den Übergang zur automatisierten Jägerleitung. Die Aufklärungs- und Zielzuweisungsstationen PRW-13 und P-18 wurden eingeführt. Zeitgleich begann die Einführung der leichten Fla-Raketen Strela-2, Führungskompanien wurden aufgestellt und in den Fla-Raketenabteilungen wandelte man die Technischen Kompanien in Technische Züge um.

Fla-Raketensystem großer Reichweite S-200 Wega
Mit der Aufstellung der Fla-Raketen-Abteilungsgruppe 431 in Prangendorf, bestehend aus einem Gefechtsstand, zwei Fla-Raketenabteilungen und einer Technischen Abteilung im Jahr 1984, wurde ein neues Kapitel der Erhöhung der Feuerkraft der FRT der Luftverteidigung aufgeschlagen. Der Zuwachs der Feuermöglichkeiten durch das FRS S-200 war beträchtlich. Das System hatte zwei Schießkanäle, also zwei Fla-Raketenkomplexe mit je einer Aufhellstation und sechs Startrampen. Die maximale Schrägentfernung zur fernen Grenze der Vernichtungszone betrug 240 km, bei einer Auffassentfernung der Aufhellstation bis zu 450 km. Jeder Komplex konnte in einem Seitenwinkelbereich von 0–360° handeln, wobei Ziele aus verschiedenen Anflugrichtungen bekämpft werden konnten.
In der Sowjetarmee wurde dieses System „Der lange Arm der Luftverteidigung" genannt.
In den achtziger Jahren wurde die Gefechtsordnung der 43. FRBr durch zwei weitere Abteilungen auf der Insel Rügen ergänzt. Zu diesem Zeitpunkt unterstellte man die Funkmessstationen der Fla-Raketenabteilungsgruppe und der Fla-Raketenabteilungen dem Fla-Raketen-Ingenieurdienst und ersetzte 1988 das AFS Vektor 2MÄ durch das System Senesh M1Ä.

Fla-Raketensystem der neuen Generation S-300 PMU Angara

Von September bis Dezember 1988 hielten sich die Besatzungen der FRA-4351, die für das System S-300 vorgesehen waren, zur Ausbildung in der Sowjetunion auf. Ein erster Komplex S-300 wurde in der Stellung Prangendorf entfaltet. Dort fand die Vorbereitung auf das für den 18. Juni 1989 geplante Gefechtsschießen statt.

Das mobile Fla-Raketensystem S-300 konnte mit den Raketen 5W55R Ziele in einem Entfernungsbereich von 5 bis 75 km und in Höhen von 0,025 bis 35 km bekämpfen. Die Aufhell- und Leitstation gewährleistete die Ziel- und Raketenbegleitung und gleichzeitig die Fernlenkung der Raketen. In einem Abtastsektor von 90° konnten gleichzeitig 6 Ziele mit je zwei Raketen bekämpft werden. Die Phasengitterantenne war elektromechanisch um 360° schwenkbar, das System war also in alle Richtungen einsetzbar.

Der FRK S-300 wurde im Zuge der Vereinigung der beiden deutschen Staaten als sog. „sensitive Technik" an die russische Seite zurückgegeben.

Der Fla-Raketen-Ingenieurdienst (FRID)

Für das Niveau der Gefechtsbereitschaft der Truppen hatten die Strukturelemente Gefechtsausbildung und Fla-Raketen-Ingenieurdienst einen bestimmenden Einfluss.

Der FRID war für die Ingenieurtechnische Sicherstellung (ITS) zuständig, die als Gesamtheit aller Maßnahmen zur Sicherung der Einsatzbereitschaft und richtigen Nutzung der Technik, der technischen Aus- und Weiterbildung des Personals, der Sicherstellung mit Fla-Raketen und der technischen Versorgung definiert war.

Tatsächlich beschränkte sich die ITS jedoch nicht auf den Ingenieurdienst allein. Sie schloss auch die gewissenhafte Arbeit des Bedienungspersonals bei der Gefechtsausbildung, der Durchführung der Kontroll- und Wartungsarbeiten und bei Instandsetzungen ein. Sehr wichtig war die konstruktive Zusammenarbeit zwischen den Stellvertretern des Kommandeurs der FRBr.

Die Bezeichnung der Strukturelemente des FRID hat sich im Laufe der Jahre mehrfach geändert. Dem Leiter des FRID unmittelbar unterstellt waren Fla-Raketen- und Funkmesswerkstatt und Lager - allgemein zusammengefasst unter dem Begriff „Truppeninstandsetzungseinrichtung (TIE)". Der FRID war nicht nur ein Stabsorgan mit den klassischen Aufgaben. Der Leiter des FRID war als Stellvertreter des Kommandeurs anordnungsberechtigt und besaß somit auf seinem Fachgebiet Weisungsbefugnis. Zur kurzfristigen Reaktion bei auftretenden Problemen, besonders beim Ausfall von Raketenleitstationen, wurden „Diensthabende Ingenieure" und Bereitschaftsdienste eingesetzt.

Schwerpunkte bei der Führung und Organisation der ITS lagen in den Bereichen der Planung der prophylaktischen Kontrollen an den FRK, AZM und FAR, der Betriebsstunden und anderer Ressourcen, der technischen Überprüfungen an der Messtechnik, der Druckluftgefäße und Tanktechnik, von Ausbildungsmaßnahmen, der Wartung der Reservetechnik und der Kontrollen in den Einheiten. Hinzu kamen der Einsatz der TIE am Standort und in den Einheiten, die Anforderung und Auslieferung von Ersatzteilen, Werkzeug und Verbrauchsstoffen, die ständige Verbesserung der Ausrüstung und des Ausbildungsstandes des Personals der TIE. Für den Frequenzdienst war der Leiter des FRID persönlich verantwortlich, also für die Bestimmung der Einstellwerte und die Durchführung von Frequenzkontrollen. Ein besonderer Höhepunkt der praktischen Tätigkeit des Leiters und der Spezialisten des FRID war natürlich die unmittelbare Vorbereitung der FRK, AZM und FAR zum Gefechtsschießen.

Eine wichtige Voraussetzung für den hohen Stand der Einsatzbereitschaft waren die prophylaktischen Kontrollen und die Wartungsarbeiten an der Fla-Raketentechnik, die von den Bedienungen nach bestätigten Ablaufplänen periodisch vorgenommen wurden. Die Technische Aus- und Weiterbildung vermittelte die Kenntnisse über die Funktionsweise der Technik, förderte das Erkennen der physikalischen Zusammenhänge bei den Kontrollarbeiten und war eine wichtige Voraussetzung bei der schnellen Ermittlung der Ursache bei Ausfällen.

Die Sicherstellung mit Fla-Raketen war eines der umfangreichsten Aufgabengebiete der ITS. Üblicherweise bezeichnete man Lagerung, Montage, Betankung und Verladen der Raketen als Technologischen Ablauf. Die Staffelung der Fla-Raketen in verschiedenen Stufen der Vorbereitung in den FRA und den Technischen Abteilungen hat sich im Verlauf der Jahre vielfach verändert. Als Standard für die ständige Gefechtsbereitschaft galt bei S-75 und S-125, dass alle Startrampen beladen waren und auf der Hälfte der TLF zum Verschießen nachladbare Raketen zur Verfügung standen. Bei S-200 waren für jede Startrampe zwei Raketen auf Lademaschinen in einem Schutzbauwerk zum sofortigen Laden bereit. Im Interesse einer längeren autonomen Sicherstellung der FRA S-75 und S-125 mit voll vorbereiteten Raketen wurden umfangreiche Auslagerungen in die FRA vorgenommen. Es gab im Verlauf der Zeit verschiedene Varianten der Lagerung dieser Reserven. Bei S-75 waren es 24 Raketen in Verpackung in „Nestern" zu 6 Stück (in Feldstellungen mit Erdumwallung) oder vormontierte Raketen auf Stellagen in Lagerschuppen. In den letzten Jahren waren in den Schutzbauwerken der C-Objekte zuerst 24 Stück in Verpackung, später 33 Stück vormontiert in Stellagen vorhanden. Die Betankung mit Raketentreibstoffen erfolgte mit Tankanlagen 5L15 oder mit mobiler Betankungstechnik aus mobilen Zisternen oder Unterfluranlagen. In den C-Objekten wurde der komplette Technologische Ablauf entfaltet. Für alle Varianten mussten entsprechende Technologische Abläufe organisiert und Montagetechnologien entwickelt werden, wobei sich besonders auch der FRID des FRR-13 engagiert hat. In den FRA S-125 war eine ähnliche Entwicklung zu verzeichnen. Nach der Etappe der „Stellagen" wurden dort die FAR in einem Schutzbauwerk eingelagert, teils montiert auf Doppelwagen (2 FAR übereinander, bereit zum Umladen auf TLF), teils in Verpackung. Die Betankung mit Druckluft wurde überall mit Kompressoren und Lufttankhängern sichergestellt. In der Technischen Abteilung 4320 lagerten zuletzt Reserven an Raketen der Typen 20DP, 20DSU, 5Ja23, 5W27, 5W27U in Verpackung in einem C-Objekt. Die Bedienungen der Kontroll- und Prüfstationen (KPS) waren für die periodische Überprüfung der Raketen in der TA und in den FRA zuständig. Die FRAG hatte unverändert eine eigene TA am Standort Prangendorf. Die Gefechtsausbildung des Personals in den Technologischen Abläufen lag in Verantwortung des FRID.

Technik und Ausrüstung
An dieser Stelle wird nur kurz auf bestimmte taktisch-technische Daten und die allgemeine Funktionsweise eingegangen, um das Verständnis für die technologischen Abläufe zu gewährleisten.

Bedeutsam war, dass die Antennenrichtdiagramme der Raketenleitstationen im Regelfall (außer bei Aufhellstationen) eine fächerförmige Konfiguration hatten. Die Breite bestimmte faktisch den Beobachtungssektor, die schmale „Kante" die Genauigkeit. Die jeweilige Arbeitsreichweite hing von einer Reihe Faktoren ab, u. a. von der effektiven Reflexionsfläche (Radarquerschnitt) des Zieles, der Antennenhöhe, der Sendeleistung der RLS usw.

Ähnliche Betrachtungen gelten auch für die Vernichtungszonen der FRK. Ihre Ausmaße wurden neben technischen Parametern des FRK, von den Flugparametern des Zieles, der gewählten Leitmethode und anderen Bedingungen (Anflug, passiver Abschnitt, Einholverfahren u. a.) bestimmt. Auch die Störlage hatte einen wesentlichen Einfluss. Üblicherweise werden die Grenzen der Vernichtungszone für die günstigsten Bedingungen genannt, besonders für ihre ferne Grenze. Das gilt auch für den Kursparameter – die Zielentfernung rechtwinklig zum Kurs des Zieles. Die Wahrscheinlichkeit der Zielvernichtung wird im Regelfall für den Beschuss mit einer Rakete innerhalb der Vernichtungszone unter normalen Bedingungen angegeben. Sie erhöht sich mit der Anzahl der gestarteten Raketen und verringert sich beim Schießen unter Störungen und bei Manövern durch den Luftgegner. Einen entscheidenden Einfluss hatte und hat jedoch immer der Ausbildungsstand der Besatzungen.

Die Schwerpunkte der Modernisierung bei den FRA S-75 und S-125 waren in etwa identisch. Eine der wichtigsten war die Verkürzung der Zeit für die Bereitschaft zum Start von Fla-Raketen durch schnelleres Hochfahren der Sender im Zielkanal und kürzere Anlaufzeiten der Kreisel in den modernisierten Raketen. Ergänzt wurde das Ganze durch eine neue Leitmethode „K". Die Funktionen der Imitationsapparatur und der Startgeräte wurden erweitert, eine „garantierte Startzone" berechnet und die Schaltung „Scheinstart" eingeführt. Weitere Modernisierungen betrafen den Anschluss von Kennungsgeräten, Koppelkabinen für das AFS, die Zielzuweisung-2 und den Anschluss Akkord. Bei den FRK S-75 wurden besonders die Möglichkeiten zur Bekämpfung von hoch- und schnell fliegenden Zielen, von Zielen mit geringem Radarquerschnitt und von manövrierenden Zielen verbessert.

Fla-Raketenkomplex SA-75 Dwina

Kabine PAA

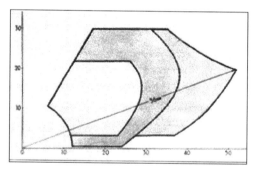

Grenzen der Vernichtungszone

Einsatz
SA-75 war ein Fla-Raketenkomplex mittlerer Reichweite zur Bekämpfung bemannter und unbemannter aerodynamischer Ziele in mittleren und großen Höhen im Rundumbereich von 360°.
Seine Einführung in die Truppe war ein Quantensprung in der Luftverteidigung.

Bestand
Der FRK SA-75 bestand aus einer Raketenleitstation (1 Ziel- und 3 Raketenkanäle) und der Startausrüstung (Startleitsystem, 6 Startrampen). Eine Rundblickstation P-12 zur Luftraumaufklärung war zugeordnet.

Funktionsweise
Die Ausmaße der Vernichtungszone betrugen bei Einsatz der FAR 11D und einer maximalen Zielgeschwindigkeit von 300 m/s in der Schrägentfernung 7 bis 29 km,

in der Höhe 3 bis 27 km. Bei Einsatz der FAR 1D lag die obere Grenze bei 22 km. Die untere Grenze wurde in der Folgezeit auf 1 km, später auf 0,5 km abgesenkt, die maximale Zielgeschwindigkeit auf 700 m/s gesteigert.

Der Komplex wurde im Verlauf der Nutzung weiterer Modernisierungen unterworfen, z. B. wurde ein System zur Selektion beweglicher Ziele eingebaut. Zur Zielbekämpfung bei aktiven Störungen wurden auf der Beta-Antenne Arbeitsplätze mit optischen Visieren für zwei Funkorter eingerichtet (PA-00), die über Kabel mit der Leitkabine UA verbunden waren.

Die RLS war eine Impulsfunkmess-Station (10 cm-Bereich) mit linearer Raumabtastung in einem Sektor von 20° mit zwei fächerförmigen Richtdiagrammen (10°/1,5°) über 2 Antennen „Breiter Strahl". Senden und Empfang im Zielkanal und der Empfang der Antwortsignale der Rakete erfolgten über die gleiche Antenne, wodurch eine einfache und genaue Bestimmung der relativen Koordinaten Zielrakete möglich war. Der Kommandosender (dm-Bereich) hatte ein keulenförmiges Richtdiagramm mit zirkularer Abstrahlung zum Senden der Abfrageimpulse und der codierten Lenkkommandos in den drei Kanälen über die Parabolantenne P-15.

Die FAR 11D war eine 2-Stufen-Rakete mit einem Feststoff-Starttriebwerk und einem Flüssigkeits-Marschtriebwerk. Neben dem Brennstoff(B) und dem Oxydator (O) wurde noch ein Anlassbrennstoff benötigt (zum Anlassen des Turbo-Pumpenaggregates für die Förderung der anderen Komponenten zum Triebwerk). Die 11D hatte gegenüber der vorher eingesetzten 1D eine stark verbesserte Triebwerksleistung.

Die Rakete war mit einem aktiven Funkmess-Annäherungszünder und einem Splitter-Spreng-Gefechtsteil ausgerüstet.

Fla-Raketenkomplex S-75 Wolchow

Kabine PW der RLS

Rakete 5Ja23 auf Startrampe SM-90

Einsatz

Der FRK S-75 diente zur Bekämpfung bemannter und unbemannter aerodynamischer Ziele in geringen, mittleren und großen Höhen. Der Einsatz konnte in einem beliebigen Seitenwinkel erfolgen, der Schrägstart der Raketen erfolgte mit einem Vorhalt in Richtung Ziel. Die nahe und ferne Grenze der Vernichtungszone lagen bei 7 km und 43 km (56 im passiven Abschnitt), in der geringsten Höhe betrug sie 0,3 km (mit der Rakete 20DP), 0,1 km (mit der 20DSU), die maximale Einsatzhöhe lag bei 30 km. Für die Raketen vom Typ 5ja23 lagen die Werte zwischen 6 km (nahe Grenze) und 41 km bzw. 51 km (ferne Grenze) und in der Höhe zwischen 0,05 km und 30 km. Es konnten Ziele mit Geschwindigkeiten bis zu 1000 m/s bekämpft werden. Die Arbeitsmaßstäbe der RLS waren 75 km und 150 km. Damit entsprach der S-75 den Anforderungen, die zur Bekämpfung der nächsten Generation von Luftangriffsmitteln erwartet wurden.

Bestand

Der FRK bestand aus einer Raketenleitstation mit Kennungsgerät und Kopplungskabine für das AFS und der Startausrüstung mit Startleitsystem und sechs Startrampen. Für Aufklärung und Zielzuweisung-2 waren die AZM P-18 und PRW-13 zugeordnet.

Funktionsweise

Die RLS war eine Impulsfunkmess-Station mit einem Ziel- und drei Raketenkanälen. Im Zielkanal gab es getrennte Kanäle für Seitenwinkel (Beta) und Höhenwinkel (Epsilon) mit je einem Sender und Empfänger. Die vier Frequenzen lagen im Bereich 4 bis 6 cm. Es gab zwei Antennen „Breiter Strahl" (BS = P-11/Beta, P-12/Epsilon), zwei Antennen „Schmaler Strahl" (SS = P-13/Epsilon, P14/Beta) und die Antenne P-16 für den Kommandosender. Die Arbeitsmaßstäbe waren 75 und 150 km. Im Regime „BS" (Breiter Strahl) wurde mit einem fächerförmigen Richtdiagramm 1,1°/7,5° ein Sektor von 16° abgetastet, wobei die beiden Ebenen um 90° gegeneinander gedreht waren.

Im Regime „SS" (Schmaler Strahl) erfolgte die Raumabtastung mit einem bleistiftförmigen Strahl von 1,7° x 1,7°, wobei Senden und Empfang der Signale über die gleiche Antenne erfolgten. Im Regime „Aufhellung" wurde die Schwenkvorrichtung in der Mittelstellung arretiert, gesendet wurde mit dem Richtdiagramm „SS" und mit den Antennen „BS" wurde empfangen.

Im Regime „TOK" konnten Zielsuche und Zielbegleitung mit Teleoptischem Visier und ohne Abstrahlung im Zielkanal erfolgen. Die automatische Begleitung der FAR nach dem abgefragten Antwortsignal erfolgte in der Regel im Regime „BS". Unter bestimmten Bedingungen konnten Start und Begleitung der Raketen in „SS" erfolgen, mit anschließendem Übergang in „BS".

Durch das automatisierte Startgerät wurden die Startlinie (Entfernung zum wahr-scheinlichen Treffpunkt Ziel-Rakete), die Grenzen der Vernichtungszone und weitere Parameter der Zielbewegung berechnet und als Linien auf den Bildschirmen des Leitoffiziers oder an verschiedenen Messgeräten angezeigt.

Er konnte mit seinen Sichtgeräten beide Ebenen (Höhen- und Seitenwinkel) ununterbrochen beobachten. Damit war er in der Lage, die Situation in Echtzeit wahrzunehmen, jederzeit auf Änderungen zu reagieren und Einfluss auf den Verlauf des Schießens zu nehmen. Er führte den Start der Raketen aus, kontrollier-te das Erfassen ihres Antwortsignals, ihr Einschwenken auf die kinematische Flugbahn, reagierte auf Störungen und Zielmanöver und schätze zusammen mit seinen Funkortern ein, ob ein Ziel vernichtet war oder nicht.

Zum Einsatz kamen die Raketentypen 20DP, 20DSU und 5Ja23. Es handelte sich um Zweistufenraketen mit einem Feststoff-Starttriebwerk und einem Flüssigkeits-Marschtriebwerk. Die Raketenfernlenkung erfolgte durch Lenkkommandos von der RLS entsprechend der gewählten Leitmethode (Methode Halbe Begradigung, Dreipunktmethode, Methode „K", Dreipunkt-I-87, ADA), wobei eine Impuls-Codierung zur Unterscheidung der drei Lenkkanäle angewendet wurde. Die Zündung des Splitter-Spreng-Gefechtsteils (8000 Splitter, 29.000/5Ja23) wurde durch ein Kommando des aktiven Funkzünders oder über ein Kommando von der RLS ausgelöst.

Die Zielsuche erfolgte herkömmlich, nach Angaben des AFS oder nach Angaben der eigenen AZM mit Zielzuweisung 2. Vor der Feueröffnung wurde die Kennungsabfrage durchgeführt.

Fla-Raketenkomplex S-125 Newa

Raketenleitstation

Vierlingsstartrampe

Einsatz

Der FRK S-125 war ein Fla-Raketenkomplex geringer und mittlerer Reichweite zur Bekämpfung bemannter und unbemannter aerodynamischer Ziele in mittleren, geringen und extrem geringen Höhen sowie von Erd- und Seezielen. Der Einsatz konnte in einem beliebigen Seitenwinkel erfolgen, der Schrägstart der Raketen erfolgte in Richtung Ziel mit einem Vorhalt.

Gefechtsmöglichkeiten

Die nahe Grenze der Vernichtungszone lag bei einer Entfernung von 3,5 km, die ferne Grenze bei 25 km. Die Einsatzhöhe lag zwischen 0,02 km und 18 km. Die Rakete 5W27U hatte eine verkürzte Startvorbereitungszeit durch schnelleres Anlaufen der Kreisel. Es konnten Ziele mit Geschwindigkeiten bis zu 700 m/s bekämpft werden, die Arbeitsmaßstäbe der RLS waren 40 km und 80 km.

Bestand

Der Komplex bestand aus einer Raketenleitstation (mit Kennungsgerät, Kopplungskabine für AFS) und der Startausrüstung mit Startleitsystem und vier Vierlings-Startrampen. Für Luftraumaufklärung und Zielzuweisung-2 waren die Funkmessstationen P-12 und P-15-AMU zugeordnet.

Funktionsweise

Die RLS war eine Impulsfunkmessstation mit einem Zielkanal (2 Frequenzen im cm-Bereich) und zwei Raketenkanälen. Die Feuerführung konnte nach allen Richtungen erfolgen. Durch das Schwenken eines schmalen Richtdiagramms wurde die Zielsuche in einem Sektor von 1° bis 1,5° im Seitenwinkel und 10° im Höhenwinkel realisiert. Die Lage des Antennensystems konnte im Seitenwinkel ohne Begrenzung und im Höhenwinkel im Bereich von -5° bis +79° verändert werden. War ein Ziel in Begleitung genommen, wurde das Schwenken des Diagramms der Antenne UW-10 unterbrochen. Die Antenne wurde nur noch zur Bestimmung der Zielentfernung benutzt (der Sender formiert keine Impulsbündel mehr, sondern eine ununterbrochene Impulsfolge). Es erfolgte nacheinander (es gab nur einen Sender für beide Ebenen) eine Sektorabtastung durch die beiden Antennen UW-11 mit einem fächerartigen Richtdiagramm von 1° x 10°. So waren das Erfassen der gestarteten Raketen, die Begleitung des Zieles und die Begleitung der gegen das Ziel gelenkten Raketen in einem Sektor möglich.

Die automatische Begleitung der Raketen erfolgte nach dem abgefragten Antwortsignal von der Rakete, ihre Lenkung mit Funkkommandos. An die Rakete wurden der Abfrageimpuls, die Lenkkommandos und Kommandos zur Steuerung des Funkmess-Annäherungszünders gesendet.

Bei starker örtlicher Rose und passiven Störungen wurde das System zur Selektion beweglicher Ziele eingesetzt. Das Teleoptische Visier ermöglichte die Begleitung von Zielen bei ausreichender Sicht ohne Funkmessausstrahlung im Zielkanal, z. B. bei starken aktiven Störungen.

Die Raketen 5W27 (W601P) und 5W27 U waren Zweistufen-Feststoffraketen mit einem Splitter/Spreng-Gefechtsteil (4500 Splitter, 4,72 bis 4,79 g). Gearbeitet wurde mit den Leitmethoden „Halbe Begradigung", „Dreipunkt-Methode" und „Methode K" (nach dem Start wird eine Flugbahnüberhöhung bis zum Treffpunkt kontinuierlich abgebaut).

Fla-Raketensystem S-200 Wega

K-1 Aufhellstation   Rakete auf Startrampe

Einsatz

Das Fla-Raketensystem S-200 war ein System großer Reichweite mit bis zu vier (nach anderen Angaben fünf) Fla-Raketenkomplexen. Es war bestimmt zur vorrangigen Bekämpfung von wichtigen Zielen in großen Entfernungen, in mittleren und großen Höhen, von Trägern aktiver und passiver Störungen und Zielen mit geringer effektiver Reflexionsfläche, von fliegenden Gefechtsständen, Gruppenzielen und Trägern weitreichender Luftangriffsmittel. Die nahe und ferne Grenze der Vernichtungszone lagen zwischen 17 und 240 km, in der Höhe zwischen

0,3 und 40 km. Es konnten Ziele mit Geschwindigkeiten bis zu 1200 m/s bekämpft werden. Der Arbeitsmaßstab war 250 km, die maximale Reichweite der Aufhellstation betrug 450 km.

Bestand der Fla-Raketen-Abteilungsgruppe
Der Führungspunkt war mit der Führungs- und Zielverteilungskabine K-9 und der Kopplungskabine zum AFS ausgerüstet. Für die Luftraumaufklärung und Zielzuweisung-2 waren die AZM P-14 Oborona und PRW-17 zugeordnet.

Die zwei FRK – besser als Schießkanäle zu bezeichnen – bestanden aus jeweils einer Aufhell- und Leitkabine RPN (Antennenposten K-1 und Apparatekabine K-2), der Startausrüstung mit Startleitkabine (K-3), sechs Startrampen und 12 Lademaschinen.

Funktionsweise
Zielsuche und Zielbegleitung erfolgten durch Senden eines monochromatischen Signals (Dauerstrich) über ein nadelförmiges Richtdiagramm (0,7°), die Selektion der reflektierten Signale nach Geschwindigkeit (Radialgeschwindigkeit) und Entfernungsbestimmung durch Phasen-Code-Manipulation des gesendeten Signals. Eine spezielle Schaltung ermöglichte das Auffassen von Zielen mit Radialgeschwindigkeit = 0.

Die Zielsuche konnte automatisch nach Angaben des AFS oder nach Angaben der eigenen Funkmessstation erfolgen. Die Antennen konnten auch nach Angaben vom Tochtersichtgerät oder Informationen von der Luftlagekarte gerichtet werden. Die Identifikation der Ziele wurde mit dem integrierten Kennungsgerät vorgenommen.

Die Fla-Rakete 5W28 war eine Zweistufenrakete mit vier Startbeschleunigern (Boostern) als erster Stufe und einem Flüssigkeitstriebwerk mit verschiedenen Programmen zur Schubregulierung als zweiter Stufe (Schubkraft zwischen 32 und 100 Prozent). Die Lenkung erfolgte durch halbaktive Selbstlenkung nach dem reflektierten Zielsignal. Der Start der Rakete wurde erst vorgenommen, wenn das Ziel nach Winkelkoordinaten, Geschwindigkeit und Entfernung durch den Selbstlenkkopf der Rakete erfasst war. Unter bestimmten Bedingungen konnte das Erfassen auch erst nach dem Start realisiert werden. Vorher erfolgte die Abstimmung des Stützgenerators des Selbstlenkkopfes auf die abgestrahlte Frequenz der entsprechenden Aufhellstation. Das erfasste Ziel musste also vor dem Start und während des Fluges stabil begleitet werden. Der Gefechtskopf mit 90 kg Sprengstoff wurde durch einen halbaktiven Funkzünder gezündet. Seine „Splitter" bestanden aus 16.000 Stahlkugeln zu je 2 g (vordere Halbkugel) und 21.000 zu je 3,5 g (hintere Halbkugel). Sie bildeten einen Splitterkonus von 120 Grad. Die

Detonationsgeschwindigkeit der Splitter betrug 1000 bis 1700 m/s. Die Zielvernichtung erfolgte im Umkreis von 120 bis 200 m bei Zielanflug oder beim Einholeverfahren.

Beim Schießen in die „ferne Zone" wurde nach 30 s Flugzeit von der „Methode mit konstantem Vorhaltewinkel" auf die „Methode der proportionalen Annäherung" umgeschaltet.

Jeder Kanal konnte ein Ziel mit einer oder zwei Raketen bekämpfen, es konnten aber auch alle 6 Raketen gestartet werden. Bei Anflug einer Gruppe von Zielen konnten gleichzeitig zwei Ziele in unterschiedlichen Entfernungen mit dem gleichen Kanal bekämpft werden, wenn die Ziele ständig durch die RPN beleuchtet werden konnten. Wenn die Kanäle dicht beieinander lagen, konnte ein Ziel gleichzeitig mit allen Kanälen bekämpft werden. Zusammengefasstes Feuer konnte auch durch Kanäle verschiedener Fla-Raketensysteme realisiert werden.

Fla-Raketensystem S-300 PMU ANGARA

Raketenleitstation und Startgeräte

AZM geringe Höhen

Das Fla-Raketensystem S-300 PMU besteht aus einem Führungspunkt mit Rundblickstation und Verbindung zum vorgesetzten Gefechtsstand und bis zu sechs FRK der unteren Ebene. Man kann es mit der Struktur einer FRAG S-200 vergleichen. Zur FRA-4351 der 43. FRBr gehörte nur ein FRK S-300 PMU ANGARA, also ein Element der unteren Ebene mit 48 Fliegerabwehrraketen.

Einsatz

Die Komplexe des Fla-Raketensystems mittlerer Reichweite S-300 dienen zur Bekämpfung von Zielen im gesamten Höhenbereich, von Trägern aktiver und passiver Störungen, von Zielen mit geringer effektiver Reflexionsfläche, von Gruppenzielen, von Flügelraketen und taktischen bzw. operativ-taktischen Raketen, bei deren Startentfernung bis 300 km in Entfernungen bis 35 km und Zielzuweisung vom AGS.

Die minimale und maximale Grenze der Vernichtungszone liegt in der Entfernung zwischen 5 und 75 km, in der Höhe zwischen 0,025 und 25 km. Es können Ziele mit Geschwindigkeiten bis zu 1150 m/s bekämpft werden, der Arbeitsmaßstab beträgt 150 km. In einem Abtastsektor von 90° können bis zu 6 Ziele mit je zwei Raketen bekämpft werden, die Verlagerung des Zentrums des Abtastsektors erfolgt durch elektromechanisches Schwenken des Antennensystems. Die Zeit für einen Stellungswechsel beträgt fünf Minuten.

Bestand

Ein Komplex des S-300 besteht aus einer Funkmess-Station für Zielaufhellung und Raketenlenkung (RPN) und 3 Abschusseinheiten (PU) mit je 4 Raketen in Containern (für Transport, Aufbewahrung und Senkrechtstart der Raketen). Jede Starteinheit besitzt einen Kommando-Container zur Verbindung zur RPN und Steuerung aller 3 Abschusseinheiten. Er hat eine zusätzliche FuM-Station 76N6 auf Mastanlage zur Ortung von tief fliegenden Zielen. Bei autonomen Handlungen kann eine weitere Rundblickstation zur Luftraumaufklärung und Bedrohungsanalyse zugeordnet werden.

Funktionsweise

Die RPN war eine Mehrzweck-Funkmess-Station mit Phased-Array-Antenne (eine Antenne für Ziel- und Raketenbegleitung) und arbeitete im Dauerstrich mit einer Leistung von 130 kW, bei einer Frequenz von etwa 10 GHz. Sie gewährleistet den Empfang und die Bearbeitung der Zielzuweisungen bzw. die Zielauswahl nach eigenen Informationsquellen, das Orten, Erfassen und die automatische Begleitung des Zieles, im Weiteren die Bestimmung der Staatszugehörigkeit der Ziele, das Erfassen, Begleiten und Lenken der FAR sowie das Aufhellen der zu bekämpfenden Ziele für die Arbeit der halbaktiven Selbstlenkköpfe der gestarteten Raketen. Zum Suchen und Auffassen der Ziele können in Abhängigkeit von der Luftlage verschiedene automatisierte Suchmodi (Sektoren mit verschiedenen Ausmaßen nach Seiten- und Höhenwinkel) angewendet werden, die durch elektronische Abtastung realisiert werden. Die Funktionsalgorithmen gewährleisten einen hohen Automatisierungsgrad aller Abläufe, eine stabile Arbeit bei aktiven und passiven Störungen, bei extremen Zielmanövern, Zielanflug in extrem geringen Höhen und bei Zielen mit geringem Radarquerschnitt.

Die Einstufenrakete mit Feststofftriebwerk 5W55R hat einen Splittergefechts-kopf mit einem Gesamtgewicht von 133 kg und einem Vernichtungsradius von etwa 40 m. Die Rakete kann 10 Jahre in den Containern lagern, ohne dass diese zu Wartungsarbeiten geöffnet werden müssen. Ihr Start erfolgt in senkrechter Lage durch Ausstoß aus dem Container. In einer Höhe von 20 m zündet das Triebwerk, danach schwenkt die Rakete in Richtung der kinematischen Flugbahn ein. Eine Steuerung auf einem passiven Abschnitt ist möglich. Ihr maximales Lastvielfaches beträgt 20 g.

Die FAR besitzt einen Funkmess-Annäherungszünder und einen Aufschlag-zünder. Die Lenkung erfolgt nacheinander mit Trägheitsnavigation TVM–SARH (halbaktive Selbstlenkung). Beim TVM-Lenkverfahren werden die Zielzeichen, die der halbaktive Radarsuchkopf der FAR erfasst hat, an die RPN zurückgesendet. Dort werden sie zusammen mit dem Radarbild der RPN durch einen Hoch-leistungsrechner abgeglichen und wieder an die FAR zurückgesendet. Dadurch wird eine hohe Effektivität der Raketenleitung bei komplizierter Störlage gesichert. Bei der Bekämpfung von tief fliegenden Zielen wird die Rakete überhöht über die gedachte Linie zwischen Rakete und Ziel verschossen. Dadurch hat der Suchkopf optimale „Sicht" auf das Ziel und die FAR fliegt es steil von oben an.

Funkmesstechnik
Fla-Raketen-Abteilungsgruppe S-200

P-14 OBORONA   PRW-17

Rundblickstation P-14 OBORONA

Aufgabe

Die Funkmessstation P-14 diente zur Ortung von Luftzielen mit einer maximalen Auffassentfernung im Freiraum von über 750 Kilometern zur Darstellung der Luftlage, einschließlich Kennungsabfrage.

Funktionsweise

Die P-14 war eine Impulsfunkmess-Station im m-Bereich (150 bis 170 MHZ) und einer Impulsleistung von 800 kW. Die Raumabtastung konnte in verschiedenen Betriebsarten zur Anpassung an verschiedene Höhenbereiche erfolgen. Die Luftlage wurde im Führungspunkt auf dem Tochtersichtgerät und auf der Feuerleitkarte dargestellt.

Höhenmesser PRW-17

Aufgabe

Höhenbestimmung der von der P-14 erfassten Ziele. Da die Signalverarbeitung ausschließlich digital erfolgte, konnten die Ziele auf dem Sichtgerät PRW markiert und dessen Koordinaten (Seitenwinkel, Höhenwinkel, Entfernung, Höhe) nach Kennungsabfrage ebenfalls in digitaler Form an die Schießkanäle weitergegeben werden. Damit war eine automatisierte Zielzuweisung an die Schießkanäle möglich.

Funktionsweise

Der PRW-17 war eine Impulsfunkmess-Station im Frequenzbereich etwa 2,5 GHz, einer Impulsleistung von 2,5 MW mit umfangreichen Störschutzsystemen. Die Reichweite betrug ohne eingeschaltetes Störschutzsystem etwa 500 km.

Fla-Raketenabteilung S-75

Rundblickstation P-18

PRW-13

Rundblickstation P-18

Aufgabe

Ortung von Luftzielen, Darstellung der Luftlage auf dem Tochtersichtgerät in der Raketenleitstation, Kennungsabfrage, Koordinatenbestimmung in Kopplung mit einem PRW und Gewährleistung der Zielzuweisung für RLS.

Funktionsweise

Die P-18 war eine Impulsfunkmess-Station im m-Bereich mit einer Impulsleistung von 180 KW. Die Antennenkonstruktion bestand aus 16 breitbandigen Yagi-Antennen (2 x 8). Der Antennenmast konnte um 10 m erhöht werden und die Antenne bzgl. des Höhenwinkels von 5° bis +15° verstellt werden. Die P-18 hatte ein SBZ zur Festzielunterdrückung und konnte zwischen 4 Frequenzen wechseln. Die Aufklärungsreichweite für eine mittlere Zielhöhe wurde mit 230 km angegeben. Zur Kennungs-Abfrage konnten die Kennungsgeräte NSR-12 oder PAROL eingesetzt werden.

Höhenmesser PRW-13

Aufgabe

Aufklärung von Luftzielen in einem großen Höhenbereich, Kennungsabfrage und Koordinatenbestimmung (Bestimmung der Flughöhe nach Zielzuweisung durch Rundblickstation) oder Koordinaten und Charakteristika von Flugkörpern im Rundsichtbetrieb.

Funktionsweise

Der PRW-13 war eine Impulsfunkmess-Station im Frequenzbereich 2,5 bis 2,7 MHz, einer Impulsleistung von 1,6 MW und einer angezeigten Entfernung von 400 km. Der PRW-13 arbeitete mit einem Magnetron auf einer festen Frequenz, ein zweiter Sender stand in Bereitschaft mit einer von vier Reservefrequenzen. Die Arbeitsregime waren Höhenmessung und Rundsicht.

Fla-Raketenabteilung S-125

RBS P-12

RBS P-15

Anlage AMU

Rundblickstation P-12

Aufgabe

Aufklärung von Luftzielen in einem großen Höhenbereich, Kennungsabfrage und Koordinatenbestimmung. Die Station konnte mit der RBS P-15AMU synchronisiert werden und dann beide Echos auf dem Sichtgerät und dem Tochtersichtgerät darstellen.

Funktionsweise

Die P-12 war eine Impulsfunkmess-Station im m-Bereich (150 bis 170 MHz), einer maximalen Impulsleistung von 250 kW und einer Entfernung von 360 km. Eine Höhenbestimmung war möglich, aber durch das eingesetzte Verfahren verringerte sich die Reichweite, deshalb war das System meistens ausgeschaltet.

Rundblickstation P-15 AMU

Aufgabe

Ortung von Luftzielen in geringen und extrem geringen Höhen, Koordinatenbestimmung und Kennungsabfrage. Mit der Antennen-Mast-Anlage war eine Zielortung im Höhenbereich 100 bis 1000 m möglich.

Funktionsweise

Die P-15 war eine Impulsfunkmess-Station im dm-Bereich (830 MHz), einer Impulsleistung von 270 kW und eine Aufklärungsentfernung bei 5 km Zielhöhe von 190 km. Als Kennungsgerät wurde das NRS-15 verwendet.

Das Automatisierte Führungssystem SENESH M1Ä

Einsatz

Das Automatisierte Führungssystem diente der automatisierten Führung der Gefechtshandlungen von FRBr gemischten Bestandes (verschiedene Typen FRK), aber auch der Leitung von Gruppen von Abfangjägern von einer im System integrierten Jägerleitstelle. SENESH M1Ä war das Nachfolgemodell für die AFS ASURK 1MÄ und VEKTOR 2MÄ, die vorher in der 43. FRBr eingesetzt wurden. Das Automatisierte Führungssystem des Gefechtsstandes der FRBr und die Jägerleitstelle SENESH M1Ä konnte gleichzeitig 120 Luftziele in den Arbeitsgrenzen (1600 km in der Entfernung, 40 km in der Höhe, bei Zielgeschwindigkeiten bis 4400 km/Std.) bearbeiten. Es konnte gleichzeitig 17 FRK unterschiedlicher Systeme steuern und 6 Jägerleitungen realisieren.

Der Punkt zur Bearbeitung von Funkmessinformationen diente zur elektronischen Sammlung und Aufbereitung der von den Funkmess-Stationen am Standort und von anderen FuTB über eingehenden Luftlageinformationen.

Bestand

Das AFS bestand aus einem mobilen Führungspunkt mit drei automatisierten Arbeitsplätzen, einem zusätzlicher Führungspunkt mit sechs automatisierten Arbeitsplätzen, dem Führungspunkt PORI, 5 Punkten für Koordinatenaufnahme, Richtfunkstationen und Funkstationen. Ein Teil der automatisierten Arbeitsplätze war im stationären Gefechtsstand der FRBr untergebracht. An den Fla-Raketenkomplexen war je eine Kopplungskabine angeschlossen.

**Führungsraum des Gefechtsstandes der 43. FRBr,
ausgestattet mit dem Automatisierten Führungssystem SENESH**

Arbeitsplatz K-FuTA
Sekundärsichtgeräte
Luftlage PORI.

Primärsichtgeräte
Luftlage FuTA

Arbeitsplatz des K-FRBr
und weiterer Offiziere
der Gefechtsbesatzung

Gegenüber befanden
sich Luftlagekarten
zur herkömmlichen
Feuerleitung im
Luftverteidigungs-
gefecht

Im Führungsraum
befand sich auch
eine Jägerleitstelle

Funktionsweise

Für alle Elemente der Gefechtsordnung der FRBr wurden die topographischen Koordinaten in das AFS eingegeben. Die aufgenommenen Koordinaten der Ziele wurden durch den Rechner auf den Gefechtsstand bezogen umgerechnet und im Koordinatensystem der Luftlagemeldungen dargestellt. Dabei wurden Ziele (Gegner) und Eigene unterschieden. Ebenfalls waren die Vernichtungszonen der verschiedenen Waffensysteme, bezogen auf deren Standort, eingegeben worden.

Das automatisierte Führungssystem beurteilte die Bedrohungslage nach den Flugparametern der Luftziele (Anflugrichtung, Höhe, Geschwindigkeit, Anzahl und andere Charakteristika). Danach prüfte es, in welche Vernichtungszone die Ziele wahrscheinlich einfliegen und machte Vorschläge zur Zielverteilung. Wenn der Kommandeur keine Änderungen vornahm, lief die Zielzuweisung zu einem berechneten Zeitpunkt zu den ausgewählten Fla-Raketenkomplexen durch (über Drahtnachrichtenverbindungen oder Richtfunknetz). Dort wurden in den Koppelkabinen zum AFS die Zielkoordinaten auf den Standort des FRK umgerechnet. Diese wurden nach Winkel und Entfernung auf das Ziel ausgerichtet.

Wenn auf Antenne geschaltet wurde, war die Zielmarke praktisch abgedeckt und konnte durch den Leitoffizier übernommen und durch die Funkorter in Begleitung genommen werden. Die Handlungen zur Zielvernichtung wurden vom Bedienungspersonal des FRK durchgeführt. Die Meldung an den vorgesetzten Gefechtsstand erfolgte automatisiert und mündlich. Zielzuweisungen für die Jagdflieger wurden durch die Jägerleitstelle bearbeitet

Waffen zur Selbstverteidigung

Fla-Rakete Strela-2
Aufgabe
Vernichtung aerodynamischer Luftziele mit Infrarot-Signatur in geringen und extrem geringen Höhen.

Funktionsweise
Nach Einschalten der Stromversorgung verfolgte der Schütze das Ziel mit dem optischen Sucher und betätigte den Abzug am Griff. Damit wurde der Suchkopf aktiviert und die Elektronik versuchte, auf das Ziel aufzuschalten. War das Signal stark genug und die Winkelgeschwindigkeit im zulässigen Bereich, dann wurde dies durch eine rote Lampe und ein akustisches Signal angezeigt. Der Schütze musste nun weitere 0,8 Sekunden das Ziel verfolgen, bis die Rakete zündet. Eine gescheiterte Aufschaltung wurde durch einen anderen Ton markiert, wonach er erneut zielen konnte.

23 mm Flak ZU 23-2
Aufgabe
Vernichtung von Luftzielen im Nahbereich.

Funktionsweise
Die Zielvernichtung erfolgte durch direkte Treffer durch Granaten mit Aufschlagzünder. Die günstige Schussentfernung beim Schießen auf Luftziele betrug 1000 bis 1500 m, bei Zielgeschwindigkeiten bis zu 300 m/s betrug die Feuergeschwindigkeit = 200 Schuss/min für jede Waffe.

Flakkanone 57 mm S-60

Aufgabe

Bekämpfung von Luftzielen in geringen und mittleren Höhen. Bekämpfen von Erd- und Seezielen im direkten Richten. Hauptaufgabe war die Deckung von Gefechtsordnungen der Fla-Raketenabteilungen und von Marschkolonnen.

Bestand

Sechs Geschütze (halbautomatische Maschinenkanonen), Geschützrichtstation (cm-Bereich, Parabolantenne) und Kommandogerät (mit 3 m-Basis zur Entfernungsmessung).

Funktionsweise

Die Schussweite betrug horizontal 6000 m, vertikal 4000 m. Geschossen wurde mit Splitterspreng- und Panzergranaten mit Aufschlagzünder - Einzelfeuer, Feuerstöße (kurze 2 bis 3 Schuss, lange 5 bis 10 Schuss) und Dauerfeuer. Das Schießen auf Luftziele erfolgte vorrangig nach Angaben der Geschützrichtstation. Entfernung, Höhen- und Seitenwinkel wurden zum Kommandogerät weitergeleitet. Das Kommandogerät errechnete die Schusswerte, die mittels Synchronkabel über den zentralen Verteilerkasten an die Geschütze der Batterie übertragen wurden. Die elektrischen Antriebe stellten an jedem Geschütz den errechneten Vorhalte- und Höhenwinkel ein. Beim Einflug des Luftzieles in die Feuerzone ertönte bei jedem Geschütz ein Signal für die Feuereröffnung. Bei guter Sicht erfolgte die Winkelbestimmung optisch mit dem Entfernungsmessgerät des Kommandogerätes, die Entfernung wurde mit der Geschützrichtstation (Radar) bestimmt. Ein weiteres Schießverfahren war das Schießen mit der optischen Visiereinrichtung. Dieses Schießverfahren wurde zur Bekämpfung von Luft- und Erdzielen angewandt.

Sicherstellung mit Fla-Raketen

Bei der Beschreibung wird vom Endstand 1990 ausgegangen und untergliedert sich in Lagerung (langfristige Aufbewahrung in Verpackung oder teilvorbereitet), Ausrüstung der technologischen Abläufe, Ausrüstung für die speziellen Aufgaben der Technischen Abteilungen und Staffelung der FAR.

Die langfristige Aufbewahrung

1. In Verpackung in Schutzbauwerken in den FRA S-125, der FRAG und TA-4320
2. Teilvorbereitet auf Doppelwagen (S-125) im Schutzbauwerk oder in Stellagen
3. In Verpackung in Feldstellungen S-75 (Nester zu je 6 Stück mit Erdumwallung), Raketentreibstoffe in Zisternen oder Tankanlagen 5L15.
4. Nachladbare FAR auf Lademaschinen in hermetisch abgeschlossenen Schutzbauwerken in den Startstellungen S-200.

Ausrüstung der technologischen Abläufe
In den technologischen Abläufen der Technischen Abteilungen und den Fla-Raketenabteilungen erfolgte die Überführung von Fla-Raketen aus den verschiedenen Lagerungsarten in den verschussbereiten Zustand auf Startrampe oder nachladbar auf TLF - Endmontage, Verladung, Betankung und Zuführung.

Zur Ausrüstung gehörten Schienen zum Auspacken aus dem Container, Transport- und Bestückungswagen, Betankungsfahrzeuge für Brennstoff 5L22 und Oxydator 5L62, Kompressoren UKS-400 und Lufttankhänger MS-10, Raketentreibstoffe in Unterflurbehältern, Zisternen oder Tankanlagen 5L15, Hallen- und Autodrehkrane, Messgeräte, Werkzeug, Schutzausrüstung für Betankung, Transport- und Ladefahrzeuge, Fahrzeuge zum Transport von Containern und Lkw zum Transport von Zubehör.

Spezielle Aufgaben der Technischen Abteilungen TA-4320 und TA-4301:
Neben der Zuführung von verschussbereiten Raketen, von FAR in Verpackung, von Raketentreibstoffen und von HF-Köpfen bei Manövern mit FAR zwischen den Abteilungen hatten sie eine Reihe von besonderen Aufgaben zu erfüllen. Das waren im Einzelnen die Übernahme und Abgabe von Raketen, Restenttankung und Neutralisation von FAR, Tankfahrzeugen und Zisternen, Sicherstellung und Durchführung von Reparaturen, Ein- und Ausbau von Gefechtsteilen und die periodische Überprüfung aller FAR mit der Kontroll- und Prüfstation. Die dazu notwendige Technik umfasste die Kontroll- und Prüfstationen, Neutralisationsfahrzeuge, Neutralisationsgestelle, Vorrichtungen zum Einbau von Gefechtsteilen, Messgeräte und Deckungen zur Überprüfung von Pyrotechnik, Werkzeuge, Spezialwagen zum Transport von Komplettierungsteilen.

Siegfried Horst

Die Organisation der militärischen Ausbildung in den Fla-Raketentruppen

Die Ausbildung war in der Nationalen Volksarmee das Hauptfeld der Tätigkeit der Kommandeure und Vorgesetzten aller Stufen. Sie erfolgte für alle Armeeangehörigen auf gleichen Grundlagen und denselben Rahmenbedingungen.

Es gab die Ausbildung der Soldaten, der Unteroffiziere, der Fähnriche und der Offiziere. Den zeitlichen Rahmen bildeten das Ausbildungsjahr bzw. die Ausbildungshalbjahre. Das Ausbildungsjahr begann am 1. Dezember und endete am 30. November des Folgejahres. Die Ausbildung der Soldaten aller Waffengattungen orientierte sich an den drei Diensthalbjahren des Grundwehrdienstes.

Die militärische Grundausbildung

Im ersten Diensthalbjahr erhielten alle Soldaten die militärische Grundausbildung. Dazu wurden die neu einberufenen Soldaten an ausgewählten Standorten zentral in Ausbildungskompanien zusammengefasst. Die Dauer der MGA betrug im Normalfall vier Wochen. Danach wurden die Wehrpflichtigen durch entsprechende Spezialausbildung in Lehrgängen für ihre Gefechtsverwendung unterwiesen und in ihre Einheit eingegliedert. Seit der Einberufung waren dann zwischen sechs bis acht Wochen vergangen.

Die Spezialausbildung der verschiedenen Verwendungen wie Militärkraftfahrer, Funker, Betankungskräfte u. a. dauerte in der Regel länger.
Wenn die Soldaten in ihren Gefechtseinheiten angekommen waren, hatten sie den ersten Abschnitt ihrer Ausbildung absolviert.

Die Ausbildung der Soldaten in den Gefechtseinheiten gliederte sich in den drei Halbjahren ihres Dienstes in folgende Elemente: politische Schulung, allgemeinmilitärische Ausbildung, Spezialausbildung und Gefechtsausbildung der Waffengattung. Die Themen der Ausbildung und deren zeitlicher Umfang waren in Ausbildungsprogrammen vorgegeben und die zu erreichenden Ziele in Normkatalogen festgelegt.

Der Zeitrahmen für die zu erreichenden Ziele in den FRT war besonders im ersten Ausbildungshalbjahr sehr eng. Das erste Ziel für jeden Fla-Raketensoldaten der Führungskompanie, Funktechnischen Kompanie und Startbatterie bestand in der Zulassung für den Einsatz im Diensthabenden System. Die Wochen von der Entlassung des alten dritten Diensthalbjahres bis zur Eingliederung der Soldaten des neuen Diensthalbjahres waren für die Fla-Raketeneinheiten hart, weil die älteren Soldaten die Aufgaben im DHS und die Bewachung der Objekte allein bewältigen mussten. Waren die Neuen in ihre Einheiten voll eingegliedert, konnte wieder zu kontinuierlicher Ausbildung in den Einheiten übergegangen werden. Die Einheiten fuhren zum Schießen mit Schützenwaffen zum nächstgelegen Schießplatz und übten im Stationsbetrieb das Anlegen der persönlichen Schutzausrüstung, Elemente der Sanitätsausbildung oder das Ausheben von Schützengräben. Wöchentlich fanden zwei Stunden Militärische Körperertüchtigung mit Elementen wie Kraftsport, Sturmbahn oder 3000-m-Lauf statt.

Und immer wieder wurde die waffengattungsspezifische Spezial- und Gefechtsausbildung durchgeführt.

In einer Fla-Raketeabteilung S-75 gab es folgende typische Bedienungen: in der Führungskompanie die Auswertergruppe, den Funktrupp, den Richtfunktrupp, den Kabelbautrupp, die Gruppe der Rundblickstation und die Gruppe des Höhenmessers;

in der Funktechnischen Kompanie die Gruppe Stromversorgung, die Funkorter-bedienungen, die Mechaniker der Raketenleitstation und die Militär-Kraftfahrer. In der Startbatterie gab es sechs Startrampenbedienungen, die Montagegruppe, die Betankungsgruppe Luft, die Betankungsgruppe Brennstoff, die Betankungsgruppe Oxydator und die Transportgruppe.

Hinzu kamen verschiedene Gruppen zur Rückwärtigen Sicherstellung. Jede dieser Gruppen erhielt durch die unmittelbaren Vorgesetzten ihre Spezialausbildung und absolvierte regelmäßige Trainings, um die Normen der Gefechtsausbildung zu erfüllen. Diese Vielzahl der Gruppen belegt, dass die Fla-Raketenkomplexe kollektive Waffensysteme waren, die nur dann erfolgreich eingesetzt werden konnten, wenn diese Gruppen und letztlich jeder Fla-Raketensoldat bestens auf seine Aufgabe vorbereitet war.

Aus der Vielzahl der Gruppen wurde die Gefechtsbesatzung der Fla-Raketen-abteilung zusammengefügt, die unter Führung des Kommandeurs die zugewiesenen Ziele bekämpfte.

Die Führungskompanie stellte die Nachrichtenverbindungen bereit, führte die Luftraumaufklärung im Umkreis von 200 km durch und stellte die anfliegenden Ziele auf den Luftlagekarten des Gefechtsstandes der FRA dar. Die Funktechnische Kompanie gewährleistete die Ortung der Ziele mit der Raketenleitstation in großen und extrem geringen Höhen, die elektronischen Systeme sicherten die Erarbeitung der Lenkkommandos für die Raketen, die vom Leitoffizier gestartet wurden. Die Funkorter der RLS hatten es in ihren Händen, ob die Raketen exakt geleitet wurden oder das Ziel verfehlten. Sie waren das sensibelste Glied der großen Gefechtsbesatzung.

Die Startbatterie sicherte ständig das Beladen der Rampen und die Vorbereitung der Raketen zum Start. Der Zug Montage und Betankung erfüllte die Aufgabe der Montage von Raketen aus der Lagerung, ihre Betankung und die Zuführung in die Feuerstellung. Eine FRA S-75 verfügte über 12 Raketen in verschussbereitem Zustand, die sich in der Feuerstellung auf den Startrampen oder Transport-Lade-Fahrzeugen befanden. Weitere 33 Raketen befanden sich in vormontierten Zustand im Raketenbunker der FRA.

Die voran gestellte Beschreibung zeigt, dass die Ausbildung in den FRT ein sehr komplexer Vorgang war. Er verlief je nach Waffensystem sehr unterschiedlich. War die Ausbildung zwischen FRA S-75 und S-125 noch vergleichbar, so waren die Ausbildungsinhalte und -methoden für die S-200 und S-300 jeweils grundsätzlich anders.

Die Kunst des Kommandeurs einer Fla-Raketenbrigade bestand darin, die so unterschiedlich auf ihren Waffensystemen ausgebildeten Einheiten durch zweckmäßige Trainingsmethoden zu einem nach seiner Idee handelnden Truppenkörper zu formen und ihre Geschlossenheit herzustellen. Beim Einsatz des automatisierten Führungssystems „Senesh" waren die meisten Handlungsalgorithmen im System implementiert. Kompliziert wurde es bei herkömmlicher Führung, wenn nicht genügend Informationen für das AFS bereit gestellt werden konnten.

Im folgenden Teil werden einige Ausbildungselemente der Spezialausbildung nach Waffensystemen dargestellt.

Die Fla-Raketenabteilung S-75

Für die FRA S-75 und S-125 gab es mit der Trainings- und Kontrollapparatur „Akkord" ab Anfang der 70er Jahre eine wichtige technische Unterstützung für die effektive Ausbildung der Gefechtsbesatzungen der FRA und der Funkorterbedienungen. Diese Apparatur wurde an die RLS des jeweiligen Typs angeschlossen und ermöglichte die elektronische Darstellung von gleichzeitig sechs Luftangriffsmitteln auf allen Sichtgeräten in allen Höhen, in Entfernungen von 5 bis 200 km, mit Geschwindigkeiten von 0 bis 1200 m/s. Die Apparatur konnte alle vom Gegner erzeugten Störungen und Manöver nachbilden sowie den Start von Antifunkmessraketen naturgetreu nachahmen. Die Einführung dieser Geräte führte zu einer sprunghaften Verbesserung der Fähigkeiten und des Könnens der Gefechtsbesatzungen.

Der Kommandeur der FRA-4122, Oberstleutnant Scholz, später Kommandeur der 41. FRBR, bei der Gefechtsausbildung in der Leitkabine UW

110

Die Leitkabine war während der Gefechtsarbeit verdunkelt (bei den oben stehenden Bildern wurde sie für die Aufnahmen beleuchtet). Neben dem elektronischen Sichtgerät des Funkorters ist deutlich der Bildschirm des teleoptischen Kanals zu erkennen. Damit wurden die Ziele mit einer Fernsehkamera, die mit einem starken Teleobjektiv versehen war, aufgefasst und begleitet. 1989 waren alle modernisierten Fla-Raketenkomplexe der Typen S-75 und S-125 mit dieser Einrichtung ausgestattet.

Die Funkorter der RLS trainierten wöchentlich mehrfach die Handbegleitung von Luftzielen unter verschiedenen Bedingungen. Charakteristisch waren Ziele mit extrem kleiner Reflexionsfläche, hoher Geschwindigkeit, starken Manövern und unter starken Funkmessstörungen verschiedener Art.

Die Startrampenbedienungen trainierten wöchentlich das Beladen der Rampen mit Lehr-Raketen. Die Ausbildung erfolgte unter harten Bedingungen. Eine Anlauflänge von 300 m unter vollständiger Schutzausrüstung war üblich.

Die Kanoniere arbeiten hochkonzentriert, über ihnen der TLF-Balken mit der Gefechtsrakete

Der Abteilungskommandeur bewertet die Gefechtsausbildung seiner Startbatterie

Die Ausbildung und Gefechtsarbeit der Soldaten der Startbatterie unterschied sich deutlich vom übrigen Teil der FRA. Sie mussten beim Bewegen der schweren Teile körperlich viel leisten. Sie waren die „Batzen", die wussten wie man anfasst und richtig zulangt.

Die Gefechtsausbildung in der FRA S-125

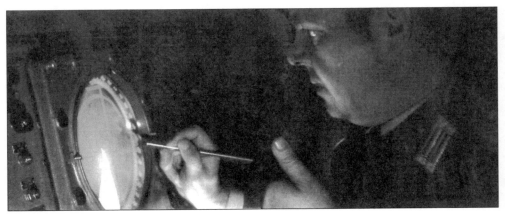

Oberstleutnant Sebastian am Gefechtsarbeitsplatz

Der Kommandeur der Fla-Raketenabteilung 4333, Oberstleutnant Sebastian befindet sich an seinem Gefechtsarbeitsplatz in der Kabine UNK. Er beurteilt am Rundsichtgerät der Rundblickstation P-12 die primäre Luftlage.

Über die Bordsprechanlage erteilt er seine Befehle zum Auffassen der Ziele mit der Raketenleitstation, befiehlt die Lenkmethode, die Startentfernung und die Anzahl der Raketen.

Ladevorgang beim S-125

Die Startbatterie einer FRA S-125 erfüllte im Wesentlichen die gleichen Aufgaben wie eine Startbatterie S-75. Und dennoch waren die Unterschiede groß. Der Fla-Raketenkomplex S-125 hatte Vierlingsstartrampen und Zwillings-TLF, die Raketen waren deutlich kleiner und leichter. Auch die Montage und Bestückung war wesentlich einfacher als bei den Fla-Raketen „Wolchow", weil auch das Marsch-triebwerk mit Feststoff arbeitete und damit keine Betankung mit Oxydator und Brennstoff notwendig war. Die Fla-Raketenabteilung S-125 konnte am schnellsten die Marsch- und Gefechtslage ihres Komplexes herstellen. Durch die Bereitstellung eines zweiten Kabelsatzes wurde die benötigte Zeit weiter verringert.

Die Herstellung der Marsch- und Gefechtslage wurde zweimal im Halbjahr trai-niert. Der Personalbestand der FRA S-75 und S-125 war in der Durchführung von Manövern sehr gut ausgebildet.

Die Startrampenbedienung verlässt die Stellung

Die Gefechtsausbildung in der Fla-Raketenabteilungsgruppe S-200

Die Fla-Raketenabteilungsgruppe S-200 bestand aus 2 bis 5 Schießkanälen, auch als FRA bezeichnet. In der Luftverteidigung der NVA hatten die FRAG nur jeweils 2 FRA.

In Polen und Tschechien waren es je drei Schießkanäle, und zur Deckung von Leningrad werden in einer FRAG sogar 5 FRA eingesetzt. Jeder Schießkanal verfügt über sechs Startrampen und im Verteidigungsfall 12 gefechtsbereite Raketen, die FRAG mit 5 Schießkanälen, also über 60 Raketen. Nur die neuen Systeme S-300 haben da mehr zu bieten. 1990 gab es auf dem Territorium der Sowjetunion 209 Fla-Raketenabteilungsgruppen S-200 mit 4152 Raketen. Wie viele von ihnen heute noch existieren, ist nicht bekannt.

Die Ausbildung der Soldaten in einer FRAG konzentrierte sich stark auf die technische Ausbildung zum Erlernen der technologischen Abläufe und Wartungsarbeiten an der Technik. Solche Ausbildungselemente wie das körperlich anstrengende Beladen der Startrampen oder das Üben des Ab- und Aufbaus der Technik fielen hier weg.

Die Besatzungen der Aufklärungs- und Zielzuweisungsmittel P-14 „Oborona" und PRW-17, die Nachrichtenkräfte und Auswerter wurden in gleicher Weise ausgebildet wie in den FRA S-75 und S-125.

Ausbildung der Gefechtsbesatzung des Fla-Raketensystems WEGA

Das Bild zeigt das automatische Beladen der Rakete von der Lademaschine auf die Startrampe.

Die Herstellung der Geschlossenheit der Gefechtsbesatzungen der Führungs-kabine K 9 und der Kabine K 2 war wesentlicher Bestandteil der Ausbildung in den FRAG. Das erfolgte sowohl auf elektronisch imitierte Ziele, als auch auf reale Flugzeuge. Letzteres war kompliziert, weil die Zielbeleuchtungskabinen K1 der Schießkanäle strengen Einschränkungen hinsichtlich der Abstrahlung unterlagen. Dennoch wurden, meist in den frühen Morgenstunden, Trainings auf reale Ziele durchgeführt. Dabei wurde streng darauf geachtet, wo sich bestimmte Auf-klärungssatelliten befanden und ob sich Militärverbindungsmissionen in der Nähe der Feuerstellungen aufhielten. Es waren meistens hoch- und schnellfliegende Maschinen und Ziele in Flugzonen, die denen der AWACS-Maschinen ähnelten.

Die Gefechtsausbildung einer Fla-Raketenabteilung S-300 PMU
Die große Neuerung der Fla-Raketentruppen, das mehrkanalige Fla-Raketen-system S-300 PMU, wurde im Frühjahr des Jahres 1989 eingeführt und zur Übernahme am Standort Prangendorf entfaltet.

Das Herzstück des Fla-Raketensystems S-300 PMU, die RPN mit der Antenne auf der drehbaren Kabine F1 und der Kabine F2 dem Gefechtsstand der FRA

Die neue Technik war, als die NVA sie erhielt, bereits über zehn Jahre im Raum Moskau und an anderen wichtigen Orten der Sowjetunion im Einsatz. Der Personalbestand der FRA-4351, der dieses System am Standort Retschow im DHS nutzen sollte, war 1988 ausgewählt worden und hatte seine Spezialausbildung in der Ausbildungseinrichtung der sowjetischen FRT in Gatschina bei Leningrad

116

erhalten. Im Frühjahr 1989 übernahmen sie die Technik und führten intensive Ausbildung in allen Elementen durch, um am 08.06.1989 durch ein erfolgreiches Gefechtsschießen auf dem Staatspolygon in Aschuluk die Zulassung für den Dienst im DHS des Warschauer Vertrages zu erhalten.

Das Transport- und Startfahrzeug mit vier Containern, in denen die Raketen 10 Jahre gelagert werden konnten und aus denen der Start erfolgte

Die Bilder zeigen, dass alle Komponenten auf schwere Kfz-Technik aufgebaut waren. Durch diese Bauweise und das schnelle Herstellung der Marsch- und Gefechtslage erhielten die neuen Generationen der Fla-Raketentechnik eine hohe Mobilität. Mit dieser RLS konnten gleichzeitig sechs Ziele bekämpft werden. Die phasengittergesteuerte Antenne ist um 360° schwenkbar, die Raketen starten senkrecht und lassen sich nach dem Erfassen auf jeden beliebigen Kurs lenken. An die RLS können über Funk bis zu 12 Starteinrichtungen angeschlossen werden. Damit stehen im ersten Zugriff 48 gefechtsbereite Raketen zur Verfügung. Mit der Einführung dieses Systems mussten die Ausbildungsprogramme übersetzt und neue Methoden erprobt werden. Zum Ende der Fla-Raketentruppen 1990 waren die Grundlagen dafür geschaffen. Die Schwerpunkte der Ausbildung waren: eine tiefgründige technische Spezialausbildung, der Einsatz dieses neuen Systems im Diensthabenden System der Luftverteidigung und die Ausnutzung der hervorragenden Manövereigenschaften zur Entwicklung neuer Manöver für die Vervollkommnung bzw. Wiederherstellung der Gefechtsordnung. Die FRA-4351 konnte innerhalb von 24 Stunden an jeden beliebigen Ort im Umkreis von 800 km verlegt werden.

Die Feldlager der Fla-Raketentruppen der Luftverteidigung

Die Feldlager der FRT begannen in der zweiten Hälfte der 60er Jahre auf dem sowjetischen Truppenübungsplatz (TÜP) Lieberose. Später wurden sie als Trainings- und Überprüfungszentrum oder Ausbildungszentrum der Fla-Raketentruppen der Luftverteidigung bezeichnet.

Die Idee des Feldlagers bestand darin, die teilnehmenden FRA intensiv, effektiv und gefechtsnah üben zu lassen. Durch das Feldlager vervierfachte sich die Anzahl der realen Ziele, die von den Gefechtsbesatzungen bearbeitet werde konnten. Im Zeitraum von vier Wochen absolvierten alle FRA S-75 und S-125 anspruchsvolle taktische Übungen mit allen für die Gefechtsausbildung der FRT wichtigen Elementen. Außer den bauenden FRA nahmen alle Einheiten am Feldlager teil. Die Fla-Raketenabteilungsgruppen konnten wegen ihrer geringen Beweglichkeit nicht am Feldlager beteiligt werden.

Die Feldlager der FRT wurden sehr gründlich vorbereitet. Der Bereich des Chefs FRT im Kommando LSK/LV plante die Zieldarstellungen, führte die Absprachen mit der sowjetischen Seite zur Nutzung des TÜP und organisierte Begegnungen mit sowjetischen Einheiten. Der Chef Militärtransportwesen sicherte die Vorbereitung und Durchführung der Eisenbahntransporte mit der Deutschen Reichsbahn. Die Bereiche der Stellvertreter FRT in den LVD planten die taktischen Übungen und Kontrollabnahmen für ihre teilnehmenden Truppenteile und Einheiten. Zur gründlichen Vorbereitung gehörte auch eine ausgezeichnete Vorbereitung der Truppenlager. Das war die Aufgabe der Rückwärtigen Dienste der Truppenteile, die in einem Vorkommando nach Lieberose verlegten und die Aufnahme der Hauptkräfte vorbereiteten. Der Anspruch an die Arbeit der Vorkommandos war hoch. Oberst Artuschewski, Kommandeur des FRR-23, sagte bei der Verabschiedung seines Vorkommandos: „Wir führen keinen Krieg, sondern wollen ordentliche Gefechtsausbildung machen, deshalb brauchen alle Soldaten, Unteroffiziere, Fähnriche und Offiziere eine gute Unterkunft im Wald und ausgezeichnete Verpflegung – das ist eure Aufgabe!"

Die taktischen Übungen begannen für die teilnehmenden Einheiten mit einer Überprüfung des DHS in der heimischen Feuerstellung. Danach erhielt der Kommandeur der FRA den Befehl, im kombinierten Marsch in den Raum Lieberose zu verlegen und dort die Gefechtsbereitschaft herzustellen.

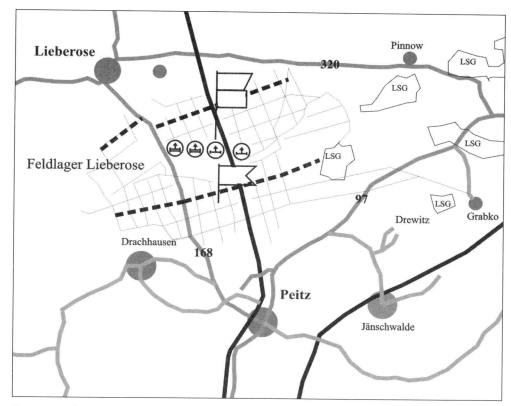

Die Lage des Truppenübungsplatzes Lieberose

Der TÜP durchzieht die Ebene nördlich von Cottbus und wird durch die Fernverkehrsstraße 168 in zwei Teile geteilt. Entlang der Linie der FRA konnten in einem Durchgang bis zu sechs Feldführungsstellen und 16 FRA S-75 und S-125 entfaltet werden.

Die Fla-Raketenabteilungen verlegten mit folgender Ausrüstung ins Feldlager: FRA S-75 mit Rundblickstation P-18, Höhenmesser PRW-13, Nachrichtentechnik, die Raketenleitstation, drei Startrampen, drei Transport-Lade-Fahrzeuge mit drei Lehrraketen. Zum Transport wurden 33 Eisenbahnwaggons benötigt.

Die FRA S-125 mit Rundblickstation P-12, Rundblickstation P-15, Nachrichtentechnik, die Raketenleitstation, zwei Startrampen, zwei Transport-Lade-Fahrzeuge mit vier Lehrraketen benötigte zum Transport 24 Eisenbahnwaggons.

Dass die Feldlager der FRT eine ausgezeichnete Sache waren, hatte sich selbst in höchsten Chefetagen herumgesprochen. Zu Beginn der 80er Jahre besuchte uns der Minister, Armeegeneral Hoffmann, mit dem Oberkommandierenden der GSSD, Armeegeneral Saizew, in Lieberose.

Minister Hoffmann und der Oberkommandierende der GSSD Saizew im Feldlager, v. l. Armeegeneral Saizew, Oberst Artuschewski, Armeegeneral Hoffmann und Generaloberst Reinhold

Oberst Scholz meldet die Bereitschaft der 41. FRBr zum Feldlager

Die Gefechtsschießen auf dem Staatspolygon der UdSSR

Die Vorschriften für die FRT sahen vor, dass der Personalbestand einer Fla-Raketenabteilung nach seiner Aufstellung durch ein Prüfungsschießen mit dem realen Start von Fla-Raketen zum DHS zugelassen werden musste. Diese Überprüfung wurde im Abstand von zwei Jahren wiederholt. Rein rechnerisch bedeutete das, 50 Prozent der Fla-Raketenabteilungen der Luftverteidigung fuhren pro Jahr in die Sowjetunion zum Gefechtsschießen. Die konsequente Einhaltung dieser Vorgaben war die Voraussetzung für den hohen Ausbildungsstand der Fla-Raketentruppen der DDR.

Die Reise erfolgte im Verlaufe der Jahre auf höchst unterschiedliche Art. In den 60er Jahren fuhren die Besatzungen der FRA und der Gefechtsstände der Truppenteile über Frankfurt / Oder – Brest – Moskau – Wolgograd nach Aschuluk. Das Vorkommando, das auch die zu verschießenden Raketen mitführte, fuhr Wochen vorher los, um die Aufnahme der Hauptkräfte vorzubereiten.

In den 70er Jahren fuhren alle in Mannschaftstransportwagen in der Regel über die Strecke Frankfurt/Oder – Brest – Charkow – Aschuluk. Die Entfernung betrug 2400 bis 2500 km und die Reisedauer ca. 5 Tage.

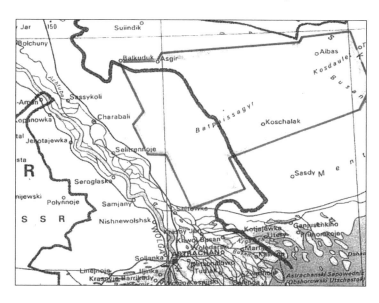

Grenzen des Staatspolygon der UdSSR Astrachan – Aschuluk

In den 70er Jahren begann die Überführung des Personals im Lufttransport unter Einsatz von Transportflugzeugen vom Typ TU-134. Gestartet wurde je nach Zugehörigkeit zur 3. oder 1. LVD auf verschiedenen Flugplätzen, die Zwischenlandung erfolgte in Kiew und Zielflugplatz war zunächst Astrachan/Priwolschski und später, als der Flugplatz Aschuluk fertiggestellt war, wurde dieser direkt angeflogen.

Oberst a.D. Stecher hat in einem Beitrag zum Militärtransportwesen der LSK/LV in den „Beiträgen zur Geschichte der LSK/LV" sehr ausführlich zu den Verlegungen über große Entfernungen berichtet. Viele Berufssoldaten, die zum Beginn der Gefechtsschießen über Moskau fuhren, bedauerten die späteren Reisen mit Mannschaftstransportwagen und auch mit dem Flugzeug, weil sie auf das Erlebnis Moskau verzichten mussten.

Für die Fla-Raketentruppen der Luftverteidigung bestand der Schießplatz aus drei Elementen: der Unterkunfts- und Versorgungszone, der technischen Zone zur Sicherstellung mit Fla-Raketen und der Linie der Feuerstellungen, aus denen die realen Starts erfolgten.

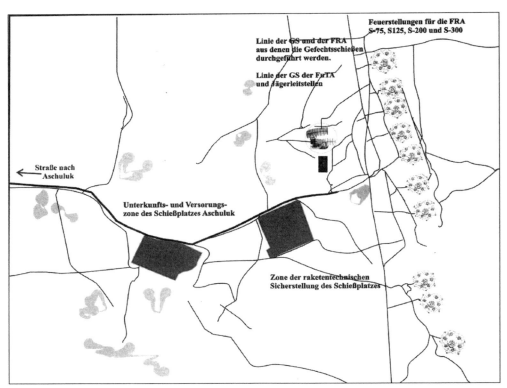

Elemente des Schießplatzes Aschuluk

Im Frühsommer 1959 hatten die ersten Offiziere der NVA an einem Lehrgefechtsschießen als Höhepunkt ihrer Ausbildung in der UdSSR teilgenommen. Diese Offiziere waren die Gründungsväter der Fla-Raketentruppen der DDR. Zu diesem Zeitpunkt umfasste die Unterkunftszone des Schießplatzes nur wenige Baracken, und das Hauptproblem der Versorgung war frisches und sauberes

Wasser. Das auf dem Schießplatz und in der Umgebung vorgefundene Wasser im Untergrund war ungenießbar, weil stark versalzen. Tag für Tag musste das Wasser mit Kesselwagen über ca. 60 km von der Achtjuba herbeigeschafft werden. Erst am Ende der 60er Jahre wurde eine Wasserleitung gebaut, aber auch bei ihr fielen immer wieder Pumpstationen aus. Das Lehrgebäude am rechten Rand der Zone kennt jeder Fla-Raketensoldat, der an einem Gefechtsschießen teilgenommen hat. Hier steht auf einem Natursteinsockel eine der sagenumwobenen LA-17, die 1946 aus den erbeuteten V-1 entwickelt worden war, und vor der die meisten Erinnerungsfotos geschossen wurden.

Vorbereitete Raketen in der technischen Zone von Aschuluk

In der Technischen Zone des Schießplatzes Aschuluk waren die Raketen und ihre Zubehörteile für vier verschiedene Fla-Raketensysteme untergebracht. Wir brachten sie mit dem Vorkommando vor den Hauptkräften immer im Eisenbahntransport hierher. Das Vorkommando montierte und betankte die Raketen, soweit erforderlich, und führte die elektronischen Kontrollen durch. Die vorbereiteten

Raketen lagen dann in der Technischen Zone auf Transport-Lade-Fahrzeugen und warteten auf den Tag des Gefechtsschießens. An diesem Tag wurden sie von den Chefs der Startbatterien übernommen, für die sie vorgesehen waren, und in die Feuerstellung der jeweiligen FRA überführt.

Die Gefechtsstände, Funkmessmittel, Jägerleitstellen und die Führungseinrichtungen für die Zieldarstellungsmittel befinden sich in pioniertechnisch ausgebauten Deckungen und sind über Nachrichtenmittel mit den FRA in den Feuerstellungen verbunden.

Die Feuerstellungen der FRA S-75, S-125, und S-200 sind einfach mit Erdanwallungen pioniertechnisch ausgebaut. Für die FRA S-300 sind Flächen zur Entfaltung der Geräte des Systems vorbereitet.

Die Linie der Feuerstellungen ist ca. 5 km lang. Am nördlichen und südlichen Ende befinden sich Handlungsräume für die FRT der Landstreitkräfte und für die Truppenlager der FRT der Sowjetarmee.

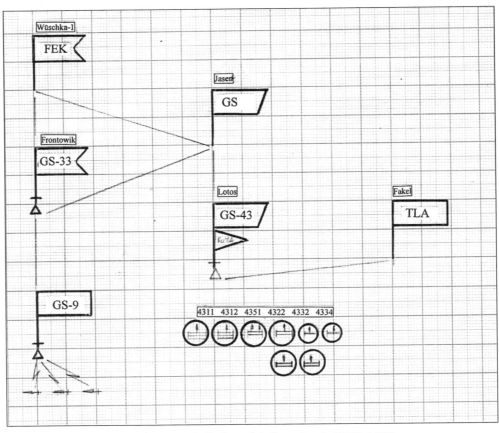

Führungsschema zum letzten Gefechtsschießen der 3. LVD 1989

124

Das Führungsschema zeigt die von der 3. LVD entfaltete Gefechtsordnung mit acht Fla-Raketenabteilungen aller Typen und 12 Jagdflugzeugen MIG-23.

Gleichzeitig handelte die Truppenluftabwehr der NVA mit eigenem Bestand. Die sowjetischen Instrukteure führten die Zieldarstellung vom Führungspunkt „Jasen" und die elektronische Störlage vom Punkt „Wüschka-1". Nicht dargestellt sind die umfangreichen Mittel der Funktechnischen Truppen, die ihre Informationen automatisiert an das Aufklärungs- und Informationszentrum übermittelten. Auf der Grundlage dieser Luftlage stellte der Divisionskommandeur den Kommandeuren der 43. FRBr und des JG-9 die Aufgaben automatisiert zur Bekämpfung der anfliegenden Ziele beim Prüfungsschießen ohne realen Start von Raketen (40 Flugzeuge) und beim Prüfungsschießen mit realem Start von Raketen (12 ferngelenkte Zieldarstellunsmittel). Das FRR-13 und –23 nahmen mit je einer FRA am Schießen teil, wurden aber aufgrund des verkürzten Personalbestandes und der Bauarbeiten in den Feuerstellungen zu Hause nicht für den Verband gewertet.

Die folgenden Darstellungen zeigen die Möglichkeiten für das reale Schießen mit Fla-Raketen auf programmgesteuerte Zieldarstellungsmittel. Auf dem Schießplatz Aschuluk wurden zwei Arten verwendet: die LA-17, ein aerodynamischer Flugkörper, und die RM-207, eine Rakete. Beide Zieldarstellungsmittel gab es in verschiedenen Versionen, mit denen ziemlich komplizierte Luftlagen realistisch dargestellt werden konnten.

| Die ferngelenkte Drohne LA-17 | Die programmgesteuerte Rakete RM-207 |

Flugeigenschaften der Zieldarstellungsmittel		
	LA-17	**RM-207**
Fluggeschwindigkeit	750-900 km/h	150 - 650 m/s
Flughöhe	0,1 - 15 km	0,05 - 30 km
Einsatzentfernung	400 km	50 - 200 km
Flugdauer	42 min	0,5 - 3,5 min

Die Zieldarstellungsmittel für die realen Gefechtsschießen

1983 war das Fla-Raketenregiment 19 unter Führung seines Kommandeurs
Oberstleutnant Fleißner (rechts) bester Truppenteil in Aschuluk

Das Führungsteam der 3. LVD beim letzten Gefechtsschießen 1989. In der Mitte
der Kommandeur der 3. LVD Generalmajor Schwipper, rechts neben ihm Oberst
Horst, links vom Kommandeur Oberstleutnant Temler

Die Ausbildung der Offiziere, Fähnriche und Unteroffiziere

Hans-Ferdinand Schäller

Über die Offiziersschulen unserer Waffengattung – vom Offiziersschüler zum Lehrstuhlleiter

Auch mit dem Abstand der vergangenen Jahre behaupte ich heute noch, dass nur wenige Armeen über Offiziersschulen verfügten, die ihren Absolventen einen vergleichbar hohen Ausbildungsstand vermittelten, wie ihn die Offiziershochschule (OHS) der LSK/LV „Franz Mehring" Mitte der 80er Jahre erreicht hatte. Ab 1983 schlossen die Absolventen ihr vierjähriges Studium mit dem akademischen Grad eines Diplom-Ingenieurs ab.

Von der seit 1953 existierenden Flak-Artillerie-Schule (FAS) in Oranienburg bis dahin war es ein weiter Weg. Ich bin ihn zusammen mit meinen Weggefährten gegangen und war fast in allen Lehreinrichtungen tätig, die es im Laufe der Jahre bei unseren Fla-Raketentruppen gab.

Nach dem Abitur und kurzen Ferien trat ich am 12. August 1954 an eben dieser Schule in Oranienburg meinen Dienst bei der Kasernierten Volkspolizei an. Die Schule befand sich in dem kurfürstlichen Barockschloss, das mitten im Zentrum Oranienburgs liegt. In Teilen war es schon ab 1690 erbaut und genutzt worden. Es wird auf der einen Seite durch die Havel, auf der anderen durch den Schlosspark begrenzt. Das Schloss gilt als Wahrzeichen Oranienburgs. Leider hat man uns damals nichts über die Geschichte derer von Oranien vermittelt. Erst als ich 2001 die Ausstellung der „Stiftung Preußische Schlösser und Gärten Berlin-Branden-burg" besuchte, erhielt ich einen Einblick in die historische Bedeutung des Schlosses.

Kommandeur der FAS war von Beginn an Oberst Hermann Lewerenz. Lewerenz war für uns junge Menschen eine Respekt und Achtung einflößende Persön-lichkeit. Mit seiner Vergangenheit hat man uns damals nicht besonders vertraut gemacht. Später erfuhr ich, dass er Jahrgang 1911 war, eine Polizeischule als Leutnant abgeschlossen und ab 1939 als Flakoffizier am Krieg gegen die Sowjetunion teilgenommen hatte. 1943 geriet er als Major bei Stalingrad in sowjetische Kriegsgefangenschaft. Unter Einfluss von General von Seydlitz wurde Lewerenz Mitbegründer des „Bundes Deutscher Offiziere" und später Mitglied im „Nationalkomitee Freies Deutschland". In dieser Zeit entwickelte sich seine aktive Haltung als Gegner imperialistischer Raubkriege. Seine militärische Tätigkeit als Inspekteur der Volkspolizei, als Oberst der KVP und der NVA war entschieden auf die Friedenssicherung durch die militärische Stärkung der DDR gerichtet. Oberst Lewerenz, der 1957 aus mir nicht bekannten Gründen in Ungnade fiel, war für mich immer ein Vorbild. Seine moralische Integrität und fachliche Kompetenz überzeugten mich stets aufs Neue.

In den ersten Wochen des Dienstes in Oranienburg spürte ich noch sehr wenig von einer Ausbildung zum Flak-Offizier. Da die zum Schloss gehörenden festen Nebengebäude durch ältere Offiziersschüler belegt waren, die vor der Ernennung standen, wurden wir in Holzbaracken untergebracht. Jeder musste seinen Strohsack selbst stopfen, und jeder bekam einen Spind und einen Hocker. Mit den Sachen, die man tagsüber am Mann trug, war abends ein „normgerechtes" Päckchen auf dem Hocker zu bauen. Meistens musste man es nach dem Stubendurchgang noch einmal bauen, weil es vor den Augen der Vorgesetzten keine Gnade gefunden hatte. Die restliche Bekleidung und Ausrüstung wurde in der BA-Kammer der Kompanie gelagert. Es gab einfach nicht genügend Schränke für alle. Reichlich vier Wochen lang absolvierten wir eine intensive militärische Grundausbildung, einschließlich Schießen mit dem Karabiner, damit man uns auch zu Wachen einsetzten konnte. Außerdem lernten wir alle möglichen Dienste kennen, die es bei einer kasernierten Unterbringung überhaupt gibt (Stubendienst, Küchendienst, Toilettendienst u. a.).

Den ersten Gruppenausgang gab es nach abgeschlossener Grundausbildung. Wenig Gegenliebe fanden bei uns die rigiden Urlaubsregelungen. Urlaub konnte man bekommen zu Weihnachten oder Silvester, zu Ostern oder Pfingsten und, wenn alles gut ging, zusammenhängend 14 Tage Jahresurlaub. Im Oktober 1954 erfolgte die Aufstellung unserer Ausbildungskompanie. Kompaniechef war Oberleutnant Nast. Es wurden vier Züge zu je 25 Mann gebildet. Ich gehörte zum 1. Zug. Mein Zugführer, Oberleutnant Klug, trug seinen Namen zu Recht. Er war tatsächlich sehr klug und umsichtig. Später in der Truppe wurde er einer meiner Vorgesetzten. Als Hauptfeldwebel wirkte mit „preußischer" Erfahrung Oberfeldwebel Kabs. Ich habe ihn immer als streng, pfiffig und dennoch gutherzig empfunden.

In dieser Zeit bezogen wir den 1. Stock des rechten Flügels der drei Gebäude, die den Schlosshof umfassten. Das 1. Studienjahr konnte beginnen. Aus der Nähe zu Berlin, das einerseits Hauptstadt der DDR, andererseits Frontstadt und Schaufenster für den Westen war, ergaben sich für uns eine Reihe von Verhaltensauflagen. Jede Reise Richtung Süden, z. B. in den Urlaub, war mit einer zeitaufwendigen Umfahrung Berlins auf Kosten unserer Urlaubszeit verbunden. Sog. „Berlin-Scheine", die eine Durchfahrt durch den demokratischen Sektor erlaubt hätten, wurden dafür nicht ausgegeben. Man konnte schließlich damals noch mit der S-Bahn von Oranienburg nach Westberlin fahren. Von der Hauptstadt in den Westteil der Stadt zu gelangen war gleichfalls kein Problem. Bei Verstößen gegen diese Ordnung drohte die sofortige Entlassung oder noch drastischere Konsequenzen. Wie verlief die Ausbildung an der FAS Oranienburg? Die allgemeinmilitärische Ausbildung hatte eine hohe Qualität. Da war z. B. Hauptmann Karl Burig, der von seinen Erfahrungen als Pionier im 2. Weltkrieg zehren konnte. Er gestaltete den Unterricht ungemein locker und sehr praxisbetont. Die harte militärische Körperertüchtigung brachte einige Offiziersschüler in Bedrängnis, wenn es um die Erfüllung der Normen ging.

Die Methodik der technischen Ausbildung hatte einige Mängel. Der Ausbau der Ausbildungsbasis war nicht abgeschlossen, bzw. es wurde an veralteter Technik (37mm- und 85mm-Flak) ausgebildet. Die Lehre des Aufbaus und der Wirkungsweise der Waffe hatte den Charakter und das Niveau einer Soldatenausbildung. Wir nannten sie „Schräubchentheorie". Das Zusammenwirken der Teile war anhand russischer Schautafeln wörtlich zu erlernen und musste in Prüfungen „unverfälscht", möglichst wörtlich, wiedergegeben werden. Da die Mehrheit von uns das Abitur besaß, konnten wir wenig Freude an dieser Art der Ausbildung finden. Es ging jedoch auch anders. Das erlebten wir zum Beispiel bei der Taktikausbildung mit Hauptmann Trautsch. Er war in der Lage, uns taktisches Denken zu vermitteln und ließ uns praxisnah üben. Meisterlich lehrte er die taktische Beurteilung eines Geländes.

Für seine weitere militärische Laufbahn bei den Fla-Raketentruppen waren diese Fähigkeiten auf jeden Fall förderlich. Er erreichte den Rang eines Generalleutnants und nahm als Stellvertreter des Chefs der LSK/LV für Ausbildung der Luftverteidigung bei seinem Ausscheiden 1988 die höchste Dienststellung in den Fla-Raketentruppen ein.

Die Anforderungen in der Ausbildung stiegen mit der Einweisung in die Geschützrichtstation SON-4, eines zwar älteren Typs, aber für uns neue Station. Fachlehrer für die SON-4 war Leutnant Harald Rieger. Wir schätzten ihn sehr. Als ich später selbst Lehroffizier wurde, entwickelte sich eine bis heute bestehende Freundschaft zwischen uns und unseren Familien.

1955/56 zeichnete sich die Verlegung der Flakartillerieschule von Oranienburg nach Geltow bei Potsdam ab. Teile unserer Kompanie gehörten zu einem Vorkommando, das zur Vorbereitung der Aufnahme des gesamten Bestands Anfang 1956 nach Geltow versetzt wurde.

Das Objekt der Flak-Artillerieschule (FAS) Geltow, die heutige „Henning von Tresckow Kaserne", liegt etwa fünf Kilometer vom Zentrum Potsdams entfernt in der Nähe des Großen Zernsees. Es war in den Jahren 1935 bis 1938 als Luftkriegsschule 3 (LKS 3) erbaut worden. Zwischen 1936 und 1939 errichtete man auf dem Gelände noch eine riesige Bunkeranlage, die den Tarnnamen „Großer Kurfürst" erhielt. Sie diente während des II. Weltkriegs unter dem Namen „Kurfürst" als Ausweichführungsstelle für Teile des Reichsluftfahrtministeriums. Von 1943 bis 1945 wurden hier auch die Särge der Hohenzollern eingelagert. Das Objekt blieb im Krieg von Zerstörungen verschont und wurde sofort von der Sowjetarmee in Besitz genommen.

Bevor wir das Objekt übernehmen konnten, musste die großzügige und noch immer moderne Anlage renoviert und von sowjetischen Altlasten befreit werden. Die Arbeiten wurden hauptsächlich von den Offiziersschülern selbst ausgeführt. Als Termin der Verlegung der Flakartillerieschule von Oranienburg nach Geltow ist der 10. November 1956 festgehalten. Das Oranienburger Schloss wurde danach bis 1962 weiter als Funkmessschule der LSK/LV genutzt. Anschließend übernahmen es die Grenztruppen. Kommandeur der neu gebildeten Flak-Artillerieschule Geltow, die am 15. November 1956 den Lehrbetrieb aufnahm, war bis zu seiner Ablösung im Oktober 1957 Oberst Lewerenz. Ihm folgte Oberst Graslaub und Oberstleutnant Schuldt. 1960 wurde Günter („Jimmy") Bartsch Kommandeur der FAS. In Erinnerung geblieben ist auch Oberst Neitsch, ein ehemaliger Spanienkämpfer, der für die Parteiarbeit verantwortlich war. Wegen seiner väterlichen Art wurde er „Papa Neitsch" genannt. Ausgebildet wurden Feuer- und Messzugführer der Flak-Abteilungen und Offiziere für Funkmessanlagen sowohl für die Luftverteidigung als auch für die Truppenluftabwehr.

Die Flak-Artillerieschule war in ein zweckmäßiges militärisches Objekt gezogen. Im bewaldeten Gelände standen längs hintereinander zwei- bis dreistöckige Unterkunfts-, Ausbildungs-, Stabs- und Wirtschaftsgebäude. Es gab eine schöne Schwimmhalle mit einem 25 m-Becken und 3 m-Sprungturm. Diese Anlage war offensichtlich auch der Grund dafür, dass die Modernen Fünfkämpfer der Armeesportvereinigung „Vorwärts" hier ihr Domizil gefunden hatten.

Etwas abgesetzt von den Hauptgebäuden, aber noch auf dem Gelände des Objekts, befand sich unmittelbar an der Landstraße Wildpark-West nach Geltow das Offizierskasino. Seine Räumlichkeiten waren für gesellschaftliche Veranstaltungen aller Art geeignet.

Hinter den Gebäuden stieg das bewaldete Gelände zu einem Berg an. Darunter befand sich die Bunkeranlage. Mehrere hohe zigarrenförmige Betontürme dienten angeblich als Munitionsbunker, könnten aber auch als Ein- und Ausgänge der Bunkeranlage genutzt worden sein.

Als die FAS 1962/63 Bestandteil der Offiziersschule der LSK/LV in Kamenz wurde, übernahm das Kommando der Landstreitkräfte die Kaserne. Im Zuge der weiteren Nutzung wurde die Anlage baulich wesentlich erweitert. Seit 1990 wird sie von der Bundeswehr genutzt. Sie beherbergt zur Zeit das Einsatzführungskommando für die Auslandseinsätze deutscher Kontingente und andere Dienste.

Die Jahre 1956/1957 waren durch eine Reihe wichtiger Veränderungen in den Streitkräften gekennzeichnet. Politisch und militärisch gravierend war der Übergang von der KVP zur NVA, von „Khaki" zu „Steingrau". Dieser Akt beschränkte sich nicht auf den Vorgang einer Neueinkleidung. Nach einem Gespräch mit jedem Einzelnen, das mit der Unterschrift unter eine neue Verpflichtung für den

Dienst in der NVA verbunden war, gab es einen feierlichen Appell der Übernahme. Im Zuge dieser Maßnahmen schied eine größere Anzahl von Offiziersschülern aus. Sie wurden entweder in die Truppe versetzt oder entlassen.

Für alle spürbar war, dass von nun an in der politischen Erziehung verstärkt an der Herausbildung und Pflege der Traditionen einer neuen Armee des Volkes gearbeitet wurde. In guter Erinnerung geblieben ist mir die Teilnahme an der 1. Massenübung der NVA zum 2. Deutschen Turn- und Sportfestes im August 1956 im neu eröffneten Zentralstadion in Leipzig. Mit mir war noch Max Mixdorf kommandiert, den ich später als Lehroffizier wieder treffen sollte. Die anspruchsvolle Übung der Armeesportvereinigung Vorwärts, bestehend aus Gruppengymnastik und Geräteturnen (Barren und Reck), fand bei den Zuschauern großen Anklang und wurde wegen ihrer Athletik und Exaktheit mit viel Beifall belohnt.

Wahrscheinlich erinnert sich mancher noch an den Sportoffizier H. Anke, der damals Initiator unserer Gruppe und begeisterter Gewichtheber war.

Ein bleibendes Erlebnis war auch das Feldlager der FAS, das im 3. Lehrjahr als Ausbildungshöhepunkt auf der Halbinsel Wustrow in Nähe des Ostseebades Rerik stattfand. Dort schossen wir zum ersten Mal mit der leichten Flak „scharf" auf Luftziele, d. h. auf einen von einem Flugzeug gezogenen Luftsack. Die Flugzeuge wurden von sowjetischen Piloten geflogen. Obwohl ihre Mission nicht ungefährlich war, ist es nie zum Abschuss einer solchen Zieldarstellungsmaschine gekommen.

Nach Rückkehr an den Standort legten wir die Offiziersprüfung ab und wurden zum Unterleutnant ernannt. Die Attestation für meine Ernennung schrieb Unterleutnant Geiling, befürwortet haben sie unser Batteriechef Oberleutnant Gehricke und der Kommandeur der FAS, Oberst Lewerenz.

Mit dem festen Willen und dem nötigen Ehrgeiz, mich in der gewählten Laufbahn zu bewähren, trat ich am 01.11.1957 den Dienst im Flak-Regiment 14 in Frankenberg/Sachsen an. Es sollte nicht sehr lange dauern, bis ich wieder an der FAS Geltow war. Inzwischen war ich Kandidat der SED geworden. Mein Dienst in der Truppe dauerte nur knapp zwei Jahre, etwa so lang wie meine Kandidatenzeit. Im August 1959 schrieb mein ehemaliger Zugführer von Oranienburg, Hautmann Klug, der jetzt Stellvertreter des Abteilungskommandeurs, Hauptmann Hering, war, einen Vorschlag zur Versetzung an die Offiziersschule. Sein Vorschlag, mich dort als Lehroffizier einzusetzen, fand auch die Zustimmung des Divisionskommandeurs, Major Hacker. So nahm mein Einsatz als Messzugführer in Frankenberg ein überraschendes Ende. Inzwischen hatte ich geheiratet, war Vater geworden und gerade dabei, in Frankenberg eine Wohnung zu beziehen. So begann die Versetzung mit einem Opfer für die Familie. Es sollte nicht das letzte in meinem weiteren Soldatenleben sein. Im Herbst 1959 meldete ich mich in Geltow wieder zum Dienst und wurde ab 01. Januar 1960 als Fachlehrer, besser „Neulehrer", eingesetzt und eingearbeitet. Ich war einer von vielen neu zuversetzten Offizieren, die unter Führung erfahrener Lehrkräfte wie den Hauptleuten Richter, Stenzel und Polanik und weiterer Lehroffiziere eingearbeitet wurden. Ich erinnere mich dabei auch noch an die Offiziere Rieger, Hawel und Zierenner. Von denen, die mit mir zusammen vor einer neuen Aufgabe standen, sind mir noch die Namen Beyer, Jähnke, Heidloff, Hase, Pilz, Janda, Coumont, Reifgerste, Hesche, Mixdorf und Amelung im Gedächtnis. Sie waren alle Leutnant und ähnlich jung wie ich selbst.

Zu lehren waren: Grundlagen der Elektrotechnik, Bauelemente, Hochfrequenz-Technik, Elektronische Schaltungen (Röhrenverstärker, Impulsschaltungen), Elektrische Maschinen und konkrete Waffensysteme (Funkmess- und Flak-technik).

Im Januar 1960 gab es in Geltow nur eine Kompanie Offiziersschüler. Die wurde von Oberleutnant Donath geführt und setzte sich aus drei Zügen zusammen. Der 1. Zug bestand aus Offiziersschülern des 3. Lehrjahres, der zweite des 2. und der dritte des 1. Lehrjahres. Sie wurden zunächst alle noch als Flak-Offiziere ausgebildet. Zum Jahreswechsel 1960/61 wurde erstmals eine Kompanie aufgestellt, die ausschließlich aus Abiturienten bestand und deren Ausbildung im Januar gleich mit dem 2. Lehrjahr begann. Kompaniechef war Oberleutnant Maske, Zugführer die Leutnants Wenndorf und Herwald, sowie Unterleutnant Fütterer.

Die Aufstellung dieser Kompanie war offensichtlich bereits im Hinblick auf die bevorstehende rasche Einführung der Fla-Raketentechnik erfolgt.

Die Sache mit den Fla-Raketen wurde jedoch so geheim behandelt, dass es mitunter groteske Formen annahm. Wehe man sprach das Wort „Rakete" aus. Es musste durch die Begriffe „Produkt" oder „Erzeugnis" ersetzt werden. Dabei war es doch jedem Fachmann klar: Die Wirkungs- und Feuerzonen der mittleren und schweren Flak (57 und 100 mm) genügten nicht mehr, um Luftziele in großen Höhen und mit hoher Geschwindigkeit zu bekämpfen. Die Luftverteidigung brauchte qualitativ neue Waffensysteme.

Das Niveau der Lehrprogramme war gestiegen. Wir standen vor der Situation, mehr lehren zu müssen als man uns selbst gelehrt hatte. Es war eine harte Zeit. Bei der eigenen Stoffbewältigung bezüglich der Grundlagen lebte ich von der Hand in den Mund. Viele Stunden der Freizeit mussten der Unterrichtsvorbereitung gewidmet oder geopfert werden. Vorteilhaft für mich war, dass ich die Geschützricht-station (GRS 9A) in der Truppe gut beherrschen gelernt hatte. So war die Lehre dieser Technik nicht völlig neu.

Von Oberleutnant H. Hawel erhielten wir großzügige Nachhilfe beim Erwerb praktischer Fertigkeiten im Aufbau elektronischer Schaltungen und bei der Nutzung der Messtechnik.

Mitte des Jahres 1961 spitzte sich die Berlin-Krise weiter zu. Uns war klar, dass etwas geschehen musste, nur was? Als in der Nacht zum 13. August die erhöhte Gefechstbereitschaft befohlen wurde, und wir in den Morgenstunden von der Schließung der Grenze in Berlin erfuhren, waren wir überrascht und erleichtert zugleich.

Obwohl sich die FAS Geltow nah am Ort des Geschehens befand, wurden wir nicht direkt einbezogen. Nach der Alarmierung in den frühen Morgenstunden des 13. August befanden wir uns in Erhöhter Gefechtsbereitschaft. Es gab keinen Ausgang, auch nicht für diejenigen, die am Standort wohnten, und keinen Urlaub. Die Anzahl der 24-Stunden-Dienste wurde erhöht. Nach vier Wochen ging das Leben normal weiter. Wie sich zeigte, hatten die Westalliierten die Schließung der Grenzen zumindest billigend in Kauf genommen.

Im Herbst 1961 zeichneten sich Veränderungen im Einsatz einiger Lehroffiziere der FAS Geltow ab. Die Betroffenen erfuhren Näheres über die Bestimmung von Pinnow, einem Dorf zwischen Angermünde und Schwedt.

Dort war im Sommer 1959 das Lehr- und Ausbildungsregiment 12 (LAR-12) gebildet worden. Die Offiziere, die mit der Ausbildung der ersten Angehörigen der neuen Waffengattung Fla-Raketen beauftragt waren, hatten an Lehrgängen in der Sowjetunion teilgenommen. Sie bildeten nun unter strengster Geheimhaltung die künftigen Kommandeure, Führungskräfte und weitere Ausbilder für den Fla-Raketenkomplex Dwina aus.

Gleichzeitig bekam das Personal der Feuerabteilungen und der Technischen Abteilungen im vollen Bestand die Ausbildung am Komplex und an der Rakete. Nach Abschluss der Ausbildung kehrten sie in ihre Einheiten zurück, wurden mit Technik ausgerüstet und bezogen ihre Stellungen.

Kommandeur des Lehr- und Ausbildungsregiments 12 war Major Heinz Trautsch. Mit dem Übergang zur Offiziersschülerausbildung im LAR-12 erfolgte die Versetzung mehrerer Lehroffiziere der FAS Geltow in die neue Kaderschmiede der Fla-Raketentruppen der Luftverteidigung des Landes. So gelangte auch ich im Herbst 1961 in dieses Ausbildungszentrum.

Die Gebäude der Dienststelle unweit des Dorfes Pinnow lagen weitläufig verteilt zwischen hohen Kiefern. Es waren einstöckige Steinbaracken als Unterkünfte und zweistöckige Bauten als Stabs- und Lehrgebäude. In der Tiefe des Objektes stieß man auf ein Areal, das von einem hohen Bretterzaun umgeben war, und das man nur mit Sonderausweis betreten durfte. Es war die sog. GVS-Zone, für die es sogar Parolen gab, die vom Posten bei Annäherung in der Dunkelheit abgefragt wurden. Hier befand sich meine neue Wirkungsstätte als Fachlehrer für Niederfrequenz-Systeme (NF) der Raketenleitstation des Fla- Raketenkomplexes SA-75 Dwina. Die Technologie der elektronischen Schaltungen basierte auf der Röhrentechnik, wie ich sie schon aus der Geschützrichtstation GRS 9A kannte. Nach kurzer Zeit hatte ich mir Zweck, Aufbau und Wirkungsweise von einem der drei NF-Systeme, dem Koordinatensystem, kurz „K" benannt, angeeignet. Zu den NF-Systemen gehörten noch das System zur Kommandoerarbeitung, ein Analogrechner für drei Raketenkanäle und Teile der Leitkabine, in der die Arbeit des gesamten Komplexes überwacht und das Gefecht geführt wurde.

Zwischen den NF- und HF-Systemen bestand in der Lehre eine relativ strenge Trennung. So waren die Lehroffiziere Merker, Heidloff, Amelung, Häberlein, Beyer u.a. auf die HF-Systeme der Sende-Empfangsanlagen und zur Kommando-übertragung spezialisiert. Die Gruppe der Ausbilder für die NF-Systeme bildeten die Offiziere Hauptmann Schneider, die Oberleutnante Minkner und Traband, ausgebildet in der Sowjetunion, und die Offiziere Dickel, Schäller, Göpner und Mixdorf. Die Führung der Ausbildung auf den Systemen der Raketenleitstation lag in den Händen von Oberleutnant Einsiedel. Sie alle standen mir hilfreich und kameradschaftlich zur Seite. Sehr aufwändig war das Erlernen der neuen Mess-technik und der Kontrollarbeiten zur Gewährleistung der technischen Einsatz-bereitschaft des Komplexes. Die Schwierigkeiten ergaben sich insbesondere aus zeitlichen und funktionellen Zusammenhängen zwischen allen Systemen der Raketenleitstation. Da aus Platzgründen immer nur eine Bedienung in den Kabinen ausgebildet werden konnte, fand die praktische Ausbildung in Schichten statt. Die Stundenbelastung war hoch, die Freizeit knapp. Nach und nach trafen weitere Lehroffiziere aus Geltow in Pinnow ein. Sie wurden in der Grund-lagenausbildung eingesetzt oder in die Spezialausbildung, wie die Ausbildung an der Fla-Raketentechnik bezeichnet wurde, eingearbeitet. Aber auch Absolventen ziviler Hochschulen begannen als „Seiteneinsteiger" eine Offizierslaufbahn. So hatte z.B. Dipl.-Ing. G. Wirsching 1962 seine Laufbahn mit einem Lehrgang im burjatischen Ulan-Ude begonnen. Er wurde später mein Lehrstuhlleiter.

Nach einem Beschluss des Politbüros des ZK der SED über „Grundsätze für die Änderung der politischen und militärischen Erziehungs- und Bildungsarbeit an den Offiziersschulen der NVA" vom 15. Juni 1962 vollzogen sich weitere Strukturveränderungen auch bei den LSK/LV. 1962/63 wurde die Funkmess-Ausbildung der funktechnischen Truppen und weitere Einheiten der FAS Geltow in das LAR-12 integriert.

Es entstand die Funkmess-Flakartillerieschule Pinnow, geführt von Oberst Dowidat. Auf der Grundlage des Befehls 45/63 des Ministers über die Umgliederung und Aufstellung von Offiziersschulen der NVA vom Juni wurde am 02.12.1963 am Standort Kamenz die Offiziersschule der LSK/LV gebildet. Gleichzeitig löste man die Funkmess-Flakartillerieschule und die Fliegertech-nische Schule auf. Kommandeur der Offiziersschule Kamenz wurde Oberst Dowidat.

Mit der Versetzung nach Kamenz begann 1963 ein neuer Abschnitt meiner militärischen Laufbahn. Im Frühjahr 1964 bezog ich mit meiner Frau, unserem Sohn und den beiden Zwillingsmädchen, die 1963 in der Kreisstadt Angermünde geboren waren, in Kamenz eine kleine Wohnung. Ich war 28 Jahre alt und hatte laut Verpflichtung noch 15 Dienstjahre vor mir. Am Offiziersberuf hatte ich mittlerweile Gefallen gefunden und konnte mir die Lehrtätigkeit an der Offiziersschule durchaus als Lebensberuf vorstellen. Daraus erwuchs eine stabile Motivation, die viele Hürden meistern half.

Die Erweiterung des Profils der Offiziersschule Kamenz durch die Einbindung der Waffengattungen Flak und Fla-Raketen schuf komplizierte Übergangsbedingungen. Bisher dominierte die fliegerische und fliegertechnische Ausbildung in Kamenz. Wir fühlten uns anfangs als „fünftes Rad am Wagen" und bezüglich der Zuweisung von Unterkunfts- und Ausbildungsbereichen benachteiligt. Die Verbindung Funkmess und Flak in einer Fachrichtung erwies sich als unzweckmäßig. Deshalb entstanden noch vor dem 01. September 1964 die Fachrichtungen Funkmess, geführt von Major N. Dunst, und Flak, geführt von Oberstleutnant G. Bartsch. Als Nachteil machte sich bemerkbar, dass es im Stab der Offiziersschule keine kompetenten Führungskräfte gab, die als Flak- oder Fla-Raketenoffiziere ausgebildet waren und über Truppenerfahrung verfügten.

Zu dieser Zeit hatte die Fachrichtung Flak zwei Ausbildungsschwerpunkte zu erfüllen: Heranbildung von Unteroffizieren und Offizieren für die Fla-Raketentruppen der LV und Weiterführung der Ausbildung von Unteroffizieren und Offizieren der Flak, insbesondere für die Truppenluftabwehr der LaSK. Während es hinsichtlich der Waffenarten eine Lehrkräftetrennung gab, wurden die Unteroffiziers- und Offiziersausbildung von den gleichen Lehrkräften bestritten. Hier ergaben sich jedoch wesentliche Unterschiede in den Programmen, was schwierig zu gewährleisten war. Diese Besonderheiten hatten Bestand bis zur Bildung der Fachrichtung Unteroffiziersausbildung am 01.09.1968. Ab 1972 begann die Ausgliederung dieser Ausbildung im Hinblick auf die Errichtung der Unteroffiziersschule VIII, der späteren Militärtechnischen Schule der LSK/LV „Harry Kuhn". Im Sommer 1974, mit Fertigstellung der baulichen Anlagen, erfolgte die Verlegung dieser Ausbildung an den neuen Standort Bad Düben. Eine Reihe bewährter Lehrkräfte, die noch ohne akademischen Abschluss waren, wurden Lehroffiziere an der Unteroffiziersschule VIII. Bereits 1968 war die Flakausbildung aus der Fachrichtung herausgelöst und an die Offiziersschule der Landstreitkräfte in Löbau verlegt worden. Damit hörte zugleich der Lehrstuhl 8, geführt von Major S. Tober, auf zu existieren. Den Lehroffizieren, darunter die Hauptleute Hase, Reichelt, Metzlaff, Pilz und Schönfelder, die uns in diesem Zusammenhang verließen, standen interessante und anspruchsvolle Aufgaben bei der Einführung von modernen mobilen Fla-Raketenkomplexen der TLA bevor.

Zurück zum Jahr 1964. Ich gehörte als Fachlehrer zum Lehrstuhl 10, der für die RLS-Ausbildung verantwortlich war. Als Lehrstuhlleiter waren nacheinander Hauptmann S. Einsiedel, Major U. Hildebrand und Hauptmann Dipl.-Ing. G. Wirsching tätig. Außerdem gehörte anfangs noch die Fachgruppe für die Startbatterieausbildung mit den Lehroffizieren W. Klotz, R. Reske und Ehlers zum Lehrstuhl 10. Schießen mit gelenkten Fla-Raketen und Taktik der Waffengattung wurde von einer selbständigen Fachgruppe gelehrt, zu der u. a. die Lehroffiziere R. Jeschke, G. Klamet und F. Scheffler gehörten.

In den Fla-Raketentruppen der Luftverteidigung begann im April 1964 die Einführung neuer Komplexe S-75M Wolchow. Damit war die Truppe mit ihrer Ausrüstung auf einen Schlag der Lehre und der Ausbildungsbasis an der Offiziersschule voraus. Dieser Zustand wiederholte sich später bei Modernisierungen oder bei der Einführung neuer Fla-Raketentechnik mehrfach. Dazu konnte es vor allem deshalb kommen, weil zum Einen die notwendigen finanziellen Mittel fehlten und es zum Anderen an vorausschauender Planung und richtiger Bewertung der Rolle der Ausbildung an der Offiziersschule mangelte, um rechtzeitig auf die Veränderungen vorbereitet zu sein.

Oberst a. D. Siegfried Horst schreibt über diese Zeit als Offiziersschüler in seinem Buch „Offizier bei den Fla-Raketen der NVA":

„Ab Dezember 1964 begann die letzte Etappe meiner Ausbildung. Wir erhielten verstärkt Ausbildung in Spezialtaktik der FRT, Schießlehre mit gelenkten Fla-Raketen und dem Verständnis der Kontrolltätigkeit an den Systemen der RLS. Die Taktik beinhaltete unter anderem die Vermessung der Elemente der Gefechtsordnung einer FRA im Gelände, die Organisation der Verlegung einer FRA in einen neuen Raum, die Organisation der Rundumverteidigung und der rückwärtigen Sicherstellung. Aber alles nur halb und ohne praktische Elemente. Das Einzig praktische war die Arbeit mit dem Richtkreis. Ich kann mich gut erinnern, wie mich die erste Verlegung der FRA, die ich als Offizier in der Truppe mitmachen musste, umgehauen hat. Wie man was in der Kabine befestigen musste, wo welches Kabel transportiert wurde oder welche Sicherheitsbestimmungen eingehalten werden sollten, nichts davon hatte ich auf der Schule gelernt. Dank der guten Vorbereitung durch meinen Zugführer ging alles gut. Die praktische Übung der Kontrollarbeiten durch den Lehrstuhl 10 nahmen in den letzten Wochen einen großen Teil unserer Ausbildungszeit ein. Der verantwortliche Lehroffizier hatte uns eine Methode beigebracht, wie man die notwendigen Handlungen einer Kontrolle stark verkürzt in ein Aufzeichnungsheft (natürlich VVS) übertragen konnte und auf der Grundlage dieser Aufzeichnungen die Kontrollarbeiten in sehr kurzer Zeit auswendig beherrschte. Der Ingenieur des Truppenteils hätte mich dafür fast bestrafen lassen. Erst als ich ihm vorführte, dass ich alle geforderten Kontrollen beherrschte und die geforderten Toleranzwerte kannte, nahm er davon

Abstand. Ich habe ihn damals richtig verstanden. Es kommt bei Kontrollarbeiten an der Technik nicht nur auf Schnelligkeit, sondern vor allem auf Qualität an. Wie beim Biathlon, wer nur schnell läuft aber schlecht schießt, kann nicht gewinnen."

Aus dieser Aussage geht hervor, wie sehr uns ein mobiler Fla-Raketenkomplex gefehlt hat, um z. B. taktische Elemente üben zu können. Sie zeigt aber auch die initiativreiche Arbeit der Lehroffiziere zur Gestaltung einer effektiven Ausbildung. Die Ausrüstung der Truppe mit dem Komplex Wolchow ab 1964 musste vom Lehrkörper quasi „nachbereitet" werden. Die Oberleutnante Heidloff, für HF-Systeme und Schäller für NF-Systeme, wurden zu einem Lehrgang an die Hochschule der Truppen der Luftverteidigung nach Minsk kommandiert. Von September bis Dezember 1964 erhielten dort Offiziere des Kommandos der LSK/LV, der Truppenteile und einige Lehroffiziere Einweisungen in Zweck, Aufbau und Wirkungsweise des Fla-Raketenkomplexes S-75M. Wir hatten nach Rückkehr zwar noch keine neue Technik zur Verfügung, aber einen kompletten Satz der Übersichtsschaltbilder und der Stromlaufpläne. In mühevoller Arbeit wurden in Auswertung des Lehrgangs und dieser Unterlagen Lehr- und Studienmaterial erarbeitet und für Zugstärken bis 25 Offiziersschülern vervielfältigt. Die Lehroffiziere entwarfen z. B. die Übersichtsschaltbilder, die Zeichnerei unter Leitung des Zivilbeschäftigten Laudan im Bereich Sicherstellung der Ausbildung, geführt von Hauptmann Sinnig, zeichnete diese mit Tusche auf Transparentpapier und die Lichtpauserei sorgte für die Vervielfältigung. Es bestand ein permanenter Kampf um Erhalt von Terminen in diesen überlasteten Einrichtungen.

Zusammenfassend ist einzuschätzen, dass die Zeit zwischen 1965 und 1970 sehr abwechslungsreich, anstrengend und dynamisch war. 1965 erhielt die Offiziersschule den Status einer Fachschule. In Lehrgangsform konnten Absolventen, die vor 1965 als Techniker abgeschlossen hatten, ihren Ingenieurabschluss nachholen. An der Erarbeitung des dafür erforderlichen Programms war ich beteiligt. In der laufenden Offiziersschülerausbildung vollzog sich der Übergang zur Verwendungsausbildung, was mehr Disponibilität und mehr Truppenbezogenheit bedeutete.

Mit Nachdruck wurde die Erhöhung der Qualifikation der Lehrkräfte gefordert, sowohl ingenieurtechnisch als auch militärpädagogisch. Es erfolgten Delegierungen an zivile Fach- oder Hochschulen, an militärische Hochschulen in der Sowjetunion, an die MAK „Friedrich Engels" oder man absolvierte ein Fernstudium für den benötigten Abschluss. Im LS-10 erwarb in diesem Zeitraum Hauptmann G. Jähnke das Ingenieurspatent an der Ingenieurschule für Post- und Fernmeldewesen in Leipzig, Hauptmann D. Beyer und ich absolvierten ein Fernstudium an der Ingenieurschule Mittweida. 1966 schloss ich es als Ingenieur für Hochfrequenztechnik ab. Mit meiner Abschlussarbeit schuf ich einen

Arbeitsplatz für die Laborausbildung und baute auf digitaler Basis mit neu entwickelten Hybridbausteinen einen Teil des Synchronisators der RLS auf. So wurde die Ausbildungsbasis ständig und zielstrebig erweitert.

Den Entwicklungstendenzen folgend – der Übergang zur Hochschulausbildung stand vor der Tür – entschloss ich mich zusammen mit den Hauptleuten Beyer und Jähnke, den ersten akademischen Grad durch ein Fernstudium an der TU Dresden zu erwerben. 1972 verteidigten wir unsere gemeinsame Diplomarbeit und schlossen das Fernstudium als Diplomingenieurpädagogen ab.

Mit unserer Abschlussarbeit wurde ein wichtiger Schritt für die weitere Profilierung der Ausbildung getan und die lehrmethodischen Voraussetzungen für das neu konzipierte Fach „Ingenieurtechnische Grundlagen der Fla-Raketentechnik" geschaffen. Major Mixdorf, ein sehr befähigter Fachlehrer für den Analogrechner der RLS, qualifizierte sich in dieser Zeit ebenfalls an der TU Dresden zum Diplomingenieur. Eine weitere Bereicherung akademisch gebildeter Lehrkräfte erfuhr der Lehrstuhl durch Hauptmann E. Rebarz. Seine fundierte Ausbildung an der Hochschule der Luftverteidigung in Minsk wirkte sich positiv auf die Qualität der Grundlagen- und Gerätelehreausbildung aus.

Mit der Übersetzung und Bearbeitung sowjetischer Fachliteratur leistete er eine wichtige wissenschaftliche Arbeit. Während seiner Lehrtätigkeit war er an der Herausgabe der Fachbücher „Theoretische Grundlagen der Funkortung", „Geräte zur Lenkung von Fla-Raketen" und „Funkelektronische Systeme der Selbstlenkung" beteiligt. E. Rebarz promovierte an der MAK „Friedrich Engels" in Dresden. Neu, und für unsere Ebene einmalig, war das uns in dieser Zeit gewährte Vorschlagsrecht für geeignete begabte Kader mit Truppenerfahrung als künftige Lehroffiziere. Auf diesem Wege kamen die Oberleutnants S. Horst und S. Naundorf in unser Kollektiv.

Im Zuge der Vorbereitung der Hochschulausbildung wurden die Fachrichtungen in Sektionen umgewandelt. Die Sektion FRT wurde zur Sektion 6 der OHS. Die Struktur und Bezeichnung der Lehrstühle änderten sich. Zur Sektion 6 gehörten jetzt der LS-61 (RLS), der LS-62 (Fla-Raketen und Bodenausrüstung) und der LS-63 (Gefechtsarbeit und Taktik).

In seinen Erinnerungen schreibt Siegfried Horst:
„Ich wurde dem Lehrstuhl 63 zugeteilt. Mein Lehrstuhlleiter war Hans ‚Ferdi' Schäller, der mich schon als Offiziersschüler mit den Geheimnissen der Fla-Raketentechnik vertraut gemacht hatte. Da er später zur Qualifizierung in die Sowjetunion ging, wurde ab 1972 Oberstleutnant Horst Lehmann, bis dahin Kommandeur einer Fla-Raketenabteilung im FRR-13, Lehrstuhlleiter des LS-63. Oberstleutnant Holzinger, vorher Kommandeur einer Technischen Abteilung, führte die Fachgruppe ‚Technische Abteilung', Hauptmann Leinhos aus Abtshagen war für die Gefechtsausbildung der Startbatterie zuständig. Gemeinsam mit Major

Altenkirch, Absolvent der Shukov-Militärakademie in Kalinin, war ich für den Gefechtseinsatz des Fla-Raketenkomplexes verantwortlich. Major Klamet, ebenfalls Absolvent der Shukov-Militärakademie, führte die Arbeitsgruppe Taktik und Schießlehre. Unsere Aufgabe bestand darin, innerhalb kürzester Zeit eine moderne Ausbildungsbasis mit Lehrgefechtsstand und ein Lehr-DHS, das den Bedingungen der Truppe entsprach und den Anforderungen des Befehl 90 genügte, zu schaffen."

Und weiter schreibt er:

„Außer uns war ja auch noch keiner der Lehrer im DHS gewesen oder hatte an einem Gefechtsschießen verantwortlich teilgenommen. Damit waren eigentlich die Ursachen für die fehlende Truppennähe klar. Wir kannten sie, aber sprachen nicht darüber, weil wir unseren Kollegen, die früher unsere Lehrer waren, nicht zu nahe treten wollten.

Der Lehr-Gefechtsstand mit Feuerstellung entstand in der Technikzone am Flugplatz in Richtung Zschornau. Später wurde eine Feuerstellung einer Fla-Raketenabteilung pioniermäßig auf einem Hügel in der Nähe von Biehla ausgebaut. Einerseits war der Lehr-Gefechtsstand der Nachbau des Mittelpunktes einer realen DHS-Stellung, andererseits war er mit Lehrklassen erweitert, damit eine niveauvolle Ausbildung durchgeführt werden konnte."

Weiter zu den 70er Jahren. Die Übergänge von der Techniker- zur Ingenieurausbildung (1965) und zur Hochschulausbildung (1970/71) führten in den Lehrstuhlkollektiven zu vielfältigen zusätzlichen Anforderungen, Belastungen und Veränderungen.

Am 25. Februar 1971 erhielt die Offiziershochschule der LSK/LV den Status einer Hochschule. An erster Stelle stand die Umsetzung der den jeweiligen Stufen entsprechenden Anforderungsbilder und Programme, vorgegeben durch die Fachdienste des Kommandos der LSK/LV, in die neuen Lehr- und Themenpläne. Dafür mussten die Lehrkräfte, vom Fachlehrer bis zum Lehrstuhlleiter, fachmethodisch qualifiziert werden. Ein Forschungskollektiv unter der Leitung von Oberst Brand mit den Mitarbeitern Oberst Scheffler und den Oberstleutnanten Bellanger, Schäller, Lehmann und Jahnke schuf dafür die notwendigen Unterlagen. Der theoretische und praktische Wert ihrer Arbeit fand 1977 Anerkennung durch die Auszeichnung mit dem „Friedrich- Engels-Preis" 3. Klasse.

Zu gewissen „Reibereien" kam es verstärkt in den Phasen der o.g. Übergänge zwischen der Truppe und der Sektion FRT der OHS. Entsprechend der bisherigen Technikerausbildung, die einsatz- und systemorientiert erfolgte, beherrschten die Absolventen eins von drei NF-Systemen (U, K, SKE) oder eins der HF-Systeme (PW, L, SBZ). Jeder erhielt die Ausbildung an dem System, in dem er zum Einsatz kommen sollte. Der geplante Einsatz der Kader war dabei zu Beginn des 3. Studienjahres im Lehrstuhl bekannt. Die Einarbeitung in der Truppe verlief dadurch in der Regel problemlos, vorausgesetzt der Einsatz erfolgte dann auch wie geplant. Mit dem Übergang zur Ing.- Ausbildung als Verwendungsausbildung, entweder NF- oder HF-Systeme, ergab sich dann aber in den Einheiten eine längere Einarbeitungszeit in ein konkretes System. Die Truppe reagierte mit Kritik an der Ausbildung. Es zeigte sich, dass die „Philosophie" der Ingenieurausbildung für ein breiteres Wissen mit der Fähigkeit der notwendigen kurzfristigen Einarbeitung nicht in Übereinstimmung stand. Die Zusammenarbeit mit der Truppe wurde intensiviert und gemeinsam nach Lösungen gesucht. Die Folge waren insbesondere verstärkte Anstrengungen in der lehrmethodischen Arbeit zur Erhöhung der Disponibilität des Einsatzes der Absolventen und ihrer Selbständigkeit bei der Einarbeitung in die zugewiesene Dienststellung. Gleichzeitig kam es zu einer breiten Initiative zum Ausbau der Ausbildungsbasis, mit konkurrenzartigem Wettstreit zwischen den Lehrstühlen. Die Sektion verfügte zu dieser Zeit über drei Zentren für die spezial-fachliche Ausbildung, den Bereich der Halle 47 mit Hörsaal, drei Labors und einer Raketenleitstation als Kabinettvariante, den Bereich der zentralen Ausbildungs-basis im Objekt Zwei (mit Kabinetten, Labors und Arbeitsplätzen für Montage, Betankung und Überprüfung der Fla-Raketen sowie Startrampenstellungen der Startbatterien der Fla-Raketenkomplexe Wolchow und Newa sowie die RLS des FRK S-125. Der 3. Bereich war die Lehrgefechtsstellung westlich vom Flugplatz im Objekt 3 mit Gefechtsstand, Unterrichtsraum und einem Fla-Raketenkomplex S-75.

1970 kam es also zur Anpassung der Struktur der Sektion Fla-Raketentruppen an die neuen Aufgaben. Bei der Bildung des Lehrstuhls 63 ging es letztlich um erhöhte Truppenwirksamkeit im Heranbildungsprozess, insbesondere bezüglich der Kenntnisse und Fertigkeiten der Absolventen für den Gefechtsdienst der Fla-Raketenabteilung und der Taktik der Fla-Raketentruppen. Mehrere Truppen-offiziere, meist Abteilungskommandeure, traten ihren Dienst in der Sektion an. Nicht alle hatten das „Zeug" für einen guten Lehroffizier. Nicht ohne Härten, die funktionellen Pflichten im Stellenplan erforderte es, kam es zu Änderungen in den Laufbahnen der Lehroffiziere, die bisher in der Sektion dienten.

Für mich persönlich ergab sich eine entscheidende Wende in der Funktion. Ich erhielt die Aufgabe, den LS-63 aufzubauen, und zwar in zwei Richtungen: Einerseits ging es um den weiterer Ausbau und die Intensivierung der Nutzung der Lehrgefechtsstellung, andererseits um die fachmethodische Befähigung der neuen Lehrkräfte. Im Kreis der neuen Angehörigen des Lehrstuhls befand sich auch des-sen künftiger Leiter, der erfahrene Abteilungskommandeur, Oberstleutnant Horst Lehmann. Er war eine Persönlichkeit mit besonders positiven Eigenschaften für einen Lehroffizier. Lehmann war klug, fleißig, willensstark und zielstrebig, und er verfügte über langjährige Erfahrungen als Kommandeur in der Truppe. Wenn man ihn kannte, schätzte man ihn trotz seiner kleinen Marotten, die eher liebenswürdiger Art waren. Wir arbeiteten einvernehmlich zusammen und lernten voneinander. In seiner 13-jährigen Tätigkeit als Lehrstuhlleiter hatte Horst Lehmann sehr zum Ansehen der Sektion FRT beigetragen. Seine Nachfolge trat 1983 Oberstleutnant Dieter Bertuch an.

Nach der Beendigung meines Studiums 1972 an der Sektion Berufspädagogik der TU Dresden schloss sich direkt der Erwerb des Nachweises Sprachkundiger Russisch 2A in einem Intensivkurs in Naumburg an. Damit waren die Voraussetzungen für den Besuch eines „Höheren akademischen Kurses" von 1972 bis 1973 an der Shukov-Militärakademie der Luftverteidigung in Kalinin, dem alten und neuen Twer, gegeben.

Bei der Rückkehr erlebte ich eine Überraschung. Ich wurde zum 1. September 1973 als Leiter des Lehrstuhls 61 eingesetzt. Das geschah nicht zu meiner großen Freude, weil mein Freund Oberstleutnant Wirsching, der diese Dienststellung bisher inne hatte, in eine neue Laufbahn gedrängt wurde. Unsere Freundschaft haben wir uns dennoch bis heute bewahren können.

Die militärische Hochschulausbildung war in vollem Gange. Die drei Fachgruppen des Lehrstuhles 61 waren der Verwendungsausbildung angepasst. Die Fachgruppe 1 mit ihrem Leiter, Major Rebarz, lehrte die NF-Systeme der RLS der Fla-Raketenkomplexe S-75 und S-125, während die Fachgruppe 2 die HF-Systeme dieser Komplexe lehrte. Leiter war Oberstleutnant Beyer. Eine erweiterte perspektivische Funktion hatte die 3. Fachgruppe, die von Major Naundorf geführt wurde, der die Hochschule der Luftverteidigung in Minsk absolviert hatte. Diese Gruppe lehrte spezielle ingenieurtechnische Grundlagen der Fla-Raketentechnik. In das Fach flossen Innovationen, Grundlagen für Modernisierungen und neue Technologien moderner Waffensysteme der FRT ein. Die Fachgruppe schuf Verbindungen zwischen der naturwissenschaftlichen und der technischen Grundlagenausbildung der Sektion 2 und der Spezialausbildung. Das Fach hatte wesentliche Bedeutung für die spätere Profilausbildung. Major Naundorf war der geborene Hochschullehrer. Sein pädagogisches Geschick begeisterte nicht nur die Offiziersschüler, sondern beeindruckte auch die Lehrerkollegen. Er hatte einen effektiven wissenschaftlichen Arbeitsstil, große Zielstrebigkeit und Ausdauer bei allem, was er unternahm. Eine planmäßige Aspirantur in der Sowjetunion konnte er erfolgreich abschließen und die neuen Erkenntnisse in die spezialfachliche Grundlagenausbildung einbringen. Der Lehrstuhl 61 war gut für den Übergang zur vierjährigen Diplomausbildung gerüstet. Alle Lehrkräfte hatten einen akademischen Abschluss oder standen in einem Fernstudium, wie Major P. Weiland oder Leutnant Bobach. Von den Fachgruppenleitern begonnen und gesteuert, entfaltete sich eine breite Initiative zur Meisterung der digitalen Rechentechnik.

Insgesamt zeigte sich der erreichte Qualifikationsstand in der besseren Befähigung der Lehrkräfte, die Ausbildung auf hohem wissenschaftlichem Niveau durchzuführen, Erkenntnisse der Militärwissenschaft anzuwenden, Erfahrungen lokaler Kriege auszuwerten und die Realitätsnähe der Ausbildung zu erhöhen. Das spiegelte sich in der Mitarbeit erfahrener Lehrkräfte bei der Konzeption und dem Aufbau des Kabinetts „Politisch-moralische und psychologische Vorbereitung des Krieges" wider.

Nicht unerwähnt bleiben soll der aufwändige Einsatz erfahrener Lehrkräfte des LS-61 bei der Ausbildung ausländischer Militärkader. Anfang der 80er Jahre wurden Angehörige der Volksbefreiungsstreitkräfte Mozambiques an der RLS des Fla-Raketensystems S-125 Newa ausgebildet, und von 1986 bis 1990 schlossen von 48 Militärkadern der Syrischen Arabischen Republik 15 mit dem Grad Dipl.-Ing. ihr Studium in der Sektion FRT ab. Ich persönlich lehrte in diesem Zug das Fach „Grundlagen der Nutzung und Zuverlässigkeit der RLS" und betreute einen Diplomanten bei seiner Abschlussarbeit.

1989/90 bestand die Sektion 6 „Fachrichtung Fla-Raketentruppen" der OHS (Kommandeur Oberst Dr. Andrews) aus drei Lehrstühlen:
LS-61 „Raketenleitstation" (Oberst Dr. Schäller),
LS-62 „Fla-Raketen und Bodenausrüstung" (Oberst Holzinger) und
LS-63 „Gefechtsarbeit und Taktik" (Oberst Bertuch).
Zur Sektion gehörte noch die Lehrgefechtsstellung einer FRA mit allen Elementen eines Fla-Raketenkomplexes S-75 im Objekt 3.

Spätestens mit dem Übergang zur vierjährigen Diplomausbildung 1982 war mir bewusst geworden, dass die Fortsetzung der Tätigkeit als Lehrstuhlleiter den Erwerb des 2. akademischen Grades erfordert. Da ich über Erfahrungen im Fernstudium verfügte, beantragte ich eine freie Aspirantur. Das Thema der Arbeit erforderte viel Mühe, war aber auf aktuelle Aufgaben des Lehrstuhls ausgerichtet und deshalb nützlich. Mein Doktorvater, Oberst Dr. Rolf Merkewitz von der Militärakademie „Friedrich Engels", betreute mich geduldig, aber fordernd und motivierend. Ihm verdanke ich, dass ich durchgehalten habe und 1988 den Doktorhut erhielt.

Am 31. Dezember 1990, ich war 54 Jahre alt, wurde ich aus dem aktiven Dienst entlassen. In der Armee der Einheit war nur für ganz wenige ehemalige NVA-Angehörige Platz. Damit ging meine 36-jährige militärische Laufbahn anders als geplant zu Ende.

Inzwischen bin ich über 70 Jahre alt und erlebe, wie manche Erinnerung zu verblassen beginnt. Viele Einsichten und Erkenntnisse unterliegen Veränderungen oder gehen verloren. Um künftigen Generationen die Chance zu geben, sich selbst ein Urteil über den Kalten Krieg zu bilden, sind ehrliche Berichte von Zeitzeugen unerlässlich.

Siegfried Düring

Der Lehrstuhl FRT der Sektion LSK/LV an der Militärakademie in Dresden

Mit der Gründung der Militärakademie der NVA in Dresden und der gleichzeitigen Verleihung des Namens „Friedrich Engels" am 5. Januar 1959 wurde auch eine Arbeitsgruppe zur Erarbeitung der Ausbildungsprogramme, der Erstellung der Lehrunterlagen und zur Schaffung einer Lehrbasis für die Lehrstühle der Fakultät der Luftstreitkräfte/Luftverteidigung und TLA gebildet. Bereits im Juli 1959 begann unter Leitung von Major Georg Rauer die Vorbereitung der Ausbildung an der zu schaffenden Fakultät.

Für den Aufbau des Lehrstuhls Luftverteidigung/Truppenluftabwehr waren Major Hans Lehmann und Hauptmann Ulli Grell verantwortlich. Übergreifende Lehrstühle für Luftverteidigung und Truppenluftabwehr waren der Lehrstuhl Nachrichten/Funkmesstechnik unter Leitung von Oberleutnant Rolf Merkewitz und der Lehrstuhl Artillerie und Bewaffnung, der von Hauptmann H. Geletneky geführt wurde. Geschützricht- und Rundblickstationen wurden unter Nachrichten/Funkmesstechnik eingeordnet. Der Lehrstuhl Artillerie und Bewaffnung befasste sich mit Flakwaffen und Kommandogeräten.

Für das Studium an der Militärakademie wählte man Offiziere aus, die bereits Erfahrungen im Truppendienst gesammelt hatten. Die wenigsten von Ihnen hatten eine Fach- oder Hochschule abgeschlossen. Die Offiziershörer erwarben nach mehrjährigem Studium den ersten akademischen Grad als Diplom-Militärwissenschaftler (Dipl. rer. mil.). Die Besonderheit zu Beginn der akademischen Ausbildung bestand darin, dass die meisten Lehrkräfte zunächst selbst keinen akademischen Abschluss besaßen und somit keine Erfahrungen in der Ausbildung akademischer Kader hatten. Hauptteile der Ausbildungsprogramme wurden auf der Grundlage der Aufzeichnungen der ersten Absolventen von sowjetischen Akademien angefertigt.

Die Sektion Luftstreitkräfte/Luftverteidigung wurde am 4. Januar 1960 als Fakultät Luftstreitkräfte/Luftverteidigung und Truppenluftabwehr gegründet. Ihr erster Kommandeur (Leiter) war Generalmajor Heinz-Bernhard Zorn.

Mit Beginn der Ausbildung an der Militärakademie „Friedrich Engels" wurden im Bereich Luftverteidigung/Truppenluftabwehr folgende Ausbildungsfächer gelehrt: Taktik der Luftverteidigung/Truppenluftabwehr, Schießen mit Luftabwehrwaffen, Fla-Waffen, Kommandogeräte, Geschützricht- und Rundblickstationen.

Am 1. Januar 1962 wurde aus zwei Lehrstühlen der Lehrstuhl Fla-Raketentruppen gebildet, und im gleichen Jahr erfolgte die erste Zuversetzung von Lehroffizieren, die sowjetische Militärakademien absolviert hatten. Um eine praxisnahe Ausbildung zu gestalten, schuf man eine moderne Ausbildungsbasis. In gut ausgestalteten Lehrkabinetten konnten unter Einsatz audio-visueller Mittel folgende Ausbildungsfächer gelehrt werden: Taktik der Fla-Raketentruppen der Luftverteidigung, Grundlagen des Schießens mit gelenkten Fla-Raketen, Taktik der Truppenluftabwehr, Geschützrichtstationen und Rundblickstationen.

Im Verlaufe der Jahre wurde die Ausbildungsbasis ständig ergänzt, verändert und modernisiert. Neben einer Kabinettstation einer Raketenleitstation einschließlich einer Startrampe im Technikpark wurde für die Sektion LSK/LV ein automatisierter Lehrgefechtsstand geschaffen.

In den Jahren 1963 bis 1966 erfolgte im Lehrstuhl FRT die Ausbildung von Kommandeuren/Stabsoffizieren der Luftverteidigung und der Truppenluftabwehr und ab 1967 die Ausbildung von Kommandeuren und Stabsoffizieren der FRT der Luftverteidigung. Im gleichen Jahr wurde die Ausbildung für die Truppenluftabwehr aus der Sektion LSK/LV ausgegliedert und in einem eigenen Lehrstuhl TLA in der Sektion Landstreitkräfte fortgeführt. Der Gesamtumfang einer dreijährigen akademischen Ausbildung der Kommandeure und Stabsoffiziere der Fla-Raketentruppen betrug ca. 3500 h, davon ca. 1020 h Spezialausbildung.

Die Arbeit der Lehroffiziere des Lehrstuhls FRT bestand nicht nur in der Ausbildung von Führungskadern, sondern auch in intensiver Forschungsarbeit zu Problemen des Gefechtseinsatzes der Waffengattung.
In diese Forschungsarbeit bezogen die Lehroffiziere die ihnen anvertrauten Offiziershörer mit ein. Viele Diplomthemen wurden durch die Forschungsthemen des Lehrstuhles bestimmt. Schwerpunkte der Forschungsarbeit waren: die automatisierte Truppenführung, die Schaffung von Feuersystemen, die automatisierte Zielzuweisung, die Ausarbeitung des Planes der Gefechtshandlungen u. a. m.

Neben der Forschungsarbeit haben Offiziere des Lehrstuhls FRT folgende Bücher erarbeitet bzw. bearbeitet und herausgegeben:
Lehrbuch Fla-Raketenkomplex „Wolchow" Teil 1 und 2, Lehrbuch Taktik der Fla-Raketentruppen/LV Teil 1 und 2, Lehrbuch „Schießen mit Fla-Raketen" des sowjetischen Autors F. K. Neupokojew (bearbeitet von Ottomar Klare und Bernd Biedermann). Die qualifizierte Ausbildung der Offiziershörer erforderte, dass sich die Lehroffiziere des Lehrstuhles FRT intensiv weiterbildeten. Das erfolgte durch die Teilnahme an höheren akademischen Kursen an sowjetischen Akademien und im Rahmen der Forschungsarbeit. Im Rahmen dieser Arbeit promovierten 90 % der Lehroffiziere erfolgreich. In den 80er Jahren erhielt die Sektion LSK/LV die Aufgabe, ausländische Offiziere auszubilden. Ab 1982 wurden im Lehrstuhl FRT Offiziere der vietnamesischen Fla-Raketentruppen und einzelne sowjetische Offiziere ausgebildet. Im Jahr 1982/1983 wurde die Lehrtechnik ausgegliedert und die praktische Ausbildung der Offiziershörer erfolgte an der Offiziershochschule der LSK/LV in Kamenz. Die Offiziershörer nahmen auch an den Feldlagern der FRT in Lieberose teil.

Im Verlaufe des Bestehens des Lehrstuhls Fla-Raketentruppen bis zu seiner Auflösung 1990 absolvierten ca. 120 Offiziere der FRT die akademische Ausbildung in Dresden.

Folgende Offiziere leiteten im Verlaufe seines Bestehens den Lehrstuhl FRT:

1959 bis 1960	Major Hans Lehmann, Hauptmann Ulli Grell
1960 bis 1963	Major Hans Lehmann
1963 bis 1966	Oberstleutnant Horst Schmidt
1966 bis 1980	Oberst Dr. Kulisch
1980 bis 1985	Oberst Heinz Hacker
1985 bis 1988	Oberst Dr. Siegfried Düring
1988 bis 1990	Oberst Dr. Johannes Schmalfuß

Bruno Ringelhan
Die Fachrichtung Fla-Raketentruppen
an der Unteroffiziersschule VIII/Militärtechnischen Schule der LSK/LV

Die Unteroffiziersschule VIII / Militärtechnische Schule (MTS) bestand von 1973 bis 1990. Sie diente der Ausbildung von Unteroffizieren und Fähnrichen der Verwendungen der LSK/LV innerhalb der NVA. Die Grundsteinlegung zum Bau der Lehreinrichtung in Bad Düben erfolgte am 26. Mai 1972. Bis Ende 1973 bzw. Mitte 1974 fand die Unteroffiziersausbildung noch an der Offiziersschule der LSK/LV in Kamenz statt. Ab 1. Januar 1974 setzte der Lehrbeginn an der Unteroffiziersschule VIII ein. Im Sommer 1974 waren dann die baulichen Anlagen so weit, dass die endgültige Verlegung der Ausbildung von der Offiziersschule Kamenz nach Bad Düben erfolgen konnte. Gleichzeitig wurde das Ausbildungsbataillon 14 in Kamenz aufgelöst. Der Aufbau des Stabes sowie der Fachrichtungen und Einrichtungen der Unteroffiziersschule VIII dauerte bis April 1974.

Von der Offiziersschule der LSK/LV wurden übernommen:

Die Fachrichtungen Fla-Raketentruppen, Fliegeringenieurdienst, Funktechnische Truppen und Gesellschaftswissenschaftliche Ausbildung. Neu geschaffen wurden die Fachrichtungen Nachrichten-Flugsicherung und Rückwärtige Dienste.

Mit Beginn der Fähnrich- und Ausländerausbildung entstanden 1982 noch die ebenso genannten Fachrichtungen. Mit der Überreichung der Truppenfahne durch Generalmajor Barthel fand am 29. September 1974 die offizielle Eröffnung der Unteroffiziersschule VIII statt. Am 7. Oktober 1975 erhielt die Lehreinrichtung den Ehrennamen „Harry Kuhn" verliehen. Ihre Umbenennung in „Militärtechnische Schule der LSK/LV" fand am 01.09.1984 statt. Sie war verbunden mit dem Erhalt des Fachschulstatus. Im gleichen Jahr begannen die ersten Fähnriche mit einem zweijährigen Direktstudium, das sie als Techniker abschließen konnten. Ab 1984 begann auch die Ausbildung ausländischer Militärkader (Syrische Arabische Republik, Libysche Republik, Volksrepublik Mozambique, Republik Sambia, Iranische Republik, Republik Nicaragua und Koreanische Demokratische Volksrepublik). Weibliche Fähnrichschüler begannen ihre Ausbildung 1985. Die Ausbildung zum Unteroffizier dauerte sechs Monate. Jedes Halbjahr wurden 1200 bis 1400 Wehrpflichtige eingezogen, die sich freiwillig als Unteroffizier auf Zeit bzw. Berufsunteroffizier verpflichtet hatten. Die moderne Ausbildungsbasis der MTS gewährleistete eine vorbildliche theoretische und praktische Ausbildung, die sehr truppenbezogen war. Im Laufe der Jahre konnten sich viele hochrangige Militärdelegationen vom hohen Ausbildungsniveau an der Militärtechnischen Schule der LSK/LV überzeugen.

Die Fachrichtung Fla-Raketentruppen hatte die Aufgabe, Unteroffiziere und Fähnriche für die Waffengattung auszubilden und sie nach einer halbjährigen bzw. zweijährigen Ausbildung/Studium und Ernennung zum Unteroffizier oder Fähnrich halbjährig den Truppenteilen und Einrichtungen zuzuführen. Ihre Anzahl richtete sich nach den Anforderungen. Die Fachrichtung bildete halbjährig 180 bis 200 Unteroffiziersschüler zum Unteroffizier und in einem zweijährigen Direktstudium jeweils 25 bis 30 Fähnrichschüler zum Fähnrich aus.

Die Spezialausbildung wurde gewährleistet von den Lehrkräften der Fachgruppen der Fachrichtung FRT, die gesellschaftswissenschaftliche Ausbildung durch die Fachrichtung Gesellschaftswissenschaft. Die allgemein-militärische Ausbildung, wie Schießen mit Handfeuerwaffen, Exerzierausbildung, militärische Körperertüchtigung, Taktik, Schutzausbildung, Dienstvorschriften und Wachdienst erfolgte in der Verantwortung der Kompaniechefs und Zugführer mit Unterstützung von Lehroffizieren der Ausbildungsgruppe „Allgemein-militärische Ausbildung" beim Stellvertreter für Ausbildung des Kommandeurs der Schule.

Nach der Einberufung durchliefen die Unteroffiziers- und Fähnrichschüler zunächst die militärische Grundausbildung. Sie dauerte einen Monat und wurde in der Verantwortung der Kompaniechefs der Fachrichtung FRT durchgeführt.

Mit der Bildung der Fachrichtung Fla-Raketentruppen entstanden bessere Bedingungen für eine truppenbezogene Ausbildung der Unteroffiziere und Fähnriche. Den personellen Stamm der Fachrichtung bildeten die von der Offiziersschule der LSK/LV übernommenen Führungs-, Lehr- und Sicherstellungskräfte. Im Laufe der Zeit wurden vor allem geeignete Offiziere aus den Truppenteilen zugeführt, die über praktische Erfahrungen in der Ausbildung verfügten.

Die Struktur der Fachrichtung FRT umfasste: die Führung der Fachrichtung, den Fla-Raketeningenieurdienst, zwei Fachgruppen, zwei Unteroffiziersschüler-kompanien, eine Sicherstellungskompanie und die Fla-Raketenwerkstatt und Lager. An Technik war vorhanden: ein Fla-Raketenkomplex S-75 Wolchow mit den dazu gehörenden TLF und Zugmitteln, die Ausrüstung einer Technischen Abteilung eines Fla-Raketentruppenteils, zwei Startrampen und TLF für den Komplex S-125 Newa, Lehrgefechtsraketen zum Training für das Beladen der Startrampen und das Betanken mit Raketentreibstoff und Druckluft, zwei Flak-Geschütze ZU-23 sowie eine Raketenleitstation SA-75 Dwina als Kabinettsvariante.

Das Fundament der Ausbildungsbasis bildete die von Spezialbaubetrieben und in Truppeneigenleistung pioniermäßig ausgebaute Feuerstellung einer Fla-Raketenabteilung S-75 mit stationär eingebauten Elementen einer Technischen Abteilung, wie Raketentreibstofflager mit Betankungsplätzen, eine abgeschirmte Halle für die Kontroll- und Prüfstation der Fla-Raketen, Lager für Fla-Raketen und Hallen für weitere Technik der FRT.

Die Lehrkabinette waren modern, den Anforderungen einer truppenbezogenen Ausbildung und dem neuesten Stand der Entwicklung unserer Waffengattung ent-sprechend gestaltet. Die Lehrkräfte der Fachrichtung fertigten mit viel Hingabe und großer Eigeninitiative Anschauungstafeln, Schaltbilder, Schnittmodelle und andere Hilfsmittel an. Mit Unterstützung des FRID und der Fla-Raketenwerkstatt bauten die Lehrkräfte die Systeme der RLS SA-75 selbst in die Lehrkabinette ein und nahmen sie in Betrieb. Dabei zeichneten sich besonders aus: die Oberst-leutnante Georg Szepanski, Alfred Trabant, Peter Ehlers, Holger Aßmann sowie die Majore Karl Possekel, Gottfried Förster und Rolf Schütze.

Bis zum Beginn der Fähnrichausbildung 1984 musste die Lehrbasis erweitert und vervollständigt werden. Es wurden neue Lehrkabinette z. B. für die Taktik und den Gefechtsdienst einer FRA S-75 einschließlich der Darstellung aller Gefechts-elemente mit funktionsfähigen Modellen geschaffen. Außerdem entstand ein Lehrkabinett zum Studium der psychologischen Kriegsführung mit Anschauungs-modellen und Varianten der taktischen Verfahren des Luftgegners zur Überwindung der Luftverteidigung unter den Bedingungen starker Funkmessstörungen.

Mit großem Ideenreichtum und persönlicher Initiative durch die Lehrkräfte und Ausbilder wurden in relativ kurzer Zeit Voraussetzungen für eine praxisorientierte Ausbildung der Fähnrichschüler geschaffen. Folgende Lehroffiziere und Ausbilder zeichneten sich dabei besonders aus: Oberst Dieter Lehmer, die Oberstleutnante Hans Kohlmetz, Joachim Schneider, Dieter Gerber, Major Walter Götz und Stabsfähnrich Manfred Trommer.

Für die allgemein-militärische Ausbildung und die MKE standen uns die Ausbildungsplätze der MTS zur Verfügung. Das waren im Einzelnen: ein Exerzierplatz, ein Ausbildungsgelände mit Elementen für die Taktikausbildung, ein Schießplatz sowie ein Chemie- und Brandmittelplatz mit einer Kampfbahn zur psychologischen Stärkung der Armeeangehörigen. Weiter verfügte die MTS über einen Sportplatz, eine Sporthalle, ein offenes Schwimmbad und eine anspruchsvolle Sturmbahn mit vielen Elementen für eine umfassende und kontinuierliche Körperertüchtigung. Insgesamt konnte die Fachrichtung FRT damit eine praxisnahe und truppenbezogene Ausbildung gewährleisten.

Für die Ausbildung der Unteroffiziersschüler der Fachrichtung FRT standen an der MTS 750 Stunden zur Verfügung. Sie gliederten sich in 400 Stunden spezialfachliche, 190 Stunden allgemein-militärische und 120 Stunden gesellschaftswissenschaftliche Ausbildung. 40 Stunden Reserve wurden für Wache, Dienste u. a. m. eingesetzt. Die spezialfachliche Ausbildung wurde durch die beiden Fachgruppen gewährleistet.

Die Fachgruppe „Raketenleitstation und Stromversorgung" bildete die folgenden Verwendungen aus: Funkorter, Techniker aller Systeme der RLS und der Stromversorgung. Leiter der FG war Oberstleutnant Alfred Trabant. In der Fachgruppe „Startausrüstung und Technische Abteilung" erfolgte die Ausbildung der Verwendungen Startrampenführer, Gruppenführer für Betankung, Montage, Kontrolle der Fla-Rakete sowie aller Elemente der TA. Leiter der Fachgruppe war Oberstleutnant Peter Ehlers, ab 1980 Oberstleutnant Georg Szepanski.

Die Ausbildung endete nach einer Prüfung mit der Ernennung zum Unteroffizier. Wegen des unterschiedlichen Bildungsstandes der einberufenen Armeeangehörigen unterlag die Unteroffiziersausbildung einigen Besonderheiten. Die Unteroffiziersschüler des Winterausbildungshalbjahres waren fast ausschließlich Abiturienten, die gerade ihre Schulzeit beendet hatten und im Herbst eingezogen wurden. Sie erwarben sich mit ihrem Dienst in der NVA den Vorteil, später bevorzugt einen Studienplatz an Fach- und Hochschulen bzw. Universitäten zu erlangen. Im Gegensatz dazu waren im Sommerausbildungshalbjahr vorrangig 10-Klassenschüler mit und ohne Berufsausbildung vertreten. Ihre bildungsmäßigen Voraussetzungen waren weniger gut, dafür verfügten sie in der Regel über bessere handwerkliche Fähigkeiten. Die größten Probleme gab es mit den Berufsunteroffiziersbewerbern. Sie hatten im Vergleich mit den anderen Unteroffiziersschülern den niedrigsten Bildungsstand.

Die Fähnrichschüler erhielten ihre Ausbildung durch die Fachrichtung Fähnrichausbildung. Dafür wurde für sie ein neues Unterkunftsgebäude und ein modernes Lehrgebäude geschaffen. Die Ausbildung der Fähnrichschüler und der weiblichen Armeeangehörigen für die Fähnrich- und Unteroffizierslaufbahn begann planmäßig am 1. September 1984.

Die spezialfachliche Ausbildung Taktik der FRT, Fla-Raketenschießlehre und Fla-Raketentechnik waren durch die Ausbildungsbasis der FR und die Qualifikation der Lehroffiziere und Ausbilder gewährleistet.

Um den steigenden wissenschaftlichen und militärischen Anforderungen gerecht zu werden, wurden zahlreiche Weiterbildungsmaßnahmen für die Lehroffiziere und Ausbilder geplant und durchgeführt, wie z. B.: Fernstudium an der MAK „Friedrich Engels" in Dresden bzw. an zivilen Hoch- und Fachschulen. Sie nahmen an Truppenpraktika teil, besuchten das Feldlager der FRT in Lieberose und führten regelmäßig Erfahrungsaustausche mit Lehroffizieren der OHS in Kamenz und des FRAZ-40 der Truppenluftabwehr der LaSK durch. Einzelne Lehroffiziere hatten die Möglichkeit, beim Gefechtsschießen in der Sowjetunion Erfahrungen für ihre Lehrtätigkeit und Ausbildung zu sammeln.

Regelmäßig wurden Lehrgänge und Schulungen durch das Kommando LSK/LV des Stellvertreterbereichs FRT durchgeführt, an denen die Lehroffiziere und Ausbilder teilnahmen. Die Weiterbildungsmaßnahmen waren häufig mit persönlichen Einschnitten im familiären Bereich verbunden und forderten viel Bereitschaft zur Erfüllung der Aufgaben. Sie gewährleisteten aber immer, dass die Ausbildung der Fähnrich- und Unteroffiziersschüler auf hohem Niveau, gefechtsnah und truppenbezogen durchgeführt werden konnte.

Für den Fall einer Mobilmachung wurde das Stammpersonal der FR in den Funktionen einer FRA geschult und an der Technik weitergebildet. Dafür wurde 1987 eine Wechselfeuerstellung im Ausbildungsgelände geschaffen und pioniermäßig ausgebaut. Sie diente auch zum Verlegetraining mit der Technik der Fachrichtung.

Die Ausbildungskompanien der Fachrichtung FRT bildeten unbestritten den Mittelpunkt der politisch-militärischen Erziehung, der allgemein-militärischen Ausbildung, der MKE sowie der Freizeitaktivitäten.
Die Kompanien hatten je drei Züge und jeder Zug drei Gruppen. Die Stärke einer Kompanie betrug ca. 90 Armeeangehörige. Die Fähnrichschülerkompanie hatte zwei Züge (ein Zug 1. Lehrjahr und ein Zug 2. Lehrjahr). Ihre Stärke betrug ca. 60 Männer und Frauen. Die neu einberufenen Fähnrich- und Unteroffiziersschüler wussten schon vor ihrer Einberufung, dass die Ausbildung an der MTS sehr anspruchsvoll war.
Der Tagesablauf brachte es mit sich, dass die Schüler den ganzen Tag vom Wecken bis zum Zapfenstreich voll beschäftigt waren. Aus heutiger Sicht waren viele Maßnahmen sinnvoll und hatten großen Einfluss auf die Erziehung zur persönlichen Ordnung und militärischen Disziplin. Leider gab es auch Beschäftigungen, die sinnlos waren, wie z. B. das übertriebene, ständige Reinigen der Innen- und Außenreviere und ein permanentes Reglementieren der Schüler durch Vorgesetzte in der Freizeit.

Der Tagesablauf der Unteroffiziersschüler begann nach dem Wecken, dem sich anschließenden Frühsport, der Morgentoilette, der Herstellung der Ordnung in den Unterkünften, dem Revierreinigen, dem Marsch zum Frühstück – oft zum Üben des Marschgesangs genutzt – sowie dem Morgenappell des Hauptfeldwebels. Am Vormittag standen dann drei Unterrichtseinheiten von je 90 Minuten auf dem Dienstplan. Nach der Mittagspause waren nochmals zwei Unterrichtseinheiten zu absolvieren. Danach, bis zum Abendessen, wurde Innendienst durchgeführt. Der bestand je nach Notwendigkeit aus Waffenreinigen, Reinigen der Lehrklassen oder auch zusätzlichem Nachexerzieren oder militärischer Körperertüchtigung. Nach dem Abendbrot war eigentlich immer Freizeit geplant. Sie wurde jedoch durch gesellschaftliche, kulturelle, sportliche und interne Maßnahmen der Kompanien sehr eingeschränkt.

Die praktische Ausbildung an der Fla-Raketentechnik fand in der Stellung im Ausbildungsgelände der MTS statt. Auf dem Marsch zur Stellung (ca. 2 km) mussten die Unteroffiziersschüler die gesamte persönliche Ausrüstung und ihre Handfeuerwaffe mitführen. Auch diese Maßnahme war nicht immer sinnvoll, weil während der praktischen Ausbildung diese Ausrüstung, außer der obligatorischen chemischen Ausrüstung, oft überhaupt nicht gebraucht wurde. Der Marsch wurde u. a. genutzt zum Training taktischer Elemente, wie Marsch und Laufschritt mit angelegter Schutzausrüstung und Schutzmaske, Verhalten bei Tieffliegerangriffen und anderer Einlagen.

Die Tage der praktischen Ausbildung in der Stellung stellten für die Fähnrich- und Unteroffiziersschüler eine Abwechslung dar und waren deshalb sehr beliebt. An den Tagen, an denen die Kompanie als „Diensthabende Kompanie" eingesetzt war, hatte sie die Wache und 24-Stunden-Dienste, die Küchendienste und angeforderte Dienste der MTS zu stellen. Diese Aufgaben waren keinesfalls beliebt, waren sie doch sehr anstrengend und wenig abwechslungsreich.

Nicht unproblematisch war die Gewährung von Ausgang und Urlaub. Ausgang gab es erstmals nach der vierwöchigen Grundausbildung. Ob Ausgang gewährt wurde oder nicht, hing maßgeblich von der subjektiven Einschätzung der Vorgesetzten ab. So mussten der Gruppenführer, der Zugführer und der Hauptfeldwebel den Ausgang befürworten, bevor der Kompaniechef ihn genehmigte. Dieses Verfahren hatte oft den Hintergrund einer zusätzlichen Erziehungsmaßnahme zur Disziplinierung der Unteroffiziersschüler. Grundsätzlich war die Quote der Ausgänger durch die Festlegungen zur ständigen Gefechtsbereitschaft auf 10 bis 15 Prozent der Kompaniestärke beschränkt.

Zweimal im Ausbildungshalbjahr erhielten die Schüler kompanieweise Urlaub. Sonderurlaub wurde nur für außergewöhnliche Leistungen in der Ausbildung gewährt.

Die Kompaniechefs, die Zug- und Gruppenführer und die Hauptfeldwebel leisteten einen hervorragenden Beitrag bei der Erziehung der Fähnrich- und Unteroffiziersschüler zu einer gefestigten militärischen Disziplin und Ordnung sowie bei ihrer physischen Leistungssteigerung. Als Kompaniechefs besonders hervorzuheben sind die Majore Dieter Lay, Klaus Harmuth, Siegfried Lange und Gerold Hoppe.

Der Stellvertreter für politische Arbeit der FR leitete die Arbeit der Partei- und FDJ-Organisationen, der Sportorganisation ASV, der Gewerkschaftsgruppe der Zivilbeschäftigten und der ehrenamtlichen Funktionäre. Der sozialistische Wettbewerb wurde mit dem Ziel geführt, die Fähnrich- und Unteroffiziersschüler zu hohen Leistungen in der Ausbildung zu motivieren. Für die Führung und Auswertung des Wettbewerbs wurde viel Kraft und Zeit aufgewendet.

Den Kampf um die Titel „Beste Gruppe", „Bester Zug" und „Beste Kompanie" nahmen die die Vorgesetzten aller Stufen sehr ernst. Für die Armeeangehörigen waren die fünf Soldatenauszeichnungen (Bestenabzeichen, Sportabzeichen, Schützenschnur, Abzeichen für gutes Wissen und die Qualifizierungsspange) obligatorische Ziele. Patenschaftsbeziehungen mit der Polytechnischen Oberschule in Bad Düben, die Kinder- und Jugendarbeit und viele Veranstaltungen wie Sportwettkämpfe, Manöver Schneeflocke, Jugendstunden zur Vorbereitung auf die Jugendweihe fanden unter direkter Teilnahme von Angehörigen der Fachrichtung statt. Auch die Patenschaft mit dem Kreisbetrieb für Landtechnik und deren Kampfgruppe bereicherten und aktivierten das Leben in der FR.

Um diese erfolgreiche Arbeit und die positive Entwicklung der Fachrichtung haben sich die Stellvertreter für politische Arbeit, Oberstleutnant Waldemar Doubrawa und ab 1980 Oberstleutnant Dieter Lesche, verdient gemacht.

Die Tätigkeit der Neuerer nahm in der FR einen breiten Raum ein. Von der FDJ wurden viele Initiativen organisiert, um die Schüler für die „Messe der Meister von Morgen" zu gewinnen und sie aktiv in die Neuererarbeit einzubeziehen. Die Neuerervorschläge trugen dazu bei, die Ausbildungsbasis den ständig steigenden Anforderungen anzupassen. Von dem hohen Niveau der Exponate unserer Fachrichtung konnte sich auch der Minister für Nationale Verteidigung bei einem Besuch überzeugen. Großen Anteil an der erfolgreichen Arbeit der Neuerer hatten die Leiter des FRID, Oberstleutnant Georg Szepanski und ab 1980 Oberstleutnant Berthold Freymann. Die Gewährleistung von Sicherheit und Geheimhaltung war ein ständiges und selbstverständliches Anliegen der Angehörigen der Fachrichtung. So war die Lehrgefechtsstellung wie in jeder Fla-Raketenabteilung durch eine Hochspannungssicherungsanlage umgeben. Die Lehrklassen im Lehrgebäude wurden durch Tür- und Fenstergitter gesichert. Beide Ausbildungsanlagen durften nur mit einem gesonderten Ausweis betreten werden. In der Gesamtheit waren die Maßnahmen der Geheimhaltung zum Teil übertrieben. So mussten z. B.

alle Aufzeichnungshefte der Schüler als GVS bzw. VVS registriert werden. Das hatte zur Folge, dass fehlende Seiten der durchgehend nummerierten Hefte, die die Schüler für andere Zwecke verwendet hatten, als VS-Verlust und damit als melde-pflichtiges Besonderes Vorkommnis geahndet wurden. Neben diesen, zahlenmäßig am meisten verursachten Besonderen Vorkommnissen nahmen unerlaubte Entfernungen, private Kfz-Unfälle und Beschädigungen der Technik und Bewaff-nung einen geringen Umfang ein.

Schwierig war die Zusammenarbeit mit den Offizieren der Verwaltung 2000 des MfS. Dabei handelte es sich fast immer um sehr junge Offiziere, die gerade eine Offiziersschule absolviert hatten, und die sich jetzt beweisen wollten. Es mangelte ihnen nicht nur an der notwendigen persönlichen Reife, ihnen fehlten auch die erforderlichen Kenntnisse der Besonderheiten der Waffengattung und der Spezifik ihrer Technik. Deshalb kam es oft zu Situationen, die die Vorgesetzten sehr belaste-ten. Von 1974 bis 1990 wurden ca. 160 Fähnriche und 6100 Unteroffiziere ausgebil-det und der Truppe und den Einrichtungen zugeführt. Generell haben sich die Kommandeure der Truppenteile und Einheiten lobend über die Ausbildung Fähnriche und Unteroffiziere ausgesprochen. Leiter der Fachrichtung Fla-Raketentruppen der MTS waren:

Oberst Walter Schwarze   August 1972 bis November 1980
Oberst Bruno Ringelhan   Dezember 1980 bis Juli 1990
Oberst Dieter Lehmer   August 1990 bis Dezember 1990

Die Ausbildung der Fähnrichschüler wurde im Juli 1990, die der Unteroffiziers-schüler im August 1990 beendet. Nach ihrer Ernennung zum Fähnrich bzw. Unteroffizier wurden sie den Truppenteilen, Einheiten und Einrichtungen zuge-führt oder auf persönlichen Wunsch aus der NVA entlassen. Mit dem letzten Appell am 3. Oktober 1990 wurde auch die MTS und ihre Fachrichtung FRT aufge-löst. Die Dienstflagge der NVA wurde eingeholt und die Truppenfahne der Militärtechnischen Schule ins Archiv verbracht.

Am 4. Oktober 1990 fand nach der Übernahme des Objektes der erste Appell mit der Dienstflagge der Bundeswehr statt. Für die Abwicklung der Fachrichtung FRT wurde der Kompaniechef der Sicherstellungskompanie, Major Stefan Hirsch, befohlen. Die Abwicklung war Ende 1991 abgeschlossen. In dieser Zeit verbrachte man die Fla-Raketentechnik und die Ausrüstung nach Lindhard, wo sie einer wei-teren Verwendung oder Verschrottung zugeführt wurde. Die Offiziere und Fähn-riche der Fachrichtung wurden, bis auf ganz wenige Ausnahmen, entlassen.

Jürgen Herm, Manfred Biermann, Dieter Conrad

Das Instandsetzungswerk Pinnow – Basis für Modernisierung und Instandhaltung der Fla-Raketentechnik

Die ersten Baumaßnahmen für ein Instandsetzungswerk der NVA in Pinnow hatten bereits 1962 begonnen. Dort sollten die planmäßigen Instandsetzungen an der neuen Fla-Raketentechnik ausgeführt werden, die die Truppe nicht selbst vornehmen konnte.

In dieser Zeit nahm auch die Fachrichtung Flakartillerie/FRT an der Offiziersschule der Luftstreitkräfte/Luftverteidigung in Kamenz ihren Lehrbetrieb auf und die Funkmess-Flakartillerieschule in Pinnow wurde aufgelöst (1963).
Die erste Ausbaustufe wurde auf der Grundlage des sowjetischen Projektes 2000 vorgenommen, nach dem schon in Polen, Ungarn und der ČSSR entsprechende Werke im Entstehen waren.

Das Projekt sah die Errichtung von zwei großen Werkhallen und einer Reihe spezieller Gebäude vor, die vom übrigen Werksgelände durch eine Mauer getrennt waren. In dieser Sicherheitszone gab es nur einen Zugang für die Beschäftigten und Fahrzeuge. Das Betreten und Befahren war nur mit einem Sonderausweis möglich. Der genannte Bereich war das Herzstück des IWP, der sogenannte Produktionsbereich.

Luftaufnahme eines Teiles des Instandsetzungswerkes Pinnow

Im Mai 1964 nahm das Werk offiziell die Arbeit auf. Es begann mit der mittleren Instandsetzung eines Fla-Raketenkomplexes „Dwina", den dazugehörigen Raketen und der Tanktechnik. 1965 erhielt das Werk seinen endgültigen Namen „Instandsetzungswerk Pinnow – IWP". Bis 1970 unterstand das IWP dem Ministerium für Nationale Verteidigung. Im Werk arbeiteten hauptsächlich Armeeangehörige, die auf Lehrgängen in der UdSSR für die neue Technik ausgebildet worden waren. Erster Werkleiter bis 1967 war Oberst Helmut Wagner. Von ihm übernahm Hauptmann Siegfried Eschke, der spätere Generaldirektor des VEB Kombinat Spezialtechnik Dresden, die Funktion des Werkleiters in Pinnow. Ab 1970 war das Ministerium für Allgemeinen Maschinenbau für das IWP zuständig und im gleichen Jahr wurde Oberst Ralf Rudolph neuer Werkleiter.

Die zweite Ausbauphase des IWP begann Anfang der 70er Jahre. Die erste wesentliche Erweiterung war der Neubau einer großen Spritzerei/Lackiererei. Der Neubau war dringend erforderlich geworden, weil der Umfang der instandzusetzenden Technik mit den Jahren ihrer Nutzung immer größer wurde. Die Spritzerei ging 1974 in Betrieb und war zu diesem Zeitpunkt die modernste Anlage dieser Art in der DDR.

Nach ihrer Inbetriebnahme stellte sich allerdings heraus, dass man nicht an die vielen Kleinteile wie Frontplatten, Hohlleiter, Gestänge u. ä. gedacht hatte. Ein speziell zugeschnittener Ergänzungsbau war dann die Lösung. Nicht unerwähnt bleiben soll der VS-Bereich der Spritzerei, in dem z. B. die Fla-Raketen und andere geheimzuhaltende Teile ihre Beschriftung und Farbgebung erhielten. Zunächst wurde noch in Russisch, später generell in Deutsch beschriftet.

Zum Ende der 70er Jahre waren noch höhere Zahlen der Instandsetzungen zu erwarten. Es war klar, dass die Hallen 1 und 2 an ihre Kapazitätsgrenzen stoßen würden. Deshalb legte man 1974 den Grundstein für eine neue, 3. Halle. Sie war 110 m lang, hatte einen genauso langen Werkstattbereich, einen großen Abgleichplatz und ein fünfstöckiges Büro- und Sozialgebäude. Dieser neue Gebäudekomplex wurde 1978 anlässlich eines Besuches von Armeegeneral Kulikow feierlich eingeweiht. Von nun an war die gesamte Instandsetzung der Großtechnik in einer Halle möglich.

Die dritte Phase des Ausbaus des IWP begann quasi mit der Inbetriebnahme der Halle 3. Ab jetzt fand in der Halle 2 die Fertigung der „FASTA" statt, einem Werfer zur Abwehr tieffliegender Ziel auf der Basis eines Kfz vom Typ Robur LO, sowie der Werfer PK-16, einem Geschosswerfer für die Volksmarine.

Dieser Werfer diente zur Radar- und Infrarottarnung von Schiffen. Ab 1980 übernahm Oberst Heinz Bartels als Betriebsdirektor das IWP. 1984 erfolgte die Grundsteinlegung eines neuen Gebäudekomplexes. Nach zweijähriger Bauzeit begann dort die Produktion von Panzerabwehrlenkraketen.

Das IWP in der Zeit der Wende

Im Jahr 1988 hatte Oberst Helmut Daniel die Funktion des Betriebsdirektors übernommen. Zusammen mit der Werkleitung versuchte er, neue Produktionsfelder zu
erschließen. Neue Produktionsaufgaben waren z. B. der Bau von Medizinbetten
und Bürocontainern eine Produktlinie, die von der Firma Buck gern übernommen
wurde.

Mit dem Fall der Mauer im November 1989 gab es auch für alle Angehörigen
des IWP wesentliche Einschnitte. Die militärische Produktion musste aufgegeben
und neue Wege gesucht werden, um eventuell zivile Produkte herzustellen. Aus
dem VEB IWP wurde die INPAR Pinnow GmbH, was soviel wie Industrie-Park
Pinnow hieß. Als letztes Produkt lieferten wir den hauptinstandgesetzten Fla-
Raketenkomplex S-75 M, Werksnummer 7304, an die Dienststelle Ziegendorf aus.
Wo der Komplex wirklich verblieben ist, kann nicht mehr festgestellt werden. Ab
Juli 1991 ging das IWP in die Firma BUCK, ein mittelständisches Unternehmen
der Wehrtechnik, über. Die Geschichte des IWP war damit beendet. Sie dauerte
nicht einmal 30 Jahre.

Grundsätzlich gab es zwei Instandsetzungsarten: die mittlere Instandsetzung (MI)
und die Hauptinstandsetzung (HI). Beiden Arten gemeinsam war der Ausbau aller
Baugruppen, Blöcke und Schränke aus den Kabinen und deren Instandsetzung
sowie Funktionskontrolle in den speziellen Werkstätten. Dafür gab es die Hohl-
leiterwerkstatt, die Blockinstandsetzung, die Kabel- und die Motorenwerkstatt
(E-Motore, Generatoren, Drehmelder), den Blockabgleich.

Für die beweglichen und Einbauinstrumente gab es eine Messgeräteabteilung
mit mehreren Spezialwerkstätten. Die völlig leeren Kabinen wurden kfz-technisch
überprüft und instandgesetzt.

Bei einer MI erhielten die Kabinen lediglich eine Farbausbesserung der Innen-
ausstattung, der Schränke, Blöcke und Einschübe. Bei einer HI wurde dagegen eine
komplette neue Farbgebung vorgenommen. Der Arbeitsaufwand dafür war enorm.
Um z. B. die Frontplatten der Blöcke zu lackieren, mussten alle Schalter, Kontroll-
leuchten, Messbuchsen und Einbauinstrumente demontiert werden. Die Beschilderung und die Originalfarbe wurden entfernt. Die Frontplatten erhielten dann
eine neue silbergraue Hammerschlaglackierung und die im IWP gefertigten
deutschsprachigen Schilder für die Frontplatten wurden aufgeklebt.

Während bei einer mittleren Instandsetzung Ersatzteile, Werkzeuge und
Zubehör (EWZ) nicht ergänzt wurden, erfolgte bei der HI eine komplette neue
Bereitstellung von EWZ. Das waren immerhin ca. 3000 Positionen, von der
Pinzette bis zum Vorschlaghammer.

Nach der Instandsetzung wurde alles wieder in die Kabinen eingebaut. Auf dem
Abgleichplatz wurden sie verkabelt, und der Endabgleich konnte beginnen. Dieser

umfasste alle vom Hersteller vorgegebenen Kontrollen: Wochen-, Monats-, Halbjahres- und Sonderkontrollen sowie einige nur für die Instandsetzungswerke vorgesehene Kontrollen. Bei auftretenden Fehlern mussten wir völlig anders an die Fehlersuche herangehen, als es in den Gefechtseinheiten der Fall war. Trat dort ein Fehler auf, konnte man davon ausgehen, dass es sich um einen Ausfall handelt, da die Technik kurz vorher noch funktioniert hatte.

Wir vom Endabgleich hingegen hatten es oft mit völlig untypischen Problemen und Fehlerursachen zu tun. Ursachen konnten sein: vertauschte Kabel, falsch angeschlossene Steckverbindungen, falsch eingebaute Bauteile oder auch fehlerhafte Beschriftung und Beschilderung. All das erfordert vom Abgleichpersonal ein hohes Maß an Wissen, an Fertigkeiten und an Erfahrung. Je größer das Problem, umso öfter wurden die großen Prinzipschaltbilder studiert, die zuständigen Fachtechnologen herangeholt und auch Kollegen der betreffenden Spezialwerkstatt zu Rate gezogen.

Der Endabgleich begann mit der Kontrolle der gesamten Antennenanlage. Die konstruktiven Besonderheiten der Antennen der FRK Dwina und Wolchow verlangten eine hohe fachliche Meisterschaft bei ihrem Abgleich. Mittels Libellenquadrant wurde die Lage der einzelnen Antennen ermittelt und zueinander ausgerichtet. Zu den Spezialkontrollen gehörte z. B. das Ausmessen der Richtdiagramme der Antennen. Hierbei wurden die Antennen "schmaler Strahl" auf die elektrischen Achsen der Antennen „breiter Strahl" ausgerichtet, um beim aktiven Begleiten von Zielen und dem Wechsel der Betriebsarten keine Zielverschiebung zuzulassen. Die Startrampen erhielten schon durch die betreffende Werkstatt ihre Endkontrolle. Sie wurden daher für den Endabgleich nicht mehr gebraucht. Für den Komplex gab es dafür einen Imitatorblock, an den die für die jeweilige Rampe vorgesehenen Kabel angeschlossen waren, und so wurde die in der Raketenleitstation vorhandene Apparatur überprüft.

Liefen alle Systeme des Fla-Raketenkomplexes wie vorgeschrieben, stand der Dauertest an. Aufgabe des Dauertests war es, Frühausfälle zu erkennen, die Stabilität aller Systeme zu erhöhen und der Gefechtseinheit wieder gefechtsbereite Technik zu Verfügung zu stellen. Der Dauertest lief über 36 Stunden. In dieser Zeit wurden in regelmäßigen Abständen Funktionskontrollen durchgeführt und protokolliert. Damit wurde zugleich die am Anfang einer Nutzung erhöhte Ausfallwahrscheinlichkeit (siehe sogenannte Badewannenkurve) in kontrollierter Art absolviert. Kam es zu Bauteilausfällen oder Unregelmäßigkeiten bei einzelnen Parametern, so wurden diese sofort von den jeweiligen verantwortlichen Mitarbeitern beseitigt. Während des Dauertests wurden auch die Reservefrequenzen der Sender eingestellt und deren automatische Frequenzabstimmung überprüft. Weiterhin wurde die Übereinstimmung des Zielsignals mit dem

Raketenantwortsignal kontrolliert. Dafür gab es einen mehrere Kilometer entfernten Messturm mit Winkelreflektoren zur Zieldarstellung. Die zuständige Behörde des Landes Brandenburg stellte ihn 2005 sogar unter Denkmalschutz.

Armeegeneral Hoffmann besucht die Raketenwerkstatt

Am Tag der Messung wurde dann dort ein FR-15 (Empfänger und Antwortsender der Rakete) installiert. Das Zielsignal wurde über die Sende-Empfangskanäle aufgefasst und der FR-15 über die Kommandoantenne abgefragt. In der Raketenleitstation konnte so die Lage des Ziel- und des Antwortimpulses gemessen und eingestellt werden, dass keine Differenz in der Entfernungsbestimmung vorhanden war. Nach erfolgreichem Dauertest wurde der Komplex für die Endkontrolle durch die TKO des Werkes freigegeben. War diese Kontrolle ohne entsprechende Beanstandungen abgelaufen und der wichtige TKO-Stempel in den Papieren, nahm der zuständige Militärabnehmer „seine" Endabnahme vor. Erst seine Unterschrift und Stempel in den Papieren bedeutete die Freigabe zum Abbau, zur Komplettierung und zum Versand. Die Vollständigkeit der Komplettierung wurde anhand von Listen von der TKO und dem Abnehmer überprüft und per Unterschrift und Stempel bestätigt.
Militärabnehmer waren in den Instandsetzungswerken die Beauftragten des Ministeriums für Nationale Verteidigung. Ihre Aufgabe war es, nach der

Instandsetzung die Kontrolle der Qualität der Technik und die termingerechte Auslieferung an die Truppe zu sichern. Um das durchzusetzen, hatten sie weitgehende Vollmachten, wodurch sie sogar in den Betriebsablauf des Werkes eingreifen konnten. Nach der Versandfreigabe übernahm die Gefechtseinheit im Werk ihren Komplex mit allem was dazu gehörte. Am Standort erfolgte dann zusammen mit einer Arbeitsgruppe des IWP die Inbetriebnahme. Im abschließenden Protokoll wurde die Gefechtsbereitschaft der Technik bestätigt und die vertragliche Garantiezeit begann.

Nach der Anlieferung des Fla-Raketenkomplexes übernahm zunächst die Komplettierungsgruppe sämtliches Zubehör. Der Meisterbereich Demontage-Montage demontierte die Kabinen und baute sie vollständig aus. Wir als Meisterbereich „Elektronische Instandsetzung" bekamen die Baugruppen, meist „Blöcke" genannt, zur Bearbeitung. Es begann, dem damaligen Stand der Technik entsprechend, mit der Entfernung aller Röhren. Jeder Arbeitsgruppenleiter führte eingangs eine Befundaufnahme seiner „Blöcke" durch, d.h. er unterzog sie einer gewissenhaften Sichtkontrolle, um Beschädigungen sowie Überlastungsmerkmale an den Bauelementen (Widerstände, Kondensatoren, Spulen) festzustellen und in einem Befundprotokoll festzuhalten. Mit Federwaagen wurde der Kontaktdruck jeder Messbuchse und aller Röhrensockel gemessen und die außerhalb der Toleranz liegenden im Protokoll vermerkt. Danach durchlief jeder Block entsprechend der Arbeitsunterweisung die einzelnen Arbeitsplätze. Hier wurden die bei der Befundaufnahme festgestellten Mängel beseitigt, z.B. durch den Wechsel der Messbuchsen und Röhrensockel. Sämtliche Relaiskontakte wurden mit Glashaarpinsel gereinigt. Außerdem gehörte dazu auch die Herstellung des Originalzustandes in den Schaltungen der Blöcke, denn wenn in der Truppe Reparaturen vorgenommen oder versucht worden waren, sah es in den Blöcken mitunter „abenteuerlich" aus, besonders an den Lötstellen. Wir tauschten auch Bauelemente aus. Der technischen Entwicklung folgend wurden z.B. ab einer bestimmten Zeit in den Netzteilen alle Selengleichrichter gegen Halbleiterdioden ausgewechselt.

Zur Steigerung der Betriebssicherheit mancher Blöcke bewährte sich der Austausch von Relais sowjetischer Produktion gegen solche aus DDR-Produktion. Auch der Wechsel mechanischer Zeitgeber gegen elektronische erhöhte die Zuverlässigkeit der Systeme. Nach der Instandsetzung wurde ein fertiger Block erst dem Arbeitsgruppenleiter und dann der TKO zur Kontrolle vorgestellt. Danach erfolgte die Bestückung mit Glühbirnen und vorgealterten Röhren und die Übergabe an den Blockabgleich zum Einstellen der notwendigen Parameter und anschließender Funktionskontrolle. Bei den Hauptinstandsetzungen waren die Frontplatten total zu demontieren und nach der Farbgebung alle Bedienelemente, Buchsen, Lampen, Messinstrumente und neuer Beschilderung wieder ein- bzw.

anzubauen. Eigentlich immer unter Zeitdruck, denn der Endabgleich sollte möglichst ohne Verzögerung beginnen können.

Wir bearbeiteten aber nicht nur die Blöcke der Fla-Raketenkomplexe, sondern auch die der verschiedenen Höhenfinder, die P-40 mit ihren Subminiaturröhren, der Wetterstation und die anderer Stationen. Die Umrüstungen und Modernisierungen, die nach und nach an allen Komplexen der Luftverteidigung durchgeführt wurden, bedeuteten für uns zusätzliche Arbeit. Dafür wurde unter meiner Leitung eine spezielle Arbeitsgruppe gebildet, die aus 8 Kolleginnen, 5 Kollegen und einigen Lehrlingen bestand. Bei den ersten Komplexen wurden wir den sowjetischen Brigaden zugeordnet, die extra dafür angereist waren. Wir arbeiteten sozusagen parallel, danach dann selbständig nach den Modernisierungsunterlagen der Hersteller. So eine sowjetische Modernisierungsbrigade bestand aus etwa 20 Spezialisten. Sie blieben zwischen 4 bis 6 Wochen im Werk. Untergebracht waren sie in einem Gebäude direkt am Rande des Werkes. Wir haben sie nach unseren Möglichkeiten betreut.

Sowjetische Modernisierungsbrigade im IWP bei der Arbeit

Mit dem IWP verfügten die Fla-Raketentruppen der Luftverteidigung der DDR über eine Einrichtung, die für die Aufrechterhaltung der technischen Einsatzbereitschaft der FRK, deren zyklische Instandhaltungen und Modernisierungen unerlässlich war. Die Mitarbeiter und Leiter des IWP haben sich um unsere Waffengattung sehr verdient gemacht.

Michael Brix

Die Fla-Raketentruppen der Truppenluftabwehr der Landstreitkräfte und ihre Rolle in der Luftverteidigung

Mit der Truppenluftabwehr verfügten die Landstreitkräfte der Nationalen Volksarmee über eine Waffengattung, die eigenständig, jedoch nach Möglichkeit im Zusammenwirken mit den Fla-Raketentruppen der LSK/LV, für die unmittelbare Deckung ihrer Truppen in den Objekten, in deren Bereitstellungsräumen und im Gefecht vor gegnerischen Luftangriffen vorgesehen war. Bis Mitte der siebziger Jahre beruhte die Ausrüstung ihrer Truppenteile und Einheiten auf der Rohrflakartillerie. Mit der in dieser Zeit erfolgten Erhöhung der Effektivität der Luftangriffskräfte der NATO machte sich auch die Modernisierung der Luftabwehrmittel der Streitkräfte der Warschauer Vertragsstaaten erforderlich.

So wurde auch in der Truppenluftabwehr der Landstreitkräfte der NVA mit der Einführung moderner Fla-Raketentechnik ein Modernisierungsprozess eingeleitet, der im Jahre 1974 begann und 1981 im Wesentlichen abgeschlossen war. Die Flakregimenter der Mot.-Schützen- und Panzerdivisionen wurden auf den Fla-Raketenkomplex Kub, 2K12 und die der Militärbezirke auf den Fla-Raketenkomplex Krug, 2K11 umgerüstet.

Die Mot.-Schützenregimenter erhielten je Bataillon eine Gruppe je 3 Mann mit dem Fla-Raketenkomplex Strela-2, 9K32, der später teilweise ersetzt wurde durch den moderneren Komplex Igla, 9K38. Zusätzlich erhielten die Stabskompanien der Mot.-Schützen- und Panzerregimenter je eine Gruppe Fla-Raketenschützen. Eine weitere Erhöhung der Effektivität der Luftabwehr der Divisionen wurde durch die Bildung von Fla-Raketenartilleriebatterien zusätzlich ausgerüstet mit je vier Fahrzeugen des Fla-Raketenkomplexes Strela-1, 9 K31 bzw. Strela-10, 9K35 in den Mot.-Schützen- und Panzerregimentern erreicht.

Der Aufbau dieser Batterien erfolgte auf der Basis der bisherigen Fla-SFL-Batterien Schilka, deren vier Gefechtsfahrzeuge im Bestand der Batterien verblieben. In den grenznahen MSD-8 und -11 erfolgte in den 80er Jahren mit der Umrüstung der Fla-Raketenregimenter Kub auf den weitaus effektiveren Komplex Ossa AK, 9K33 eine weitere Modernisierung. Nach Abschluss der Umrüstung verfügte die Truppenluftabwehr über insgesamt zwei FRR Kub mit je 4, zwei FRR mit je 5 Fla-Raketenbatterien sowie zwei FRR Ossa AK mit je 5 Fla-Raketenbatterien.

Das waren insgesamt 58 Zielkanäle. Rechnet man die Zielkanäle Strela-2 bzw. Igla (eine Fla-Raketengruppe gleich ein Zielkanal), Strela-1 und Strela-10 mit insgesamt 394 Zielkanälen sowie 12 Zielkanäle Krug hinzu, so standen den Landstreitkräften zum Schutz ihrer Truppen und Verbände vor gegnerischen Luftangriffen im Ganzen über 464 Zielkanäle von Fla-Raketen zur Verfügung. Nach der Einführung der Fla-Raketentechnik verfügte die Truppenluftabwehr

Raketenleitstation FRK-Krug

Raketen FRK-Krug

über eine Gefechtsstruktur, die es ermöglichte, den Schutz der Hauptkräfte der zu deckenden Truppen vor gegnerischen Luftangriffen in allen Höhenbereichen bis 30 km und bei Entfernungen von bis zu 45 km zu gewährleisten.

Im Weiteren wird nur auf die Fla-Raketenregimenter der Truppenluftabwehr eingegangen, weil nur diese für das Zusammenwirken mit den Fla-Raketentruppen der Luftverteidigung des Landes relevant waren.

Die Fla-Raketenregimenter der Truppenluftabwehr unterschieden sich von denen der Luftverteidigung vor allem durch ihre Mobilität. Das entsprach ihrer Aufgabe, ununterbrochen die Deckung der Truppen der Landstreitkräfte während des Marsches, in den Bereitstellungsräumen sowie in allen Phasen von mobilen Gefechtshandlungen zu gewährleisten. Es bestand die Forderung, dass während der Bewegung der Truppen mindestens 50 Prozent aller Luftabwehrmittel feuerbereit zu sein hatten. Bei gegnerischen Luftangriffen hatten die übrigen Mittel in mindestens 10 Minuten die Feuerbereitschaft aus der Marschlage herzustellen. Aus der ständigen Gefechtsbereitschaft waren die Fla-Raketenregimenter in der Lage, zu jeder beliebigen Tages- und Jahreszeit ihre Kasernen nach 20 Minuten zu verlassen und innerhalb von 120 Minuten mit allen Batterien die Startbereitschaft aus vorbereiteten Stellungen in den Sammelräumen der Truppen herzustellen. Die Fla-Raketenregimenter der Militärbezirke (im Kriegsfalle Armeekorps) waren mit dem Fla-Raketenkomplex Krug 2K11 ausgerüstet. Ein Fla-Raketenregiment bestand aus zwei Fla-Raketenabteilungen mit je drei Fla-Raketenbatterien.

Zu einem Fla-Raketenkomplex Krug 2K11 gehörten: die Raketenleitstation 1S32 und drei Startrampen 2P24 auf Kettenfahrzeugen, bestückt mit je zwei Fla-Raketen 3M8. Insgesamt verfügte das Fla-Raketenregiment über 72 Fla-Raketen (2 Kampfsätze), von denen sich 36 auf den Startrampen und 36 auf Transportladefahrzeugen befanden.

Der FRK Krug war für die Bekämpfung von Zielen in mittleren bis großen Höhen bestimmt und konnte sie in einer Entfernung von 8000 bis 50.000 Meter und in Höhen von 250 bis 23.500 Meter vernichten. Die theoretische Vernichtungswahrscheinlichkeit mit einer Rakete betrug 0,7. Für die Herstellung der Feuerbereitschaft aus der Marschlage wurden 11 Minuten benötigt.

Die Lenkung der Fla-Rakete zum Ziel erfolgte nach der Dreipunktmethode. Die Raketenleitstation fasste das Ziel auf. Die Fla-Rakete wurde in den Leitstahl geschossen, von diesem erfasst und zum Ziel geleitet. Nachdem sich die Rakete dem Ziel auf eine vorausberechnete, für die Vernichtung des Zieles erforderliche Entfernung genähert hatte, brachte ein Annäherungszünder ihren Sprengkopf zur Detonation.

Die mit dem Fla-Raketenkomplex Kub 2K12 ausgerüsteten Fla-Raketenregimenter befanden sich im Bestand der Mot.-Schützen- und Panzerdivisionen. Die FRR der MSD hatten 4, die der Panzerdivisionen 5 Fla-Raketenbatterien in ihrem Bestand. Eine Fla-Raketenbatterie verfügte über drei Startrampen 2P25 mit je drei Fla-Raketen 3M9, eine Aufklärungs- und Leitstation 1S91 sowie ein Transportladefahrzeug mit weiteren drei Fla-Raketen. Insgesamt befanden sich in einem Fla-Raketenregiment zwei Kampfsätze Fla-Raketen mit je 48 Stück. Startrampen und Aufklärungs- und Leitstationen waren auf Kettenfahrzeugen aufgebaut. Die Feuerbereitschaft aus der Marschlage wurde innerhalb von fünf Minuten hergestellt.

Der Fla-Raketenkomplex war für die Bekämpfung von Luftzielen in geringen und mittleren Höhen vorgesehen und konnte sie in einer Entfernung von 3000 bis 24.000 Meter und in Höhen von 50 bis 12.000 Meter vernichten. Die Vernichtungswahrscheinlichkeit eines Zieles mit einer Rakete betrug 0,8; mit drei Raketen bis zu 0,98. Diese Effektivität wurde vor allem durch das halbaktive Lenkverfahren erzielt. Das Luftziel wurde durch die Aufklärungs- und Leitstation aufgefasst und begleitet. Das vom Ziel reflektierte Signal wurde vom Zielsuchkopf der Rakete bereits erfasst, wenn sie sich noch auf der Startrampe befand. Beim Einflug des Luftzieles in die Vernichtungszone veranlasste der Batteriechef aus der Aufklärungs- und Leitstation den Start der Rakete, die durch das reflektierte Signal ins Ziel gelenkt wurde. Die Detonation des Sprengkopfes erfolgte wie bei der Fla-Rakete 3M8 Krug durch Annäherungszünder. In späterer Zeit wurde die Fla-Rakete 3M9M3 eingeführt, mit der auch die Bekämpfung langsam fliegender Luftziele wie Kampfhubschrauber möglich war.

Mit der Umrüstung der Fla-Raketenregimenter 8 und 11 auf den Fla-Raketenkomplex Ossa AK 9K32 erhielten diese Regimenter ein weitaus effektiveres Luftabwehrsystem und das sowohl in quantitativer als auch qualitativer Hinsicht.

Raketenleitstation FRK-Kub

Raketen FRK-Kub

Ein Fla-Raketenregiment Ossa AK bestand aus 5 Fla-Raketenbatterien mit je vier Start- und Leitstationen A33 BM3. Jede Start- und Leitstation verfügte über eine eigenständige Aufklärungs- und Raketenleitstation und eine Startrampe mit sechs in Startcontainern untergebrachten Fla-Raketen. Eine Fla-Rakete konnte Ziele in Höhen von 25 bis 5000 Meter und bis zu einer Entfernung von 10.000 Meter bekämpfen. Mit der Start- und Leitstation konnten außer Flugzeugen in geringen Höhen auch Hubschrauber in der Standschwebe oder mit bewegten Rotoren am Boden stehend bekämpft werden. Die Vernichtungswahrscheinlichkeit mit einer Rakete betrug 0,8. Jede Start- und Leitstation war in der Lage, während der Bewegung Luftziele selbständig aufzuklären, aufzufassen und aus dem kurzen Halt innerhalb von zwei Minuten zu bekämpfen. Damit besaß das Fla-Raketenregiment 20 Zielkanäle, d. h. es war in der Lage, 20 Luftziele gleichzeitig zu bekämpfen. Das war eine Erhöhung gegenüber den Fla-Raketenregimentern Kub auf das Vier- bzw. Fünffache. Hinzu kam die höhere Mobilität. Die Start- und Leitstation war auf einem schwimmfähigen Sechsrad-Basisfahrzeug untergebracht. Eine Fla-Raketen-batterie konnte die zu deckenden Truppen im Gelände mit einer Geschwindigkeit von 15 bis 30 km/h begleiten. Auf der Straße erreichte sie eine Geschwindigkeit von 60 km/h, auf dem Wasser 6 km/h.

Bis heute besitzen die NATO-Streitkräfte kein auch nur annähernd gleichwertiges Fla-Raketensystem. Dem ist noch hinzuzufügen, dass sich mit dem Komplex Tor gegenwärtig bereits ein noch modernerer Luftabwehrkomplex im Bestand der russischen Streitkräfte befindet.

Bei uns wurde die Umrüstung eines Regiments auf die Fla-Raketentechnik innerhalb eines Jahres vollzogen und mit der Abnahme der Geschlossenheit durch eine Kontrollgruppe beendet. Nach einem weiteren Jahr hatte das Regiment die erste spezialtaktische Übung mit Gefechtsschießen zu absolvieren.

Der erste Teil erfolgte auf dem Territorium der DDR mit Absolvierung eines Lehrgefechtsprüfungsschießens auf dem Truppenübungsplatz Lieberose. Der zweite Teil der Übung mit dem Gefechtsprüfungsschießen wurde, wie bei den Fla-Raketentruppen der Luftverteidigung der DDR, in der Sowjetunion auf dem Staatspolygon Aschuluk durchgeführt. Das war der erste absolute Höhepunkt der Gefechtsausbildung der Fla-Raketenregimenter. Mit berechtigtem Stolz kann darauf verwiesen werden, dass alle Fla-Raketentruppenteile der Truppenluftabwehr ihre Erstschießen in der Sowjetunion und damit auch die spezialtaktischen Übungen mindestens mit der Note „gut" abgeschlossen haben.

Spezialtaktische Übungen mit Gefechtsschießen in der Sowjetunion hatten die Fla-Raketenregimenter alle zwei Jahre zu absolvieren. Es ist nur ein einziges Mal vorgekommen, dass eine Regiment dabei nur mit „befriedigend" bewertet wurde. Das zeugt von einem hohen Ausbildungsstand des Personalbestands, der durch kompetente Ausbilder und motivierte Auszubildende erreicht wurde.

Spezialtaktische Übungen ohne Gefechtsschießen, d. h. nur mit Lehrgefechtsprüfungsschießen, waren mit den Regimentern in den Zwischenjahren durchzuführen. Außerdem hatten sie an den alle zwei Jahre stattfindenden Divisionsübungen sowie an gemeinsamen Truppenübungen und Manövern unter Beteiligung anderer Armeen der Warschauer Vertragsstaaten teilzunehmen.

Mit Abschluss der Umrüstung der Regimenter stellte sich die Frage ihrer Einbeziehung in das Diensthabende System der Luftverteidigung. Daran war besonders der Stellvertreter des Ministers und Chef der LSK/LV interessiert. Damit ließen sich noch vorhandene Lücken in der Luftverteidigung der DDR schließen und die Effizienz des Diensthabenden Systems erheblich erhöhen.

Durch den Einsatz der 8 Fla-Raketenregimenter der Truppenluftabwehr konnten weitere 8 Großobjekte bei einem plötzlichen Kriegsausbruch vor ersten gegnerischen Luftangriffen gedeckt werden. Gleichzeitig erhöhten sich die Möglichkeiten zur eventuellen Bekämpfung von Luftraumverletzern in Friedenszeiten.

Auf der Grundlage des Befehls Nr. 59/79 des Ministers für Nationale Verteidigung mit Festlegungen über die Einbeziehung von Kräften und Mitteln der Truppenluftabwehr der Landstreitkräfte in das Diensthabende System der Luftverteidigung des Landes und des darauf fußenden Befehls Nr. 20/79 des Stellvertreters des Ministers und Chefs der Landstreitkräfte wurden in das Diensthabende System einbezogen:

a) von den Fla-Raketenregimentern Krug: ein Gefechtsstand des Regiments mit einer Rundblickstation, eine Fla-Raketenabteilung mit Gefechtsstand und einer Fla-Raketenbatterie,

b) von den Fla-Raketenregimentern Kub: ein Gefechtsstand mit einer Rundblickstation und einer Fla-Raketenbatterie,

Start- und Leitstation FRK OSA AK

c) die Funktechnischen Bataillone mit je einer Funktechnischen Kompanie,
d) je ein stationärer Gefechtsstand im Bereich der Chefs Truppenluftabwehr
der Militärbezirke.

Hierfür waren diensthabende Stellungen in unmittelbarer Nähe der Objekte der Regimenter auszuwählen und auszubauen. Die Bereitstellung von dafür benötigten materiellen und personellen Mitteln war für die Bauwirtschaft der betreffenden Bezirke mit erheblichen Belastungen verbunden, mussten doch andere wichtige Vorhaben zugunsten der Landesverteidigung zurückgestellt werden, was bei den dafür Verantwortlichen sicher keine Begeisterung auslöste. Ob dieser Aufwand gerechtfertigt war, ist heute in Frage zu stellen. Aus damaliger Sicht wurde es aus militärischen und militärpolitischen Gründen für notwendig erachtet. Völlig unsinnig jedoch war die Forderung, zum Zwecke der Tarnung der Startrampen Abdeckhauben zu entwickeln und an den mit Betonelementen ausgebauten Stellungen anzubringen. Es war allen klar, dass die Standorte der diensthabenden Stellungen schon mit Beginn ihres Ausbaus dem potenziellen Gegner durch die Satellitenaufklärung und Aufklärung vor Ort bekannt waren. Trotzdem wurde mit der Entwicklung und Erprobung der Abdeckhauben begonnen. Letztlich wurde das Projekt wegen technischer Schwierigkeiten aufgegeben, aber erst nachdem erhebliche finanzielle und materielle Mittel vergeudet worden waren. Außerdem hatte man durch Luftaufnahmen festgestellt, dass auch mit Abdeckhauben eine wirksame Tarnung die Startstellungen vor gegnerischer Luftaufklärung nicht möglich war.

Vor dem Ersteinsatz im Diensthabenden System wurden die Fla-Raketen-regimenter durch eine Kontrollgruppe des Chefs Truppenluftabwehr auf Herz und Nieren überprüft. Trotz höchster Anforderungen erfüllten alle überprüften Einheiten die geforderten Bedingungen im ersten Anlauf und wurden für den Einsatz im Diensthabenden System zugelassen. In Abhängigkeit vom Abschluss der Umrüstung wurden zeitlich gestaffelt bis zum Jahresende 1985 alle Fla-Raketenregimenter in das Diensthabende System eingegliedert. Für die Fla-Raketenregimenter 3, 1, 7, 9 und 11 gab es besondere Festlegungen. Im Unterschied zu den anderen Regimentern, deren Personalbestand und Technik sich beim dreiwöchigem Einsatz im Diensthabenden System in den diensthabenden Stellungen aufzuhalten hatte, waren deren diensthabende Einheiten und Technik in den Objekten untergebracht. Bei der Auslösung einer höheren Bereitschaftsstufe wurden sie alarmiert und hatten innerhalb einer Stunde bereit zu sein, aus ihren Stellungen Gefechtsaufgaben zu erfüllen.

Die im DHS eingesetzten Kräfte und Mittel der Truppenluftabwehr waren für die Zeit ihres Einsatzes dem Stellvertreter des Ministers und Chef der Luft-streitkräfte/Luftverteidigung operativ unterstellt. Sie wurden von den Kommandeuren der Luftverteidigungsdivisionen geführt, in deren Verantwortungsbereich sie disloziert waren.

Das Unterstellungsverhältnis endete entsprechend den Dokumenten der Gefechtsbereitschaft mit der Auslösung der „Vollen Gefechtsbereitschaft". Diese Festlegung sollte sich als neuralgischer Punkt bei der Verwirklichung des Zusammenwirkens zwischen der Luftverteidigung des Landes und der Truppenluftabwehr erweisen, auf den im weiteren noch eingegangen wird.

Der Einsatz der Mittel der Truppenluftabwehr erbrachte für den Personalbestand der Fla-Raketenbatterien und die Besatzung der Gefechtsstände erhebliche Belastungen. Sie befanden sich rund um die Uhr in Bereitschaft in den diensthabenden Stellungen bzw. als Bereitschaftskräfte in den Objekten, außer wenn sie an Übungen oder Gefechtsschießen teilnahmen. Ausgang und Urlaub gab es während dieser Zeit nicht. Der Personalbestand musste zu jeder Zeit bereit sein, die Batterie in eine höhere Bereitschaftsstufe zu überführen und alle Tätigkeiten bis zum Start von Fla-Raketen auszuführen. Außerdem war ständig damit zu rechnen, dass plötzlich unangemeldete Kontrollgruppen der vorgesetzten Stäbe auftauchten, um die Einsatzbereitschaft der diensthabenden Kräfte zu überprüfen. Für diese Überprüfungen wurden Flugzeuge als Kontrollziele eingesetzt, die aufzufassen und fiktiv zu bekämpfen waren.

Für die Dauer der Teilnahme an Manövern, Truppenübungen mit und ohne Gefechtsschießen oder andere militärische Aufgaben, denen Vorrang vor dem Diensthabenden System eingeräumt wurde, wurden die dafür vorgesehenen Fla-Raketenregimenter aus dem DHS herausgelöst. Das ließ bei nicht wenigen

Gefechtsfahrzeug STRELA-10

Betroffenen Zweifel an der generellen Notwendigkeit des Diensthabenden Systems aufkommen. Besonders unverständlich war die Herauslösung des Fla-Raketenregiments 8 zur Vorbereitung auf die jährliche Ehrenparade der NVA am 7. Oktober 1984. Es kann festgestellt werden, dass es in der gesamten Zeit des Einsatzes der Fla-Raketenregimenter der Truppenluftabwehr im Diensthabenden System vom ersten Tag der Einbeziehung bis zu seinem Ende zu keinem ernsthaften Vorkommnis kam. Es gab wohl Luftraumverletzungen durch Flugzeuge der westlichen Seite, zum Beispiel im Oktober 1984, als die Rundblickstation des Fla-Raketenregiments 4 einen Luftraumverletzer als erste aufgeklärt und gemeldet hatte. Einen Gefechtseinsatz mit realem Start von Fla-Raketen hat es nie gegeben. Es gab auch keine schwerwiegenden Verletzungen von Sicherheitsbestimmungen, die zu einem unbeabsichtigten Start einer Fla-Rakete hätte führen können. Das alles zeugt vom ausgeprägten Verantwortungsbewusstsein und dem hohen Ausbildungsstand der im Diensthabenden System eingesetzten Soldaten, Unteroffiziere, Fähnriche und Offiziere der Waffengattung. Zwischen den Fla-Raketentruppen der Luftverteidigung und der Truppenluftabwehr gab es eine planmäßige Zusammenarbeit. So kam es jeweils zum Ende des Ausbildungsjahres zwischen dem Chef der Fla-Raketentruppen der Luftverteidigung und dem Chef

Truppenluftabwehr der Landstreitkräfte regelmäßig zu Absprachen bezüglich gemeinsamer Ausbildungsmaßnahmen für das kommende Jahr. Besondere Höhepunkte waren Luftverteidigungsübungen, die jährlich in Verantwortung des Kommandos der Luftstreitkräfte/Luftverteidigung stattfanden, an denen die Fla-Raketenregimenter und Führungsstellen der Truppenluftabwehr teilzunehmen hatten. Dabei waren sie den entsprechenden Stäben der Luftverteidigung operativ unterstellt. Bei diesen Übungen wurde das Zusammenwirken mit den Luft-verteidigungsdivisionen bei der Abwehr überraschender Luftangriffe des Gegners trainiert. Wurden im Rahmen der Luftverteidigungsübungen Gefechtsschießen in der Sowjetunion durchgeführt, so führte in der Regel ein teilnehmendes Fla-Raketenregiment der Truppenluftabwehr seine spezialtaktische Übung mit Gefechtsschießen in diesem Rahmen durch. In diesem Falle war der Regiments-kommandeur der Truppenluftabwehr dem Kommandeur der entsprechenden Luftverteidigungsdivision unterstellt und erhielt auch die zu bekämpfenden realen Ziele von dessen Gefechtsstand zugewiesen.

Das wurde zum Beispiel bei den Luftverteidigungsübungen „Elbe 83", „Elbe 85", „Elbe 87" sowie „Elbe 89" mit der Teilnahme je eines FRR der Truppenluftabwehr praktiziert. Die Einsatzdokumente sahen vor, dass die Luftabwehrmittel bis zur Auslösung der „Vollen Gefechtsbereitschaft" Bestandteil des Einheitlichen Luftverteidigungssystems der DDR waren und bis zu diesem Zeitpunkt operativ vom Zentralen Gefechtsstand der Luftverteidigung geführt wurden. Nach Auslösung der „Vollen Gefechtsbereitschaft" waren sie aus dem Luftverteidigungs-system herauszulösen und hatten die Truppen der Landstreitkräfte während des Beziehens der Sammelräume, des Marsches und in die Bereitstellungs- bzw. Konzentrierungsräume sowie bei ihren Gefechtshandlungen vor generischen Luftangriffen zu decken.

Mit der Einführung der Fla-Raketentechnik in die Truppenteile und Einheiten der Truppenluftabwehr kam es in den Luftstreitkräften/Luftverteidigung zu Bestrebungen, die Luftabwehrmittel, insbesondere die Fla-Raketenregimenter, auch nach Auslösung der „Vollen Gefechtsbereitschaft" im Luftverteidigungs-system zu belassen und sie erst nach erfolgter Abwehr des ersten massierten Luftangriffs des Gegners wieder den Landstreitkräften zu unterstellen.

Das wurde erstmalig bei der Luftverteidigungsübung „Granit 80" praktiziert. Entgegen den vom Minister für Nationale Verteidigung bestätigten Dokumenten der Gefechtsbereitschaft sah die Anlage der Übung den Verbleib der Fla-Raketenregimenter der Truppenluftabwehr auch nach Auslösung der „Vollen Gefechtsbereitschaft" im Luftverteidigungssystem vor. Völlig unverständlich war, dass sowohl die Übungsunterlagen als auch die Dokumente der Gefechts-bereitschaft der Landstreitkräfte durch den Minister für Nationale Verteidigung bestätigt waren, ohne dass jemandem dieser gravierende Widerspruch aufgefallen wäre. So geschah es dann, dass nach Übungslage die Landstreitkräfte gezwungen waren, bis zum 25. Kriegstag ohne ihre Luftabwehrmittel zu handeln. Welche fatalen Folgen sich daraus im Falle eines Krieges ergeben hätten, darf man sich nicht einmal vorstellen.

Dem Chef Truppenluftabwehr der Landstreitkräfte, der sich während dieser Luftverteidigungsübung auf dem Zentralen Gefechtsstand aufhielt, ist es nicht gelungen, die notwendige Herauslösung der Luftabwehrmittel aus dem Luftverteidigungssystem durchzusetzen. In der Stellungnahme des Stellvertreters des Ministers und Chef der Landstreitkräfte, Generaloberst Stechbarth, zur Kollegiumsvorlage über die Ergebnisse der Luftverteidigungsübung „Granit 80" heißt es dazu zurückhaltend höflich:

„Die Anlage und der Ablauf der Übung entsprachen nicht den möglichen realen Handlungen der Truppenluftabwehr der Landstreitkräfte. So entstanden bei den handelnden Kommandeuren und Stäben der Luftverteidigung völlig unreale Vorstellungen über die möglichen Handlungen der Truppenluftabwehr zu Beginn und im Verlauf eines Krieges."

Mit dieser Stellungnahme hätten eigentlich alle Unklarheiten über das Zusammenwirken der nationalen Luftverteidigungskräfte beseitigt sein müssen. Aber dem war nicht so. Die Frage nach dem Zeitpunkt der Herauslösung der Kräfte und Mittel der Truppenluftabwehr der Landstreitkräfte in Spannungsperioden aus dem Verantwortungsbereich der Luftstreitkräfte/Luftverteidigung wurde immer von Neuem aufgeworfen. Nach Ansicht führender Vertreter der Luftverteidigung des Landes sollte sie am besten erst nach erfolgter Abwehr des ersten massierten Luftangriffs des Gegners erfolgen, wie es bereits bei der Luftverteidigungsübung „Granit 80" praktiziert worden war. Sichtbar wurden ernsthafte Bestrebungen des Chefs der Luftstreitkräfte/Luftverteidigung, Generaloberst Reinhold, sich die Fla-Raketenregimenter und Funktechnische Bataillone der Truppenluftabwehr schon für die Friedenszeiten unterstellen zu lassen. Es war offensichtlich sein Ziel, diese unter seiner Führung bei einem möglichen Kriegsausbruch im vollen Umfang für die Abwehr des zu erwartenden ersten massierten Luftangriffs des Gegners zu nutzen. Erst danach sollten sie wieder den Landstreitkräften unterstellt werden.

Man berief sich hierbei auf die Sowjetarmee, auf deren Territorium die Waffengattung Truppenluftabwehr der Landstreitkräfte der Teilstreitkraft Luftverteidigung in Friedenszeiten unterstellt war. Das hatte für das sowjetische Territorium eine gewisse Berechtigung. Fern von einem künftigen Kriegsschauplatz konnte es durchaus sinnvoll sein, die Luftverteidigungskräfte unter einem einheitlichen Kommando zu haben. Die Armeen und Verbände der sowjetischen Landstreitkräfte befanden sich so unter einem gemeinsamen Luftverteidigungsschild, und mit ihrer Verlegung zum Kriegsschauplatz bereitete die Umunterstellung der Truppenluftabwehr in ihre Verfügungsgewalt nicht das Problem.

Anders sah es dagegen in unmittelbarer Nähe der Trennungslinie zwischen den beiden Militärblöcken aus. Während der Abwehr des mit Kriegsausbruch zu erwartenden ersten massierten Luftangriffs der NATO-Fliegerkräfte hatten die Armeen und Verbände der ersten strategischen Staffel ihre Ausgangsräume zu beziehen und mit großer Wahrscheinlichkeit die ersten Kampfhandlungen zu führen. Und das, wenn es nach dem Willen der Verantwortlichen des Kommandos der Luftstreitkräfte/Luftverteidigung gegangen wäre, ohne dabei die Verfügungsgewalt über ihre eigenen Luftabwehrmittel zu haben. Wenn mit der erfolgreichen Abwehr des ersten massierten Luftangriffs der Krieg entschieden wäre, hätte das eventuell einen Sinn gehabt. Aber das war mehr als unwahrscheinlich. Wahrscheinlicher war, dass die Landstreitkräfte infolge fehlender Luftabwehr mit hohen Verlusten in die ersten Gefechte der Abwehrschlacht gegangen wären. Ihre Kampfkraft wäre entschieden geschwächt gewesen. Und da ein Krieg noch immer nicht in der Luft und nicht auf dem Wasser, wohl aber auf dem Lande entschieden wird, wären die Folgen für seinen weiteren Verlauf unabsehbar gewesen. Bei dem zu erwartenden Durcheinander bei Kriegsausbruch hätten die Landstreitkräfte ihre Fla-Raketenregimenter und Funktechnischen Bataillone kaum wiedergesehen.

Die Landstreitkräfte ohne ihre Fla-Raketenregimenter in den Krieg zu schicken, wäre einem Selbstmord gleich gekommen. Außerdem hätte es mit der Umunterstellung noch andere Probleme gegeben, wie zum Beispiele die Organisation von Instandsetzungen, die rückwärtige Sicherstellung und vieles mehr. Deswegen galt die Unterstellung der Luftabwehrkräfte unter die Verfügungsgewalt der Luftverteidigung auch nicht für die GSSD. Im Übrigen wurden in den Folgejahren auch für das Territorium der Sowjetunion die vorherigen Festlegungen geändert. Letztendlich siegten der gesunde Menschenverstand und die militärische Vernunft.

Mit der sogenannten Wende kam im Jahre 1990, wie für die Nationale Volksarmee im Ganzen, auch das Ende der Fla-Raketentruppen der Truppenluftabwehr. Was bleibt, ist die Feststellung, dass ihre Soldaten, Unteroffiziere, Fähnriche und Offiziere den außerordentlichen Belastungen des täglichen Dienstes stets gerecht geworden sind und die ihnen gestellten Aufgaben in der Gefechtsausbildung, den spezialtaktischen Übungen mit und ohne Gefechtsschießen, der Teilnahme an Divisionsübungen, Manövern und Luftverteidigungsübungen sowie im Diensthabenden System der Luftverteidigung des Landes ehrenvoll erfüllten. Auch sie haben ihren Beitrag dazu geleistet, dass aus dem Kalten Krieg kein heißer wurde, es nicht zu einer militärischen Auseinandersetzung an der Grenze beider Militärpakte gekommen ist und der Frieden in Europa erhalten blieb.

Bernd Biedermann
Zur Geschichte der Fla-Raketentruppen der NVA und der FlaRak der Bundeswehr – Versuch eines Vergleichs

Das Buch „Blazing Skies: Die Geschichte der Flugabwehrraketentruppe der Luftwaffe" der Bundeswehr erschien bereits 2004. Die Autoren, Oberst a. D. Wilhelm von Spreckelsen und Oberstleutnant a. D. Wolf-Jochen Vesper, Jahrgang 1945 bzw. 1943, haben selbst viele Jahre bei dieser Truppe gedient und sie mitgestaltet. Sie haben in akribischer Weise die Entwicklung ihrer Waffengattung beschrieben, manchmal so detailliert, dass wahrscheinlich nur Insider nachvollziehen können, was da wann und warum abgelaufen ist. Beim Lesen der sehr umfangreichen Anhänge und Anlagen, sie nehmen immerhin fast ein Drittel des Buches ein, gewinnt man den Eindruck, dass niemand vergessen wurde, der jemals bei den FlaRak eine Rolle gespielt hat. Das Buch ist gewürzt mit vielen Episoden aus dem Leben der Truppe, wodurch die Passagen über Struktur-, Standortveränderungen und technische Modifizierungen etwas aufgelockert werden.

Im Übrigen ehrt es die Autoren, dass sie der Übernahme der Fla-Raketentruppen der LSK/LV der Nationalen Volksarmee in die Bundeswehr einen gesonderten Abschnitt gewidmet haben. Sie bezeichnen den Prozess „allgemein als exemplarisch" für das Gelingen der „inneren" Wiedervereinigung. In diesem Zusammenhang zollen sie eine hohe Anerkennung allen Soldaten der alten Bundeswehr, die sich diesem Auftrag zu stellen hatten, aber auch denjenigen aus der NVA, die ihr Herz und ihren Verstand eingesetzt haben, die neuen Verhältnisse mitzugestalten. Letztendlich habe aber nur eine geringe Zahl von ihnen eine neue Heimat in der Bundeswehr gefunden, „da das Material und die Infrastruktur des alten Systems sich als wenig oder nicht geeignet erwies".

Ob es tatsächlich am Material gelegen hat, wird noch zu untersuchen sein, und welches System das alte war, das liegt wohl mehr im Auge des Betrachters. Von Spreckelsen und Vesper haben bewusst auf eine breitere Darstellung der Fla-Raketentruppen der NVA verzichtet und damit im Zusammenhang die Frage aufgeworfen, ob ihr Buch vielleicht als Anregung aufgenommen werden könnte, die Geschichte dieser Waffengattung der NVA eigenständig darzustellen. Das vorliegende Buch soll auch eine – hoffentlich gelungene – Antwort auf diese Anregung sein. Das Urteil darüber möge der Leser selbst treffen.

Betrachtet man die Geschichte der Fla-Raketentruppen von Bundeswehr und NVA, so sind besonders in den Anfangsjahren einige Parallelen unübersehbar, die es in den Fla-Raketentruppen hüben wie drüben gab. In beiden Armeen unterlag die Bildung dieser neuen Waffengattung der höchsten Geheimhaltung. Die ersten zukünftigen FlaRak-Soldaten der Bundeswehr flogen im Mai 1958 in die USA, nur wenige Monate bevor sich die ersten NVA-Soldaten auf die Ausbildung in der

Sowjetunion vorbereiteten. Bemerkenswert dabei ist, dass die einen wie die anderen zunächst enorme Sprachprobleme hatten. Während die einen die englische Sprache erlernen mussten, plagten sich die anderen mit Russisch herum.

Was einem deutschen Leser des Buches „Blazing Skies" allerdings sofort auffällt, das sind begriffliche und sprachliche Eigenheiten im gesamten dienstlichen Bereich der FlaRak, die sich offensichtlich im Laufe der Jahre durch den Einfluss der Amerikaner breit gemacht haben. Die Vermischung englischer und deutscher Wendungen und Begriffe ließ zuweilen einen sprachlichen Mix entstehen, der mitunter verwirrend sein konnte. Eine solche Erscheinung hat es bei den Fla-Raketentruppen der NVA im Zusammenhang mit Russisch nie gegeben. Da gab es zwar die gemeinsame Kommandosprache Russisch, aber im normalen Dienst und auch im Gefechtsdienst wurde bei uns deutsch gesprochen.

Ausnahmen bildeten Übungen in der Truppe, an der Militärakademie und der Offiziershochschule, in denen je nach Lage auf Russisch als Kommandosprache übergegangen wurde. Damit wurde einer Forderung des Ministers entsprochen, dass die Offiziere und Gefechtsbesatzungen und -bedienungen in der Lage sein mussten, russische Redewendungen und Fachvokabeln aktiv und passiv zu beherrschen, um das Zusammenwirken zu gewährleisten. Die Vorschriften und technischen Beschreibungen der Waffengattung lagen in der NVA alle in deutscher Sprache vor. Die Schwierigkeiten, die sich im Zusammenhang mit dem Bau der Stellungen und Objekte in Ost und in West auftaten, waren, im Nachhinein betrachtet, doch oft sehr ähnlich. Hier wie da kam es zu Verzögerungen und nicht vorhersehbaren Schwierigkeiten, die die Truppe überwinden musste.

Auch wenn es die Autoren von „Blazing Skies" verwundern und betroffen machen sollte: Für mich als ehemaligen Fla-Raketenoffizier der NVA, Jahrgang 1942, der wie sie schon Anfang der 60er Jahre dabei war, entstand beim Lesen der Eindruck, dass sie in ihrem Buch ungewollt ein Problem der eigenen Waffengattung beschrieben haben.

Dieses Problem ergab sich wohl daraus, dass „die einzige Konstante in ununterbrochenen Veränderungen" der Strukturen der Verbände, Truppenteile und Einheiten, Unterstellungsveränderungen und sehr häufigen Standortwechseln bestand. Hinzu kamen permanente Veränderungen an der technischen Konfiguration der Komplexe. Kaum war eine Modifikation abgeschlossen, schon folgte die nächste. Das konnte naturgemäß nicht zu einer Konsolidierung der Truppe führen und zu ihrer Geschlossenheit beitragen. Die Bataillone haben im Schnitt fünfmal in 10 Jahren den Standort gewechselt, einige sogar noch häufiger.

Zweifellos gab es auch objektive Gründe dafür. So zog u. a. das Ausscheiden Frankreichs aus der militärischen Struktur der NATO ab Mitte der 60er Jahre natürlich auch notwendige Veränderungen im Luftverteidigungssystem nach sich.

Durch die Aufgabe von sechs Stellungen, darunter zwei Doppelstellungen, war der südlichste Teil des Nike-Gürtels nicht mehr vorhanden. Zeitweilige Absichten, die entstandene Lücke durch eigene Kräfte zu schließen, wurden letztlich verworfen.

Eine weitere gravierende Änderung musste nach der Auflösung der NVA im Zuge der Vereinigung der beiden deutschen Staaten vollzogen werden. Noch während die Luftverteidigung sich darauf einstellte, dass in den Jahren 1991/92 der bisherige Luftgegner in Wegfall geraten war, begann der Wandel der Bundeswehr in eine Einsatzarmee. Nach Ansicht der Autoren waren die Nachsteuerungen in der Struktur der 90er Jahre „… die Konsequenz von Entscheidungen, die sich an kurzfristig Erreichbarem eher orientierten als an langfristig Haltbarem, wohl in der Hoffnung, es würden auch mal wieder andere Zeiten kommen."

Auch wenn man berücksichtigt, dass es sich bei diesen Maßnahmen, die bis in das neue Jahrtausend anhielten, um die Umsetzung der Luftwaffenstruktur 4 handelt, bleibt bei einem fachkundigen Militär zum Beispiel die Frage offen, warum es in der Zeit des Kalten Krieges keine generelle und langfristige Konzeption für die bodenständige Luftverteidigung der Bundesrepublik gegeben hat. Oder: Falls es sie gegeben hat, warum sie nicht eingehalten wurde?

Von Spreckelsen und Vesper geben selbst eine nachvollziehbare Antwort auf diese Frage. „Hauptgrund dafür ist zweifellos die häufige Änderung der politischen Vorstellungen über den Gebrauch von Streitkräften. (…) Der nunmehr beschlossene Wegfall der HAWK- und ROLAND-Einheiten der Luftwaffe ist leider zweifellos auch ein Verzicht auf die Fähigkeit der Luftwaffe, bodengestützte Luftverteidigung im Gesamtspektrum einer Bedrohung zu betreiben." Meines Erachtens liegen die Ursachen aber tiefer, bzw. gibt es eine Reihe weiterer Gründe. Die Luftverteidigung spielte in der NATO von Anfang an eine sekundäre Rolle. Den US-Strategien (massive retaliation, flexible response) folgend, setzte man auf starke offensive Luftstreitkräfte und den Ersteinsatz von Kernwaffen. Da waren defensive Waffensysteme wie Fla-Raketen zwangsläufig zweitrangig. Außerdem befand sich die Bundesrepublik, was Luftverteidigungsmittel anging, in einer stärkeren Abhängigkeit von den USA, als bei anderen Waffensystemen. Mehrere Anläufe, eigene FlaRak-Systeme mittlerer Reichweite zu entwickeln und zu produzieren, mussten auf Druck der Amerikaner abgebrochen werden. Die jeweiligen Begründungen, u. a. dass die Bundesrepublik ja in die gemeinsame Luftverteidigung der NATO eingebettet sei, bestätigen nur die dominierende Rolle der USA im Bündnis.

Im Übrigen: Von ehemals sechs Flugabwehrraketengeschwadern der Luftwaffe gibt es nunmehr noch drei. Ob das angesichts des nach der Vereinigung um 108.000 km² vergrößerten Territoriums der Republik für eine bodenständige Luftverteidigung ausreichend ist, muss bezweifelt werden, zumal von der integrierten Luftverteidigung der NATO auf deutschem Boden nicht mehr viel geblieben ist.

Deutschland ist seit geraumer Zeit ein „Haus ohne Dach". Die Bundeswehr ist nicht mehr in der Lage, den Luftraum unseres Landes auch nur einigermaßen zu schützen. Auch wenn scheinbar keine aktuelle Bedrohung aus der Luft zu erkennen ist, so wäre der gegenwärtige Zustand im Falle der Notwendigkeit kurzfristig nicht zu ändern. Wie schnell sich die Lage jedoch verändern kann, machen die Ausführungen von Prof. Martin Van Crefeld von der Hebräischen Universität Jerusalem deutlich. In einem Interview am 11. September 2009 sagte er sinngemäß: „Die kollektive Vertreibung der Palästinenser ist die einzige sinnvolle Strategie Israels. Daran wird uns niemand hindern. Wir haben einige hundert Kernsprengköpfe und Raketen und könnten sie in alle Richtungen einsetzen, z. B. auf Rom. Die meisten europäischen Hauptstädte sind Ziele unserer Luftwaffe. Wir haben die Fähigkeit, die Welt mit in den Abgrund zu reißen. Und ich versichere Ihnen, bevor wir untergehen, wird das geschehen." Natürlich ist nicht davon auszugehen, dass dieses Szenario demnächst tatsächlich eintritt. Es sollte uns aber deutlich machen, dass sich die Lage jederzeit ändern kann. Wie oft haben sich in der Geschichte Freunde und Verbündete von gestern und heute in Feinde von morgen verwandelt!

In den 60er und 70er Jahren war viel von einer „technologischen Lücke" die Rede, die es zwischen NATO und Warschauer Vertrag gegeben haben soll. Zweifellos hat es technologische Lücken im militärischen Bereich gegeben. Aber sie lagen nicht, wie man damals glauben machen wollte, einseitig beim Warschauer Vertrag. Es gab sie auf beiden Seiten. Die Liste der Waffensysteme, bei denen hier die eine und da die andere Seite besser ausgerüstet war, ist lang. Wie sonst wäre das langjährige annähernde militärische Gleichgewicht und seine stabilisierende Wirkung zu erklären?

Wie war zu Beginn der 60er Jahre die Situation auf dem Gebiet der Luftverteidigung, speziell bei den Fla-Raketentruppen? Vergleichen wir einmal die wichtigsten Charakteristika und taktisch-technischen Daten der Fla-Raketen-Komplexe beider Seiten miteinander.

Um nicht Äpfel mit Birnen zu vergleichen, muss die Technik einer Generation und einer Bestimmung betrachtet werden. Bleiben wir in der Zeit und vergleichen wir die ersten Fla-Raketenkomplexe, die mit gleicher bzw. ähnlicher Zweckbestimmung eingeführt wurden. Das waren die Komplexe Nike-Ajax im Westen und Dwina im Osten sowie wenig später deren Weiterentwicklungen Nike-Hercules und Wolchow.

Betrachtet man diese Angaben rein quantitativ, so entsteht der Eindruck, dass es sich um relativ gleichwertige Systeme handelt. Die Unterschiede in einzelnen Charakteristika sind scheinbar nicht erheblich. Erst genauere qualitative Aussagen machen sie deutlich.

Tabelle mit den wichtigsten taktisch-technischen Angaben

Vernichtungszonen	Dwina	Wolchow	Nike-Ajax	Nike-Herkules
nahe Grenze	7 km	7 km	6 km	12 km
ferne Grenze	29 km	43/56 km	55 km	155 km
obere Grenze	27 km	30 km	20 km	45 km
untere Grenze	1000/500 m	100 m	1000 m	1000 m
Weitere Angaben				
Länge der Rakete	10,7 m	10,8 m	6,4 m	12,5 m
Startmasse	2400 kg	2400 kg	1115 kg	4850 kg
Geschwindigkeit	M 3	M 3,5	M 2,8	M 3,6
Lastvielfache	5 g	7 g	5 g	7 g
Gefechtskopf	190 kg	200 kg	41,8 kg	283 kg
nuclear	-	-	-	2 – 40 kt

Zunächst ist festzustellen, dass die Elektronik sowohl in der amerikanischen als auch in der sowjetischen Technik der 60er Jahre generell aus analogen Schaltungen bestand. Es waren in der Regel Miniatur- und Subminiaturröhren mit entsprechenden Bauelementen, die den gesamten Prozess der Steuerung und Reglung gewährleisteten. Da gab es keine qualitativen Unterschiede zwischen West und Ost. Sollte es sie dennoch gegeben haben, so können sie nur marginal gewesen sein. Außerdem liegen keine vergleichbaren Werte über Lebensdauer, Zuverlässigkeit und Belastbarkeit der Bauelemente dieser Technik vor. Beiläufig sei erwähnt, dass analoge Schaltungen auch dann noch funktionierten, wenn sie von harter Strahlung getroffen wurden, was bei Gefechtshandlungen mit Kernwaffeneinsatz nicht ohne Bedeutung gewesen wäre. Zweifellos war es so, dass mit der Entwicklung der Halbleitertechnik (digitale Prozessoren) Ende der 70er, Anfang der 80er Jahre des vorigen Jahrhunderts ein Wechsel in der Technologie eingeleitet wurde. Dabei erzielten die USA zunächst einen Vorsprung, weil ihre Rüstungswirtschaft u. a. Synergieeffekte aus der Elektronikbranche und der Konsumgüterproduktion nutzen konnte. In dieser Zeit wurden erste digitale Elemente auch in die Raketenleitstationen eingebaut. Die Lenkung der Fla-Raketen erfolgte jedoch weiter mit analogen Funksignalen. Die Sowjetunion hatte infolge der ablehnenden Haltung ihrer politischen Führung gegenüber der Kybernetik die Entwicklung digitaler Prozessoren versäumt und musste sie danach mit großem Aufwand und unter beträchtlichem Zeitverlust nachholen.

Die Nike-Komplexe waren in ortsfesten Stellungen untergebracht. Sie waren nicht mobil. Man bezeichnete sie als „verlegefähig". In Wirklichkeit hieß das: Die Verlegung und Entfaltung einer Feuereinheit an anderer Stelle wäre eine enorme logistische Aufgabe gewesen, die die Bedienungen ohne personelle und materielle Unterstützung nicht hätten erfüllen können. Unter den Bedingungen von Kampfhandlungen wären sie nicht möglich gewesen.

Eine Batterie von Nike-Ajax nahm nach älteren Angaben insgesamt eine Fläche von 119 acres ein. Das wären nach unserem metrischen System 481.560 m² oder 48 ha! Die Nike-Hercules-Einheiten benötigten für die Feuerleitstellung (Integrated Fire Control Area) eine Fläche von zwei bis vier ha, für den Abschussbereich (Launching Area) etwa 10 bis 15 ha. Der Mindestabstand zwischen beiden Bereichen musste 900 m betragen und durfte 5500 m nicht übersteigen. Dazwischen lagen Kabelverbindungen.

Der gerätetechnische Aufwand von Nike-Hercules war beträchtlich. Zum Komplex gehörten mehr als 12 unterschiedliche Großgeräte, darunter allein fünf Funkmessstationen. Die Konstruktion der Lade- und Startvorrichtungen, die auf einer betonierten Fläche standen bzw. bewegt wurden, war weder aus ingenieur-technischer Sicht noch nach militärischen Kriterien zweckmäßig.

Bevor nach der Lieferung durch den Hersteller der eigentliche Aufbau beginnen konnte, mussten hunderte Kisten, Gerät, Werkzeug und sonstiges Material ausge-packt, gesichert, sortiert, registriert und auf den Belegen quittiert werden. Erst dann konnte die „Assembly" erfolgen. Im Fall der ersten Nike-Ajax dauerte es vier Monate, bis die Bedienungen es geschafft hatten, zwei Batterien einsatzbereit zu melden. Die letzte Batterie der Nike-Hercules (2. FlaRakBtt 24) in Schönemoor wurde 1973 bezogen.

Die Komplexe Dwina und Wolchow waren mobil. Zur Herstellung der Marschbereitschaft wurden zwar zwei bis drei Stunden benötigt, allerdings ohne dass die Bedienungen fremde Hilfe benötigten. Die gesamte Technik konnte bei Notwendigkeit auf jedem ausreichend großen Areal mit festem Untergrund entfal-tet werden. Für eine Feuerstellung im Gelände reichte eine Fläche von 2 – 3 Hektar. Zum Komplex gehörten: eine Sende-Empfangskabine mit Antennen für den Ziel- und Raketenkanal, die demontiert werden konnten, zwei Gerätekabinen, eine Stromversorgungsanlage mit Verteilerkabine und drei Aggregaten, sowie sechs Startrampen mit je einem Zugmittel und Transport-Ladefahrzeug. Jede Abteilung verfügte noch über eine Rundblickstation (genauere Bezeichnung: „Station zur Aufklärung und Zielzuweisung"). Ihre Werte gingen auch in das Flugmeldenetz ein. Es war so, dass eine Feuerabteilung somit völlig autark handeln konnte. Zur Übernahme durch die NVA wurde die gesamte Technik des Komplexes entweder über Schiene und/oder Straße während der Nachtstunden von einem Zwischen-lagerplatz in die Stellung der Feuerabteilung gefahren. Am Tag darauf wurde sie aufgebaut. Dabei waren sowjetische Instrukteure und Vertreter des Herstellers anwesend und vollzogen gemeinsam mit der deutschen Bedienung die Montage, die Überprüfung und Übergabe. Dafür wurden 10 Tage benötigt. Danach war der Fla-Raketen-Komplex abgestimmt und einsatzbereit.

Ein direkter Vergleich einzelner technischer Parameter ist problematisch, weil die Komplexe mit unterschiedlichen Verfahren (Lenkverfahren, Leitmethoden, Funkzünderverfahren) arbeiteten. Er wird deshalb hier nur zu einigen Faktoren vorgenommen. Ein ausführlicher Vergleich wäre möglich, wenn sich ehemalige Fla-Rak-Spezialisten der Bundeswehr und der NVA dazu direkt austauschen.

Die Arbeitsreichweite der Raketenleitstation von Dwina betrug 120 km, die von Wolchow 150. Damit war der Prozess der Vorbereitung zum Schießen und das Schießen selbst vollkommen gewährleistet. Über Ziele in größeren Entfernungen und zur Beurteilung der Luftlage standen die Informationen des Flugmeldenetzes und der eigenen Rundblickstation, später mit Mastanlage AMU (P-15) sowie Höhenmessgerät (Höhenfinder), zur Verfügung.

Die Bestimmung der Ziel- und Raketenkoordinaten wurde beim Komplex Dwina innerhalb eines exakt definierten, schwenkenden Antennendiagramms vorgenommen, das bei Wolchow noch durch schmale Diagramme ergänzt wurde. Die Antenne für den Seitenwinkel formierte ein schmales Diagramm in Form einer stehenden Messerklinge (1,5° x 10°), das ständig um 20° horizontal geschwenkt wurde. Gleichzeitig erzeugte die Antenne für den Höhenwinkel ein gleiches waagerechtes Diagramm und schwenkte es in der Vertikalen. Dadurch entstand ein doppelt überdecktes Diagramm von 10° x 10°, in dessen Mitte die Visierlinie RLS – Ziel verlief. Da sich die Rakete während ihres Fluges ebenfalls in diesem Diagramm bewegte, konnten die Koordinatenablagen von Rakete und Ziel ständig genau bestimmt werden. Der Komplex Wolchow arbeitete nach dem gleichen Prinzip, nur mit etwas anderen Werten.

Diese Lösung darf durchaus als genial bezeichnet werden. Die Kommandos zur Lenkung der Rakete konnten so auf der Grundlage von Werten errechnet werden, die in einem relativen Koordinatensystem bestimmt wurden. Dadurch wurde eine höhere Genauigkeit der Koordinaten von Ziel und Rakete zueinander erreicht. Die Lenkung der Raketen erfolgte durch kodierte Funkkommandos, die praktisch nicht gestört werden konnten. Bei den Nike-Komplexen waren Zielverfolgung, Raketenbegleitung und Raketenlenkung gerätetechnisch voneinander getrennt. Allein für den Zielkanal benötigten die Komplexe vom Typ Hercules vier Radarstationen. Das waren im Einzelnen: das Hochleistungserfassungsradar, ein weiteres Erfassungsradar, das Zielverfolgungsradar und das Entfernungsmessradar. Die Nike-Raketen wurden mit Hilfe einer weiteren Radarstation, dem Flugkörperverfolgungsradar, im sogenannten Tracking-Verfahren gelenkt, wobei die Hercules-Raketen auch Funkkommandos erhielten.

Gemeinsam war allen vier Komplexen, dass es einkanalige Systeme waren, d. h. sie konnten gleichzeitig immer nur ein Ziel bekämpfen. Selbstverständlich konnte sofort nach der Bekämpfung des Zieles das Feuer auf ein anderes verlegt werden. Gemeinsam war ihnen auch, dass das ausgewählte Ziel mehrkanalig mit einer, zwei oder drei Raketen bekämpft werden konnte (Einzelfeuer oder Raketenreihe).

Bleiben wir bei den Komplexen dieser Generation und beurteilen wir zunächst deren Gefechtsmöglichkeiten anhand der wichtigsten taktisch-technischen Daten ihrer Raketenleitstationen und der Fla-Raketen:

Da sind zuerst die Grenzen der Vernichtungszonen, die nicht unbedingt identisch mit den minimalen und maximalen Reichweiten sind. Unter Vernichtungszone versteht man den Raum um den Fla-Raketenkomplex, in dem die Vernichtung eines anfliegenden Zieles bei normalen Schießbedingungen mit einer Rakete und mit einer festgelegten Wahrscheinlichkeit (mathematischen Erwartung) gewährleistet werden kann. Die Vernichtungszone wird durch die ferne und nahe Grenze sowie die untere und obere Grenze (minimale und maximale Flughöhe von Zielen, die bekämpft werden können) und dem maximalen Kursparameter bestimmt. Bei Komplexen, die nur in einem bestimmten Sektor handeln können, kommt noch eine seitliche Begrenzung hinzu (Patriot).

Selbstverständlich ist auch eine Bekämpfung außerhalb der Vernichtungszone möglich, allerdings mit abnehmender Wahrscheinlichkeit des Treffens.

Die fernen Grenzen von Dwina und Wolchow lagen bei 29 bzw. 43/56 km, die von Nike Ajax bei 55 km, Nike Hecules bis zu 155 km. Die nahen Grenzen, die maßgeblich die Tiefe der Vernichtungszone bestimmen, lagen bei Dwina und Wolchow bei 7 km. Was die Nike-Komplexe angeht, so wird im Zusammenhang mit der nahen Grenze von einer „toten Zone" gesprochen, die bei der Nike-Ajax ca. 6 km betrug. Diese Aussage ist mit Vorbehalt zu sehen, da wegen des fast senkrechten Starts bis zu dieser geringen Entfernung ein Einschwenken der Rakete auf die kinematische Flugbahn nahezu ausgeschlossen werden kann. Wenn überhaupt, dann konnte eine so geringe nahe Grenze nur bei Zielen in mittleren und großen Höhen erreicht werden. Zur Nike-Hercules gibt es an einer Stelle eine Angabe zur nahen Grenze, wonach sie bei 12 km gelegen hat. Damit relativieren sich die Werte der fernen Grenzen, weil sich dann die Tiefe der Vernichtungszone z. B. von Nike-Ajax nur wenig von der der sowjetischen Komplexe unterschieden hätte und die Feuermöglichkeiten der Nike-Hercules im Nahbereich stark eingeschränkt waren.

Die Komplexe Dwina und Wolchow konnten Ziele bis zu einer Höhe von 27 bzw. 30 km bekämpfen. Die maximale Einsatzhöhe von Nike-Ajax betrug 20, die von Nike-Hecules 45 km. Bei der Beurteilung dieser Daten ist zu beachten, dass die maximale Höhe, die Flugzeuge damals erreichten, bei 24 km lag. Da in größeren

Höhen keine aerodynamischen Ziele auftreten konnten, hatte die maximale Einsatzhöhe von Nike-Hercules im Sinne der Luftverteidigung allenfalls akademische Bedeutung.

Angesichts der Tiefflugmöglichkeiten moderner Luftangriffsmittel kommt der unteren Einsatzhöhe der FRK im Hinblick auf das Luftabwehrgefecht eine entschieden größere Bedeutung zu als der oberen.

Sie betrug anfangs bei den Dwina-Komplexen 1000 bzw. 500 m, bei Wolchow etwa 100 m. Später gelang es durch technische Veränderungen und spezielle Raketen, diese Höhe bei Dwina noch auf weniger als 250 m und bei Wolchow unter 100 m zu drücken. Für die Nike-Komplexe liegt nur eine Angabe zur unteren Einsatzhöhe vor. Sie soll 1000 m betragen haben. Hier lag eine entscheidende Schwäche der Nike-Komplexe. Ihre Wirkungszonen zu unterfliegen, war ohne besondere Qualifikation der Flugzeugführer möglich.

Große Bedeutung für die Wirksamkeit des Schießens mit Fla-Raketen haben die Lenkmethoden, nach denen die Lenkung der Raketen vom Start bis zum Ziel erfolgt. Die bekanntesten sind: Methoden der Zielabdeckung, Vorhaltemethoden und Methoden der parallelen und proportionalen Annäherung. In den russischen Komplexen hatte man sich für die Dreipunktmethode (Methode der Zielabdeckung) und die Methode der halben Begradigung (Vorhaltemethode) entschieden. Angesichts der damaligen technischen Realisierungsmöglichkeiten waren es optimale Lenkmethoden.

Bei einkanaligen Systemen spielt der Schießzyklus eine besondere Rolle. Darunter versteht man die Möglichkeit der aufeinander folgenden Bekämpfung von Zielen. Bei den Dwina-Komplexen war zu unterscheiden, ob das zweite Schießen ohne Nachladen möglich war (wenn alle Rampen beladen waren, blieben nach dem ersten Schießen ja mindestens weitere drei Raketen verfügbar) oder ob nachgeladen werden musste. Ohne Nachladen betrug der Schießzyklus 1,5 Minuten, mit Nachladen 3 Minuten.

Über den Schießzyklus der Nike-Komplexe liegen keine Angaben vor. Es darf aber angenommen werden, dass bei den räumlichen Entfernungen der einzelnen Elemente der Gefechtsordnung und der Konstruktion der Abschussvorrichtungen das Nachgeladen länger dauerte als bei den russischen Komplexen. Beim Start mehrerer Raketen in Reihe lag zwischen den Starts ein Intervall von lediglich fünf Sekunden (Dwina) bzw. sechs Sekunden (Wolchow). Vergleichbare Angaben zu den Nike-Komplexen liegen nicht vor. Sie dürften aber in einem ähnlichen Bereich gelegen haben.

Das Schießen auf ein Ziel, das von der Fla-Rakete erst getroffen wird, wenn es den Wendepunkt (das ist der Punkt, in dem der Anflug in den Abflug übergeht) bereits passiert hat, wird als Einholverfahren bezeichnet. Nach nicht bestätigten Informationen wurde das Einholverfahren überhaupt erst beim Abschuss der U-2 am 1. Mai 1960 als mögliche Art der Bekämpfung entdeckt. Bis dahin sahen die Schießregeln für die sowjetischen Komplexe nur die Bekämpfung anfliegender Ziele vor.

Ob die Nike-Komplexe ein Schießen im Einholverfahren realisieren konnten, war nicht zu ermitteln. Weitere technische Parameter, die Einfluss auf die Gefechtsmöglichkeiten haben, sollen hier nur benannt werden. Das wären: die Leistung im Sendeimpuls des Zielkanals und die Empfängerempfindlichkeit in den HF-, ZF- und NF-Verstärkern und deren Leistungsparameter. Auch dazu könnten sich ehemalige Spezialisten im Einzelnen verständigen.

Die Gefechtsteile der sowjetischen Fla-Raketen waren sehr wirkungsvoll. Das Sprengstoffgemisch besaß einen hohen Anteil des äußerst brisanten Hexal. Im Splittermantel waren ca. 8000 Splitter konfiguriert. Ein Splitter hatte etwa ein Gewicht von 8 bis 10 Gramm. Wenn ein solcher Splitter ein Flugzeug traf, dann verfügte er an der Auftreffstelle über die gleiche kinetische Energie wie ein 40 t schwerer Eisenbahnwaggon, der mit 60 km/h auf einen Prellbock läuft. Wie entsteht eine solche Energie? Kraft ist bekanntlich Masse mal Beschleunigung, also: Gewicht mal Geschwindigkeit zum Quadrat. Dabei setzt sich die Geschwindigkeit der Splitter beim Auftreffen auf das Ziel aus der Addition der Geschwindigkeit der Fla-Rakete, der statischen Detonationsgeschwindigkeit des Splitters und der Geschwindigkeit des Flugzeuges zusammen. Das Ergebnis liegt im Bereich einer 10- bis 15fachen Schallgeschwindigkeit, die dann noch zum Quadrat zu nehmen ist. Ein Splitter mit dieser kinetischen Energie durchdringt mühelos auch die härtesten Sektionen eines Flugzeugs. Seine Vernichtungswirkung entsteht allerdings nicht immer und in erster Linie durch die mechanischen Zerstörungen, sondern durch die ungeheure Reibungsenergie, die beim Durchdringen des Materials alles zum Schmelzen und Brennen bringt, was überhaupt brennen kann.

Die Angaben, die zur Wirkung der konventionellen Gefechtsköpfe der Nike-Raketen vorliegen, konzentrieren sich auf die Anzahl der Splitter, die eine bestimmte Fläche des Zieles treffen. So wird u. a. ein Beispiel genannt, wonach 12,9 Splitter pro m² gezählt wurden. Welche Vernichtungswirkung diese Splitter erzielen, wird damit nicht hinreichend bestimmt. Ohne Berechnung der kinetischen Energie einzelner Splitter sind konkrete Aussagen ihrer Vernichtungswirkung nur schwer möglich.

Eine Aussage ist an dieser Stelle unumgänglich: für die Fla-Raketen der Luftverteidigung der DDR waren zu keinem Zeitpunkt atomare Gefechtsköpfe vorgesehen wie für die Nike-Hercules der Bundeswehr. Die Entscheidung der Amerikaner, auch in der Luftabwehr atomare Gefechtsteile einzusetzen, ging zurück auf die Erfahrungen ihrer massierten Luftangriffe während des 2. Weltkrieges gegen Deutschland. Sie nahmen an, dass im Falle eines Luftangriffs des Warschauer Vertrags große Flugzeuggruppen zu bekämpfen wären. Sie übersahen dabei, dass die sowjetischen Militärs in einem möglichen Krieg nicht auf massierte Luftangriffe, sondern auf gezielte Raketenschläge gegen Ziele auf dem Territorium der NATO gesetzt hätten. Zum Glück ist es damals gelungen, einen Krieg zu vermeiden, sonst hätte die NATO-Luftverteidigung möglicherweise „mit Kanonen auf Spatzen geschossen".

Als die Bundeswehr 1990 die Fla-Raketentruppen der Luftverteidigung der DDR übernahm – von Spreckelsen und Vesper bezeichnen diesen Vorgang als „Integration der Flugabwehrraketenverbände der NVA" – war eine gewisse Überraschung bei ihren ersten Abgesandten nicht zu übersehen. Überrascht war man offensichtlich vom tadellosen Zustand der Technik und dem hohen Stand der Gefechtsbereitschaft. Nach einigen Unsicherheiten und Unklarheiten, wie mit dem unverhofften Erbe umzugehen ist, zeigte sich dann ein deutliches Interesse an einer größeren Anzahl von Fla-Raketenkomplexen verschiedener Bestimmung, um sie hinsichtlich ihrer Gefechtseigenschaften genauer zu untersuchen bzw. sie einigen Verbündeten zu überlassen.

Die weitreichenden Fla-Raketen des Systems Wega standen im Mittelpunkt der Überlegungen für eine Integration in eine neue Struktur. Ein vergleichbares System zu Wega gab es weder in der Bundeswehr noch in einer anderen NATO-Armee. Das führte dazu, dass man sich zunächst dafür entschied, die 43. und 41. FRBr im Kern zu erhalten und sie ab Oktober 1991 in Form der FlaRak-Geschwader 51 und 52 fortzuführen. Gern hätte man auch die neuen Fla-Raketensysteme S-300 übernommen. Die aber wurden als sog. sensitive Technik von der NVA an die russische Seite zurück gegeben.

Nach der Auflösung des Warschauer Vertrags 1992 wurden die Planungsabsichten für die Stationierung der FlaRak-Truppe neu überdacht. Dieser Prozess zog sich bis 1994 hin. Danach verschwanden dann auch die letzten Elemente der Fla-Raketentruppen der NVA aus der Bundeswehr.

Wie auch immer es den Amerikanern gelungen ist: Offensichtlich ist bis heute der Ruf des PATRIOT-Komplexes wesentlich besser als sein tatsächlicher Gefechtswert. Im Zuge einer Legendenbildung, in der Fakten und Fiktionen immer neu vermischt wurden, gelang es ihnen, von Tatsachen und realen Ergebnissen des Einsatzes von PATRIOT abzulenken. Die Sache beginnt schon damit, dass man in der öffentlichen Darstellung geflissentlich darauf verzichtet, ein wesentliches Faktum zu erwähnen: Ein entfalteter PATRIOT-Komplex kann anfliegende Ziele nur in einer Richtung und nur in einem Sektor von 120° bekämpfen. Dieser Umstand schränkt seine Gefechtsmöglichkeiten im Vergleich zu Komplexen mit Rundum-Handlungszone von vornherein um zwei Drittel ein und macht ein Schießen im Einholverfahren unmöglich. Außerdem ist es für jeden Luftgegner relativ leicht, einen einzeln entfalteten Komplex auszumanövrieren. Eine Änderung der Einsatzrichtung ist nur nach Abbau und Neuaufbau möglich. Dafür werden Stunden benötigt. Um eine Rundum-Handlungszone zu gewährleisten, müssten von vornherein mindesten drei Komplexe nah beieinander entfaltet, bzw. durch Komplexe geringerer Reichweite zur Deckung von PATRIOT ergänzt werden. Das wiederum würde eine wesentliche Einschränkung der Möglichkeiten der Deckung der befohlenen Objekte, Räume oder Streifen bedeuten, nur um sich selbst zu decken.

Interessant ist auch die Tatsache, dass über den Einsatz von PATRIOT-Komplexen bei realen Kampfhandlungen bisher so gut wie keine Fakten veröffentlicht wurden. Bekannt ist, dass während der beiden Golf-Kriege drei amerikanische Flugzeuge durch sog. „friendly fire" von PATRIOT-Raketen abgeschossen wurden. Über Abschüsse gegnerischer Flugzeuge durch PATRIOT-Einheiten gibt es keine überprüfbare Angaben.

Der Beweis für die Behauptung, der FRK PATRIOT sei in der Lage, ballistische Raketen bzw. deren Gefechtsköpfe auch unter Kriegsbedingungen zu bekämpfen, wäre noch zu erbringen. Meine Analyse der taktisch-technischen Daten und zeitlichen Abläufe ergibt, dass der Komplex für ein solches Schießen, wenn überhaupt, dann nur ein Zeitfenster von wenigen Sekunden hat, in denen die Raketen gestartet werden müssen, um den Gefechtskopf einer taktischen ballistischen Rakete (TBM) innerhalb der Vernichtungszone von PATRIOT zu treffen.

Voraussetzungen dafür wären allerdings, dass
- der Start der Trägerrakete durch externe Aufklärungsmittel
  (satellitengestützt) in Echtzeit festgestellt,
- die Flugbahn verfolgt und vermessen,
- der Gefechtskopf erfasst wird,
- Störungen unterdrückt werden können,
- der Start der Fla-Rakete rechtzeitig erfolgt und ihr Einschwenken
  auf die kinematische Flugbahn ohne Störungen verläuft,
- der Kursparameter nicht zu groß ist und
- und die Technik fehlerfrei arbeitet.

Wie allgemein bekannt ist, soll es bei entsprechenden Versuchsschießen im Zusammenwirken mit Aufklärungssatelliten, AWACS-Flugzeugen, GPS und zusätzlichen Funkmessstationen, also bei einem Szenario unter idealen Bedingungen tatsächlich gelungen sein, alle Voraussetzungen für einen Treffer zu realisieren. Ein Schießen unter Gefechtsbedingungen, bei dem alle diese Voraussetzungen erfüllt sind, wäre nach meiner Meinung mehr Zufall als gesetzmäßig. Es zeichnet von Spreckelsen und Vesper als Fachleute aus, wenn sie schreiben: „Der in den Medien und von der US-Army gefeierte spektakuläre Erfolg der

PATRIOT gegen die irakischen Al Hussein-Raketen, eine Weiterentwicklung der sowjetischen SCUD mit größerer Reichweite, wich nach dem Golfkrieg einer ernüchternden Bestandsaufnahme." Jürgen Scheffran hat in seinem Beitrag „PATRIOT gegen SCUD-Scheingefechte im Lichte der Medien" eine überzeugende Analyse der Geschehnisse vorgenommen. Auch ohne Spezialist zu sein, macht er allein am Inhalt und Verlauf der Medienberichte und der Videoauswertung deutlich, dass es keinen nachweisbaren Erfolg beim Einsatz von PATRIOT gegen die Al Hussein-Raketen gegeben hat.

Auf dem Höhepunkt der Diskussion um die Strategische Verteidigungsinitiative SDI der USA wurden bereits in den 80er Jahren alle Register der Meinungsmanipulation gezogen. Es war nicht nur die Herstellerfirma Raytheon, die enorme Summen dafür ausgab. Auch die Reagan-Regierung stellte große Beträge bereit.

Mit gebotener Zurückhaltung sind auch die Ergebnisse der nach dem Golf-Krieg fortgesetzten Entwicklungen und Versuche mit PATRIOT zu beurteilen. Von Spreckelsen und Vesper schildern auf den Seiten 293 ff. die von den Amerikanern unternommenen Versuche, die PATRIOT-Raketen doch noch so zu modifizieren, dass sie TBM vernichten können. Bei all diesen Bemühungen darf man aber nicht übersehen, dass die Erprobungen alle unter „Laborbedingungen" und von hochqualifiziertem Werkspersonal durchgeführt wurden. Insofern ist der Wert der verkündeten Resultate relativ. Daran hat sich meines Erachtens bis heute nichts geändert.

Geschichten aus dem Leben der Fla-Raketentruppen der Luftverteidigung der DDR

Fast drei Dutzend Autoren schreiben
mehr als 50 Geschichten und Berichte
über ihre Erlebnisse im Alltag
der Fla-Raketentruppen.
Es sind alle Dienstgrade
vom Gefreiten bis zum Oberst vertreten.

Ernst–Jürgen Langrock
NVA aus der Froschperspektive

Für mich begann der Dienst in der Nationalen Volksarmee am 30. September 1961 im Flakregiment in Wolfen, zugleich mit etwa 200 Freiwilligen. Wir kamen gerade rechtzeitig, um beim Konservieren der 100 mm Flakgeschütze mit Hand anzulegen. Wir, das waren junge Leute im Alter von 20 bis 25 Jahren, die auf verschiedene Weise für den Dienst in der NVA geworben (offizielle Sprachregelung: gewonnen) worden waren. Wir bejahten im großen Ganzen den Aufbau einer sozialistischen Gesellschaftsordnung. Wir bejahten damals die kurz zuvor erfolgten Grenzsicherungsmaßnahmen der DDR bzw. des Warschauer Vertrages. Ich selbst als Abiturient war mir mit vielen anderen im Klaren darüber, dass die DDR viel Geld für die Bildung und Qualifizierung ihrer Bürger ausgab und demzufolge auch danach trachtete, dass die solchermaßen qualifizierten Menschen im Lande blieben. Auch unter diesem Aspekt (nicht nur als antifaschistischer Schutzwall, was auch seine Berechtigung hatte,) waren wir bereit, die weitere sozialistische Entwicklung der DDR zu schützen.

Natürlich waren dem einzelnen Kameraden verschiedenartigste Versprechungen vom Leben in der NVA gemacht worden, die sich nur zum Teil bewahrheiteten. Der Kasernenalltag brachte eine gewisse Ernüchterung mit sich, die bei manchen sogar in Enttäuschung umschlug. Es gab Fälle, wo Rekruten noch vor der Vereidigung das Weite suchten. Denen war rechtlich nicht beizukommen. Es wurde daher auf den Stuben viel diskutiert. Einige brachten ihre Auffassung so zum Ausdruck: „Die sollen mir noch mal kommen mit Werbegesprächen. Denen würde ich was erzählen." Als ich bei einer solchen Diskussion erwiderte: „Die kommen nicht noch mal, es reicht doch, wenn wir einmal JA gesagt haben", boten mir einige wütend Prügel an. Meine Statur und möglicherweise die Erkenntnis, dass es ja die Wahrheit war, hielten sie davon ab. Damals gewann ich die Erfahrung: es ist nicht immer gut, die Wahrheit zu sagen, selbst unter Gleichgestellten.

Wir blieben nicht lange in Wolfen, sondern kamen zur Ausbildungsbatterie in das Lehr- und Ausbildungsregiment 12. Mein Stolz, über Buschfunk „Pinnow" gehört zu haben, verflog sehr rasch, als ich beim Betrachten des Atlas feststellen musste, es gibt in der DDR mehrere Pinnows (manche Zufallsinformationen nützen nichts, wenn sie unvollständig sind). Als wir angekommen waren, wussten wir, dass es das Pinnow bei Angermünde war. Unsere Grundausbildung verlief in der üblichen konsequenten Weise. Der Batteriechef, Oberleutnant Franke, und der Innendienstleiter, Hauptwachtmeister Olthoff (bei der Artillerie war der Hauptfeldwebel eben Hauptwachtmeister), waren gut aufeinander abgestimmt und verständnisvolle Vorgesetzte. Als Gruppen- und Zugführer waren Offiziersschüler eingesetzt. Ihr Verhalten war unterschiedlich. Einige waren mehr kameradschaftlich, andere kehrten mehr den Vorgesetzten heraus und das teilweise mit groben Redewendungen, wie sie ganz offensichtlich schon bei der Wehrmacht gang und gäbe waren (Übrigens ein ungewollter Nebeneffekt der damaligen antimilitaristischen Literatur). Die „Krönung" war einmal ein abendlicher Stubendurchgang, der an Gemeinheit kaum zu überbieten war: Spinde wurden ausgekippt, die Päckchen auf den Schemeln auf den Tisch in der Mitte geworfen, dort kräftig durcheinander gemengt und die Kohlen aus dem Kohlenkasten kollerten durch die Stube. Plötzlich Ruhe. Es erschien der Politstellvertreter der Batterie, Oberleutnant Israel. Die Offiziersschüler verkrümelten sich. Oberleutnant Israel wünschte uns leise eine „Gute Nacht" und befahl, die Aufräumarbeiten am nächsten Morgen durchzuführen. So lernten wir schon während der Grundausbildung die positiven Aspekte einer vernünftigen politischen Arbeit schätzen. Es erwies sich gleichzeitig als Vorteil, wenn auch nach Dienstschluss noch höhere Dienstgrade in der Kaserne blieben.

Der Rest der Grundausbildung verlief ohne Zwischenfälle. Wir kamen untereinander gut aus, was bei der Verschiedenartigkeit unserer sozialen Herkunft (Arbeiter, Angestellte, Bauern, Intelligenz) nicht unbedingt selbstverständlich war. Hervorhebenswert für Pinnow war die Freizeitgestaltung innerhalb der Kaserne. Es fanden viele Veranstaltungen statt, die gemeinsam von den Soldaten, Offizieren und Offiziersschülern gestaltet wurden. Mir ist noch der brillante kabarettistische Vortrag eines Offiziersschülers in Erinnerung, wo es im Text hieß: „Ick bin ick, und ihr seid ihr, sacht, was wollt ihr denn von mir?"

Solche Veranstaltungen erfreuten sich allgemeiner Beliebtheit. Das war nicht weiter verwunderlich, denn Pinnow ist ein kleines Dorf, weshalb auch das nahe Angermünde zu unserem Ausgangsbereich gehörte. Das Verhältnis zu den vorgesetzten Offiziersschülern war korrekt und kameradschaftlich. Der erwähnte Stubendurchgang blieb die Ausnahme.

Mit Beginn der Spezialausbildung in Pinnow wurden wir über die Aufstellung von Fla-Raketenregimentern informiert und schon mal auf diese aufgeteilt. Ich war als Planzeichner für die 4. Feuerabteilung (FA 4) des Fla-Regiments 13 (FR-13) vorgesehen. Wir kamen mit Funkern verschiedener Zweckbestimmungen und Telefonisten in eine Nachrichtenkompanie, und so wurden aus Kanonieren wieder Soldaten. Den Kompaniechef wiesen seine Schulterstücke als Nachrichtenmann aus. Auch der Spieß, Hauptfeldwebel Sturzbecher, hatte die gelbe Waffenfarbe auf den Schulterstücken. Er war schon in der Wehrmacht Spieß gewesen, und ich muss sagen, ich habe nie einen menschlicheren Vorgesetzten erlebt. Von wegen Wehrmachtsklischee! In seiner Drillichuniform sah er beinahe wie ein Bäcker aus, weil sie fast so weiß war, wie sein Haar. Er wusch die Uniform jedes Wochenende gemeinsam mit seinen Soldaten, und das erklärte den hellen Farbton, weil er ja schon länger als wir diente. Sonnabends zog er noch zum Stabsgebäude, um für einige Soldaten noch einen Extraausgang herauszuschinden. Kameraden erzählten mir, dass sie ihn in der Bahnhofsgaststätte volltrunken und weinend getroffen hätten, wo er über sein verpfuschtes Leben trauerte. Ich habe niemanden gekannt, der auch nur einmal erlebt hat, dass Hauptfeldwebel Sturzbecher (er hieß wirklich so) jemanden angebrüllt hat.

Ansonsten ging es bunt durcheinander: Unsere Vorgesetzten trugen die Waffenfarben der Mot-Schützen, Artillerie, Luftstreitkräfte und Panzerwaffe. Ein Teil der Ausbildung erfolgte bereits in der neuen Struktur. Erster Kommandeur meiner Abteilung war Oberstleutnant Riek, ein Mot.-Schütze. Wenn der Abteilungsstab Taktikausbildung hatte, meldete Oberstleutnant Riek dem Ausbildungsoffizier Leutnant Altenkirch die Bereitschaft seines Stabes zur Ausbildung. Wir konnten ein Schmunzeln geradeso unterdrücken. Aber es ging sachlich zu, und jeder wurde in seiner Dienststellung ernst genommen. Dies galt auch für den Kommandeur des Regiments, Hauptmann Prottengeier (er wurde bald darauf Major), bei dem alle das Gefühl hatten, er versteht seine Sache aus dem Effeff. Am Ende seiner militärischen Laufbahn war er meines Wissens Oberst und Kommandeur einer Fla-Raketenbrigade.

Die Ausbildung als Planzeichner war vielseitig und interessant. Ich gab mir alle Mühe, so viel wie möglich mitzubekommen. In Spitzenzeiten war ich in der Lage, in einer Minute die Werte von 12 Zielen über Kopfhörer aufzunehmen und in Spiegelschrift auf die Luftlagekarte zu zeichnen. Meist waren die Anforderungen jedoch geringer. Die Offiziere vergaßen oft, dass sich hinter der Luftlagekarte noch der Planzeichner aufhielt, was die Sache noch interessanter machte. So erfuhr ich zum Beispiel, dass beim Abschuss des amerikanischen Luftspions Powers (Swerdlowsk, 1. Mai 1960) irrtümlich auch ein eigener Jagdflieger vom Himmel geholt wurde.

Schließlich war auch die Spezialausbildung zu Ende, und wir kamen an unsere Bestimmungsorte. Für unsere 4. FA hieß das, Zelte auf der grünen Wiese bei Steffenshagen (einem Dorf bei Pritzwalk) beziehen und beim Bau der Feuerstellung zu helfen (Kabelgräben schaufeln, Schotter entladen, Wegebau u. a.). Hier trafen wir auch einen Teil der Offiziersschüler wieder, die inzwischen zu Offizieren ernannt worden waren. Neuer Kommandeur der Abteilung war Hauptmann Rossius, der von den Panzertruppen kam und eine Fla- SFL-Einheit kommandiert hatte. Er sprach nicht nur ostpreußischen Dialekt, sondern erwies sich auch sonst als recht preußisch. Äußere formale Dinge standen bei ihm besonders hoch im Kurs. Einmal verlangte er vor angetretener Abteilung, wir sollten überall die niedergetretenen Grashalme wieder aufrichten. Hier halfen uns die jungen Unterleutnants. Sie lachten so frisch und herzhaft los, dass sich der „Alte" nach einem kurzen Seitenblick entschloss, seine Bemerkung als Scherz zu werten. Bei

Gefechtsübungen brillierte er weniger, und ich erlebte einmal ein Übungsschießen in Anwesenheit von Hauptmann Prottengeier, wo nur durch das Eingreifen des Politstellvertreters, Major Schröter (Artillerie), noch ein achtbares Ergebnis erzielt wurde.

Hier ist es an der Zeit, persönliche Eindrücke von der damaligen politischen Arbeit in der NVA wiederzugeben. Gewiss war die Argumentation oft formal und hölzern, aber ich habe von den Politoffizieren im Allgemeinen einen guten Eindruck gewonnen. Sie gingen von dem Grundsatz aus, dass jeder Armeeangehörige als Klassengenosse mit einem konkreten Auftrag anzusehen sei und wirkten darauf hin, in diesem Sinne nicht nur den Vorgesetzten herauszukehren.

Neben Oberleutnant Israel und Major Schröter ist mir noch Major Wilde (ebenfalls Mot.-Schütze) in Erinnerung, dessen offizielle Funktion Parteisekretär der 4. FA war. Obwohl ich zu dieser Zeit noch parteilos war, hat er auch für meine Probleme Verständnis an den Tag gelegt und manches persönliche Gespräch mit mir geführt. Ich traf ihn zufällig in den 70er Jahren in der Deutschen Bibliothek in Leipzig. Da war er Assistent an der philosophischen Fakultät der Karl-Marx-Universität. Wenn ich später, nun selbst ehrenamtlicher Parteisekretär, bis hin zur Phase des Niedergangs der DDR, auch stets mit parteilosen Kollegen vertrauensvolle Gespräche führte, so ist das mit auf das Beispiel von Major Wilde zurückzuführen.

Zurück zur 4. FA. Schließlich war die Feuerstellung fertiggestellt und auch die neue Kaserne konnte bezogen werden. Wir erhielten unsere strukturmäßige Ausrüstung und Technik und wurden nach einiger Zeit in das Diensthabende System der Luftverteidigung einbezogen. Unser Kampfauftrag lautete in etwa: „Schutz des nördlichen Luftraumes der DDR". Das war nun eine reine Verteidigungsaufgabe, mit der man sich jederzeit identifizieren konnte.

Unangenehm war es, wenn es Alarm gab. Dann mussten wir im Laufschritt von der Kaserne in voller Ausrüstung ca. 1,5 km in die Feuerstellung laufen. Die „Rampenknechte" und die Leute der 57 mm Flak-Batterie (damals strukturmäßiger Selbstschutz jeder Feuerabteilung) hatten es einfach. Sie schickten je einen guten Läufer los und teilten seine sonstige Ausrüstung unter sich auf damit er schneller vor Ort war. Waren die Läufer dann in Stellung, meldeten sie die Bereitschaft ihrer Rampe bzw. ihres Geschützes, und hatten so die Norm erfüllt. Der „Alte" registrierte dies und war zufrieden.

Telefonist und Planzeichner, deren Platz im Gefechtsstand der FA war, mussten jedoch in voller Ausrüstung durchstarten. Da ich nun besonders zum Transpirieren neigte, kam ich nass geschwitzt in der Befehlsstelle an und schaffte gerade so die vorgegebene Normzeit. Der „Alte" bewies seine preußische Natur und zeigte große Freude beim Anblick des schweißtriefenden Soldaten. Er (wesentlich kleiner als ich) hüpfte wie ein Rumpelstilzchen um mich herum und rief: „Da sieht man doch, dass der Genosse sich Mühe gegeben hat". Der Leser wird mir glauben, dass ich in diesem Moment keine guten Gefühle für den „Alten" hatte.

Noch eine Besonderheit verdient Erwähnung. Wegen der neuen Technik waren übermäßig viele Stellen in der Einheit Unteroffiziersplanstellen. Das bedeutete, dass für den gewöhnlichen Wachdienst weitaus weniger Mannschaftsdienstgrade zur Verfügung standen als in vergleichbaren Bataillonen oder Artillerieabteilungen. So habe ich in meiner relativ kurzen Dienstzeit mehr als 120 mal 24-Stundendienst versehen. Allerdings hatte das den Vorteil, dass man damit dem Dienstalltag entronnen war. Da ich gleichzeitig der „Liebling" meines Gruppenführers, Unteroffizier V. als auch des nunmehrigen Spießes, Hauptwachtmeister L., war (oh, wie oft habe ich mir Olthoff oder Sturzbecher zurück gewünscht!), kam mir dies recht gelegen. Beide haben mich belauert, wo sie nur konnten. Sie erreichten es, dass ich nach einjähriger Dienstzeit am 7. Oktober 1962 lediglich mit dem „Löschen einer Strafe" belobigt wurde, während alle meine Kameraden zu Gefreiten befördert wurden.

Eine kleine Genugtuung dagegen konnte ich mir schon am Tag danach verschaffen. Ich saß mit dem Gesicht zur Tür in der Unterkunft, als Hauptwachtmeister L. die Stube betrat. Sofort fauchte er mich in seiner üblichen Art an, warum ich nicht „Achtung" gerufen habe. Meine Antwort, ich könne doch nicht die Gefreiten in meiner Stube strammstehen lassen, musste er wohl oder übel akzeptieren.

Es kam die Zeit der Kubakrise. Obwohl wir noch auf unsere Technik warteten, blieben wir rund um die Uhr in voller Montur. Die MPi hing am Bettpfosten. Die Panzerschränke und alle wichtigen Dinge waren bereits auf Lkw verladen. Beim entsprechenden Befehl hätten wir sofort verlegt. Nachts bereiteten wir die Kaserne und die Feuerstellungen auf eine infanteristische Rundum-Verteidigung vor und verstärkten die Wachen.

Mein MG-Stand war einer der besten. Auch sonst ließ ich mir nichts mehr zu Schulden kommen. Aber ich wurde die zweite Bestrafung nicht los. Später, als wieder der Alltag einzog, half mir ausgerechnet der Wachdienst. Der OvD machte nachts zusammen mit dem Wachhabenden Postenkontrolle. Es war mein eigener Zugführer, Leutnant S. Entgegen der damaligen Vorschrift trug er die Dienstmütze (es hätte der Stahlhelm sein müssen). Ich hatte ihn längst erkannt. Nach dem üblichen Anruf und der Antwort „OvD und Wachhabender", befahl ich vorschriftsmäßig: „Anleuchten!" Darauf erfolgte leise die verlegene Antwort: „Wir haben keine Taschenlampe mit". Ich ließ rasselnd eine Patrone in den Lauf meiner Waffe gleiten und rief. „Hände hoch!" Das machten sie dann auch und riefen mehrfach: „Genosse Langrock, machen Sie keinen Mist, wir sind es wirklich!" Ich wusste mich allerdings im Recht und genoss es auch, als „Muschkote" mal am längeren Hebel zu sitzen. Nach einigen Minuten wurde mir die Sache langweilig. Ich näherte mich vorsichtig bis auf einen Meter, klappte den Sicherungshebel hörbar hoch und sagte: „Passieren!" Drei Tage später nach dem Morgenappell rief mich Leutnant S. beiseite und raunte mir zu: „Genosse Langrock, Ihre Strafe ist raus". Er brachte es nicht fertig, mich vor dem angetretenen Zug zu belobigen. Bei der Beförderung am 1. März 1963 hatte ich dann das Gefühl, mir den „Balken" echt erkämpft zu haben.

Nach der Kubakrise verlief der Dienst wieder in normalen Bahnen. Uffz. V. und Hauptwachtmeister L. gaben sich zufrieden, mir die Beförderung am 7. Oktober verdorben zu haben, und auch ich vermied jegliche weitere Konfrontation. Mit den Kameraden auf der Stube und auch sonst in der Einheit kam ich gut zurecht. An Namen wie Tröber, Grübel, Hornstein, Schubert oder Dotterweich erinnere ich mich noch heute gerne.

Die angenehmste Zeit im Diensthabenden System war aus meiner Sicht die Bereitschaftsphase. Da war die Befehlsstelle nur mit einem Telefonisten, einem Aggregatewart, einem Planzeichner und einem Offizier besetzt. Oft waren das die jungen Unterleutnants, die wir schon als Offiziersschüler kennen gelernt hatten. Sie waren in der Mehrzahl feine Kerle, die etwas konnten und nicht vergaßen, dass sie gerade mal zwei oder drei Jahre älter waren als wir. Hier sind mir die Namen Prager und Biedermann in Erinnerung. Mit ihnen konnte man interessante und ernsthafte Gespräche sowohl über den Sinn des Militärdienstes als auch über manche allgemeine Fragen führen. Es ist ein weit verbreiteter Irrtum, es sei klug, sich beim Militär nie freiwillig zu melden. Man muss nur genau wissen, was einen erwartet. Bei Uffz. Kluge erwartete mich Waffenreinigen und Schlager hören den ganzen Tag. Auch beim Küchendienst meldete ich mich freiwillig zum Lkw-Entladen. Dort gab es danach Bohnenkaffee und einen guten Happen.

Es sei erwähnt, dass in der NVA die Regel galt, wer einen Studienplatz nachweisen konnte und vorimmatrikuliert war, wurde einige Wochen früher entlassen. So war dann für mich im April 1963 die Dienstzeit zu Ende. Ich wurde mit dem Dienstgrad Stabsgefreiter entlassen. Da mein Elternhaus dem Angestelltenstand zugerechnet wurde, hätte ich nur 140 Mark monatliches Stipendium beanspruchen können. Durch den Dienst in der Volksarmee wurden daraus 190 Mark.

Nach 40 Jahren möchte ich rückblickend sagen, dass ich es nicht bereut habe, freiwillig zur NVA gegangen zu sein. Wie viele meiner Kameraden hatte ich das Gefühl, die Errungenschaften und die sich abzeichnenden (leider dann nicht erfüllten) Perspektiven der DDR schützen zu müssen. Für einen jungen Menschen sind bereits die ersten Jahre des Erwachsenseins prägend. Für mich waren das die NVA, das Studium und die Arbeit in den Leuna-Werken. Dabei habe ich viel an Erfahrungen gewonnen und manche Illusion verloren.

Ein wenig bedauert habe ich, dass die NVA keine Traditionspflege mit gedienten Reservisten durchführte. Wolfgang Winges, damals Stellvertretender Batteriechef der Startbatterie, und Bernd Biedermann, er war unser 1. Leitoffizier, habe ich nach der Wende wieder getroffen. Winges hatte es bis zum Oberstleutnant bei der Truppenluftabwehr gebracht, Biedermann bis zum Oberst und Militärattaché. Er verblüffte mich, als wir uns nach 40 Jahren wieder trafen, mit der Bemerkung, er schulde mir noch das Buch „Diplomat auf heißem Boden" von William E. Dodd, das ich ihm einmal geliehen hatte.

Früher habe ich öfter scherzhaft bemerkt, es gäbe in der NVA nur fünf akzeptable Dienstgrade: die vier Generalsränge und Stabsgefreiter. Deshalb bin ich auch Stabsgefreiter geblieben. Winges und Biedermann sind der Beweis dafür, dass es auch noch andere akzeptierbare Dienstgrade gibt.

Siegfried Düring
Jüngster Hörer aller Zeiten an der Militärakademie in Kalinin

Nach der Absolvierung eines Lehrganges an der Flak-Artillerieschule in Potsdam-Geltow wurde ich am 1. August 1960 zum Unterleutnant ernannt. Meine weitere Ausbildung erfolgte im Lehr- und Ausbildungsregiment in Pinnow an der Fla-Raketentechnik, die für die Aufstellung der FLa-Raketentruppen bereits eingeführt war. Kurz nach meinem Dienstantritt in Pinnow wurde mir in einem Kadergespräch mitgeteilt, dass ich für den Besuch der sowjetischen Militärakademie der Luftverteidigung in Kalinin vorgesehen sei.

Ich hatte die Grundschule ohne Russischunterricht abgeschlossen, weil es bei uns keine Russischlehrer gab. An der Offiziersschule hatte man mich deshalb vom Russischunterricht befreit, und nun sollte ich in der Sowjetunion studieren.

Mit meiner Zusage für dieses Studium war mir einigermaßen bewusst, was in den nächsten Jahren auf mich zukommen würde. Das betraf einerseits harte Arbeit und familiäre Entbehrungen und andererseits das Kennenlernen eines Landes mit seinen Menschen, seiner Geschichte und seinen Sehenswürdigkeiten, wie man es als Tourist nie erleben würde. Das Innerste, die Seele der Menschen eines Landes zu begreifen, ihre Gefühle, ihre Sorgen und Ängste, aber auch ihre Freude und ihren Lebensmut zu spüren, kann man nur, wenn man über Jahre unter ihnen lebt, engen Kontakt pflegt und Ihr Vertrauen gewinnt.

Ich fuhr 1961 in ein Land, das 20 Jahre zuvor von Hitlerdeutschland überfallen worden war und das bei großen Opfern den entscheidenden Anteil am Sieg der Alliierten geleistet hatte. Einige sowjetische Bürger der Stadt Kalinin, die im 2. Weltkrieg eine gewisse Zeit von der Wehrmacht besetzt war, sahen in den Uniformen der NVA die Uniform der deutschen Wehrmacht und grüßten mit

„Heil Hitler". Was muss in den Köpfen dieser Menschen vorgegangen sein, als sie in ihrer Stadt wieder „deutsche" Offiziere sahen?

Aufgrund meiner geringen Sprachkenntnisse musste ich, im Vergleich zu den Offizieren mit Abitur, einen Weg finden, um diese in kurzer Zeit zu vervollständigen. Ich entschloss mich, soweit es meine Studienzeit erlaubte, zwei bis drei mal in der Woche ins Kino zu gehen. Es ging mir einfach darum, mich an die russische Sprache zu gewöhnen. Diese Methode und intensives Lernen der militärischen Fachvokabeln verhalf mir dazu, dass ich nach einem halben Jahr die Sprache gut beherrschte. Wenn ich in Zivil in der Stadt war, hielten mich die Kalininer aufgrund meines Dialektes für einen „Pribaltik", einen Bürger aus den Ostseestaaten.

Ich war zu Beginn des Studiums noch Unterleutnant, mein Schulterstück war also glatt silbern mit einem Stern. Das führte am Anfang zu Irritationen. Meine Lehrer sprachen mich als Major an. Ich musste anfangs öfter darauf hinweisen, dass ein Major der NVA geflochtene Schulterstücke hatte. An der Akademie wurden wir in gemischten Offiziershörergruppen zusammengefasst. Meine Gruppe bestand aus zwei tschechoslowakischen, drei polnischen, zwei bulgarischen und drei deutschen Offizieren.

Der höchste Dienstgrad unserer Gruppe war ein bulgarischer Oberst, der auch Gruppenältester war. Mit 21 Jahren war ich der jüngste Offizier. Es war ein Novum in der Geschichte der Akademie, dass ein so junger Offizier mit dem Dienstgrad Unterleutnant überhaupt zum Studium zugelassen wurde.

Während des Studiums machte ich und später auch meine Familie die Bekanntschaft mit zwei sowjetischen Familien, die vom Bildungsstand und der sozialen Stellung nicht unterschiedlicher hätten sein können. Als Erstes möchte ich hier unseren Lehrer für politische Ökonomie, Oberst Prof. Dr. Juri Wlasewitsch, nennen, ein Lehrer, der fast perfekt deutsch sprach und nach Ende des Krieges zu den Besatzungstruppen in der Ostzone und später der DDR gehört hatte. Er sprach mich eines Tages an und lud mich ein, ihn und seine Familie zu besuchen. Ich nahm natürlich an. Erstens weil ich neugierig war zu erfahren, wie ein sowjetischer Oberst wohnt und zweitens, um ein wenig Abwechslung in meinen studentischen Alltag zu bringen. Außerdem konnte das der Vervollkommnung meiner Sprachkenntnisse nur gut tun. Warum er gerade mich, den jüngsten der deutschen Offiziershörer auswählte, habe ich nie erfahren.

Juri war verheiratet, seine Frau Maria sprach ebenfalls deutsch, und sie hatten eine Tochter. Ihre Zwei-Zimmerwohnung war für damalige Verhältnisse modern eingerichtet und entsprach etwa unseren Vorstellungen. Aus dieser Bekanntschaft entwickelte sich im Weiteren eine Freundschaft zwischen unseren Familien, da

Die Offiziershörer der Shulow-Akademie in Kalinin Jahrgang 1961 bis 1966, rechts außen der Autor

meine Frau und unsere beiden Jungen bei den jährlichen kurzen Besuchen ebenfalls die Gastfreundschaft genießen konnten.

Nach dem Abschluss des Studiums an der Militärakademie blieben wir in brieflichem Kontakt. Juri wurde in den 70er Jahren von Kalinin zur Generalstabsakademie nach Moskau versetzt, und wir hatten die Gelegenheit, die Familie einmal im Jahr zu besuchen. 1978 wurde ich für zwei Jahre an die Generalstabsakademie nach Moskau delegiert und konnte meine Familie mitnehmen. Die Bekanntschaft mit Familie Wlasewitsch war natürlich sehr vorteilhaft. Viele Feierlichkeiten und die Freizeit verbrachten wir gemeinsam. Trotz des freundschaftlichen Verhältnisses war doch eine gewisse Distanz in den politischen Auffassungen spürbar. Nach meiner Auffassung war das in den Staatsdoktrinen unserer Länder begründet. Die Sowjetunion beanspruchte in allen Prozessen der gesellschaftlichen Entwicklung eine Vorreiterrolle. Die DDR-Führung unterstütze diese Auffassung noch mit Losungen wie „Von der Sowjetunion lernen, heißt siegen lernen".

Meine zweite sowjetische Bekanntschaft begann auf ungewöhnliche Weise. Auf meinem morgendlichen Weg zur Akademie sprach mich eines Tages ein Mann an, der ca. 15 Jahre älter war als ich, und sagte: „Sie sind Deutscher, und ich bitte Sie, meiner Familie zu helfen." Ich hörte mir sein Problem an, sagte spontan Hilfe zu, und wir vereinbarten einen Termin in seiner Wohnung. Diese lag in der Nähe des Wohnheimes, und ein Besuch am Abend bedeutete keinen Aufwand.

Das Problem war auch lösbar. Der 12jährige Sohn Wolodja, war längere Zeit krank und hatte nun schlechte Noten im Fach Deutsch. Ob ich helfen könne. Natürlich konnte ich. Bei meinem ersten Besuch kam es allerdings noch nicht dazu. Nach russischer Sitte mussten wir uns erst einmal bekannt machen. Der Tisch war reichlich gedeckt und Wodka gehörte auch dazu. Der Nachhilfeunterricht begann erst in der nächsten Woche.

Nadja und Sascha waren einfache Leute, beide arbeiteten auf dem Bau. Sie hatten zwei Kinder, ihren Sohn Wolodja und die Tochter Galja. Ihre Wohnung war etwas bescheidener als die eines Obristen. Sie hatten ein Zimmer und teilten Küche und Bad mit zwei weiteren Familien.

Nach den Formalitäten des Bekanntmachens begann zwischen unseren Familien eine intensive freundschaftliche Beziehung.

Der Nachhilfeunterricht hat sich ausgezahlt, denn Wolodja erhielt in den Folgejahren im Fach Deutsch die Note gut. Diese Freundschaft währte bis zur Wendezeit. 1987 kam die Tochter Galja mit jetzt zwei eigenen Kindern zu uns nach Dresden, und wir konnten ein wenig von der Gastfreundschaft zurückgeben, die wir in Kalinin erfahren hatten.

Eine Episode, die ich in Kalinin selbst erlebte und bei der es um die Benotung meiner Diplomarbeit ging, sei hier noch geschildert. Die Krönung des Abschlusses der Militärakademie war die Verteidigung der Diplomarbeit vor einer Prüfungskommission, die aus Lehrern verschiedener Akademien bestand, alles Doktoren und Professoren mit dem Dienstgrad Oberst oder General. Nach einem Vortrag zur vorgelegten Arbeit von 15 Minuten musste der Prüfling ca. 10 bis 20 Fragen der Prüfungskommission beantworten. Danach ging man aus dem Prüfungsraum und bekam nach einer Viertelstunde die Note mitgeteilt. Meine Wartezeit dauerte ca. 45 Minuten.

Man teilte mir mit, dass ich die Diplomarbeit mit positiver Note verteidigt habe, aber die konkrete Note erst am nächsten Tag bekannt gegeben würde. So geschah es, und ich erhielt die Note „befriedigend". Ich war maßlos enttäuscht, und mein Mentor war empört, denn die Note entsprach in keiner Weise der vorgelegten Arbeit und den in fünf Jahren Studium gezeigten Leistungen.

Wie kam diese Note zustande? Hauptmann Bruchmann, der vor mir seine Diplomarbeit verteidigte, erhielt von einem der Beisitzer eine Zusatzfrage aus dem Gebiet der Wahrscheinlichkeitsrechnung, die er nicht beantworten konnte.

Trotzdem erhielt er die Note „sehr gut". Als ich das erfahren hatte, erkannte ich den Zusammenhang. Der gleiche Beisitzer, der die Frage an Bruchmann gestellt hatte, stellte diese Frage auch mir. Da ich die Frage nicht beantworten konnte, sagte ich, dass ich eine Diplomarbeit auf dem Gebiet der Taktik und nicht der Mathematik geschrieben habe. Diese Antwort war für einen deutschen Oberleutnant vor dieser hochkarätigen Prüfungskommission sicher etwas gewagt und vielleicht unpassend, aber es war meine Meinung. Ich fand mich mit dem Ergebnis ab. Doch vier Tage später wurde ich zur Prüfungskommission bestellt, und man teilte mir mit, dass man sich revidiert habe. Das Ergebnis für meine Diplomarbeit laute jetzt „sehr gut".

Die Korrektur meiner Note hatte ich dem Stellvertreter des Chefs der Fakultät für Ausbildung, Oberst Prokowjew, zu verdanken. Er war bei der zentralen Prüfungskommission vorstellig geworden und konnte eine Korrektur meiner Note durchsetzen.

Oberst Prokowjew war, ebenso wie ich, begeisterter Freizeitsportler, und da ich mich als junger Offizier bei allen sportlichen Aktivitäten der Akademie engagierte und sehr gute Studienleistungen hatte, war es für ihn nicht akzeptabel, meine Gesamtleistung wegen einer unbeantworteten Frage aus einem Nebenbereich nur mit „befriedigend" zu bewerten. Das Beispiel zeigt, wie Noten zustande kommen und dass ihr Wert und ihre Aussagekraft sehr relativ sein können.
Die wahren Noten schreibt bekanntlich das Leben.

Hans-Ullrich Maynicke
Meine Ausbildung in Oranienburg und Pinnow

Im Sommer 1960 bewarb ich mich beim Kreiskommando Eisleben für eine zweijährige Dienstzeit in der Nationalen Volksarmee. Im Januar 1961 führte der Leiter des Kreiskommandos mit mir ein Einstellungsgespräch. Er stellte mir die Frage, bei welcher Waffengattung ich denn dienen möchte. Ich wusste nur, was ich nicht wollte. Mein Wunsch war, nicht als Soldat mit dem Gewehr in einer Dreckwolke den vor mir fahrenden Panzern hinterher rennen zu müssen. Den hätte ich doch nicht erreicht und aufspringen wäre wohl auch fehlgeschlagen. Mit listigen Augen und Worten wurde mir vom Leiter der Ort „Oranienburg" genannt. Konkrete Angaben konnte oder wollte er wegen der Geheimhaltung nicht machen. Anfang April 1961 erfolgte die Einberufung. Ein Sonderzug der Deutschen Reichsbahn nach Oranienburg war überfüllt mit Freiwilligen aus Eisleben und Umgebung. Es wurde eine feucht-fröhliche Fahrt. Am Bahnhof empfingen uns NVA-Angehörige verschiedener Dienstgrade und stellte die Ankömmlinge in langen Marschkolonnen zusammen. Dann ging es zu Fuß durch die Stadt zum Schloss.

Auf dem Wege dorthin gaben uns viele Oranienburger aus den Fenstern ihrer Wohnungen gute Ratschläge für unsere Armeezeit. Sie riefen uns zu: „Die werden euch den Arsch richtig heiß machen." Oder sie zeigten uns einfach den Vogel. Wir wurden in acht Wochen Grundausbildung, die nicht immer leicht war, zu Soldaten ausgebildet. Beschwerden gab es keine, denn wir hatten uns alle freiwillig für diesen Weg entschieden. Es gab auch lockere Episoden in dieser Zeit. So die Absperrung der Straßen in Oranienburg als die Friedensfahrt 1961 durch den Ort kam oder die Absperrung von Teilen der Stadt, weil eine Bombe aus dem 2. Weltkrieg beseitigt werden musste. Auch die Arbeitseinsätze in einer Landwirtschaftlichen Produktionsgenossenschaft bei Kremmen sind mir wegen der guten Verpflegung in besonderer Erinnerung.

Nach der Grundausbildung in Oranienburg und nach Arbeitseinsätzen beim Stellungsbau in Burg Stargard ging es mit vielen anderen Freiwilligen nach Pinnow, das mir persönlich völlig unbekannt war. Es gab in der DDR mehrere Orte mit Namen Pinnow. Wir rätselten weiter. Ein besonders sachkundiger Mitstreiter meinte, wir kommen bestimmt nach Pinnow bei Polen. Nun war alles klar. Bei der Einfahrt zum Objekt kamen mir die Holzhäuser wie Filmkulissen vor.

Wir bezogen unsere Unterkunft nicht im vorderen großen Teil des Objektes mit den Baracken, sondern in einem einstöckigen Steinbau, der nach meiner Erinnerung schon hinter einem bewachten Zaun lag. Die Zimmer wurden mit mindestens 10 Armeeangehörigen belegt und waren sehr spartanisch eingerichtet. Mit mir zusammen zogen viele Männer hier ein, die ich schon in Oranienburg gesehen hatte.

Nach den üblichen strengen Belehrungen über die Geheimhaltung und die militärischen Gepflogenheiten kam der Tag der Kommissionierung. Ich meldete mich militärisch exakt bei streng blickenden Offizieren, die an einer langen Tafel saßen, vor der ich zunächst erst einmal stand. Es war die klassische Situation, um deutlich zu machen, wer hier was zu sagen hatte. Wie hatte Tucholsky einmal geschrieben? „Des Deutschen Schicksal besteht darin, vor einem Schalter zu stehen, sein Wunschtraum aber, dahinter zu sitzen."

Nach der Nennung meines Namens blätterten Herrschaften in ihren Unterlagen und verglichen meine persönlichen Daten mit ihren Aufzeichnungen. Unklarheiten gab es nicht. Ich wurde gefragt, was ich über Pinnow, die Technik usw. wüsste. Ich konnte nur antworten „Nichts". Die Gesichter der vor mir Sitzenden erhellten sich zwar nicht, aber sie wurden auch nicht finsterer. Ich sollte meine Vorstellungen über eventuelle Ausbildungswünsche äußern. Sie könnten mir die Möglichkeiten einräumen, in großen Wagen oder Kabinen mit elektrischen und elektronischen Geräten zu arbeiten, oder aber an großen Geschützen ausgebildet zu werden. Sie blickten mich an und erwarteten meine Antwort. Zum Strom hatte ich ein gespaltenes Verhältnis. Ein Jahr zuvor hatte ich im Winterurlaub versucht, mit einem elektrischen Bügeleisen auf meinen Langlaufski Wachs aufzutragen. Dabei bekam ich am Handgriff einen Stromschlag. Da ich meine Hand nicht öffnen konnte, zog ich das Kabel aus der Steckdose und das Bügeleisen traf meinen linken Fuß.

In Erinnerung daran fiel nun meine Entscheidung. Ein Mitglied der Kommission fragte mich, was ich denn werden möchte. Ich sagte, dass ich gern Koch werden würde. Einige lachten. Der Chef, der das Sagen hatte, meinte aber: „Wir bilden hier keine Köche, Schneider und Friseure aus. Sie können sich das nochmals überlegen und jetzt raus." Ich gehorchte bereitwillig. Auf dem Flur erwartete mich ein anderer Offizier, und der sprach ganz ruhig und sachlich mit mir. Er meinte, dass sie aus Gründen der Geheimhaltung keine Angaben zur Technik machen dürften. Ich wurde wieder vor die Kommission befohlen und erneut nach meinem Ausbildungswunsch befragt. Da ich immer noch Koch werden wollte, flog ich wieder raus. Mein Betreuer im Flur sagte fast väterlich zu mir: „Du bist doch Kanonier und das wird doch abgeleitet von Kanone, aber nicht von Gulaschkanone, wie Du vielleicht denkst."

Er führte mir noch mal die Konsequenzen meiner sturen Haltung vor Augen. „Willst Du ordentlich an moderner Technik ausgebildet werden oder zwei Jahre nur Wache schieben?" Jetzt war bei mir alles klar. Ich teilte meine Entscheidung der Kommission mit, die mich dazu beglückwünschte. Hinter vorgehaltener Hand hörte ich beim Eintrag in die Unterlagen nur ganz leise „Feuerbatterie". Damit wusste ich aber auch nicht mehr als vorher.

Am Abend trafen wir uns bei „Viktor", das war der Wirt der Kneipe im Objekt. Ich erfuhr, dass es vielen anderen Mitstreitern ebenso oder ähnlich ergangen war wie mir. Die Wirtschaft war voll, und nach mehreren halben Litern hatten wir geklärt, dass die in den großen Kabinen die „Elektronischen" waren und wir die in der „Feuerbatterie" sein werden. Am Anfang stand die theoretische Ausbildung. Zu dieser Ausbildung mussten wir in eine weitere geheime Zone, in der sich unsere Lehrklasse befand. Hier kamen wir nur in Begleitung eines Offiziers rein. Wir mussten den Dienstausweis abgeben und erhielten dafür einen grünen Sonderausweis. Natürlich wieder Belehrungen über Geheimhaltung und den Umgang mit den Sonderausweisen.

Im großen Klassenzimmer stellte sich unser Lehrer vor. Es war Hauptmann Kloss, der uns auch als Erster sagen durfte, dass wir an Fla-Raketen ausgebildet werden. Unser Erstaunen und unsere Neugierde waren sehr groß. Zuerst mussten wir dicke GVS-Bücher für den Unterricht anlegen, denn Schul- oder Lehrbücher gab es nicht. Die Bücher mussten nach dem Unterricht auf Vollzähligkeit der Seiten überprüft und in einer VS-Tasche versiegelt vom VS-Bevollmächtigten in der VS-Stelle abgegeben werden.

Hauptmann Kloss sagte uns auch regelmäßig, wenn wir bestimmte Fakten aufschreiben sollten. Wir ahnten damals nicht, dass uns diese Bücher über viele Jahre begleiten würden, denn sie waren die Grundlage für die weitere Ausbildung in der Truppe.

Die Papierkörbe in den Klassen wurden nach dem Unterricht geleert, das Papier geschreddert und der Müll entsorgt. Die Klassenfenster öffneten wir nur auf Befehl und nur zum kurzen Lüften. Wenn sie wieder geschlossen waren, wurden sie vom Lehroffizier petschiert. Während des Unterrichtes verschloss der Lehrer den Klassenraum. Nur in den Pausen durften wir an festgelegten Plätzen rauchen. Eigentlich hätten wir von nun an in Panzerschränken schlafen müssen, so geheim waren wir.

Von der Art, wie Hauptmann Kloss den Unterricht durchführte, waren wir begeistert. Er hatte seine Ausbildung in der Sowjetunion erhalten und sprach nach meinem Empfinden perfekt russisch. In seinem Unterricht wagte es keiner von uns, undiszipliniert aufzutreten.

Zur theoretischen Ausbildung der Feuerbatterie (später auch als Startbatterie bezeichnet) gehörten folgende Elemente: die Startrampe, die Fla-Rakete (auch „Produkt" genannt, um das Wort „Rakete" zu vermeiden), das Transport-Lade-Fahrzeug, das zum Transport der Fla-Raketen und zum Beladen der Startrampen diente, das Zugmittel für die Startrampe und der EWZ-Satz (Ersatzteil, Werkzeug und Zubehör).

Wir konnten den Tag kaum erwarten, an dem wir diese Technik in einer weiteren geheimen und von hohen, undurchsichtigen Zäunen umgebenen Zone in Natura sehen durften. Es war wirklich beeindruckend, was uns da an Waffentechnik gezeigt wurde. Nirgendwo anders in Deutschland, nur in Pinnow konnte man derartiges sehen. Es war schon etwas Besonderes, die tonnenschwere Startrampe mit der 10 Meter langen Rakete zu betrachten. Total begeistert waren wir, als die Stammbesatzung das Beladen einer Fla-Rakete auf die Startrampe demonstrierte. Das Stammpersonal, das auch die Lehrunterweisungen an den Großgeräten durchführte, musste sich vielen Fragen stellen. Nicht jede wurde beantwortet, denn es galt der Grundsatz: Jeder soll nur das wissen, was er zur Erfüllung seiner Aufgaben benötigt. In der Technikzone trafen wir auch wieder auf unsere „Kumpels" aus den Kabinen. Die Technik war großräumig wie auf einer Messe zur Ausbildung aufgebaut. Später in der tatsächlichen Feuerstellung sah die Aufstellung natürlich anders aus. In der Technikzone hielten sich auch sowjetische Instrukteure auf, die unsere deutschen Ausbilder unterstützten. Jetzt, nach dem wir alles gesehen hatten, konnte wir uns auch den ständigen Lärm erklären, der aus der Zone kam und oft bis in die Nacht anhielt. Verursacht wurde er von den Diesel-Elektro-Aggregaten, die den Strom für die Technik erzeugten. Unsere

Ausbildung fand abwechselnd im Klassenraum oder an der Technik statt. Dazu marschierten wir in Drillichuniform mit Brotbeutel, Feldflasche und gerollter Zeltbahn am Koppel in die Technische Zone. Immer das gleiche Ritual: Dienstausweis abgeben, Sonderausweis empfangen und dem Kontrollposten vorzeigen. Die Ausbildung war natürlich auch vom Wetter abhängig. Bei Regenwetter knüpften wir die Zeltbahnen zu einem Umhang, der uns dann ca. eine Stunde vor Durchnässung schützte. Eine Flasche mit warmem Malzkaffe musste bis zur nächsten Mahlzeit reichen. Ein Schmalzbrot haben wir uns beim Frühstück auch noch in den Brotbeutel gesteckt. So manches Mal haben wir unsere „funktechnischen" Mitkämpfer um ihre trockenen und warmen Arbeitsplätze in den Kabinen beneidet. Der Herbst und das schlechte Wetter bei der Ausbildung an der Technik gingen uns langsam auf die Nerven.

Neben unserer Spezialausbildung führten wir auf unserer Unterkunft Politunterricht durch, machten ab und zu militärische Körperertüchtigung und absolvierten einige Märsche. Waffen reinigen, Putz- und Flickstunde gehörten ebenso zu unserem Alltag wie das Stuben- und Revier reinigen. Ausgang gab es auch. Wer mehr als zweimal in Angermünde war, hat danach freiwillig auf weiteren Ausgang verzichtet. Man konnte in verschiedenen Gaststätten in Angermünde ganz preiswert und gut essen. Das Essen in Pinnow war nicht gerade abwechslungsreich und schmackhaft, aber es gab ja noch Viktor.

In den zwei oder drei Tanzlokalen in Angermünde sah man nur Uniformen, auch mit höheren Dienstgraden. Die wenigen weiblichen Gäste waren natürlich beim Tanz sehr begehrt. Da wir Unteroffiziersschüler waren, mussten wir uns in der Schlange hinten anstellen. Wenn es in die Kaserne ging und der letzte Zug, mit dem wir es bis 24 Uhr noch geschafft hätten, schon weg war, sind wir die Strecke von Angermünde nach Pinnow auf den Schwellen der Bahnlinie gelaufen. Das war der kürzeste Weg, und pünktlich musste man sein, sonst gab es Probleme. So hat man es sich reiflich überlegt, ob man in den Ausgang ging oder nicht. Es war also kein Wunder, dass es bei „Viktor", dem Kasernenwirt, immer so voll war. Man hatte großes Glück, wenn man bei ihm einen Platz ergatterte. Als Standardgericht gab es Bratkartoffeln mit Spiegelei. Manchmal hatte er auch frische Buletten, bei denen mal der Fleischer, mal der Bäcker gewonnen hatte. Bis das Essen fertig war, konnte man schnell vier Halbe und vier Pfeffi zu sich nehmen – ein Bier und ein Pfeffi waren eine „Einheit" – und hatte danach die richtige Bettschwere.

Die Ausbildung ging planmäßig weiter. Das Verhältnis zu einigen Mitstreitern der „Funktechnischen" war etwas gespannt. Sie hielten sich wohl wegen ihrer Arbeit in den Kabinen für was Besseres. Sicher war die Arbeit mit der Elektronik kompliziert, aber auch die Startrampe und die Raketen hatten viel Elektronik und Elektrik in ihrem Inneren. Auch wir mussten die Schaltbilder und die Stromkreise bis zur Perfektion erlernen. Hinzu kam die körperlich schwere Arbeit an Rampe und Rakete. Das Beladen der Rakete vom TLF auf die Startrampe in Normzeit war echte Knochenarbeit oder das Herstellen der Marschlage der Startrampe und danach wieder in die Gefechtslage. Das bedeutete stundenlange höchste Kraftanstrengung. Die Erscheinungen einer gewissen Überheblichkeit unserer Kameraden in den Kabinen waren schnell verschwunden, als wir bei einer Überprüfung der Gefechtsbereitschaft in der Fla-Raketenabteilung die Marschlage herstellen mussten.

Als wir in der Normzeit lagen und in der Funktechnischen Kompanie beim Abbau des Komplexes Schwierigkeiten auftraten, leistete die Startbatterie „sozialistische Hilfe", damit die Abteilung insgesamt die Aufgabe erfüllte. So ist es nun einmal bei einem kollektiven Waffensystem. Die Leistung der einen ist nur etwas wert, wenn die Leistung aller stimmt.

Wolfgang Prager
Die Entstehung eines Wortungetüms

1960 gab es an der Flak-Artillerieschule in Geltow nur noch eine Kompanie Offiziersschüler. Die Züge stellten je ein Lehrjahr dar, und zusammen bildeten sie in der praktischen fachlichen Ausbildung eine Flak-Batterie. So kam es zu der etwas ungewöhnlichen Situation, dass die Kompanie auch eine Batterie sein konnte. Kompaniechef war Oberleutnant Donath. Er liebte es, seine Kompanie oder einzelne Züge zu alarmieren. Ob er es für sinnvoll und notwendig hielt oder ob es ihm einfach Befriedigung verschaffte, die Männer mitten in der Nacht, am frühen Morgen oder kurz nach Dienstschluss zu alarmieren, war den Betroffenen damals nicht klar.

Aber, was der Kompaniechef da mit ihnen veranstaltete, machte ihnen definitiv keinen Spaß, zumal sich an den Alarm fast immer ein Fußmarsch anschloss, natürlich in voller Ausrüstung mit Sturmgepäck, Waffe und Schutzmaske. Donath selbst trug bei diesen Alarmübungen neben der normalen Ausrüstung auch alle Insignien eines Feldherren: Kartentasche, Doppelfernglas und Lederhandschuhe. Im Koppel steckte eine Leuchtpistole, auf die er besonderen Wert legte. Wohlwollend schaute er auf seine Unterstellten, die in voller Montur vor ihm standen, in Reih' und Glied marschierten oder gerade die Kanonen an die Zugmaschinen ATS ankoppelten. Bei einem solchen Alarm verlor der Offiziersschüler Prager das Schloss seines Karabiners. Dieser war nicht mehr ganz neu (sowjetisches Modell 44), und das Schloss löste sich leicht, wenn es nicht gänzlich geschlossen war. Da nützte es auch nichts, dass Prager nach dem Alarm den gesamten Exerzierplatz mit einer Harke bearbeitete, weil man annahm, dass er es hier verloren hatte. Das Schloss war weg.

Da am gleichen Tag ein Kompaniefest stattfand, war dem Offiziersschüler Prager der Spaß am Feiern glatt abhanden gekommen. Es zeigte sich wieder einmal, dass die Offiziersschüler garantiert eine andere Sicht auf die Alarmübungen hatten als Oberleutnant Donath. Allein, sie konnten nichts direkt gegen die Leidenschaft ihres Kompaniechefs unternehmen. Aber nicht nur ihnen missfielen die fortwährenden Alarme, auch im Stab der Flak-Artillerieschule Geltow regten sich nach einiger Zeit Zweifel am Sinn dieser Übungen. Man verlangte von dem Kompaniechef, dass er nach jeder Alarmierung einen schriftlichen Bericht vorzulegen hatte, in dem der Grund und der Verlauf der Übung beschrieben werden. Also schrieb Donath nach der nächsten Alarmierung einen kurzen Bericht. Der fand aber bei seinen Vorgesetzten überhaupt keinen Gefallen. Sie forderten, dass bei weiteren Maßnahmen dieser Art ein aussagekräftiger, ausführlicher Bericht einzureichen sei. Das brachte den Kompaniechef in arge Not. Er überlegte, wie er in Zukunft ähnlich peinliche Reaktionen vermeiden könnte. Da kam ihm die Idee, sich mit einem seiner Unterstellten zu beraten, von dem er wusste, dass er der deutschen Sprache mächtig war und immer gute und pfiffige Ideen hatte. Er rief den Offiziersschüler H. zu sich. Der war tatsächlich bestens geeignet, die Sache zu meistern. Als Sohn eines Bonbonfabrikanten wusste er, dass man nur das richtige Schlagwort haben musste, um für die eigene Sache zu werben. Er las sich den letzten Bericht seines Kompaniechefs durch und stellte fest: Am häufigsten kamen die Worte „Flak-Batterie" und „Alarm" vor. Also notierte er auf seinem Zettel „Flak-Batterie-Alarm". Donath las das Wort und war begeistert. Nicht so der Offiziersschüler. Dem kam es irgendwie noch zu nüchtern und zu nackt vor. Also schrieb er „Flak-Batterie-Gefechts-Alarm". Während sein Vorgesetzter erneut angetan war, kam H. bereits die nächste Idee. Er ergänzte den gefundenen Begriff noch durch „Fußmarsch". So stand nun das neue Wort da: „Flak-Batterie-Gefechts-Alarm-Fußmarsch". Donath war nahezu hingerissen, lobte seinen Unterstellten und redete schon mal von ein paar Tagen Sonderurlaub. Das löste bei H. noch einen weiteren Geistesblitz aus. Er strich das gerade gefundene Wort mit einem energischem Strich durch und fügte noch einen Begriff ein, der bisher fehlte. Es war das „Gepäck", das ihnen beim Marsch immer so schwer auf den Schultern lastete. Nun war das richtige Wort gefunden. Es lautete „Flakbatteriegefechtsalarmgepäckfußmarsch".

Während Oberleutnant Donath glücklich und zufrieden im Zimmer auf und ab ging, schrieb H. schon mal den neuen Bericht. Auf der knappen Seite des A5-Blattes kam das neu geschaffene Wort etwa 8 bis 10 mal vor. Die Reaktion der Vorgesetzten war so, wie sie Donath nie erwartete, sein Helfer aber wohl beabsichtigt hatte. Man untersagte ihm ab sofort jegliche Alarmübungen ohne vorherige Genehmigung. Was Oberleutnant Donath damals nicht wissen konnte: Eigentlich waren er und sein Helfer ihrer Zeit weit voraus!

In der Bundesrepublik von heute sind solche Wortungetüme gang und gäbe. Hier einige Beispiele:
- Rentenangleichungsüberleitungsgesetz
- Gebäudereinigungsfachkraftpersonal
- Rindfleischetikettierungsüberwachungsaufgabenübertragungsgesetz
- Grundstücksverkehrsgenehmigungszuständigkeitsübertragungsverordnung

Noch Fragen?

Ludwig Hümer
Auf nach Retschow

Die verspätete Verlegung der FRA-184 (damals noch 4. FA) an ihren Standort Retschow verdeutlicht die damalige angestrengte Situation und den enormen Zeitdruck, unter der die Formierung und Stationierung der aufzustellenden Fla-Raketenregimenter stand. So konnte u. a. der entsprechende Befehl zur Verlegung der Einheiten des FRR-18 (FR-18) erst im August 1962 erfüllt werden, da in Retschow die Stellung noch nicht aufnahmebereit war. Während Stab, Nachrichtenzug, Flakbatterie und die Rückwärtigen Dienste bereits Ende Dezember 1961 bzw. im Januar 1962 am neuen Standort eintrafen, mussten die Funktechnische Kompanie und die Feuerbatterie nach Übernahme der Technik in die 2. FA nach Barth ausweichen. Angehörige der Abteilung waren aber auch in Hinrichshagen und Abtshagen anzutreffen, der Finanzer mit der Kasse und den damals noch bar auszuzahlenden Dienstbezügen reiste dazu jeden Monat einmal quer durch das Regiment. Zum Tag der Nationalen Volksarmee am 1. März 1962 traf sich jedoch alles in Retschow!

Ab Mai 1962 gehörte das FRR-18 zum Bestand der 3. LVD. Die Abteilung erhielt die Aufgabe, im Verteidigungsfall in der 1. Staffel in der Luftoperationsrichtung WEST bzw. NORD-WEST und NORD zu handeln. Per 15. September 1962 kam dann die Einbeziehung in das Diensthabende System der Luftverteidigung. Vom 09. bis 13. Juli 1963 erfolgte eine Inspektion durch das Vereinte Oberkommando. Die Abteilung erfüllte das Prüfungsschießen mit 80 Prozent. Beim ersten realen Schießen auf dem Polygon in Aschuluk im Juli 1963 erreichte sie die Gesamtnote „Gut".

Einer, der damals als Kanonier nach Retschow kam, war ich, Ludwig Hümer. Im Laufe der Jahre in verschiedenen Dienststellungen eingesetzt, war ich zuletzt Stabsfähnrich und Leiter des Med.-Punktes.

Am 29. Dezember 1961 kam ich zusammen mit anderen Soldaten für die Funktechnische Kompanie und die Feuerbatterie aus Oranienburg in der damaligen 4. Feuerabteilung in Retschow an. Die Mehrheit der Offiziere und Unteroffiziere war schon vorher von Pinnow hierher verlegt worden und befand sich gerade im Festtagsurlaub. Die Freude über die Bedingungen am neuen Standort war sehr groß. Wir kamen in ein nagelneues Objekt. Erstmals seit unserer Einberufung hatten wir helle, freundliche und vor allem zentral beheizte Unterkünfte und warmes Wasser in den Waschräumen und Duschen!

Dass wir erst alles reinigen und auch einräumen mussten, störte uns wenig. Da die Klubbaracke noch nicht fertig war, feierten wir Silvester eben in der Unterkunftsbaracke der Bauarbeiter außerhalb der Kaserne, mit dem berühmt-berüchtigten bulgarischen Rotwein der Sorte „Gamza" (spendiert vom Minister, eine Flasche für zwei Mann). In der Baracke wohnten auch der Kommandeur, Major Pohl, und der Stabschef, Hauptmann Herzog, mit ihren Familien. Nachdem die Festtagsurlauber zurückgekehrt waren, ging es am 4. Januar 1962 im Kfz-Konvoi nach Stallberg zur Übernahme unserer Technik. Was uns im Einzelnen an Technik dort erwartet, wussten wir noch nicht. Geheimhaltung war alles, sogar der Wetterbericht war geheim! So war die Dienststelle im Retschower Wald offiziell eine „Schokoladenfabrik", es ging um „Produkte" und „PU", wenn eigentlich von Raketen und Startrampen die Rede war. An der Uniform trugen wir die rote Waffenfarbe der Flak-Artillerie und nannten uns Kanoniere. Nach ca. zwei Tagen verlegten wir wieder zurück, aber nicht nach Retschow, sondern nach Barth. In Retschow waren die Bau-Pioniere noch mit der Fertigstellung der Feuerstellung zugange. Aus den angesagten drei Wochen als „Untermieter" in der damaligen 2. Feuerabteilung Barth wurden dann fast 9 Monate, in denen wir unter recht primitiven Bedingungen in einer Baracke in der Feuerstellung ca. 1,5 km von der Kaserne entfernt untergebracht waren.

Wieder hatten wir Ofenheizung und beschränkte Waschmöglichkeiten. Die Einrichtung einer Unterkunft bestand aus 10 schmalen Betten à 75 cm Breite, einem Tisch und je einem kleinen Nachtschrank und Hocker pro Nase. Spinde passten nicht mehr ins Zimmer, die Uniformen hingen an der Wand, die übrigen Dinge wurden in einem Seesack unter dem Bett verstaut. Verpflegung wurde uns in Thermosbehältern angeliefert. Wenn der Einsatz-Lkw aber mal nicht zur Verfügung stand, wurden die Behälter im Fußmarsch abgeholt. Das dauerte nicht nur länger, es führte auch dazu, dass das Mittagessen dann nicht mehr wirklich warm war.

Der Soldatenalltag bestand zu dieser Zeit im Kennenlernen der neuen Technik, d.h. in der Ausbildung an der Technik, in der theoretischen Aus- und Weiterbildung sowie im Wachestehen. Mit Beginn der Sommermonate wurden die Lebensbedingungen etwas angenehmer (beim „Frühsport" konnten wir eine gewisse Zeit die reichlich vorhandenen Blaubeeren sammeln). Auch Ausgang gab es jetzt häufig. Dann ging es meist zu „Alwin Krull" nach Fuhlendorf. Durch den Wald waren es zu Fuß ca. 30 min. Ich lernte ein Mädchen kennen und mein Zugführer, Unterleutnant Kocher, seine spätere Ehefrau. Wie der Zufall so spielte, beide Mädels waren enge Freundinnen, und so ergab es sich, dass ich diesem Umstand geschuldet und durch meinen Vorgesetzten genehmigt, meistens Ausgang ohne Einschränkung erhielt. Das war auch deshalb problemlos, da wir nie eine Wache passieren mussten.

An den Wochenenden ging es oft nach Retschow, um bei der Fertigstellung der Stellungen zu helfen. Ende August/Anfang September 1962 war es dann soweit: Per Eisenbahntransport und unter strengster Geheimhaltung verlegten wir in unseren eigentlichen Standort in der Nähe von Bad Doberan. Hier wehte nun ein anderer Wind für uns. Gefechtsausbildung und Gefechtsdienst standen jetzt an erster Stelle und wechselten sich ständig ab. Die Kuba-Krise und ihre Auswirkungen im Herbst 1962 bedeuteten für uns fast fünf Wochen erhöhte Gefechtsbereitschaft bei Barackenleben in der Feuerstellung. Für die zur Entlassung Stehenden wurde sogar eine Verlängerung der Dienstzeit festgelegt. Ihre Rückkehr ins zivile Leben verspätete sich um vier Wochen.

Das Jahr 1963 war im Wesentlichen geprägt von der Vorbereitung und Durchführung des 1. Gefechtsschießens unserer Abteilung. Eine harte Ausbildung mit ständiger Wiederholung aller Abläufe, vom Einschalten und der Funktionskontrolle, über das Beherrschen aller Handlungen, von der Vorbereitung bis zum Start der Rakete, und das Nachladen der Rampen wurden wieder und wieder trainiert. Die taktisch-technischen Daten, die Kontrollarbeiten und die Wirkungsweise der Schaltungen, alles Wissen und Können mussten beherrscht werden und jederzeit abrufbar sein. Um den Lernprozess zu erleichtern, haben wir in eigener Regie zusätzliches Anschauungsmaterial angefertigt. Da ich einigermaßen Normschrift schreiben konnte, wurde ich zum Übertragen und Vergrößern der Schaltbilder aus den sowjetischen Originaldokumenten auf Transparentpapier bzw. Zeichenkarton mit Feder und Tusche eingesetzt.

An einen Vorfall aus dieser Zeit kann ich mich besonders erinnern: Auf dem Dienstplan stand „Tank-Training", d. h. scharfes Betanken einer Lehrrakete mit der Komponente „Oxydator" – einen Vorgang, den wir bis dahin noch nicht allzu oft geübt hatten. So kam es, dass ich als damaliger K2 die noch unter Druck stehende Tankpistole zu zeitig löste. Da ich sie dann nicht mehr kontrolliert festhalten konnte, stellt sie sich kerzengerade auf und besprühte Unteroffizier Maynicke und mich von oben herab wie eine Dusche mit dem noch im Schlauch befindlichen „O". Der Oxydator bestand hauptsächlich aus hochkonzentrierter Salpetersäure und war sehr gefährlich. Deshalb trugen wir die volle Schutzbekleidung.

Wir sprangen sofort vom TLF herunter und wurden von allen Seiten mit Wasser begossen. Unser Batteriechef, Leutnant Birkholz, tauchte uns abwechselnd immer wieder und wieder mit dem Kopf in ein bereitstehendes Wasserfass. Fast wären wir dabei ertrunken. An den Stellen, die von der Schutzbekleidung nicht dicht genug bedeckt waren, zeigten sich bei mir schmerzhafte Verbrennungen. Mit dem Sankra wurden wir dann sofort nach Sanitz gebracht. Der Regimentsarzt behandelte uns mit einer speziellen weißen Salbe, und bis auf eine kleine Narbe erinnert nichts mehr an dieses noch relativ glimpflich verlaufene Vorkommnis.

Dann nahte das Datum der Abfahrt ins „große Land". Kurz vorher gab es noch neue Uniformen für uns. Die Farbe hellgrau wies uns als Angehörige der Fla-Raketentruppen der Luftverteidigung der NVA aus. Die Fahrt nach Aschuluk, einem der Schießplätze der Fla-Raketentruppen, war ein Erlebnis für sich. An einen normalen Reisezug Berlin-Warschau-Brest-Moskau hatte man für uns Liegewagen angehängt, die wir in in Frankfurt/Oder bestiegen. Während der Reise verpflegten wir uns selbst. Im Waggon gab es für ein paar Kopeken wunderbaren Tee, also „Tschai". Wer wollte, konnte auch den Speisewagen aufsuchen. Und dann diese Entfernungen und Weiten des Landes, ein paar hundert Kilometer sind dort überhaupt nichts. In Brest hatten wir ca. zwei Stunden Aufenthalt, weil die Waggons andere Fahrgestelle erhalten mussten, die der russischen Spur entsprachen. In Moskau gab es für uns ein vorbereitetes Programm. Dafür stand sowohl für die Hin- als auch für die Rückfahrt je ein Tag zur Verfügung: Roter Platz mit Besuch im Kaufhaus „GUM", die Lomonossow-Universität auf den Leninbergen mit Ausblick auf die Stadt Moskau und den Fluss gleichen Namens und die Allunions-Ausstellung weit im Norden der Hauptstadt.

Vorbei an Wolgograd ging es südwärts in Richtung Charabali–Astrachan bis zum Bahnhof Aschuluk. Von dort bis zur Kaserne des Staatspolygons (Schießplatz) fuhren wir mit Lkw durch die Steppe. Eine feste Straße gab es noch nicht. Die Unterbringung in Baracken war spartanisch. Verpflegt wurden wir durch die dortige Mannschaftsküche, d. h. es gab russische Soldatenkost, mal Kascha dick und mal Kascha dünn, also nicht unbedingt das, was uns sonderlich begeistert hätte. Aber satt machte das Zeug allemal.

Der Tagesablauf auf dem Schießplatz ähnelte dem zu Hause sehr: Überprüfungen, Abnahmen, Zulassungen und Benotungen. Wir hatten uns gut vorbereitet und bestanden alle Prüfungen. Zu meinem 20. Geburtstag am 8. Juli 1963 bekam ich beim Morgenappell vor versammelter Truppe vom Regimentskommandeur, Major Hering, ein Buch mit Widmung überreicht. Daran erinnere ich mich auch heute noch sehr gerne.

Das Gefechtsschießen haben wir erfolgreich absolviert, auch wenn es mit einem Schreck begann. Durch irgendeinen Defekt verließ die erste Rakete die Flugbahn, brach aus und ging in der Wüste nieder. Die noch zur Verfügung stehende zweite Rakete wurde daraufhin sofort gestartet und traf das Ziel. Beides konnten wir mit bloßen Augen verfolgen, auch die getroffene LA-17, das Zieldarstellungsmittel, die brennend in Richtung unserer Feuerstellung niederging. Uns wurde mulmig, da sie immer näher und näher kam, und wir suchten schleunigst Deckung hinter den Protzenrädern. Wir waren sehr erleichtert, als das Wrack dann doch vor dem Zaun unserer Stellung in den Sand fiel. Insgesamt wirkte das Erlebnis der Raketenstarts bei uns allen lange nach. Das ist so beeindruckend, dass man es nie vergisst.

Kontakte zu den in Aschuluk stationierten Sowjetsoldaten gab es häufig. Sie lebten unter sehr schwierigen Bedingungen und freuten sich über vieles, was uns selbstverständlich war, darunter auch über einige Sachen, die wir loswerden wollten. So wechselten mein privater Trainingsanzug und die Schutzbrille gegen in paar Rubel den Besitzer. Für den Erlös kaufte ich mir dann bei der Rückreise im GUM in Moskau eine Armbanduhr, die ich heute noch besitze und die immer noch funktioniert. Nach drei erlebnisreichen Wochen waren wir dann wieder zu Hause, zurück in Retschow.

Hartmut Günther
Die missglückte Betankung und Generale im Laufschritt

Die folgende Geschichte ereignete sich gleich in den Anfangsjahren des Bestehens der Fla-Raketentruppen. Wahrscheinlich war es 1962. Zu der Zeit hielt sich ein Kommando des FRR-13, das zu diesem Zeitpunkt noch keine eigene Technik hatte, zu Ausbildungszwecken im FRR-16 auf. Es stand unter der Führung von Unterleutnant Hartmut Günther. Ihm und seiner Truppe sollte ein Ausbilder des FRR-16 die „Betankung einer Rakete" im Beisein hoher Generalität (darunter Keßler, Fleißner und Reinhold) vorführen.
Dazu sollte erst der Behälter auf dem TLF vom Treibstoff-Tankwagen (SAK-21) betankt werden und im zweiten Schritt dann die Rakete aus dem TLF-Tank.

Die Betankungsschläuche des SAK-21 wurden an den Tank auf dem TLF angeschraubt, wobei die Entlüftungsstutzen beim Füllen der Schläuche zunächst blind verschlossen blieben. Erst beim Beginn des Betankungsvorgangs mussten sie geöffnet werden, damit die Druckluft entweichen konnte. In seiner Aufregung vergaß der vorführende Ausbilder beim Betankungsvorgang jedoch, die Stutzen zu öffnen. Eine folgenschwere Unterlassung, wie sich bald zeigen sollte.

Die Pumpe des SAK-21 füllte 285 Liter Treibstoff auf den Tank des TLF, wobei sie zum Ende des Vorganges hörbar Mühe hatte, gegen den sich im Tank aufbauenden Druck anzukommen. Schließlich schaltete sich mit einem lauten Zischgeräusch das Magnetventil der Pumpe ab. Die vorgeschriebene Menge war im Tank, stand aber unter enorm hohem Druck. Ein hörbares Zischen hätte den Ausbilder eigentlich stutzig machen müssen. Doch er befahl jetzt, die Tankpistole vom Tank zu lösen. Mit einem heftigen Knall löste sich bei dem Versuch, die

Pistole abzunehmen, der Verschluss und eine schmutzigbraune und übelriechende Wolke stieg empor. Die plötzliche Entspannung des hohen Drucks riss die gesamte Flüssigkeit aus dem Tank. Alles verschwand im wabernden Dunst. Knall und Wolke übten eine ungeheure Wirkung auf die Generalität aus.

Haben Sie schon mal Generale im Laufschritt gesehen? Zusammen mit den anderen Zuschauern verschwanden sie schleunigst in Richtung Wache. Der verbliebenen Truppe blieb nichts weiter übrig, als umgehend mit der Neutralisierung des Treibstoffes zu beginnen. Der unglückliche Ausbilder konnte ein negatives Erfolgserlebnis verbuchen. Er wurde bekannt bis in die höchsten Kreise. Ohne Zweifel bekam er die ganze Härte der Disziplinarvorschrift zu spüren. Eine große militärische Karriere stand ihm wohl nicht mehr bevor.

Joachim Kreller
Weggun in der Uckermark werde ich nicht vergessen

Im April 1961 rückten wir im Schloss Oranienburg ein. Während der Grundausbildung startete Juri Gagarin in den Weltraum. Als wir nach der Vereidigung richtige Soldaten werden sollten, hatten wir die Schnauze voll mit dem Ausheben von Schützenmulden und ähnlichen Übungen.

Trotzdem blieben alle bei der Fahne. Wir waren ja für eine Sondereinheit vorgesehen. Es sprach sich herum, dass wir etwas mit Raketen zu tun haben sollten. Spannend war das auf alle Fälle. Bei der Eröffnung der Gedenkstätte von Sachsenhausen waren wir dabei.

Nach der Grundausbildung ging es nach Pinnow bei Angermünde. Dass es dort mehrere militärisch getrennte Zonen gab, störte uns nicht, weil wir ja zur „Elite" gehörten. Mit unserem Ausweis und dem gültigen Stempel haben wir die genarrt, die nicht zur „Elite" gehörten. Nebenbei, als der Chef der LSK/LV, General Keßler, uns besuchte, mussten wir den Wald „kehren". Die Waldwege durften nach dem „Kehren" nicht mehr betreten werden, bis er wieder weg war.

Es hat sich auch zugetragen, dass sich in einer Bar in Angermünde „Geheimnisträger" der NVA mit Angehörigen der US-Militärmission über die Treffsicherheit der Raketen unterhalten haben. Noch lag der 13. August vor uns.

Zum 13. August 1961 war ich im Urlaub. Ich wurde auch nicht zurückgeholt. Als ich dann aber in der Dienststelle ankam, sah es dort aus, als ob der Krieg bevorstand. Es war begonnen worden, die Technik zu verladen und an den Betten hingen die alten MPi-41 aus dem 2. Weltkrieg. Wir haben etliche alte Karabiner mit dem aufzuklappenden Bajonett und jede Menge MPi mit der Trommel „entkonserviert".

Als der Spuk um den 13. August vorbei war, kam der Tag der Republik 1961. Die Mehrheit der Kursteilnehmer war im Urlaub. Der „Spieß" hatte vergessen, den Rest der Mannschaft abzumelden. Es kam wie es kommen musste, für die ganze Mannschaft war die Verpflegung vorhanden, einschließlich dem seltenen staatlichen Bier. Was sollten wir tun? Wir haben die Feiertagsverpflegung abgeholt, sie zwischengelagert und große Teile auch verbraucht. Konsequenzen gab es keine.

Als ich zum ersten Mal eine Rakete im Schnittmodell sah, bin ich erstarrt. Über 10 Meter lang und vor kurzem im Einsatz gegen den US-Spion Powers. Ich war hingerissen. In der Ausbildung lernten wir das Wort „Rakete" zu vergessen und uns auf das Wort „Produkt" einzustellen.

Vor einem halben Jahr hatte ich die Ausbildung in Zschopau mit guten Ergebnissen abgeschlossen. Das Lesen von technischen Zeichnungen hatten wir dort gründlich gelernt. Als wir die Dokumentation der Startrampe, der Rakete usw. erhielten, und das alles in russischer Sprache, sahen einige der Offiziere nicht gut aus. Manchen Mechanismus der Technik habe ich ihnen erklären können.

Im Herbst 1961 sind wir dann in die Dienststelle Weggun gezogen. Als wir dort ankamen, mussten wir unser Quartier direkt in der Stellung beziehen. Das neue, komfortable Objekt war noch in Bau.

Dass die Kubakrise 1962 mit einer langen Urlaubssperre dazu kam, möchte ich noch erwähnen. In diesem Winter haben wir uns oft am nahe gelegenen See gewaschen, das Eis aufgebrochen und darauf gewartet, das neue Objekt beziehen zu können. Während der Kubakrise verpflichteten sich viele Soldaten zu einer längeren Dienstzeit, ich auch. Der kalte Winter hat uns nicht nur die Postenmäntel beschert, die über die normale Uniform gezogen wurden, sondern auch Episoden mit Alkohol. Ich erinnere mich, als wir einmal sangen „Wir wollen unseren alten Kaiser Wilhelm wiederhaben" und deshalb in die Kritik gerieten, sprang unser „Polit" uns zur Seite und sagte, dass wir doch gesungen hätten „Wir wollen unseren alten Wilhelm wiederhaben". Damit hätten wir doch den verstorbenen Präsidenten der DDR, Wilhelm Pieck, gemeint. Ein Schelm, wer schlechtes dabei denkt.

Die Episoden im Umgang mit den ausländischen Militärmissionen möchte ich darauf beschränken, dass wir sie auch öfter genarrt haben. Das bezieht sich darauf, als wir unsere Technik in Empfang nahmen oder wir „Fallen" für sie bauten, in denen sie dann festsaßen.
In Weggun wurde ich dann Feuerzugführer in der „Feuerbatterie" und verantwortlich für die PU-23 und -24; dazu gehörten zwei Raketen („Produkte"), zwei TSM (TLF) und zwei ATS.

Natürlich waren wir auch in der Sowjetunion zum scharfen Schießen. Eine Episode von dort. Als ein Soldat meinte, wer „Kascha" frisst, der frisst auch kleine Kinder, gab es einige Turbulenzen mit den Offizieren vom „Kommando", letztendlich aber ohne Konsequenzen.

Das Beladen der Startrampe mit der Rakete erforderte von allen Beteiligten hohe Anstrengungen und höchste Aufmerksamkeit. Weil hierfür die „Gefechtsraketen" nicht übermäßig beansprucht werden sollten, wurde die Übung damit auf Sparflamme gestellt. Das bezog sich auch auf das Training zur Betankung der Rakete mit dem Oxydationsmittel, einem Gemisch mit hochkonzentrierter Salpetersäure. Deshalb habe ich, ein gelernter Werkzeugmacher, mit noch einem Soldaten und mit Zustimmung der unmittelbaren Vorgesetzten, aber bei strenger Geheimhaltung eine Rakete umgebaut, eine Übungsrakete. Diese Rakete war von einer „Gefechtsrakete" nicht zu unterscheiden und hat uns eine gewisse Zeit als Rakete zum Üben gedient. Am Ende erhielt ich dafür auch eine hohe Geldprämie vom Minister.

Im Ort Weggun haben wir uns selten aufgehalten. Zu dieser Zeit konnte man das Wort von Bismarck noch anwenden, welches besagt: „Wenn die Welt untergeht, ziehe ich nach Mecklenburg. Dort geht sie 100 Jahre später unter." Trotzdem gab es viele Kontakte.

Ich kann von einem Vorkommnis berichten. Als einmal ein Kraftfahrer aus der Stellung herausfuhr und die Stütze vom Nachläufer des Transportfahrzeuges für die Raketen nicht hochgezogen hatte, gab es einen großen Krach. In der Dorfschmiede haben wir mit der Technik von 1900 die Sache in Ordnung gebracht. Damals war es dort noch üblich, das Gas für das Schweißen in einem Entwickler aus Karbid anzufertigen. In der Dienststelle gab es kein Schweißgerät, weder für elektrisch noch autogen.

Ich war Unteroffizier, Unterwachtmeister und Zugführer mit der Planstelle Oberleutnant. Hierfür habe ich zusätzlich zu meinem Gehalt 100 Mark erhalten. Man sprach mich an, ohne Offiziersschule von einem Tag zum anderen Offizier zu werden – Unterleutnant. Mein Freund, der ein gleiches Angebot erhielt, hat es wahrgenommen und damit eine Karriere bei der NVA (bis nach Moskau) gestartet. Ich konnte mich nicht dafür entscheiden. 1964 habe ich die NVA verlassen, ein Studium aufgenommen, es erfolgreich abgeschlossen und meinen weiteren Lebensweg beschritten.

Heute, mit 67 Jahren, bin ich glücklich darüber, dass ich nicht Soldat in einem Krieg sein musste und hoffe sehr, dass meine Enkel (4, 7, 11, 14 Jahre alt) auch auf die Teilnahme an einem Krieg verzichten dürfen. Vor einem Jahr haben meine Frau und ich den Ort Weggun wieder besucht. Wir wollten sehen, was aus dem Raketenstandort geworden ist. Es war traurig. Meine Stellung und die Bunker, in denen wir während des Diensthabenden System geschlafen hatten, gab es nicht mehr. Viele Sachen wurden nicht entsorgt, sondern einfach in die Umwelt geschüttet. Meine Interventionen bei der Landesregierung Brandenburg und dem Minister für Verteidigung waren ein Schuss in den Ofen. Das komfortable Wohnobjekt ist dem Verfall preisgegeben und an den Wohnhäusern der Offiziere steht der Begriff „Zum Verkauf". Inzwischen wurde mir mitgeteilt, dass das Grundstück verkauft sei. So ist das nun einmal mit dem Zahn der Zeit. WEGGUN und die 4. Abteilung im FRR17 in der 3. LVD werde ich nicht vergessen!

Bernd Biedermann
„La Flor de Henry Clay"

Oberleutnant Joachim Rockstroh, Batteriechef der Startbatterie in Steffenshagen, hatte eigentlich nur eine Leidenschaft: Er rauchte Zigarren. Dabei bevorzugte er allerdings eine Marke, die keineswegs gewöhnlich und billig war. Er rauchte „La Flor de Henry Clay", eine mittlere Zigarre aus Kuba. Eine einzige Zigarre kostete 2,50 Mark. Dafür bekam ein Zigarettenraucher immerhin eine Schachtel Zigaretten der gängigen Marke „Casino" und ein Glas Bier.

Der Oberleutnant war damals noch ledig, hatte im Wohnheim der Kaserne ein Zimmer für sich allein und so störte es niemanden, dass er, schon während er sich aus dem Bett erhob, die erste Zigarre anzündete. Danach schlurfte er paffend zum Waschraum, legte dort für die Zeit des Zähneputzens seine Zigarre auf die Ablage unter dem Spiegel, um sofort danach, noch vor der Rasur, einen neuen Zug zu nehmen. Als einer der jüngeren Offiziere einmal die Bemerkung machte, es wäre ein ziemlicher Dunst im Waschraum, sagte Achim nur: „Kannst ja mal das Fenster aufmachen."

Bis zum Beginn der täglichen Ausbildung hatte er in der Regel die erste Zigarre zu Ende geraucht und fühlte sich nun in der Lage, den Dienst aufzunehmen. Während der Ausbildung musste er sich das Rauchen verkneifen. Höchstens in der Mittagspause konnte er ein paar Züge machen. Manchmal behielt er die Zigarre stundenlang kalt zwischen den Lippen, natürlich nur, wenn kein Vorgesetzter in der Nähe war. Am Abend nach Dienstschluss rauchte Achim Rockstroh mit großem Genuss eine weitere Zigarre. Dazu trank er vorzugsweise Rum, pur natürlich und ohne Eis. In dieser Phase konnte man mit ihm über Gott und die Welt reden. Da er gebildet und klug war, lohnten sich solche Gespräche, vorausgesetzt, man ertrug den penetranten Geruch seiner Zigarren und einen gewissen Zynismus, der ihm eigen war. Da es die Marke „La Flor de Henry Clay" natürlich nicht in der Verkaufsstelle der HO in der Dienststelle gab, musste sie aus Pritzwalk besorgt werden. Der Zigarrenhändler dort hatte sich längst auf den Abnehmer eingestellt, der sich seine Zigarren entweder selbst abholte oder mitbringen ließ.

So verging der Sommer 1962. Wir warteten auf unsere Technik. Achim rauchte seine „Henry Clay", leitete die Arbeiten beim Bau der Stellungen seiner Batterie, wobei er gegen jede Vorschrift fast immer Gummistiefel trug, und war glücklich. Dann begann im Oktober die Kubakrise. Erhöhte Gefechtsbereitschaft wurde ausgelöst, und wir mussten alle im Objekt verbleiben. Es gab weder Ausgang noch Urlaub. Nach ein paar Tagen gingen Achims Zigarren zur Neige und waren plötzlich alle. Schon am Tag danach war er sichtlich gereizt. Er spürte es wohl selbst und versuchte, eine andere Sorte zu rauchen, die es in der HO gab, fand die aber ungenießbar. So wurde seine Stimmung immer schlechter.

Er lief nervös auf und ab, brüllte bei jeder Gelegenheit jeden an, war missmutig und hatte permanent schlechte Laune. Das Schlimmste war: Es wurde von Tag zu Tag ärger. Alle hatten darunter zu leiden. Nach knapp einer Woche war den Männern in seiner Batterie klar: Koste es, was es wolle: „La Flor de Henry Clay" mussten her. Aber wie? Solange es keinen Ausgang und keinen Urlaub gab, gab es auch keine Zigarren. Da kam ihnen der Zufall in Person von Oberwachtmeister Zentgraf und in Form seines Fahrschul-Lkw H3A zu Hilfe. Der durfte durch eine Ausnahmegenehmigung Ausbildungsfahrten in der näheren Umgebung unternehmen. Unterleutnant Dieter Hertwig, Zugführer in der Batterie von Oberleutnant Rockstroh, nutzte die Gelegenheit einer solchen Fahrt und kaufte eine beträchtliche Anzahl der begehrten Zigarren.

Als er sie dem nahezu verzweifelten Raucher übergab, änderte sich nicht nur dessen Gesichtsausdruck. Sofort war Achim Rockstroh wieder der Alte. Er trällerte, scherzte, fluchte laut und lange wie ein Bierkutscher und rauchte seine „Henry Clay". Dass sich die Kubakrise genau in diesen Tagen ihrem gefährlichen Höhepunkt näherte, war für ihn schon nicht mehr so schlimm.

Bernd Biedermann
Geheimhaltung, Spitznamen und die Folgen

Als sich zum Ende der Kubakrise 1962 die Lage wieder zu normalisieren begann, lockerte die militärische Führung nach Wochen der Erhöhten Gefechtsbereitschaft das strikte Verbot für Berufssoldaten, das Objekt zu verlassen. Dazu gab es spezielle Hinweise zum Verhalten, die u. a. daraus resultierten, dass wir noch die persönliche Waffe tragen mussten. Deshalb war es nicht erlaubt, sich allein unter's Volk zu mischen. Außerdem hat man uns empfohlen, sich gegenseitig nicht mit den tatsächlichen Vornamen anzusprechen und überhaupt Zurückhaltung zu üben. Alles kein Problem, dachten wir. Wir verwenden einfach unsere Spitznamen und halten so unsere Klarnamen geheim. Spitznamen hatten wir einige sehr originelle wie z. B. Emton, Jonas, Pit und Jonny.

Diejenigen, denen bisher ein Spitzname versagt geblieben war, wollten wir einfach mit den Vornamen ihrer Väter ansprechen. So wurde aus Bernd ein Otto und aus Jürgen ein Richard. Schon nach ganz kurzer Zeit hatten sich diese Namen eingeschliffen, und nach einem halben Jahr wurden nur noch sie verwendet. Alle hatten sich daran gewöhnt, sowohl die Betroffenen selbst als auch die Vorgesetzten und Unterstellten.

1963 fand eine größere Übung statt, in der unsere Abteilung sehr hart gefordert wurde. Wir mussten erstmals unter realen Bedingungen den Komplex abbauen, die Marschbereitschaft herstellen, einen längeren Marsch durchführen und dann in der eigenen Stellung wieder die Gefechtslage einnehmen. Bei dieser Übung zeichnete sich der Unterleutnant Wilhof besonders aus. Obwohl er eine heftige Grippe hatte, erfüllte er seine Aufgaben vorbildlich. Dabei hatte er es als Obertechniker PA extrem schwer, denn die Demontage der Antennen war immer ein Knackpunkt der Technologie. Nach Ende der Übung erhielten wir vom Regiment die Aufforderung, einen Offizier für eine Belobigung durch höhere Vorgesetzten vorzuschlagen. Der Kommandeur beriet sich kurz mit uns, und wir waren uns sofort einig: Da kommt nur Wilhof in Frage. Der Vorschlag ging per Fernschreiben ans Regiment.

Ein paar Stunden später meldete sich der Stabschef des Regiments auf der Direktleitung des Gefechtstands bei unserem Diensthabenden: „Seit ihr denn total bescheuert? Kennt ihr nicht mal die Vornamen eurer Genossen? Wir wollen den Unterleutnant Wilhof zur Belobigung durch den Minister einreichen und ihr schreibt einen falschen Vornamen dahin. Der Mann heißt doch Richard und nicht Jürgen! Bloß gut, dass ich es noch bemerkt habe." Unser Diensthabender hatte dann das Problem, dem völlig verdutzten Stabschef klar zu machen, dass Wilhof tatsächlich Jürgen und nicht Richard hieß. Der Stabschef kannte ihn nur unter seinem Spitznamen und wäre nie auf die Idee gekommen, dass der noch aus der Zeit der Kubakrise stammte.

Gunter Helmer
Als Reservist vom Gefreiten bis zum Major

Gewöhnlich beginnt der Dienstweg eines Soldaten bei der Musterung zum Wehrdienst. So auch bei mir. Ich hatte insofern Glück, dass ich mich für eine Waffengattung entscheiden durfte, obwohl ich für einen Wehrdienst als Soldat auf Zeit nicht zu überzeugen war. Zu fest hatte ich mein Leben schon geplant. „Nur nicht zur Luftverteidigung", sagte ich. Ich hatte gehört, dass dort unverhältnismäßig oft mit Alarm zu rechnen war, Urlaub fast ein Fremdwort sei und dass die Einheiten dieser Waffengattung in der Regel „in der Taiga" liegen.

Im Herbst 1963 erfolgte meine Einberufung. Transport mit Sonderzug ohne Zielangabe. Am Ende unserer Reise schob eine Lokomotive unseren Wagen durch ein Gleistor in ein doppelt umzäuntes Gelände. Ein paar Lkw russischer Bauart standen herum. Raus aus dem D-Zug-Wagen, antreten nach Aufruf von Namenslisten. Das dauerte eine Weile, weil drei Unteroffiziere ihre Listen gleichzeitig vorlasen. Im Ergebnis verstand niemand etwas. Irgendwann war es dann geschafft, die Wehrpflichtigen waren sortiert. Vorsichtiges Nachfragen bei einem Uniformträger, wo wir denn hier eigentlich sind. Antwort: In der Technischen Abteilung eines Fla-Raketenregiments. Also Luftverteidigung! Soweit zur Sinnhaftigkeit, bei der Musterung einen Wunsch zu äußern.

Die Fahrt des Lkw, der uns junge Wehrpflichtige in die Einheit brachte, in der wir die ersten Schritte als Soldat (damals noch „Kanonier") tun sollten, endete in der 4. Fla-Raketenabteilung des Fla-Raketenregiments 13. Später erfuhren wir dann, dass wir uns in Steffenshagen bei Pritzwalk befanden. Hier erhielt ich meine allgemeine Grundausbildung, und hier leistete ich auch meinen 18monatigen Grundwehrdienst.

Es war die Zeit, in der die Einheiten teilweise noch aus ehemaligen Freiwilligen und teilweise schon aus Wehrpflichtigen bestanden. Die Fla-Raketentruppen der LSK/LV waren noch recht unbekannt. Wir trugen schon die Uniformen der Luftverteidigung, die vielen Außenstehenden noch eine ganze Weile Rätsel aufgaben. Hose, Jacke und Mütze mit blauer Paspelierung, die Jacken mit hellgrauem Kragen wie bei den Luftstreitkräften, Kragenspiegel und Kokarde aber wie bei den Landstreitkräften, allerdings mit grauen Schulterstücken und Kragenspiegeln – eigenartig! Noch Monate später wurden wir in der Öffentlichkeit gefragt: „Wo gehört Ihr denn eigentlich hin?" Was sollte man antworten? Eine der ersten Belehrungen, die wir erhielten, war die über Geheimnisschutz. Und das Wort „Rakete" hatte außerhalb der Kaserne in unserem Wortschatz nicht zu existieren. Daraus resultierten dann viele Umschreibungen wie „Langholz", „Produkt" u. ä. So entstanden damals die abenteuerlichsten Geschichten über unsere Einheiten, bis hin zur Ausbildungseinheit für Feldbäcker.

Ich erinnere mich in diesem Zusammenhang an eine Episode, über die wir zuerst sehr erstaunt waren, dann aber herzlich lachten. Zeigte sie uns doch, dass selbst für uns damals höchste Dienstgrade nicht unfehlbar waren. Verleihung der Truppenfahne an das FRR-13 unter den Augen der Öffentlichkeit im Standort Parchim. Nächtliches Paradetraining in den Straßen der Stadt. Kommandierender der Parade: der Stabschef des Regiments. Erstes Kommando durch die Lautsprecheranlage in der nachtstillen Stadt Parchim: „Fla-Raketenregiment 13 stillgestanden!" – Pause, Räuspern über Lautsprecher – „Äh, Einheiten stillgestanden!" Ob das damals Ärger gegeben hat?

Zurück zur Ausbildung und zum Dienst in der FRA-134. Ich wurde nach der Grundausbildung zur Spezialausbildung als Funkorter in die Funktechnische Kompanie versetzt. Meine Ausbildung als Elektriker und mein Schulabschluss mit dem Abitur kamen mir dabei zugute. Ich hatte das Glück, als Ausbilder Genossen zu haben, die nicht den Dienstgrad hervorkehrten, sondern alles daran setzten, aus mir einen vollwertigen Mitstreiter zu machen. Ich sollte also einer von denen werden, die ganz direkt mit dafür verantwortlich waren, ob die Rakete ihr Ziel erreicht oder nicht. Dazu war damals neben den Kenntnissen der Funktionsweise noch richtige Handarbeit notwendig. Beim Schießen selbst war der Automatisierungsgrad des Fla-Raketenkomplexes S-75 „Dwina", aus heutiger Sicht gesehen, trotz der drei mit Röhrenelektronik vollgestopften Kabinen relativ bescheiden. Damals allerdings war das Stand der Technik und Besseres gab es auch beim potentiellen Gegner nicht.

Funkorter gab es nur drei in der ganzen Abteilung, je einen für Höhen- und Seitenwinkel und einen für die Entfernung. Am Entfernungsschrank saß der Gruppenführer der Funkorter, zu meinen Zeiten der Unterwachtmeister Horn. Ich war schon ein bisschen stolz darauf, zu ihnen zu gehören. Die Waffengattung war jung. Jung waren ebenfalls die Offiziere, und die Dienstgrade waren in der Regel noch recht niedrig. Ich erinnere mich, dass zu Beginn meines Grundwehrdienstes nur zwei Majore zum Offiziersbestand der Abteilung gehörten, der Politstellvertreter und der Parteisekretär. Kommandeur war Hauptmann Taubert, Kompaniechef der FuTK Leutnant Hellmanczik. Der erste Offizier, mit dem ich direkt und persönlich Kontakt bekam, war der damalige Unterleutnant Biedermann, nicht viel älter als ich selbst. Er befahl mich als Neuen nicht etwa zu sich, was für ihn als 1. Zugführer und Stellvertreter des Kompaniechefs sicherlich angemessen gewesen wäre. Er stand plötzlich im Soldatenzimmer, stellte sich vor und fragte, ob er mir helfen könnte. Das hat seinem Ansehen und der Disziplin keinesfalls geschadet.

Ganz ähnlich war das Verhalten der anderen Offiziere der FuTK. Namen wie Prager, Schönhof und Willhof sind sicherlich bei vielen der damaligen Wehrpflichtigen noch positiv im Gedächtnis. Diese Offiziere gaben im Dienst immer ihr Bestes. Sie haben meine Einstellung zum Dienst als Armeeangehöriger im Allgemeinen und später zum Dienst als Offizier im Besonderen mitbestimmt. Nicht nur wegen ihres hohen Fachwissens, sondern insbesondere durch ihr Auftreten als Vorgesetzte und die Achtung, die sie auch vor ihren Unterstellten hatten.

Der Dienst in einer Fla-Raketenabteilung unterschied sich grundsätzlich vom Dienst z. B. in einer Einheit der LaSK. Jeder Angehörige der FuTK war eigentlich ein „Unikat", und erst während meines Wehrdienstes kam die Idee der gegenseitigen Ersetzbarkeit auf. Das war zwar eine sicherlich notwendige Sache, funktioniert hat sie aber zu meinen Zeiten nie so richtig. Wirklich ersetzbar waren die gut ausgebildeten Spezialisten der einzelnen Systeme nicht. Das zeigte sich spätestens dann, wenn die Technik mal nicht so funktionierte, wie sie eigentlich sollte und Fehler gesucht und beseitigt werden mussten. Das machte aus meiner Sicht auch die Aufstellung von Reserveabteilungen im Rahmen von Mobilmachungsübungen so schwierig, worauf noch zurück zu kommen ist.

Das Denken und Handeln in der FuTK war geprägt von dem Wissen, dass ein Fla-Raketenkomplex eine Kollektivwaffe ist und jeder, aber auch jeder, der daran arbeitet, über Erfolg oder Misserfolg im Luftabwehrgefecht mit entscheidet. Diese Atmosphäre der gemeinsamen Verantwortung hat mein Denken und Handeln immer mehr beeinflusst. Für mich wurde immer klarer: Was Du hier machst, ist wichtig. Auch Du als Funkorter, als kleines Rädchen im Getriebe hast einen Anteil am Erfolg der Abteilung. Das ist kein Spaß! Was Du auch zu tun hast, mach's richtig! Dieser Satz wurde mein Leitsatz und nicht nur in den anderthalb Jahren Grundwehrdienst.

Dieser gemeinsamen Verantwortung waren sich damals die meisten Angehörigen unserer Einheit bewusst. Daraus erwuchs mehr oder weniger der Stolz darauf, Dienst in dieser Waffengattung zu tun und im Diensthabenden System der Luftverteidigung Verantwortung zu tragen. Dieser Stolz wurde auch bei der Versetzung in die Reserve durch die Vorgesetzten noch einmal bewusst aktiviert, indem uns eingeschärft wurde: „Ihr gehört zur Luftverteidigung! Auch als Reservist! Nirgendwo anders hin!". Der Erfolg war, dass ich mich nach der Reserveoffiziersausbildung während des Studiums weigerte, den Bewerberbogen als Reserveoffizier zu unterschreiben, weil als Waffengattung die Truppenluftabwehr festgelegt war.

Eine Rückfrage des zuständigen Offiziers der Militärischen Abteilung – bei welchen Stellen auch immer – klärte sehr schnell den Sachverhalt. Mit Abschluss des Studiums war ich Unterleutnant der Reserve der Fla-Raketentruppen, und darauf war ich auch ein bisschen stolz.

In der Folge habe ich mich dann wiederholt gefragt, ob diese Entscheidung wirklich gut war. Sie hatte nämlich eine Konsequenz. Die wenigsten meiner Kommilitonen sind irgendwann noch einmal zum Wehrdienst eingezogen worden. Ein Offizier der Luftverteidigung mit Spezialverwendung ist aber wertlos, wenn er sein Wissen nicht aktualisiert. Die Folge: Für mich gab es regelmäßige Einberufungen zum achtwöchigen Reservistenwehrdienst in verschiedene Einheiten der FRT und natürlich wiederholte Teilnahmen an Mobilmachungsübungen. Von da an vollzog sich meine ungewöhnliche Laufbahn, die noch viele Überraschungen bereit halten sollte.

In meinem Bekanntenkreis war ich der Einzige, der die Uniform so oft trug. Irgendwann habe ich aber dann für mich endgültig festgelegt: Meine Entscheidung war richtig. Und mein Spruch galt auch hier: Was Du auch zu tun hast, mach's richtig! Ich denke, dass das System der laufenden Fortbildung der Reserveoffiziere wesentlich zur Gewährleistung der Gefechtsbereitschaft der FRT beitrug. Wurde doch dadurch gesichert, dass im Bedarfsfall (der glücklicherweise nicht eintrat) ein gut ausgebildeter Bestand an Reserveoffizieren vorhanden gewesen wäre, der sich sowohl mit den wesentlichen Bestandteilen der Technik als auch mit dem Gefechtsdienst in dieser nicht unkomplizierten Waffengattung grundsätzlich auskannte und mit dem man in relativ kurzer Zeit zusätzliche Fla-Raketenabteilungen aus dem Reservebestand aufbauen und einsetzen konnte. An zwei solcher Übung habe ich teilgenommen, einmal als Leitoffizier, als „Auffüller" in einer FRA, aus der Teile des Personalbestandes als „Kern" einer Mobilmachungsabteilung abkommandiert waren, und einmal als Stellvertreter des Kompaniechefs der FuTK in einer neu aufgestellten Reserve-FRA im FRR 16. Dazu an anderer Stelle mehr.

Ich bin heute noch davon überzeugt, dass dieses System ein kleiner Baustein zur Erhaltung des Friedens in Mitteleuropa war. Mit Sicherheit war es der Aufklärung des potentiellen Gegners nicht verborgen geblieben, dass sich das DHS der Luftverteidigung auf dem Territorium der DDR permanent in hoher Bereitschaft befand und über große Gefechtsmöglichkeiten verfügte.

In der aktiven Truppe mussten wir Reserveoffiziere uns allerdings unsere Anerkennung erst erkämpfen. Dazu eine Episode aus meinem ersten Einsatz als Reserveoffizier: Als Unterleutnant wurde ich gemeinsam mit einem weiteren Genossen gleichen Dienstgrades zum Standort des Stabes der 43. Fla-Raketenbrigade einberufen und nach erfolgter Einkleidung in eine der Abteilungen (nach Retschow) versetzt. Dort angekommen, wurden wir erst einmal argwöhnisch beäugt. Wir waren scheinbar die ersten Reserveoffiziere, die „in freier Wildbahn" zu besichtigen waren. Frage eines jungen aktiven Unterleutnants: „Und ihr habt keine Offiziersschule besucht?" – „Nein". „Und wie unterscheidet man Euch von uns?" Meine Antwort: „An der Interimsspange." – „Woran?" Erklärung: Reserveoffiziere hatten in der Regel im Zivilleben verschiedene staatliche Auszeichnungen wie „Kollektiv der sozialistischen Arbeit" oder „Aktivist der sozialistischen Arbeit" erhalten. Bei einigen kamen noch solche Auszeichnungen wie „Treue Dienste bei der Deutschen Reichsbahn" oder andere hinzu. Das waren alles staatliche Auszeichnungen, die an der Uniform zu tragen waren. Sie unterschieden einen Reserveoffiziere ganz deutlich von einem Aktiven. Befriedigt war der „aktive" Unterleutnant von meiner Antwort nicht so recht. Es tat mir ja leid, aber andere Unterscheidungsmerkmale gab es damals wirklich nicht, zumindest nicht äußerlich. Die einmal kurzzeitig vorgesehenen silbernen Querstreifen unter den Schulterstücken der Reserveoffiziere wurden nie getragen.

Im Dienst war es dann allerdings an uns, wieder einmal fleißig zu lernen und zu trainieren, um einigermaßen vollwertig eingesetzt werden zu können. Hinsichtlich der Wissenstiefe beim Spezialwissen unterschieden wir Reserveoffiziere uns natürlich sehr wohl von unseren aktiven Mitstreitern. Drei bzw. später vier Jahre Offiziersschule und die tägliche Arbeit an der Spezialtechnik sind durch ein ziviles Studium und ein paar Wochen Reservistenausbildung selbst dann nicht zu ersetzen, wenn der Reservist mit aller Kraft und Hingabe versucht, seine Aufgaben zu erfüllen.

Auch hierzu noch eine Episode. Bei einem späteren Reservistenwehrdienst fand am fünften Tag nach meinem Eintreffen in der FRA ein Prüfungsschießen statt. Alle Offiziere der FuTK hatten als Leitoffizier zu arbeiten. Mich fragte keiner, ob ich mich denn dazu nach fünf Tagen in der Einheit überhaupt in der Lage fühlte. Also, ab an den Leitschrank. Die Luftlage war für die „Profis" sicherlich nicht das Problem, für mich schon! Ergebnis: Einige Luftziele nicht bekämpft. Anschließend Auswertung beim Regimentskommandeur. Der Abteilungskommandeur kam gar nicht zu Wort, so schnell und so laut „tütete" mich der „Regimenter" ein. Er stellte mir die Katastrophe dar, die ich im Ernstfall verursacht hätte, wenn es sich bei den Luftzielen um Kernwaffenträger gehandelt hätte. Endlich kam der Abteilungskommandeur zu Wort: „Genosse Helmer ist Reservist und erst seit fünf Tagen in der Einheit." Reaktion des Regimentskommandeurs: Belobigung mit Dank vor der Front.

Mein persönlicher Weg in den Reihen der NVA führte in mehreren Reservistenwehrdiensten über die Dienststellungen Leitoffizier, später 1. Zugführer und Stellvertreter des Kompaniechefs einer Reserveabteilung in den Soll-II-Bestand eines Wehrkreiskommandos (WKK) im Heimatort, anfangs als Oberoffizier operative Arbeit, zum Schluss als stellvertretender Stabschef. Der Einfachheit halber gab es einen Eintrag in den Wehrdienstausweis: „zum Tragen der Uniform berechtigt". Die Uniform hing (und hängt immer noch) zu Hause im Kleiderschrank. Allerdings gab es hier mehrmals im Jahr Einberufungen zum Reservistenwehrdienst und manchmal sehr kurzfristig. Nichtsdestotrotz, es war doch angenehmer als acht Wochen Dienst „in der Taiga". Die Aufgaben waren natürlich völlig andere. Ich musste erneut lernen, aber die (wenn auch begrenzte) Truppenpraxis und die Kenntnisse und Erfahrungen aus der Wirtschaft und im Territorium haben mir bei dieser Tätigkeit sehr geholfen.

Der Vollständigkeit halber sei hier erwähnt, dass meine Entwicklung als Reserveoffizier natürlich neben meiner beruflichen Arbeit und den erforderlichen gesellschaftlichen Tätigkeiten in Betrieb und Wohngebiet verlief. Nach dem Abschluss meines Studiums als Elektroingenieur war ich in verschiedenen Dienststellungen bei der Deutschen Reichsbahn (DR) beschäftigt, u. a. als Fachgebietsleiter für Energieanlagen in einem Ausbesserungswerk, später als Sachverständiger bei der Inspektion der Technischen Überwachung der DR, dies im In- und Ausland. Bei Einsätzen in der damaligen Sowjetunion haben mir übrigens die bei der NVA notgedrungen erworbenen Kenntnisse im technischen Russisch gute Dienste geleistet.

Meine beruflichen Tätigkeiten verlangten eigentlich immer vollen Einsatz und acht Wochen Reservistenwehrdienst zwischendurch konnte man nicht einfach wie Urlaub abbuchen! Irgendwie musste man die liegengebliebenen Arbeiten danach doch erledigen. Auch aus diesem Grund war mir dann der Wechsel zum WKK nicht unangenehm, der Familie übrigens auch nicht.

Nach der Wende durften wir Reichsbahner erst einmal unseren Dienstrang (so hieß das im Gegensatz zum militärischen Dienstgrad) ablegen. Aberkannt hat man ihn uns nicht, aber er durfte „im dienstlichen Verkehr" zumindest nicht mehr verwendet werden. Die Uniform des Reichsbahn-Oberrates Helmer wanderte also auch in den Kleiderschrank und hängt seitdem dort neben der NVA-Uniform. Im Gegensatz zum Schicksal der meisten aktiven Offiziere der NVA konnte ich aber meine berufliche Tätigkeit ohne Unterbrechung fortsetzen. Der Großteil dieser Tätigkeit spielte sich allerdings nicht mehr in Berlin ab. Da die Zentrale der DB damals in Frankfurt am Main saß, war dort dann auch mein Dienstort. In dieser Zeit konnte ich viele Kenntnisse und Erfahrungen aus meiner bisherigen Tätigkeit nutzen und unter den veränderten gesellschaftlichen Verhältnissen einbringen. Ich denke, dass die Zeit als Reserveoffizier und das dabei erlernte komplexe Denken nicht unwesentlich dazu beigetragen haben. Ich bin auch hier meinem Leitspruch aus der Zeit des Grundwehrdienstes treu geblieben.

2003 beendete ich meine aktive berufliche Tätigkeit in der Zentrale der DB Energie GmbH, dem Energieversorger der Deutschen Bahn AG, in Frankfurt am Main. Die Erinnerungen an meine Reservistenzeit konnten hier natürlich nur bruchstückhaft dargestellt werden. Im Nachhinein betrachtet, war meine militärische Laufbahn wohl nicht gerade sehr typisch. Ursprünglich war sie so auch nicht beabsichtigt. Manche Dinge entwickeln im Leben eine gewisse Eigendynamik, der man sich nicht ohne Weiteres entziehen kann und irgendwann auch nicht mehr will. Mein Dienst in der NVA und als Reservist war ein nicht unwesentlicher Teil meines Lebens. Eigentlich bin ich damit ganz zufrieden und auch ein bisschen stolz darauf, dass wir dazu beigetragen haben, den Frieden zu erhalten.

Um den Kreis zu schließen: Die eingangs erwähnten Probleme mit der Zuordnung der Angehörigen der Fla-Raketentruppen auf Grund der „Mischbauweise" unserer Uniform verfolgte mich noch lange. Anlässlich meiner letzten Beförderung zum Major der Reserve überreichte mir ein General der Landstreitkräfte die Schulterstücke eines Majors der Luftstreitkräfte statt die meiner Waffengattung, der Luftverteidigung. Was willst Du machen? So ist das Leben.

Dieter Hertwig
Zur politischen Arbeit in einer FRA in den Anfangsjahren

Nach Abschluss der Artillerieschule Dresden verschlug es einige von uns jungen Unterleutnants Ende 1961 zu den Fla-Raketentruppen, die es offiziell eigentlich noch gar nicht gab. Wir erfuhren es auf der Fahrt nach Pinnow bei einem Halt auf der Autobahn, nachdem man uns zu strengster Geheimhaltung verpflichtet hatte. In Pinnow erhielten wir eine längere intensive theoretische und praktische Ausbildung für unseren Einsatz in der Truppe. Meine erste Dienststellung war Zugführer in der Startbatterie der 4. Feuerabteilung des FR-13. Anfang 1964 wurde ich als hauptamtlicher FDJ-Sekretär gewählt und versah meinen Dienst in der Gruppe politische Arbeit.

Die Ausbildung in Pinnow hatte bereits einen gewichtigen Teil des Personalbestands der Abteilung zusammengeführt. Alle waren wir Lernende, angefangen bei den Führungskräften der Abteilung über die Kompanie- und Batteriechefs, die Zugführer und Obertechniker bis zu den Funkortern, Planzeichnern und Aggregatewarten. Zugleich nutzten die Vorgesetzten Dienst und Freizeit, um sich gegenseitig – und soweit schon anwesend – ihre künftigen Unterstellten kennen zu lernen. Major Reinhold Schröter als Politstellvertreter und Hauptmann Heinz Wilde als Parteisekretär waren bald so etwas wie die Seele der Abteilung. Sie waren immer mitten unter denen, die in der Stellung hart arbeiteten oder später an der Technik übten. In vielen persönlichen Gesprächen und Beratungen schufen sie eine starke Grundorganisation der Partei und eine aktive FDJ-Organisation in der Einheit. Ihr Anteil an der Herstellung der Geschlossenheit der Abteilung war groß.

Die konkreten Bedingungen, die wir am Standort vorfanden, waren zunächst ernüchternd. Die Unterbringung erfolgte in Zelten, die Kaserne stand erst im Rohbau und in der Feuerstellung war bis zur Fertigstellung noch sehr viel Erde zu bewegen.

Bis zum Herbst 1962 bestimmten vorrangig die Arbeitseinsätze in der Feuerstellung den Tagesablauf. Die Parteileitung orientierte die Mitglieder der Grundorganisation darauf, vor allem durch ihr persönliches Vorbild die Arbeitsmoral zu stärken. Es galt, auch unter den besonderen Bedingungen des täglichen Dienstes die militärische Disziplin und Ordnung zu gewährleisten.

Allerdings gab es auch einmal eine Episode, die wegen der Humorlosigkeit des Kommandeurs zu einem groben Disziplinarverstoß im Offizierskorps erklärt wurde, obwohl sie eigentlich besser in die Rubrik deftiger Spaß gehört hätte. Unterleutnant Winges, Zugführer in der Startbatterie, hatte touristisches Reiten als Hobby entdeckt und sich bei der LPG Steffenshagen ein Pferd besorgt. Eines Nachmittags, es war Wochenende und in der Zeltstadt herrschte reges Treiben, da tauchte am Waldrand ein Reiter auf. Zielgerichtet trabte das Pferd in Richtung Baracke, in der sich auch das Dienstzimmer des Kommandeurs befand. Wahrscheinlich lag es an dem offenen Fenster, jedenfalls steuerte das Pferd genau darauf zu und steckte seinen Kopf in das Zimmer hinein. Dort saß Hauptmann Rossius an seinem Arbeitstisch. Infolge eines schnaubenden Geräusches drehte er sich um und erschrak fürchterlich, als er den Pferdekopf direkt vor der Nase hatte. Der sowieso schon cholerische Kommandeur tobte wie ein Wilder. Seine energischen, ja hysterischen Worte erschreckten augenblicklich das Pferd und brachten dem Reiter anschließend großen Ärger. Die Truppe aber amüsierte sich sehr über diese Begebenheit und konnte noch lange herzlich darüber lachen.

Nach monatelangen Arbeiten wurde im November 1962 endlich die Technik zugeführt, und zugleich zogen wir in unsere neue Kaserne ein. Von da an bestimmten die Vorbereitungen zur Aufnahme in das Diensthabende System den Inhalt der Erziehung und Ausbildung. Unsere Zugehörigkeit zum Regiment nahmen wir in dieser Zeit eigentlich nur als laufende Kontrollen durch den vorgesetzten Stab und seine Politabteilung wahr. Ein geflügeltes Wort bei uns war: „Hilfe, es kommt Anleitung!"

Erst mit zunehmender Festigung der Geschlossenheit des Truppenteils entwickelte sich eine Atmosphäre der Zusammenarbeit, in der Kontrollen, Anleitung und Hilfe eine Einheit bildeten.

Bei der Auswertung einer solchen Kontrolle äußerte sich der Leiter der Politabteilung des Regiments, Oberstleutnant Müller, zu der Art und Weise, wie die jungen Offiziere der Abteilung ihre Verantwortung bei der Erziehung der Unterstellten wahrnehmen. Die Atmosphäre im Raum war angespannt. Müller konfrontierte uns mit den Feststellungen der Kontrollgruppe. Insbesondere ermahnte er uns, überlegter mit Lob und Tadel zu arbeiten. Er legte ein Beispiel mangelhafter Arbeit dar, das sich etwa so anhörte: „Da gibt es in der Funktechnischen Kompanie einen Soldaten, der hat bereits 9 Belobigungen erhalten.

Die erste Belobigung war ein Dank vor der Front. Es folgte als zweite und dritte Belobigung wieder ein Dank vor der Front." Seine Stimme hob sich. „Auch die 4., 5., 6., 7. und 8. Belobigung waren ein Dank. Und, Genossen, was glaubt ihr, womit der Soldat beim 9. Mal belobigt wurde?"

Kurze Pause, peinliche Stille, dann die deutliche Stimme von Unterleutnant John Kettner: „Mit einem strengen Dank!"

In das anschließende befreiende Gelächter stimmte sogar der Redner ein. Er konnte sicher sein, dass wir daraus die richtigen Lehren zogen. Jedenfalls hat es danach in unserer Abteilung keinen weiteren Soldaten gegeben, der neun Mal hintereinander mit einem Dank vor der Front belobigt wurde.

Natürlich wurden alle Formen und Methoden der politischen Arbeit genutzt, um die Bedeutung des Diensthabenden Systems für die Erhaltung des Friedens sowie Platz und Verantwortung der Angehörigen der Abteilung in diesem Prozess zu diskutieren.

Eine wichtige Rolle spielte dabei die Erziehung zum Internationalismus, die im engen Zusammenhang mit der Verschärfung des Kalten Krieges erfolgte. Die Zeit der Erhöhten Gefechtsbereitschaft während der Kuba-Krise im Oktober/November 1962 war gekennzeichnet durch eine ausgeprägte solidarische Haltung der Angehörigen der NVA gegenüber dem kubanischen Volk. In der politischen Diskussion unter den Offizieren spielte die Möglichkeit einer weltweiten militärischen Auseinandersetzung eine große Rolle. Dabei gingen wir von der militärischen Überlegenheit der Sowjetunion über die USA aus und sahen den Sozialismus als Sieger in einem möglichen Raketen-Kernwaffenkrieg. Die Erkenntnis, dass es in einem solchen Krieg keinen Sieger, sondern nur Verlierer geben konnte, hat sich erst viel später eingestellt. Mit der Zulassung zum DHS leisteten die Angehörigen der Abteilung einen verantwortungsbewussten persönlichen Beitrag zur Sicherung des Friedens. Im Verlauf des Jahres 1963 festigte sich der politisch-moralische Zustand, und die Kenntnisse und Fähigkeiten unserer Bedienungen und Besatzungen gewährleisteten, dass wir die zahlreichen Trainings, Kontrollen, Überprüfungen und Abnahmen für das Gefechtsschießen in der Sowjetunion bestanden.

Mitte des Jahres 1964 weiteten die USA die militärischen Auseinandersetzungen mit der südvietnamesischen Befreiungsfront aus und begannen mit der Beschießung des Territoriums der DRV. Anfang August provozierte die US-Navy im Golf von Tonkin einen Zwischenfall, den man zum Anlass für ein massives militärisches Eingreifen nahm. Ein entsprechender Plan zur Bombardierung der DRV lag schon seit dem Frühjahr 1964 im Pentagon vor. Seitdem führten US-Geheimdienste auch verdeckte Operationen in Vietnam durch. Am 15. März 1965 begann die systematische Bombardierung Nordvietnams. Amerikas „Krieg zur Eindämmung des Kommunismus" löste eine weltweite Solidaritätsbewegung für Vietnam aus. Für uns hieß das, verstärkte Anstrengungen zur besseren Beherrschung unseres Waffensystems zu unternehmen. Die zunehmenden Erfolge der vietnamesischen Luftverteidigung im Kampf gegen die US-Bomber fanden bei uns große Anerkennung. Vielfach wurde die rasche Vermittlung der vietnamesischen Erfahrungen bei der Bekämpfung des Luftgegners gefordert.

Zugleich waren die Angehörigen unserer Abteilung bereit, einen materiellen Beitrag zur Unterstützung des Volkes von Vietnam zu leisten. Die jährlich durchgeführten Solidaritätssammlungen erbrachten, gemessen am Durchschnittseinkommen der Armeeangehörigen, ständig steigende Beträge. Nach mehreren

Versetzungen kann ich aus eigener Erfahrung sagen, dass die Offiziere unserer Abteilung anteilmäßig zum Monatsgehalt einen höheren Betrag spendeten als das in den Ebenen Regiment bis Kommando LSK/LV der Fall war. Die Vietnamspende war für uns keine periodisch wiederkehrende formale Angelegenheit oder ein Punkt im Wettbewerb, sondern ständiger Bestandteil der politischen Arbeit zur Erfüllung unserer internationalistischen Pflicht.

Die NVA zeichnete sich überhaupt durch ihr solidarisches Verhalten aus. So ergab allein die Solispende im November 1966 über 2 Millionen Mark. Bis zum Oktober 1969 betrug die Gesamtspende der NVA für Vietnam 13 Millionen Mark! Es gab wohl keinen anderen gesellschaftlichen Bereich in der DDR, der sich daran messen konnte.

Wie weit der Gedanke des Internationalismus verankert war, zeigte sich an der Bereitschaft fast aller Offiziere unserer Abteilung, sich bei Notwendigkeit für einen Einsatz in Vietnam zu verpflichten. Diese Bereitschaft war auch bei den Soldaten und Unteroffizieren stark ausgeprägt. Niemand erklärte diese Bereitschaft leichtfertig. Die konkrete Entscheidung der Einzelnen wurde in den Familien diskutiert, und mancher Ehefrau ist die Zustimmung nicht leicht gefallen. Davon zeugen unter anderem die Meinungsäußerungen und Fragen vieler Ehefrauen, in denen Unsicherheit über den Dienst und Angst um die Familie zum Ausdruck kamen.

Im Herbst 1963 machte man mir den Vorschlag, mich in die Funktion des hauptamtlichen FDJ-Sekretärs einzuarbeiten und mich im Jahr darauf zur Wahl zu stellen. Zu meinen Aufgaben gehörte auch die Zusammenarbeit mit der FDJ-Kreisleitung in Pritzwalk. Dabei gelang es uns sehr kurzfristig, mit den Möglichkeiten der GST interessierten Mitgliedern der FDJ den Erwerb der Fahrerlaubnis zu ermöglichen. Der theoretische Unterricht einschließlich Prüfung und Erster-Hilfe-Kurs fanden in der Dienststelle statt. Fahrlehrer waren Ausbilder der GST. Kurz vor Weihnachten 1963 traten 15 Fahrschüler zur Prüfung an. Bis auf zwei Ausnahmen bestanden alle und erhielten die Fahrerlaubnis für Motorrad, Pkw und Lkw. Als letzter Prüfling fuhr ich am späten Abend mit einem H3A, dessen Motor ständig laufen musste, weil der Anlasser defekt war, ganze 300 m. Der Verkehrspolizist, der neben mir saß, hatte einen Schlangenlinien fahrenden Motorradfahrer bemerkt. Er stoppte ihn und fuhr mit ihm in unserem H3A zur Blutprobe ins Krankenhaus. Mir wurde so die weitere Prüfung erlassen.

In der FDJ-Arbeit standen Fragen der vorbildlichen militärischen Pflichterfüllung und der Beherrschung der Technik im Mittelpunkt. Ende September 1963 verabschiedete das SED-Politbüro ein Kommuniqué „Der Jugend Vertrauen und Verantwortung". Wir leiteten daraus eine Diskussion zum Thema „Die Verantwortung des Einzelnen für den Gesamterfolg der Kollektivs" ab.

Besonders starke Impulse gingen dabei von den Angehörigen der Funktechnischen Kompanie aus. Gunter Helmer, der in dieser Zeit als Wehrpflichtiger Funkorter bei uns war, beschreibt in seinem Beitrag, wie er persönlich seine Verantwortung für Erfolg oder Misserfolg des Kollektivs erkannte und wahrzunehmen suchte. In der Zeit der Formierung des FRR-13 begannen viele junge Offiziere ihren Dienst in der Truppe. Dadurch verringerte sich das Durchschnittsalter des Offizierskorps beträchtlich. So waren in der 4. FRA mehr als die Hälfte des Offiziersbestands noch Mitglieder der FDJ.

Voller freudiger Ungeduld verfolgten wir über viele Monate beinahe täglich, wie der Bau der beiden für die Berufssoldaten vorgesehenen Wohnblöcke voran ging. Wohl die meisten jungen Familien sollten hier ihre erste eigene Wohnung erhalten. Nach dem Einzug im Herbst 1963 gab es allerdings im flachen Priegnitzer Land kaum Aussichten auf Arbeit für die Ehefrauen. Deshalb war von Anfang an die Einbeziehung der Familienangehörigen in das kulturelle Leben der Einheit und die Entwicklung gutnachbarschaftlicher Beziehungen in den Wohnblöcken Bestandteil der FDJ-Arbeit. Die Ehefrauen und Kinder nahmen an den kulturellen und sportlichen Veranstaltungen in der Kaserne teil und für die Familien wurden extra gesellige Abende durchgeführt. So erlebten wir 1964 einen vergnüglichen Abend mit einem Programm der Konzert- und Gastspieldirektion, in dem u. a. Dagmar Gelbke auftrat und uns das Gefühl gab, nicht in der Taiga zu leben.

Mitte des Jahres 1964 bekam ich den Auftrag, für den im Oktober des Jahres vorgesehenen Kulturausscheid des Regiments das Programm der 4. Abteilung inhaltlich auszuarbeiten, geeignete Akteure auszusuchen und sie auf den Auftritt vorzubereiten. Es war reiner Zufall, dass ich in der Wochenzeitschrift „Sonntag" den vollständig abgedruckten Text des Theaterstückes „Katzengold" von Horst Salomon entdeckte. Salomon war mir nicht unbekannt, hatte er doch bereits mit meinem Schwager zusammen gearbeitet. Der Inhalt des Stückes gefiel mir, weil dort Klartext geredet und manche Erscheinung in den Betrieben kritisch beschrieben wurde. Ich beriet mich mit meinen Mitstreitern. Wir waren uns schnell einig: Wir spielen „Katzengold".

Als die Konzeption für das Stück stand, konnten wir nicht absehen, dass uns diese Geschichte mehr als ein Jahr beschäftigen sollte. Unser erfolgreicher Auftritt in Parchim war dann nicht wie erhofft der glanzvolle Abschluss unserer künstlerischen Bemühungen, sondern der Beginn einer Entwicklung, die uns letztlich überrollte. Die Jury, in der auch Schauspieler vom Theater Schwerin vertreten waren, zeichnete uns mit dem Titel „Soldatentheater" aus, woraus die Politabteilung der Division die Verpflichtung ableitete, dass wir „nach außen wirksam werden sollten". Der Vorstellung in Parchim folgte im Frühjahr 1965 ein Auftritt im sozialistischen Dorf Mestlin, in dem es ein riesiges Kulturhaus gab, das dem der Maxhütte glich. Der Sinn dieses Auftritts bestand darin, den Schulungsgruppenleitern für die Politausbildung der Unteroffiziere zu zeigen, was doch an kleinen Standorten künstlerisch auf die Beine zu stellen war. Die Politabteilung der LVD hatte uns quasi auserkoren, weil man mit uns gut Staat machen konnte. Dazu schickte man uns Jürgen Gosch vom „Hans-Otto-Theater" Potsdam, der damals in Theaterkreisen der DDR schon als hoffnungsvolles Talent im Bereich Schauspiel galt. Er sollte während seines Wehrdienstes die Zeit nutzen, um unser Laientheater im Sinne des Bitterfelder Weges zu unterstützen, sich politisch festigen und zeigen, was in ihm steckt. Ein erstes Ergebnis wurde bei unserem vorgesehenen Auftritt auf dem anstehenden Kulturausscheid der Division erwartet.

Inzwischen hatten sich einige von uns „Katzengold" in Berlin angesehen mit dem Ziel, die Qualität der eigenen Aufführung zu verbessern. Den Vorschlag lehnte der Kulturoffizier der Division, Hauptmann Zimmermann, glatt ab. Man könne so keine Entwicklung sehen, und wir sollten gefälligst ein neues Stück einüben. Außerdem hätten wir ja einen Fachmann, der uns anleiten kann.

Gosch kam dann mit dem Vorschlag, Brecht zu spielen. Er schlug das Stück „Mann ist Mann" vor. Diesen Vorschlag lehnte die Mehrheit von uns ab. Wolfgang Prager, unser bester Schauspieler, war nicht mehr zur Mitarbeit bereit. Nach längerem Hin und Her einigten wir uns auf einen Ausschnitt aus „Die Gaunerstreiche des Skapin" von Molière. Gosch besorgte auf einer „Dienstreise" durch die Berliner Theater einen großen Schminkkasten mit Bärten und Perücken und dazu entsprechende Kostüme. Unser Auftritt in Neubrandenburg war nicht überzeugend, trotzdem verlangte Zimmermann, wir sollten weiter machen, was aber nicht gelang. Unlust machte sich breit und Probleme traten auf. Die Soldaten der Abteilung murrten wegen der Bevorzugung der Theaterleute, die ihnen zusätzliche Dienste im DHS bescherten. Wir sahen nur noch die Möglichkeit, unser Theater zu schließen. Meine dienstliche Zusammenarbeit mit Jürgen Gosch fand im Sommer 1966 noch einen turbulenten Abschluss. Gosch war im Urlaub in Berlin. Er war mit der Schauspielerin Margit Bendokat verheiratet, der Synchronstimme von Yvonne in den legendären Filmen der Olsenbande. Der Urlaub war zu Ende und Gosch kam nicht in die Dienststelle zurück. Ratlosigkeit und eine schnelle Entscheidung: Information an die Stadtkommandantur, den säumigen Urlauber festzusetzen. Am Abend dann die Nachricht, wir könnten den überfälligen Urlauber abholen. Natürlich musste ich fahren. Am Morgen erlebte ich dann einen völlig aufgelösten Gosch, der sich über die Ursache seiner Arrestierung im Unklaren war. Schließlich hatte er einen Tag vor dem Ende seines Urlaubs die Dienststelle über die Krankheit seiner Frau telegrafisch informiert und um zwei weitere Tage Urlaub gebeten. Auf dem Postamt in Berlin bestätigte man mir die Absendung des Telegramms, und ich stellte einen Antrag, die Ursachen für die fehlende Übermittlung festzustellen. Dann gingen wir zu Goschs Wohnung. Sie war verschlossen, und er hatte keinen

Schlüssel. Wir entschlossen uns ungeachtet der Tatsache, dass wir Uniform trugen, in einer Nebenstraße in ein Fenster der Wohnung in Parterre einzusteigen. Es hat uns keiner gesehen. Wenige Wochen nach dieser Episode wurde ich zum JG „Heinrich Rau" nach Peenemünde versetzt. Damit begann ein bewegtes Leben als Polit-Offizier bei den LSK/LV, in dessen Verlauf ich an sechs verschiedenen Standorten in sieben unterschiedlichen Dienststellungen tätig war. Dazu zählten die Funktionen als FDJ-Instrukteur eines Geschwaders, als Oberinstrukteur für Parteiinformation im Kommando LSK/LV und zuletzt als Vorsitzender der PKK an der OHS „Franz Mehring" in Kamenz.

In den vielen Jahren meiner dienstlichen Laufbahn ist mir die Zeit in der Fla-Raketenabteilung in Steffenshagen immer als besonders wertvoll in Erinnerung geblieben. Dort erlebte ich, wie sich gegenseitige Verantwortung herausbildete und wie sich von Vertrauen geprägte menschliche und familiäre Beziehungen entwickelten. Diese Erfahrungen übten im Weiteren eine ganz entschieden positive Wirkung bei der Erfüllung meiner dienstlicher Pflichten aus und prägten meine persönliche Verhaltensweisen.
    In dieser Wirkung offenbart sich zugleich der tiefere Sinn der gesamten politischen Arbeit in der NVA.

Gunter Helmer
Meine erste Reise ins Ausland

Als ich vom November 1963 bis zum April 1965 meinen Wehrdienst als Angehöriger der Fla-Raketen-Truppen der NVA leistete, war ich 20 Jahre jung und hatte von der Welt außerhalb meines Heimatlandes bisher nur wenig gesehen. Schule, Lehrzeit, da blieb weder Zeit noch Geld für große Reisen. Kaum zu glauben, aber meine erste größere Auslandsreise machte ich als Angehöriger der NVA. Es war eine Gruppenreise in die Sowjetunion, aber eine Reise, die in keinem Reisebüro der Welt angeboten wurde. Das Reiseziel hieß zunächst Moskau, ab Moskau dann Astrachan. Der Bahnhof, auf dem wir dann noch vor Astrachan den Zug verlassen mussten, sollte Aschuluk heißen.

Dem sachkundigen Leser ist längst klar, um was für eine Reise es sich handelte. Die Abteilung, in der ich diente, fuhr zum Gefechtsschießen auf dem Polygon der Luftverteidigung der Sowjetarmee in Aschuluk. Die Vorbereitungen zur Reise waren anstrengend. Wir mussten die gesamte Pyramide der Überprüfungen über uns ergehen lassen, vom Regiment über die Division bis zum Kommando LSK/LV.

Und bei der NVA wurden alle überprüft, der gesamte Personalbestand, nicht nur die Obertechniker. Aber irgendwann war auch das geschafft. Vor der Reise mussten wir unsere Dienstausweise abgeben und bekamen dafür jeder einen provisorischen Personalausweis der DDR, den sog. PM 12. Derselbe enthielt neben Name, Vorname und Geburtsdatum auch die Wohnanschrift. Wir waren etwas überrascht, dass alle Teilnehmer die gleiche Anschrift hatten: eine Hausnummer in der Normannenstraße in Berlin. Es war die Anschrift des Ministeriums für Staatssicherheit in Berlin-Lichtenberg.

Die erste Etappe der Reise führte per Lkw nach Bernau bei Berlin zum S-Bahnhof, von dort dann mit der Bahn zum Berliner Ostbahnhof. Da ich im Zivilleben Angehöriger der Deutschen Reichsbahn war, gelang es mir recht leicht, die Abfahrtzeit des nächsten Zuges nach Moskau zu ermitteln. Wir hatten etwas Zeit bis zur Abfahrt unseres Zuges. Natürlich fand sich eine Telefonzelle – Mobiltelefone gab es damals noch nicht – von der aus ich meiner Verlobten mitteilen konnte, dass ich mich z. Z. am Ostbahnhof aufhielt. „Rein zufällig" erschien sie dort, und wir hatten so die Möglichkeit, uns außerplanmäßig zu sehen. Manchmal sind Augenblicke kurz, manchmal lang. Dieses Mal waren sie zu kurz.

Der Zug, mit dem wir nach Moskau fuhren, war der Regelzug Wünsdorf – Moskau, ein Zug, der zum größten Teil von Urlaubern der Sowjetarmee genutzt wurde. Für uns waren zwei Wagen reserviert. Kontakte zu den im Zug reisenden sowjetischen Urlaubern, meist Offizieren, blieben nicht aus. Am zweiten Tag der Reise wurde ich und ein zweiter Soldat unserer Gruppe in ein Abteil des Nachbarwagens eingeladen. Wir nahmen all unsere Russischkenntnisse zum Schwatz zusammen. Als dann eine Flasche Wein auf den Tisch kam und wir mittrinken sollten, lehnten wir befehlsgemäß ab. Unsere Erklärung über das Alkoholverbot wurde insofern akzeptiert, als dass einer der Russen sich an die Tür stellte und Bescheid sagen wollte, wenn von unseren Offizieren einer im Gang auftauchte.

Also: Na sdorowje! Ein bisschen überrascht waren wir schon, als plötzlich unser Zugführer am Abteil vorbeiging und, als er uns sitzen sah, natürlich hereinschaute. Er fand unser Verhalten sicherlich nicht gut, zeigte aber Verständnis, indem er uns aufforderte, unser Abteil aufzusuchen – ohne weitere Folgen. Es war uns aber auch so schon peinlich genug. Als wir den sowjetischen Genossen, der uns eigentlich beim Auftauchen eines NVA-Offiziers warnen sollte, danach fragten, wieso das nicht geschehen war, meinte er, es wäre ja kein Offizier gewesen, sondern ein Unterleutnant. Außerdem hätten wir doch nur Wein getrunken, keinen Alkohol. Mir war die ganze Sache peinlich.

Unser Zwischenaufenthalt in Moskau war kurz, aber es war Zeit für eine Stadtrundfahrt. Um ehrlich zu sein, bei aller Freundschaft und Waffenbrüderschaft, ein bisschen gehemmt fühlten wir uns in der feldgrauen Uniform in Moskau schon.

Ich kann heute nicht mehr nachvollziehen, wie lange die Fahrt von Moskau bis Aschuluk gedauert hat. Es muss aber eine mehrtägige Fahrt gewesen sein, denn wir kamen recht ausgeschlafen in Aschuluk an. Ein Großteil der Strecke war von Schutzwaldstreifen gesäumt, sodass nur wenig von der Landschaft zu sehen war. Interessant war die Überquerung der Wolga bei Engels. Die Breite des Flusses war beeindruckend. Beeindruckend war auch, dass diverse ungebetene Fahrgäste unter lautstarkem Protest der Wagenschaffner an jedem Zwischenhaltbahnhof bei Abfahrt des Zuges auf die Wagendächer kletterten und dort mitfuhren, sozusagen „Sparticket" auf Russisch.

Vom Bahnhof Aschuluk zum Schießplatz ging die Fahrt auf sandiger Piste durch die Steppe. Ich hatte mich idiotischerweise freiwillig bereit erklärt, die Fahrt auf dem Koffer-Lkw mitzumachen. Wir waren vier Mann, die auf diese Weise die Steppe hautnah kennenlernten. Nach kurzer Zeit schmeckten, rochen und spürten wir den Sand überall, im Mund, in der Nase, in den Ohren und auch in den Augen. Der sonstige Personalbestand fuhr in einem Bus. Auf der Rückfahrt wir Vier auch!

Als wir ankamen betrug die Temperatur im Unterkunftsgebäude reichlich 30 Grad Celsius. Für uns Soldaten gab es einen riesigen Schlafsaal mit ungewohnt schmalen Betten. Die Frage, ob wir drei oder vier Decken für die Nacht haben möchten, verstanden wir überhaupt nicht. Die ausgebenden Frauen wiederum sahen uns ungläubig an, als wir jeder nur zwei Decken nahmen. In der Nacht wurde uns bald klar, warum sie uns belächelt hatten. Gegen Mitternacht war es schon ziemlich frisch, und vor dem Sonnenaufgang war es dann bitterkalt. Dafür wurde es am Tag dann wieder kuschelig warm. Die Tagestemperaturen lagen bei 35 Grad im Schatten, aber: wo gab es schon Schatten in Aschuluk? Übrigens: Ein frisch gewaschenes Taschentuch, tropfnass aufgehängt, war nach ca. fünf Minuten trocken.

Die Soldatenverpflegung war auch etwas gewöhnungsbedürftig. Morgens: Kascha dick und süß, mittags: Kascha mittel und gesalzen, abends: Kascha dünn, mal süß mal sauer. Am nächsten Tag wurde gewechselt. Morgens: Kascha mittel, mittags: Kascha dünn, abends Kascha dick. Dazu gab es aber hervorragendes, schmackhaftes Schwarzbrot und pro Tisch (20 Soldaten) eine Schüssel Butter oder aber ein, zwei Schüsseln Konservenfisch. Als Getränk gab es Tee oder einen heißen Aufguss von Backpflaumen. Spätestens am dritten Tag sah man immer mehr Soldaten im Trainingsanzug, die im Magazin der Offiziersstolowaja ihre Rubel umsetzten.

Über die Vorbereitung und den Ablauf des Gefechtsschießens auf dem Schießplatz mögen die berichten, die öfter dabei waren und kompetenter sind als ich. Ich habe das alles als junger Bursche und als „kleiner Kanonier" erlebt, der mit seiner Aufgabe als Funkorter voll ausgelastet war. Im Gegensatz zu den Offizieren standen wir nicht im Fokus der sowjetischen Instrukteure. Während die Offiziere so lange gefragt wurden, bis sie nichts mehr wussten, ließ man uns fast ungeschoren. Daraus entstand bei mir der Eindruck, dass der Ausbildungsstand der Soldatendienstgrade bei den „Freunden" nicht so hoch war wie bei uns. Wäre den Instrukteuren bekannt gewesen, was wir alles wussten, hätte man uns ganz anders geprüft.

Mit diesem Bericht wollte ich nachdrücklich daran erinnern, dass die Art der Reise zum Gefechtsschießen damals ihren Reiz hatte und allen Teilnehmern unvergessen blieb. Mir taten die späteren Jahrgänge leid, die mit dem Flugzeug zum Schießplatz geflogen wurden und die dabei auf viele Eindrücke verzichten mussten, die uns vergönnt waren. Jeder Fortschritt hat bekanntlich seinen Preis.

Bernd Biedermann
Der Ballon

Es war ein Sommertag, wie er schöner nicht sein konnte: Strahlend blauer Himmel, kaum ein Lüftchen zu spüren, und es war gerade Mittagszeit. Da erreichte uns ein Anruf aus der Stellung. Die diensthabende Besatzung hatte genau über dem Mittelpunkt einen großen Ballon ausgemacht. Man habe bereits den Stabschef informiert, wir sollten aber ebenfalls kommen. Emton Prager und ich machten uns im Laufschritt auf den Weg. Noch bevor wir die Wache erreichten, hörten wir kurze Feuerstöße, die eindeutig von einer Maschinenpistole kamen. Den Ballon hatten wir auch bereits entdeckt. Ich hatte den Eindruck, dass er in einigen hundert Metern Höhe nahezu unbeweglich über unserer Stellung stand. Als wir nahe genug heran waren, sahen wir unseren Stabschef, der mit einer Kalaschnikow im stehenden Anschlag kurze Feuerstöße auf den Ballon abgab. Er hatte die Waffe von einem Wachposten übernommen, weil der und die anderen Soldaten der Wache nicht getroffen hatten. Der Ballon zeigte aber auch unter dem Feuer des Hauptmanns keinerlei Wirkung. Nach einer Weile kamen mir Zweifel, dass man das Ziel so bekämpfen konnte. So schnell es ging, holten wir das große Flakfernrohr TSK 30 aus dem Gefechtsstand und bauten es auf seinem Dreibein auf. Als wir das Ziel im Visier hatten, kam es uns merkwürdig vor, dass der Ballon trotz der gewaltigen 30fachen Vergrößerung des TSK keineswegs größer aussah als bei der Betrachtung mit dem bloßen Auge. Irgendetwas stimmte hier nicht.

Inzwischen hatte der Stabschef seine erfolglosen Bemühungen eingestellt. Nachdem sechs Magazine mit je 30 Schuss leer waren, musste er so entscheiden. Ganz langsam driftete der Ballon etwas nach der Seite ab. Der Himmel trübte sich leicht ein, und mehr und mehr veränderte sich unsere Wahrnehmung von der Höhe und der Entfernung des ominösen Objekts. Deutlich war nun zu erkennen, dass unten am Ballon ein größeres Gerät hing. Wir begannen zu ahnen, dass wir es mit einem Stratosphärenballon riesigen Ausmaßes zu tun hatten. Wie wir wussten, bewegten sie sich in der Regel in Höhen weit über 10.000 m und nutzten dort die sog. Jetstreams für ihre Fortbewegung. Um der Sache auf den Grund zu gehen, entschlossen wir uns zu einer eigentlich nicht erlaubten Aktion. Wir schalteten die Raketenleitstation ein, richteten die Antennen optisch auf das Ziel und schalteten dann die Sender auf Antenne. Bei einem Erhöhungswinkel von etwas über 80 Grad erschien ein schönes starkes Signal auf unseren Bildschirmen. Die Schrägentfernung bis dahin betrug 27 km! Nun war klar: Es handelte sich um einen der Spionageballons der USA, die bei entsprechend günstigen Höhenwinden in der Bundesrepublik aufgelassen wurden, dann Europa und Asien überquerten und im Pazifik wieder eingefangen wurden.

Ein solches Flugobjekt mit einer Maschinenpistole zu bekämpfen, konnte wahrlich nicht zum Erfolg führen. Der Leidtragende der ganzen Geschichte war unser Stabschef. Mindesten ein Jahr lang haben sich andere, die bei dem Ereignis nicht dabei waren, über den „Schlumpschützen" lustig gemacht, der soviel Munition verballert hatte, ohne zu treffen.

Emton und ich waren im Nachhinein froh, dass wir nicht geschossen hatten, obwohl wir es eigentlich auch gern probiert hätten.

Rainer Porst
Ein Reisestreiflicht

Nichts ging über die Eisenbahnromantik auf den Fahrten nach Aschuluk. Immer vier Mann in einem Abteil konnten wir uns umsorgt von den Schaffnerinnen für zweimal je 36 Stunden gemütlich einrichten. Zusammen mit dem Personal des Speisewagens wachten sie mit Argusaugen über unser Wohl und schützten uns, wenn nötig, auch vor lästigen Landsleuten.

Eigentlich haben wir uns immer gut verstanden. Wären da nicht hin und wieder Sprachbarrieren gewesen, die das Miteinander erschwerten. Das Abteil neben uns gehörte unserem „Abteiler", Major Lehmann, liebevoll nur „Atze" genannt. Als der mal wieder auf dem Korridor stand, weil er dort rauchen und aus dem Fenster schauen konnte, kam plötzlich Bewegung und Lärm auf.

Das Personal des Speisewagens bot zwischen den Mahlzeiten für die Fahrgäste Getränke und Imbisswaren der unterschiedlichsten Art an. Eine dralle Russin redete auch auf „Atze" Lehmann ein, der sie aber offensichtlich nicht verstand. Er kam in unser Abteil und sagte: „Ich weiß gar nicht, was ich gemacht haben soll, was die Serviererin an mir stört. Sie schreit immer ‚Malako, Malako'."

Eigentlich hätte „Atze" wissen müssen, was die Serviererin meinte. Da er aber nie die richtige Aussprache gelernt hatte, sondern das Wort so aussprach wie es geschrieben wurde, nämlich „molokó", verstand er gar nichts. Hätte er gewusst, dass die ersten beiden „O" wie „A" auszusprechen sind, dann hätte er die Serviererin vielleicht sogar verstanden. Sie hatte ihm doch bloß Milch angeboten.

Dieter Bertuch
Hochwürden

Der junge Pfarrer, vor wenigen Monaten mit seinem Theologiestudium fertig geworden, erhielt die Einberufung zum Wehrdienst. Anders als die meisten seiner Glaubensbrüder und jungen Berufskollegen sowie diejenigen, die das DDR-System nicht verteidigen wollten, lehnte er den sog. Wehrersatzdienst ab. Als Bausoldat den Spaten schwingen war nicht sein Ding. Er verweigerte die Waffe nicht.

Da er technisch versiert war und besonders dem Kraftfahrzeugwesen einiges abgewinnen konnte und den Führerschein für Lkw besaß, war es fast logisch, ihn als Fahrer eines Transportladefahrzeugs der Startbatterie einzusetzen. Das TLF, bestehend aus der Zugmaschine und dem Nachläufer, auf dem die Rakete lag, musste zentimetergenau auf die Ladebleche der Rampe aufgefahren werden. Nur von dort konnte die Rakete auf die Rampe geladen werden. Ein kraftraubender Vorgang, der trotz der Schinderei von allen höchste Präzision verlangte und deshalb hunderte Male geübt wurde. Dabei kam es vor, dass der junge Pfarrer manchmal das Gas- oder Bremspedal nicht exakt traf. Es war auch wirklich nicht leicht, den Sil 157 mit seiner Luftdruckbremse auf den Punkt abzubremsen. Jede Berührung des Pedals führte im Prinzip zu einer Vollbremsung, und wieder standen die Räder zu früh, oder zu spät, wenn er zu lange gezögert hatte.

In der Auswertung hörte sich das dann so an: „Also, Hochwürden, Du Rindvieh, nun musst Du es doch mal mitkriegen, was Du wieder falsch gemacht hast. Die Räder müssen auf den Blechen stehen und zwar in der Mitte, nicht weiter vorn und nicht weiter hinten." Hochwürden nahm die Kritiken an seinem Fahrstil gelassen hin. Er wäre in der DDR nicht in die Armee einberufen worden, wenn die entsprechenden Organe vergessen hätten, streng und geheim darüber zu wachen, ob er nicht doch missionierend tätig ist.

Immerhin hatte es vor geraumer Zeit im Truppenteil mal Ärger mit einem „Himmelskomiker" gegeben. Kurt Engel in Warin erhielt von seiner Objektwache die Meldung, der Sternberger Pfarrer habe sich in die Gaststätte der Abteilung begeben. Dort würden bereits etwa 15 Soldaten auf ihn warten, um das Wort Gottes zu hören. Das durfte nicht sein. Engel ging also hin und forderte den Pfarrer auf, seine Predigt zu beenden. Dieser wollte die Gründe für die Unterbrechung nicht einsehen. Der Uniformierte bot einen Kompromiss an. Der Pfarrer könne seine Mission jetzt zu Ende führen, wenn er als Kommandeur am nächsten Sonntag von der Kanzel in der Kirche eine Vorlesung zum Marxismus-Leninismus halten dürfe. „Das ist doch wohl nicht der richtige Ort, Herr Engel!" „Sehen Sie, Herr Pfarrer, genau so ist es mit meiner Armeegaststätte und Ihrer Predigt."

Solche Gefahren beschwor unser TLF-Fahrer nicht herauf. Er betete für sich allein, lobte den wunderbaren Film über die Harmonie eines Atheisten mit einem Gläubigen „Einer trage des anderen Last" und gehörte mit seinem Humor und seiner Aufgeschlossenheit zu den besten Soldaten. Bei Batteriefesten griff er zum Akkordeon oder zur Gitarre und spielte meisterlich Lieder und Weisen. Berührend waren auch seine Reaktionen bei Spendenaktionen für das vietnamesische Volk, das unter dem Bombenkrieg der USA zu leiden hatte. Er ging voran. Verwunderte Blicke oder fragende Äußerungen beantwortete er leise. Als junger Familienvater und mit einem mageren Anfangsgehalt könne seine kleine Familie keine großen Sprünge machen. Aber Gott sei Dank seien sie alle gesund. Drei Mark für die armen vietnamesischen Kinder oder vierhundert Milliliter seines Blutes und seine christliche Fürbitte könne er aber gern abgeben. Das machte die Runde. Selbst die aus Überzeugung einen Gott leugnenden Atheisten verbargen, wenn auch ein wenig verlegen, ihre Anerkennung für Hochwürdens Haltung und Handlung nicht.

Bernd Biedermann
Unsere Wahrnehmung der ČSSR-Intervention 1968

Im Frühjahr 1968 waren wir damit befasst, den Volksentscheid über eine neue Verfassung der DDR vorzubereiten. Da der Volksentscheid in geheimer Abstimmung stattfinden sollte, waren die Vorgesetzten aller Stufen und die Mitarbeiter der Politorgane schon vor dem 6. April im Dauereinsatz an der ideologischen Front. Die Partei- und Staatsführung erwartete wie üblich eine nahe bei 100 Prozent liegende Zustimmung. Die wurde mit 94,5 Prozent dann auch erreicht.

Dazu schreibt Oberst a. D. Dr. Wolfgang Wünsche: „Meines Erachtens gab es damals bei einer Mehrheit so etwas wie ein DDR-Selbstbewusstsein. Es war das Gefühl, trotz schlechterer Ausgangsbedingungen auf wirtschaftlichem Gebiet als die BRD etwas geleistet zu haben, es war die Kenntnis des verbrieften Rechts auf Arbeit und Wohnung, praktisch erlebte soziale Sicherheit, die Hoffnung, dass der errungene bescheidene materielle Wohlstand sich weiter erhöhen würde und nicht zuletzt die Überzeugung, dass die DDR Friedenspolitik betrieb."

In den Vorgängen im Nachbarland ČSSR sah die Mehrheit der DDR- Bevölkerung, auch unter dem Einfluss von Desinformationen in den Medien beider Seiten, eine Gefahr für den Frieden in Europa. Niemand wünschte sich eine Lösung mit militärischen Mitteln, aber viele befürchteten, dass es dazu kommen könnte.

Das war angesichts der militär-politischen Weltlage und vor dem Hintergrund der sich abzeichnenden Niederlage der USA im Vietnamkrieg durchaus im Bereich des Möglichen.

Im Dezember des Vorjahres hatte die NATO die neue Strategie der „flexiblen Reaktion" bestätigt und die Breschnew-Doktrin ließ ein Ausbrechen einzelner Mitgliedsländer aus dem Warschauer Pakt nicht zu.

Jeder, der sich mit der aktuellen politischen und militärischen Lage befasste, wusste natürlich, dass in der ČSSR die Kommandostabsübung „Sumava" stattfand und dass das kein Zufall war. Diese Übung war so angelegt, dass die Voraussetzungen für eine rasche militärische Intervention geschaffen werden konnten. Entgegen der Forderung der ČSSR-Seite wurde die KSÜ nicht planmäßig beendet, sondern so lange wie möglich verlängert.

In der Nacht vom 20. zum 21. August 1968 erfolgte der blitzartige Einmarsch von Truppen der Sowjetarmee, der Polnischen, Ungarischen und Bulgarischen Armee. Die in ihren Ausgangsräumen im Süden der DDR befindlichen zwei Divisionen der NVA (7. PD und 11. MSD) nahmen nicht am Einmarsch teil. Sie verblieben in der Reserve des Oberkommandierenden. In den offiziellen Verlautbarungen wurde jedoch der Eindruck erweckt, dass sie am Einmarsch beteiligt waren. Diese Fiktion wurde von der DDR-Führung bis zum Ende beibehalten und hielt sich auch noch Jahre nach der politischen Wende. Tatsächlich waren zum Zeitpunkt 21. August 1968 jedoch nur fünf Offiziere der NVA mit militärischer Funktion in der ČSSR. Das war eine Delegation unter Oberst Goldbach, zu der auch der Militärattaché der DDR gehörte. Am 24. August traf dann eine operative Gruppe ein, deren Auftrag darin bestand, die Partei-, Staats- und Armeeführung täglich über die Lage zu informieren. Ihr Leiter war Oberst Butzlaff. Zu seiner Nachrichtengruppe von ca. 20 Mann, die über zwei Funkstationen R-118 verfügte, gehörten Offiziere und Unterführer des Nachrichtenregiments 2.

Wie mir ein ranghoher Angehöriger der Funk- und Funktechnischen Aufklärung der Bundeswehr vor einigen Jahren bestätigte, wurden diese Stationen aufgeklärt und abgehört. Daraus leitete man ab, dass die NVA am Einmarsch in die ČSSR beteiligt war. Aus der Fiktion, die die DDR-Führung aufgebracht hatte, und den falschen Schlüssen, die die Bundeswehr aus der Aufklärung der Funkstationen zog, ergab sich die über viele Jahre nur schwer zu erschütternde Behauptung, die NVA sei in das Nachbarland einmarschiert. Fakt ist: Die NVA war zwar an der Intervention gegen die ČSSR beteiligt, sie ist aber nicht einmarschiert!

Was ereignete sich bei den FRT nach der Herstellung der Erhöhten Gefechtsbereitschaft am 21. August 1968? Dazu ein Beispiel.

Die Technische Abteilung des FRR-13 erhielt die Aufgabe, die auf TLF liegenden Raketen, das waren 24 Stück (0,5 KS des Regiments), in die FRA zuzuführen. Da zu diesem Zeitpunkt in jeder Abteilung bereits ein KS (12 FAR: 6 auf Rampe, 6 auf TLF) vorhanden war, mussten die zugeführten Raketen auf provisorischen Balken abgelegt werden. Bereits während der Zuführung wurde in der TA begonnen, weitere 24 Raketen aus den Containern zu nehmen. Sie mussten montiert, betankt und überprüft werden. Nach Rückkehr der leeren TLF aus den Abteilungen wurden sie verladen und waren für weitere Zuführungen bereit. Ein sowjetischer General, der vom Vereinten Oberkommando der Luftverteidigung des WV zu einer Kontrolle bei uns weilte, war begeistert von der Technologie und der Disziplin, mit der unsere Arbeitsgruppen ihre Aufgaben erfüllten.

Nach der Beendigung der Erhöhten Gefechtsbereitschaft mussten die FAR auf den TLF der Technischen Abteilung wieder enttankt, neutralisiert, demontiert und in die Container gepackt werden, ein enormer Aufwand, der mehr Zeit erforderte als die Montage.

Diesen Ablauf hat es wahrscheinlich auch im FRR-16 und FRR-18 so gegeben. Uns war damals klar, dass wir das alles nicht aus Jux und Tollerei taten. Die Lage war sehr ernst, nicht nur wegen der Ereignisse in der ČSSR.

R. Schenk
ATS, der „Zugmittelpanzer" der frühen Jahre

Nach der Grundausbildung 1981 wurde ich zur FuTK der FRA 233 nach Burg Stargard versetzt. Anfangs war die Kompanie in der Wachbaracke in der Feuerstellung untergebracht, und wir lebten dort in einer noch größeren Abgeschiedenheit als es sowieso schon in den Abteilungen der Fla-Raketen üblich war. Nach einiger Zeit des Eingewöhnens begann ich, mich natürlich auch für die nähere Umgebung zu interessieren. Im Gespräch mit den „älteren" Soldaten fielen dann ab und zu Bemerkungen zum Thema „Scheinstellung". Dort sollten sich Startrampen, ja sogar Panzer befinden! Die Neugier war geweckt, und als es einmal passte, machten wir uns auf eine kleine Expedition zur Aufklärung dieser sagenumwobenen Stellung. Nach einer knappen halben Stunde Fußmarsch in östlicher Richtung waren wir dann am Ziel. Die berühmte Scheinstellung befand sich auf einer großen Lichtung.

Im ersten Moment waren wir etwas enttäuscht, denn irgendwie hatten wir erwartet, sie wäre so ähnlich wie unsere richtige Stellung. Das war aber nicht der Fall. Wir standen im Prinzip nur vor einer alten Rampe und zwei recht ramponierten ATS. Das waren Zugmaschinen der Artillerie, die ein Kettenfahrwerk hatten. Offensichtlich waren das die Panzer aus der Legende.

Ich kannte das Fahrzeug ATS aus meiner Heimat, dem Oderbuch. Dort wurden sie seit der zweiten Hälfte der 70er Jahre in der Landwirtschaft eingesetzt. Das Oderbruch war ursprünglich ein von vielen kleinen Nebenarmen der Oder durchzogenes Sumpfgebiet, das im Laufe der Zeit trockengelegt worden war. Kam es nun zu starken Regenfällen, „erinnerte" sich der Boden ganz schnell, dass er ja eigentlich ein Sumpf war. Er saugte sich voll Wasser und machte allen mit Rädern bestückten Traktoren die Bearbeitung der Äcker sehr schwer. Es war nicht selten, dass sie stecken blieben. Selbst die großen K 700 kamen damit nicht zurecht.

Nun konnten die Bauern aber nicht warten, bis die Felder wieder abgetrocknet waren. Die Lösung lag im Einsatz von Kettenfahrzeugen, z. B. den bewährten T- oder S-100-Raupen. Aber davon gab es nicht genug. Die Landwirtschaftlichen Produktionsgenossenschaften wandten sich deshalb an Partei und Regierung und erhielten als Zwischenlösung die von der NVA ausgemusterten ATS. Mit ihnen konnten zwar nicht alle Feldbauarbeiten erledigt werden, eine große Hilfe waren sie aber dennoch.

ATS mit Schneeräumschild, Foto vom Winter 1978. Vielleicht ein Veteran der Fla-Raketentruppen?

Für mich waren die ATS in der Scheinstellung also wie ein kleiner Gruß aus der Heimat, und ein paar Tage später kam ich in einem Gespräch mit unserem Spieß auf dieses Thema zurück. Fähnrich Conradi hatte „goldene Hände" und war eigentlich verantwortlich für die Stromversorgung, genauer für die Kabine RW und die drei dazugehörenden Aggregate. Den Job als Spieß erledigte er wie nebenbei, und alles lief reibungslos.

Über die ATS erzählte er dann die folgende Geschichte: „Eines Tages bekamen wir den Befehl, eine ATS für eine Polarexpedition abzugeben. Wir haben dann mit großem Einsatz und beträchtlichem Aufwand die bewusste ATS auf Vordermann gebracht. Als wir fertig waren, sah sie aus wie geleckt, neuer als neu. Wir wollten ja nicht, dass die Expedition wegen unserer ATS im ewigen Eis in Schwierigkeiten gerät. Dann wurde sie runter zum Bahnhof gebracht, zur Übergabe." An dieser Stelle legte er in seinem Bericht eine kleine Pause ein und machte dabei einen leicht resignierten Eindruck. „Also, wir standen bei unserem Schmuckstück und warteten auf die Polarforscher. Aber die kamen nicht. Wer aber kam, war ein LPG-Vorsitzender, und der übernahm das Ding dann auch hocherfreut." Die ATS gehörten ursprünglich zu den Ausrüstungen der Fla-Raketenabteilungen, sie zogen Anfang der 60er Jahre die Rampen und Kabinen. Später wurden sie durch Lkw ersetzt, sowjetische Kraz bzw. tschechische Tatra 148.

Auch in der Landwirtschaft gaben die ATS nur ein kurzes Gastspiel ab, denn für eine derartige Dauerbelastung waren sie nicht ausgelegt. Die Ersatzteile wurden knapp, der T/S-Verbrauch war nicht vertretbar, und ca. 10 Jahre nach ihrem Einsatzbeginn waren die meisten von ihnen schon verschrottet.

ATS im Einsatz als Zugmittel einer Startrampe

Gunter Helmer
Mobilmachungsübungen bei den FRT

Mobilmachungsübungen in Friedenszeiten haben wohl bei allen Armeen der Welt Eines gemeinsam: Wenn sie gut vorbereitet sind, kommen sie für die Beteiligten überraschend. So traf es auch mich. Ich habe an zwei Mob.-Übungen der FRT teilgenommen und zumindest hinsichtlich der Geheimhaltung waren sie gut vorbereitet. Da wohl die meisten Leser solche Übungen kaum aus der Sicht eines Reservisten kennen, sollen hier Erinnerungen und Erfahrungen dazu dargelegt werden.

Es war im Sommer 1970. Ich hatte meinen ersten Reservistenwehrdienst als Offizier der Reserve absolviert. Diese Wochen waren nicht einfach für meine Familie. Unsere Tochter war gerade reichlich ein Jahr alt. Meine Frau war, wie in der DDR üblich, voll berufstätig und alle waren wir froh, dass das Leben nun wieder in geregelten Bahnen verlief.

An einem Freitagabend, wir freuten uns auf das wohlverdiente gemeinsame Wochenende, da klingelte es an unserer Tür. Davor standen zwei Polizisten, die mich fragten, ob ich der Unterleutnant Helmer wäre. Sie hielten mir eine rote Postkarte hin und meinten: „Lesen Sie sich das mal durch, unterschreiben Sie die Empfangsbestätigung und begeben Sie sich unverzüglich zum WKK Treptow."

Bei der Lektüre des mir übergebenen Einberufungsbefehls „M" (EBM) wurde mir natürlich ganz heiß. Schließlich waren wir mitten im kalten Krieg, und jähe Wendungen konnten immer eintreten. Der erste Blick ging zur nahegelegenen Grenze zu Westberlin. Dort schien alles normal zu sein. Das beruhigte uns erst einmal. Der Zeitpunkt, an dem ich beim WKK sein sollte, war drei Stunden nach dem Empfang des EBM. Es blieb mir also nicht viel Zeit, mich vorzubereiten. Meiner Frau musste ich die gesamte Organisation zu Hause überlassen. Dazu gehörte z. B. auch ein Abschnitt des EBM für den Betrieb, den sie als Ehefrau zu übergeben hatte und auf dem u. a. stand, dass sie alle im Betrieb verbliebenen Privatsachen mit nach Hause nehmen solle und berechtigt sei, rückständige Gehaltsanteile in Empfang zu nehmen. Man kann sich unschwer vorstellen, in welchem psychischen Zustand meine Frau war. Glücklicherweise gab es meine Schwiegermutter, zu der sie samt Kind am nächsten Tag hinzog.

Nach meinem Eintreffen beim WKK und Weiterleitung zu einem Sammelpunkt erhielt ich einen Marschbefehl für mich und zwei weitere „Resis" sowie einen Pkw „Wolga" samt Fahrer. Es war ein Dienstwagen der Kammer der Technik. Der Fahrer war gerade von einer sechsstündigen Fernfahrt mit seinem Chef zurückgekommen und nicht gerade freudig erregt, noch einmal ein paar Stunden dran zu hängen.

In den frühen Morgenstunden des Samstags meldete ich mich dann im Empfangspunkt der Fla-Raketenabteilung in Barth. Der Ablauf bei der Einkleidung und Ausrüstung der einberufenen Reservisten war ein bisschen chaotisch, die beteiligten Genossen allerdings von ihrer Aufgabe überzeugt. So überzeugt, dass sie mir unbedingt eine Soldatenuniform aushändigen wollten („Ziehen Sie das an und diskutieren Sie nicht!"). Ich hätte es getan, wenn nicht gerade ein Schiedsrichter aus der Brigade vorbei gekommen wäre, der mich von meinem vorangegangenen Reservistenwehrdienst kannte. Er sorgte umgehend dafür, dass ich eine Offiziersuniform und -ausrüstung erhielt.

Der Dienst während der Mob.-Übung in der Stammeinheit war für mich relativ einfach. Die Abteilung hatte trotz einiger Abkommandierungen einen handlungsfähigen Personalbestand, in den wir eingegliedert wurden und in dem wir Reservisten einen guten fachlichen Hintergrund vorfanden. Der Kompaniechef der FuTK war darüber informiert, dass ich vor wenigen Wochen zum Reservistenwehrdienst in Retschow war und dass er mich in der Kabine UW ohne große Ausbildungsmaßnahmen einsetzen konnte. Ein paar Probleme gab es mit den als Funkorter vorgesehenen Reservisten. Für deren Einarbeitung in ihre Gefechtstätigkeit an den Sichtgeräten war die Zeit recht knapp. Für die Durchführung von Kontrollen an der Technik, z. B. Vorschießkontrolle waren sie nicht ausgebildet. Eine Fehlersuche, wenn sie erforderlich gewesen wäre, hätte nur von den verbliebenen Resten der Stammbesatzung erfolgen können. Die befohlenen Maßnahmen an der Technik sowie ein Übungsschießen haben wir jedenfalls damals mit Erfolg absolviert.

Nach Abschluss der Übung fühlte sich für uns Reservisten allerdings erst einmal niemand mehr zuständig. Die Uniform hatten wir mit nach Hause zu nehmen, und zwar die komplette Uniform (Dienstuniform, Ausgangsuniform, FDA, alles jeweils für Sommer und Winter). Irgendjemand hatte nämlich festgelegt, dass die Reserveoffiziere der LSK/LV nicht von den WKK, sondern in den Einheiten eingekleidet werden, was im Laufe der Übung geschehen war.

Die FRA hatte weder Fahrzeuge noch Kilometerkontingente, um uns per Kfz nach Berlin zu bringen. Mit dem beschriebenen Gepäck war die Heimreise per Bahn aber kaum zu machen. Im zuständigen WKK war man froh, dass man uns pünktlich zu den Einheiten in Marsch gesetzt hatte. Damit, so meinten sie wohl, hatten sie ihre Aufgabe erfüllt. Am Montag früh gelang es mir dann telefonisch, den Leiter des WKK davon zu überzeugen, dass er uns wieder abholen lassen musste.

Eine zweite Mobilmachungsübung habe ich im FRR-16 in einer Reserve-FRA absolviert. Der Dienst in dieser neu aufgestellten Reserve-FRA war natürlich wesentlich komplizierter als in einer durch Abkommandierungen personell ausgedünnten und mit Reservisten aufgefüllten aktiven Einheit.

238

Es begann schon damit, dass wir einen „Dwina"-Komplex zugeführt bekamen, die zukommandierten Aktiven aber am „Wolchow" ausgebildet waren. Das war für die aktiven und erfahrenen Offiziere sicherlich kein Problem, aber auch hier war sicherlich ein Umdenken erforderlich. Ich hatte den Vorteil, im Grundwehrdienst auf einem „Dwina"-Komplex, in meinen bisherigen Reservistenwehrdiensten aber auf „Wolchow"-Komplexen ausgebildet worden zu sein.

Die Kenntnisse aus der Zeit meines Grundwehrdienstes haben mir angesichts des Alters der Reservetechnik sehr geholfen. Es zeigte sich, dass wir als junge Soldaten damals viel gelernt hatten. Unser Wissen ging zum Teil weit über unsere funktionellen Pflichten hinaus. Wenn wir uns für etwas interessierten, dann haben es die Offiziere erklärt. Die Technik selbst war gewöhnungsbedürftig, zumal nicht alles komplett war. So fehlten z. B. ganz simple Messleitungen mit Impulssteckern und Erdungsleitungen für die Kabinen UA und AA. Für die Inbetriebnahme der RLS und die Durchführung der erforderlichen Kontrollen war das natürlich erst einmal ein Handicap, wenn auch die Offiziere der Stammabteilung rasche Abhilfe schufen.

Problematisch war die Auswahl des Personalbestandes der FuTK durch die einberufenden WKK. Funkorter ist eben nicht gleich Funkorter, auch wenn die Stellenbezeichnung das vielleicht suggeriert. Aber ich war schon ein bisschen nervös, als ich in der Kabine UA einen Funkorter einsetzen sollte, der 18 Monate auf einer Rundblickstation P12 gedient hatte. Er war so geschockt, dass er mir erklärte, er werde das nie begreifen, was hier zu tun sei.

Ein weiteres Handicap war, dass alle Arbeitsbücher der Reserveoffiziere, die sie während ihrer Reservistenwehrdienste mit Akribie angefertigt hatten, weil man ihnen versichert hatte, sie würden bei jeder neuen Einberufung zur Verfügung stehen, aus Gründen der Geheimhaltung nach Schluss der Übungen vernichtet wurden. Diese persönlichen Arbeitsbücher wären insbesondere bei Mob.-Übungen eine unbezahlbare Hilfe gewesen.

So weit, so gut. Den alten Dwina-Komplex haben wir zum Arbeiten gebracht, und das Übungsschießen haben wir erfolgreich bestanden. Allein das zählt bei solch einer Übung.

Meine Erinnerungen an zwei Mobilmachungsübungen sollten aus der persönlichen Sicht eines Reservisten einige Episoden wiedergeben. Mehr nicht. Es gab viele Bemühungen, die Gefechtsbereitschaft zum Schutze unseres Luftraumes zu optimieren. Dazu zählte auch die Nutzung der Reservetechnik der FRT. Ob es immer gelungen wäre, diese Technik im Bedarfsfall effektiv einzusetzen, sei dahingestellt. Die Mob.-Übungen haben mit Sicherheit dazu beigetragen, Erkenntnisse zu sammeln. Sinnvoll wäre es aus meiner Sicht gewesen, die Auswertung dieser Maßnahmen unter Hinzuziehung der Akteure auch aus dem Bereich der einberufenen Reservisten durchzuführen. Das ist meines Wissens, aus welchem Grund auch immer, nie geschehen. Alles in allem haben derartige Maßnahmen eines bestimmt erreicht: Dem potentiellen Gegner dürfte klar gewesen sein, dass ein Eindringen in den Luftraum der DDR auf massiven Widerstand stoßen würde. Und damit schließt sich für mich wieder der Kreis. Es war gut für den Frieden in Mitteleuropa, dass es uns gab. „… und Ihr könnt sagen, Ihr seid dabei gewesen!"

Burghard Keuthe
Die Konferenz für junge Offiziere

1971 entdeckte die NVA-Führung, dass es auch junge Offiziere gab. Es hatte den Anschein, als ob die höheren Chargen plötzlich ein offenes Ohr für die Probleme der Jugend besaßen. In allen Truppenteilen führte man Konferenzen für junge Offiziere durch, auf denen man sein Herz ausschütten konnte. Die großen dienstlichen Belastungen, resultierend aus den hohen Anforderungen des DHS, betrafen vor allem junge Offiziere. Für Freizeit blieb im wahrsten Sinne des Wortes keine Zeit. Höchstens jeden zweiten Tag konnte man sich nach 19 Uhr ein Bier genehmigen, wenn man keine Bereitschaft hatte. Zu Unternehmungen anspruchsvoller Art war es dann meistens zu spät. Selbst wenn man motorisiert war, fehlten Zeit und Gelegenheit, um sich frei zu bewegen. Die meisten jungen Offiziere hatten sich gerade erst für ein Auto angemeldet und mussten nun sieben, acht oder mehr Jahre warten, bis sie es bekamen (Später wurden die Wartezeiten noch länger). Wer hatte schon Lust, wie in meinem Fall, nach dem anstrengenden Dienst im Wald noch sieben Kilometer zu Fuß nach Crivitz zu laufen, um dort möglicherweise den Abend in der Gaststätte zu verbringen. Hin und wieder zogen wir zu zweit oder dritt los, aber naturgemäß geschah das eher selten.

Die nun stattfindenden Konferenzen für junge Offiziere wurden auf allen Führungsebenen organisiert. Sie begannen mit Aussprachen bei den Kommandeuren und Politstellvertretern in den Feuerabteilungen. Eines Tages sagte mir mein Parteisekretär, ich wäre zur Konferenz für junge Offiziere der NVA eingeladen, die in Strausberg im Ministerium stattfinden sollte. Selbstverständlich war ich als einer der Redner vorgesehen, was mir überhaupt nicht schmeckte. Der Text meiner Rede unterlag der Kontrolle der politischen und militärischen Führung und drückte nach Umarbeitung, Fertigstellung und Genehmigung absolut nicht mehr meine Gefühle aus. Sie beinhaltete zwar in etlichen Punkten noch Kritik, so zum Beispiel an den fehlenden Freizeitmöglichkeiten, der spartanische Unterbringung im Stabsgebäude und an der Nichteinhaltung von Dienstvorschriften. „Aber sonst ist nicht alles schlecht. Wir erfüllen unsere Aufgabe!"

Die Anreise erfolgte auf dem Dienstweg, das hieß erst ins Regiment nach Parchim, dann nach Neubrandenburg in die Division, natürlich auf dem Lkw, von dort aber gesammelt im Bus nach Strausberg zum Ministerium. Untergebracht wurden wir in Privatquartieren. Im Kommando teilte mir ein Oberst mit, ich wäre dazu auserkoren, sozusagen als Vertreter der Offiziere der Luftverteidigung im Präsidium Platz zu nehmen. Ich erhielt eine Zutrittsberechtigung zum „VIP-Raum" und war damit für den weiteren Verlauf der Konferenz vom Volk getrennt. Da stand ich nun voller Respekt mitten unter der Generalität, wie einige junge Offiziere der anderen Waffengattungen auch. Die Gespräche drehten sich nur um belanglose Dinge. Ordonnanzen bemühten sich ständig um uns. Dann erhielt der Minister für Nationale Verteidigung, Armeegeneral Heinz Hoffmann, ein Zeichen. Er sagte ganz unmilitärisch: „Gehen wir!" Aus dem Dunklen heraus betraten wir die Bühne des großen Saales. Die Offiziere im prall gefüllten Saal erhoben sich und applaudierten. Das Präsidium nahm an den beiden auf der Bühne aufgebauten Tischreihen Platz. Ein Schild mit Dienstgrad und Namen wies jedem von uns seinen Platz zu. Hoffmann trat an das Rednerpult, eröffnete die Veranstaltung und hielt einen etwa einstündigen Vortrag. Nach einer Pause setzten vorwiegend höhere Chargen fort. Aus den Gesprächen der Generalität und den Vorträgen der Oberen konnte ich entnehmen, dass sie ausgezeichnet über die Stimmung in der Truppe, die Sorgen und Nöte der jungen Offiziere informiert waren. Die in der Truppe herrschende angespannte Dienstsituation lasteten sie aber nicht mal ansatzweise sich selbst an. Der Klassengegner war Schuld. „Wir müssen jetzt reagieren und den jungen Menschen ein würdiges Leben auch unter den gegebenen Klassenkampfbedingungen bieten!" Heute ist mir klar: Damals zeichnete sich bereits ab, dass immer weniger junge Burschen Offizier werden wollten. „Wir müssen gewährleisten, dass sich ein junger Offizier nach Feierabend auch mal ein Ei braten kann, dass er, wenn er zum Schlafen in die Kaserne zurückkehrt, nicht unbedingt die Wache passieren muss!" und dergleichen Gedanken mehr wurden geäußert. Nach den Grundsatzerklärungen begannen die Beratungen in den Waffengattungen. Arbeitsgruppen wurden eingeteilt. Jetzt sollte meine große Stunde schlagen. Aber merkwürdig, auch die anderen etwa fünfzig jungen Offiziere meiner Gruppe besaßen Diskussionsbeiträge. Die Wortmeldungen rissen nicht ab. Alle hatten mehrere Blätter Papier in der Hand, die meisten jedoch steckten sie nach den einleitenden Worten weg und sagten das, was sie bewegte und was gesagt werden musste. Je länger die Beratung dauerte, um so mehr schwanden die allgemeinen Floskeln und Loblieder auf Partei und Regierung. Mein Regimentskommandeur kannte den Inhalt meines Vortrags und erwartete nun, dass ich ihn halten würde, um dem Verlauf der Diskussion wieder die richtige Richtung zu geben. Er sah sich nach mir um, ob ich mich auch tatsächlich melde. Aber in dem Wald von Armen für Wortmeldungen hatte ich keine Chance.

Die dienstlichen Belastungen waren in anderen Waffengattungen und Diensten noch wesentlich höher als bei uns. So zum Beispiel bei den Flugzeugführern. Über Monate bestand ihr Lebensraum nur aus dem ihrer Unterbringung und dem Staffelbereich. Ihr Leben spielte sich in der Reichweite der Alarmhupe ab. Es fehlte tatsächlich an Personal. Ihre Schilderungen konnte man mit einem kriegsähnlichen Zustand vergleichen. Nach mehreren Stunden Klage schien den Oberen, dass nun die Luft abgelassen war. Mit der üblichen Zusammenfassung endete die Beratung der Arbeitsgruppe. Am nächsten Tag sprach als Erster der Minister. Er ging auf die Ergebnisse der Arbeitsberatungen ein und versprach die Einleitung entsprechender Schritte, um die Missstände abzustellen. Er meinte damit keineswegs etwa personelle Veränderungen oder Lockerungen in der Durchführung des DHS, sondern es ging ausschließlich darum, unter den gegebenen Bedingungen den jungen Offizieren ihr Los zu erleichtern. Die Konferenz endete mit einem Bankett. Das Präsidium begab sich dazu an vorbereitete Tische in den Saal, denn die Bühne brauchte man für die künstlerische Umrahmung. Wir standen also im Saal, kauten und tranken, während auf der Bühne prominente Künstler der DDR auftraten. Eine ähnliche Situation hatte ich vordem noch nicht erlebt. Ich fand es für die Künstler irgendwie erniedrigend, dass sie nur nebenbei die Aufmerksamkeit des Publikums erhielten. Auf den Tischen standen auch alkoholische Getränke, und nach einiger Zeit glaubte ein Oberleutnant, nun die Gunst der Stunde nutzen zu können, um etwas mit dem Minister zu plaudern. Mit einer Hand in der Hosentasche ging er locker auf den Armeegeneral zu und wollte ein Gespräch anfangen. Die erste Reaktion war: „Nehmen Sie die Hand aus der Tasche!" Der Oberleutnant hatte wohl im Lärm der Lautsprecher die Worte nicht verstanden und fragte spontan zurück: „Bitte?" Aber dann ging ihm ein Licht auf. Seine Hand rutschte aus der Tasche heraus. Aber er drehte sich auch wortlos um und ging. Ich konnte mir ein Grinsen nicht verkneifen. Diejenigen, die da glaubten, durch die Konferenzen hätte sich etwas am Verhältnis zu den Vorgesetzten geändert, lagen vollkommen falsch. Ich bezweifelte, dass sich im Nachhinein auch etwas Entscheidendes sozusagen im Ergebnis der Konferenz in meinem Leben als Offizier ändern würde. Ich habe sie fast alle kennen gelernt, die etwas zu sagen hatten. Beim Bankett stand ich zum Beispiel zwischen Hoffmann und Fleißner. Keßler fühlte sich in diesen Tagen überhaupt nicht gut und klagte ständig über Schmerzen im Bein. Hoffmann hatte es im Rücken. Dementsprechend war der Inhalt ihrer Gespräche. Es waren damals schon alte, gebrechliche Männer.

In den nächsten Jahren wurde hier und da auf niederer Ebene noch die eine oder andere Konferenz, besser Beratung, für junge Offiziere abgehalten. Dann endete diese Art von Beweihräucherung, weil sie tatsächlich niemandem etwas gab. Was änderte sich? Eines Tages erhielt die Abteilung einen Farbfernseher. Damals lebte man noch in der Ära der Schwarzweiß-Fernseher. Das war also außergewöhnlich. Der Kommandeur ließ den Fernseher im Clubraum des Stabes aufstellen, der aber mit Dienstschluss nicht mehr zugänglich war, weil er abgeschlossen wurde. Der Schlüssel kam beim OvD unter Verschluss. Auch ein Kühlschrank traf ein. Für den hatte man aber vorerst keinen Platz. Er stand ungenutzt in einer Ecke. Schließlich kündete der Buschfunk davon, dass beide Geräte für ein Offiziers-Ledigenwohnheim vorgesehen waren. Solche Heime gab es aber in den Abteilungen nicht. Die ledigen, meist jungen Offiziere waren verstreut in den Blöcken untergebracht. Dann begannen Bauarbeiten im oberen Flur des Stabsgebäudes. Ein Teil der Räume, inklusive Toilette und Waschraum, wurden durch eine Flurwand mit Tür vom Rest abgetrennt und zum Ledigenwohnheim erklärt. Das ergab Wohnraum für acht Ledige, je zwei Mann in einem Zimmer. Hier fand dann auch der Kühlschrank seinen Platz. Zu einer Kochnische oder ähnlichem, wo man seine Spiegeleier braten konnte, hat es nie gereicht.

Peter Stefezius
Erlebte Waffenbrüderschaft

Anfang April 1971, die Sonne hatte die letzten Schneereste gerade aufgeleckt, da war es wieder an der Zeit, den Zustand unserer Wechselfeuerstellung zu überprüfen. In Friedenszeiten wurde dieses Gelände durch die Landwirtschaftliche Produktionsgenossenschaft der Nachbargemeinde als normales Ackerland genutzt. Zu dieser Zeit war ich Kommandeur der Fla-Raketenabteilung 431 in Abtshagen. Unser Stabschef, Major Peter Donath, machte sich also auf den Weg, um das Gelände in Augenschein zu nehmen. Nach etwa drei Stunden, es war inzwischen kurz vor Mittag, kam er ganz aufgeregt in mein Dienstzimmer gestürmt. „Kommandeur, eine unerhörte Provokation. Unmittelbar auf der Zufahrt zur Wechselfeuerstellung ist am Waldrand ein Lkw-Anhänger mit einer Rakete abgestellt. Ansonsten ist alles in Ordnung." Wir berieten uns kurz und kamen beide zu dem Schluss, es könne sich nur um eine Provokation handeln. Ich machte dem vorgesetzten Stab Meldung. Sie wurde vom Stabschef der Fla-Raketenbrigade, Oberstleutnant Thiele, entgegen genommen. Wir bekamen die Weisung, das Objekt der Provokation sicherzustellen. Unser Stabschef ließ sofort einen KrAZ-255 vorbereiten und machte sich auf den Weg. Als er zurück kam, hatte er einen Anhänger im Schlepp. Es war ein sowjetischer Lkw-Anhänger auf dem eine für uns ungewöhnliche Rakete lag.

Ich ließ diesen Hänger vorerst auf dem Appellplatz vor dem Wirtschaftsgebäude abstellen. Nach der Vollzugsmeldung an den Vorgesetzten gingen wir wieder zum normalen Dienstregime über.

Auch der nächste Tag begann zunächst völlig normal. Doch dann, so etwa gegen 10 Uhr, wurde es unruhig über unserem Kasernenobjekt. Am Himmel tauchten zwei sowjetische MiG auf, die in eleganten Kurven über der Kaserne kreisten. Die danach folgenden Maschinen näherten sich dem Anhänger im Sturzflug und kurvten dann ab. Dieses Spielchen dauerte etwa eine Stunde bis wieder Ruhe eintrat.

Kurz nach der Mittagspause klingelte mein Telefon. Die Objektwache meldete einen sowjetischen Major, der den Kommandeur zu sprechen wünsche. Ich begrüßte ihn am Kasernentor und fragte nach seinem Anliegen. Er stellte sich als Major Karpatschow vor, Kommandeur des Fliegertechnischen Regiments der Fliegerdivision Püttnitz (ein Flugplatz bei Ribnitz-Damgarten). Es ginge ihm um die Rakete auf unserem Appellplatz. Bei einem Kaffee klärten wir die Umstände, die zu dieser außergewöhnlichen Situation geführt hatten und konnten danach herzlich darüber lachen.

Um ehrlich zu sein, wir hatten uns bei der ganzen Sache ziemlich blamiert. Bei genauerem Hinsehen hätte uns ein Licht aufgehen müssen, war diese Rakete doch auf einem sowjetischen Kfz-Anhänger gelagert und solche waren im zivilen Bereich nicht anzutreffen. Blinder Eifer und Oberflächlichkeit schaden eben nur. Doch dieses Mal nahm alles noch einen angenehmen Verlauf. Es handelte sich bei dieser Rakete um ein Übungsziel der sowjetischen Flieger. Sie nutzten es, um ihre Piloten zum Auffinden und Vernichten von Flügelraketen in ihrem Verantwortungsraum zu trainieren. Dazu stellten sie ihre Raketenattrappe im Wechsel in den möglichen Hauptanflugrichtungen von Flügelraketen auf, so auch im Raum unserer Wechselfeuerstellung, von deren Existenz sie ja nichts wissen konnten. Das war die Erklärung für die Scheinangriffe der sowjetischen Piloten auf unser Kasernenobjekt, hatten sie doch gefunden, was sie suchen und bekämpfen sollten. Da der sowjetische Major ein sehr umgänglicher Typ war, lud ich ihn mit seiner Familie zu mir nach Hause ein. Wusste ich doch, dass ich damit meiner Frau eine Freude machen würde, wenn sie wieder mit Landsleuten in ihrer Muttersprache sprechen konnte. Die erste Begegnung unserer Familien fand dann schon vierzehn Tage später statt. Wie sich herausstellte, brauchte der sowjetische Major für den Kontakt mit uns das O.K. seiner Vorgesetzten. Erst nachdem das vorlag, durften wir dann auch Gegenbesuche abstatten. So entstand eine herzliche Freundschaft zwischen uns. Bei einer solchen Begegnung fragte mich Major Karpatschow, ob ich ihm nicht mit Ersatzteilen für seine Transportmittel aushelfen könnte. Ihm stand die Kfz-Inspektion bevor, eine Maßnahme, die auch in der NVA jedes Jahr stattfand. Er brauchte Elektrikteile für URAL-Zugmaschinen und seine Spezialfahrzeuge zur Flugplatzwartung auf der Basis von URAL-Zugmaschinen. Heute kann ich es ja sagen: Legal war das Ganze von meiner Warte aus nicht. Die Genehmigung meiner Vorgesetzten dafür hätte ich nie bekommen, tauschte ich doch seine defekten gegen meine neuen Teile, die ich dann über den Kfz-Dienst der Fla-Raketenbrigade wieder anforderte. Aber so war ihm als Kommandeur für dieses Ausbildungsjahr geholfen, und das zählte. Wie sich dann später herausstellte, sollte auch ich für diese Hilfe indirekt belohnt werden. Versteckt in der hintersten Ecke unseres Kfz-Parks standen aus den Anfangsjahren der FRA-431 zwei Sil mit den Aufbauten der Rundblickstation P-10. Diese war nicht mehr im Einsatz, zählte aber noch zur Reservetechnik. Bei Kfz-Inspektionen wurden beide Fahrzeuge nicht mehr vorgestellt, und es war zur unerlaubten Praxis geworden, beide Kfz zur Ersatzteilgewinnung zu nutzen. Zu meiner Zeit als Kommandeur war das bereits nicht mehr so, weil es nichts mehr zu nutzen gab. Da bekamen wir, wie damals alle anderen Fla-Raketenabteilungen S-75, den Befehl, diese P-10 an die Landstreitkräfte zu übergeben. Die Station P-10 war ja soweit einsatzbereit, aber die Zugmaschinen? Was tun?

Ich machte mich auf den Weg zum Flugplatz Püttnitz und hatte das Glück, meinen Freund Karpatschow anzutreffen. Er war sofort bereit, zu helfen. Er befahl einem Fähnrich und einem Sergeanten, sich marschbereit zu machen. Mir versicherte er, dass beide die Sil-Lkw so aufbauen, als wären sie fabrikneu. Ich durfte beide sofort mitnehmen, und sie machten sich noch am selben Tag an die Arbeit. Besonders der Fähnrich erwies sich als ein Meister seines Faches. Nach gut einer Woche waren tatsächlich beide Sil wieder fahrbereit. Die beiden haben die Feierabende bei uns genossen. In der HO-Gaststätte am Kasernenobjekt haben sie einige „Wässerchen" mit mir getrunken. Es war sozusagen mein Dankeschön für sie. Haben mir doch diese beiden sowjetischen Jungs mit ihren goldenen Händen einen fürchterlichen militärischen Rüffel erspart. Die Übergabe der Technik an die Vertreter der Landstreitkräfte ging ohne Probleme über die Bühne. Ich bin mir sicher, dass in anderen Einheiten ähnliche Probleme mit den P-10 bestanden. Gesprochen darüber hat nie einer der Kommandeure. Alle haben das Problem auf ihre Art gelöst.

Ich war froh und dankbar für diese Form der Waffenbrüderschaft. Ein Jahr später brach der Kontakt zu der sowjetischen Dienststelle ab, weil Major Karpatschow eine andere Aufgabe in seiner Heimat erhielt und so weitere Berührungspunkte fehlten.

Manfred Höhne
Der Oberst und die sowjetische Eisenbahn

Irgendwo auf der Fahrt zwischen Minsk und Moskau ist es passiert. Wir waren wieder mit der Eisenbahn unterwegs nach Aschuluk. Der Stellvertreter des Divisionskommandeurs für Fla-Raketen, Oberst Karl Weißleder, döste in seinem Abteil so vor sich hin, als ihn ein stachelbewehrtes Insekt (eine Biene, Wespe,

Hornisse oder Hummel?) in den Knöchel seines rechten Fußes stach. An sich ist so ein Stich meistens kein Problem, in dem Fall aber wurde es eins. Der Knöchel schwoll enorm an, der Fuß passte nicht mehr in den Schuh, und der Oberst konnte kaum noch laufen. Da unsere Waggons nicht zum offiziellen Fernzug gehörten und nach er Ankunft auf dem Belorussischen Bahnhof anschließend zum Pawletzki-Bahnhof umgesetzt werden mussten, standen wir so ca. 1,5 bis 2 km vom eigentlichen Bahnsteig entfernt auf einem Abstellgleis. Weißleder entschloss sich, im Waggon zu bleiben. So weit, so gut. Unser Militärattaché in Moskau hatte aber extra einen „Wolga" zum Bahnhof geschickt, um die leitenden Offiziere zu einem Empfang in die Botschaft zu holen. Wenn der Botschafter rief, durfte natürlich unser Oberst nicht fehlen. Aber wie ihn von dem Abstellgleis bis zum Bahnsteig bringen? Der „Wolga" konnte unmöglich bis zu den Waggons gelangen

Die Antwort fand ich im Gespräch mit dem Fahrer einer Rangierlok. Der stand mit seinem Elektro-Diesel-Ungetüm am Bahnsteig und wartete auf neue Aufgaben. Auf meine entsprechende Frage lächelte er und ließ sich den vermutlichen Standort der Waggons beschreiben. Sie mussten irgendwo in der Nähe der großen Waschanlage stehen, denn sie sollten vor der Weiterfahrt noch gereinigt werden. Was nun passierte, ist für eine deutsche Seele, die sich an Vorschriften und Regelungen hält, nicht nachvollziehbar. Wolodja, der Lokführer, ging an sein Sprechfunkgerät und erklärte der Dispatcherin, welche Weichen sie wie zu stellen hat, damit er bis an unsere Waggons heranfahren konnte. Tatjana, die Dispatcherin, konnte oder wollte sich nicht einfach von einem Lokführer Anweisungen geben lassen und verlangte nähere Auskünfte. Darauf hin ging Wolodja zur sanften Tour über: „Tanjuscha, wir müssen einen Oberst der NVA holen, er ist verletzt, sein Botschafter erwartet ihn am Haupteingang. Was sollen die Deutschen von uns denken? Kein Auto kann da hinfahren, überall Gleise und Weichen, und Du bist verantwortlich." Tatjana: „Warum sagst du das nicht gleich? Ich schalte dir die Gleise frei, melde dich, wenn alles erledigt ist, und geh vorsichtig mit dem Kranken um. Ende." Wolodja lud mich ein, in seiner Lok mitzufahren. Schließlich kannte er ja meinen Oberst nicht. So rollten wir über unzählige Weichen und Gleise bis wir mit einem kurzen Hupsignal anhielten. Wir standen genau neben unseren Waggons, die gerade für die Schaumwäsche vorbereitet wurden. Ich stieg schnell in das Abteil von Oberst Weißleder und schilderte ihm die Situation. Er war zwar überrascht, aber auch entschlussfreudig, zwängte seinen geschwollenen Knöchel in den Schuh und hangelte sich auf die wartende Lok. Wolodja fuhr uns ohne Probleme zurück, und zwar gleich soweit, dass seine Lok direkt neben dem Botschaftswolga zu stehen kam. Auf diese Weise kam unser Oberst noch pünktlich zur Botschaft. Man stelle sich eine ähnliche Situation in Deutschland vor. Es darf bezweifelt werden, dass sie da so einfach gelöst würde.

Es ist nur eine Episode, von der hier berichtet wird. Weil ich aber sehr viele dieser Art erlebt habe, ist aus diesen Mosaiksteinchen ein Bild der sowjetischen Bevölkerung entstanden. Es wird bestimmt von gastfreundlichen, zuvorkommenden und hilfsbereiten Menschen.

Dieter Bertuch
Don Pedro und Co.

Don Pedro, Don Ernesto, Don Krawallo grosso und Don Carlo waren weder spanische Edelleute noch mittelalterliche Ritter. Es waren deutsche Offiziere im schlichten Feldgrau der Nationalen Volksarmee. Sie gehörten alle der Waffengattung Fla-Raketen an, nahmen allerdings unterschiedliche, wenn auch höhere Dienststellungen ein. Gemeinsam hatten sie ihre verbindenden Auffassungen und mehr oder weniger liebenswerte Eigenheiten.

In den spanischen Grandenstand waren sie von ihren Unterstellten erhoben worden. Es ist nicht einmal sicher, ob sie selbst wussten, dass man sie in der Truppe so nannte.

Don Pedro, mit bürgerlichem Namen Peter Prottengeier, war Oberstleutnant und damals Regimentskommandeur in Parchim. Er war ein strenger, aber auch gütiger, schwarzhaariger und braun gebrannter, fast asketisch wirkender Mann, etwa um die Fünfzig.

Sein Stellvertreter, Don Ernesto, Oberstleutnant Ernst Seidler, ein hochgewachsener blonder, sehr preußisch wirkender Mecklenburger, war eine ganz und gar stattliche Erscheinung. Ihn zeichneten, wie übrigens viele seiner Landsleute, ein besonders trockener Humor und eine gehörige Portion Bauernschläue aus. Im Umgang mit Unterstellten streifte oder verletzte er öfter mal die Grenze, die die sog. sozialistischen Beziehungen markierten. Man wusste aber stets, was er meinte und versuchte, bei ihm möglichst nicht negativ aufzufallen. Dritter im Bunde war Abteilungskommandeur, Oberstleutnant Jürgen Schulze, den man Don Krawallo grosso nannte. Er verdankte den spanischen Titel nicht seinem Vornamen, sondern seinen Eigenarten. Er polterte häufig laut und lange, besonders wenn er einen „geballert" hatte. Das passierte nicht so selten, zumal er sehr gesellig war, das Gitarrenspiel beherrschte und dazu laut und lange sang. Dieses Terzett der Dons wurde zum Quartett, wenn Don Carlo, Oberst Karl Weißleder, seines Zeichens Stellvertreter des Divisionskommandeurs für Fla-Raketen, also ihrer aller Chef, bei ihnen weilte. Wahrscheinlich war er der Erste, den die Truppe in den spanischen Adelsstand erhoben hatte, weil seine Attitüden entsprechend ausgeprägt waren. Es begab sich also, dass Don Pedro, Don Krawallo grosso und Don Carlo, der auf einer Inspektionsreise war, nach dem Abendbrot zu einem Umtrunk im kleinen Casino des Regiments zusammen saßen. Zum Leidwesen der Drei fehlte an diesem Abend Don Ernesto. Der diensthabende Koch war bereits durch das Überstreifen einer weißen Jacke zur Ordonanz umfunktioniert worden, und der Nachfüllzyklus der Gläser wurde immer kürzer. Man erzählte sich Witze und der Zeitpunkt, an dem Don Krawallo zur Gitarre greifen würde, rückte näher. In dieser Situation traf der Offizier vom Dienst im Casino ein, weil er seinem Regimentskommandeur eine Meldung überbringen musste. Der OvD, es war der kleine, eine Brille tragende Oberleutnant Walter B., trat an den Tisch der Dons, salutierte vor Don Carlo, und fragte, ob er seinen Kommandeur sprechen darf. „Das ist an und für sich kein Problem, mein Kleiner", antwortete Don Carlo, „aber vorher nimmst Du Deine komische Nickelbrille ab." „Gestatten Sie, Genosse Oberst, diese Brille ist mir verordnet worden, weil ich sie brauche." „Und wenn ich Dir verordne, dieses Ding abzunehmen, dann nimmst Du es ab, verstanden?"„Gestatten Sie, das werde ich nicht tun!" antwortete der Oberleutnant ganz ruhig.„Das kann doch nicht wahr sein, abnehmen!" polterte Don Carlo. Nun war für Walter B. die Grenze seiner Toleranz erreicht. Der nüchterne, kleine und zähe Mann nahm vorschriftsmäßig Haltung an, richtete den Blick auf Don Pedro, seinen Kommandeur, und sagte laut und vernehmlich: „Genosse Oberstleutnant, gestatten Sie, dass ich dem Genossen Oberst eine in die Fresse haue?" Um die sozialistischen Beziehungen nicht noch weiter zu gefährden, gab Don Pedro dieser Bitte nicht nach. Der resolute Walter B. studierte später Staatsrecht und wurde ein guter Justiziar.

Bernd Biedermann
Dabatatse, Afghanen und der Auftrieb

Dabatatse war Grusinier, Oberst der Sowjetarmee, Kandidat der Wissenschaften, eine stattliche Erscheinung und ein äußerst sympathischer Zeitgenosse. Er unterrichtete Anfang der 70er Jahre an der Hochschule der Luftverteidigung in Minsk das Fach Schießlehre der Fla-Raketentruppen. Der Oberst hatte bereits im 2. Weltkrieg als junger Soldat gekämpft, war mehrfach ausgezeichnet worden und nach 1945 bei der Armee geblieben. Seinen Dienst versah er bei der Flak. Wie wir später erfuhren, hatte er schon Mitte der 50er Jahre an der Erprobung der ersten sowjetischen Fla-Raketenkomplexe teilgenommen. Er war also ein „alter Hase" oder unter uns gesagt „mit allen Wassern gewaschen". Gleich zu Beginn der ersten Lektion, die wir in Minsk von ihm hörten, erzählte er uns eine Anekdote.

Unter Anekdote versteht man im Russischen sowohl das, was auch wir darunter verstehen, als auch einen ganz gewöhnlichen Witz. Wir staunten nicht schlecht, als

Dabatatse auch die zweite Stunde mit einer Anekdote begann. Nach der dritten und vierten Unterrichtseinheit, die er ebenfalls mit Anekdoten einleitete, wollten einige von uns schon Wetten abschließen, dass er diese Art des Stundenbeginns wohl kaum bis zum Ende des Lehrgangs durchhalten könnte. Immerhin hatten wir laut Plan 140 Stunden Schießlehre bei ihm. Weil eine Mehrheit von uns schon zu diesem Zeitpunkt davon überzeugt war, dass Dabatatse es sehr wohl bis zum Schluss so halten könnte, wettete keiner dagegen. Das war sehr vernünftig, denn er hätte die Wette verloren. Anfangs waren Dabatatses Anekdoten noch sehr anspruchsvoll, später wurden sie auch schon mal doppelsinnig und manchmal sogar sehr derb, eben typisch russisch. Hier eine von den anspruchsvollen und doppelsinnigen zugleich.

Dabatatse erzählte uns, dass er in den 60er Jahren als Berater in Afghanistan tätig war. Dort hatte er eine Gruppe von Offizieren der afghanischen Armee für den Einsatz bei den Fla-Raketeneinheiten vorzubereiten. Was ihn besonders irritierte und auch den Ablauf des Unterrichtes störte, waren die häufigen Gebete, zu denen sich seine Schüler zu bestimmten Zeiten, ohne seine Erlaubnis einzuholen, geschlossen erhoben, niederknieten und in Richtung Mekka beteten. Da es sich bei den Schülern um Söhne aus der oberen Schicht verschiedener Stämme handelte, setzte Dabatatse Vernunft und Bildung voraus und bat sie darum, über eine andere Lösung nachzudenken, die den Unterricht weniger stören würde.

Am nächsten Tag berichtete der Gruppenälteste, dass sie am Abend zuvor lange beraten und dann im Laufe der Nacht mehrfach für ihn gebetet hätten. Dabei ließ er es bewenden. Vorschläge, die Art der Gebetsausführung zu ändern, machte er nicht. Gelassen antwortete Dabatatse: „Meine Herren, ich danke Ihnen sehr für die Gebete. Sie haben offensichtlich geholfen, denn ich habe mich heute Nacht merklich besser gefühlt."

In einer Unterrichtsstunde hatte Dabatatse eine Rakete an die Tafel gezeichnet. Daran erläutere er seinen Schülern die Kräfte, die während des Fluges an einem aerodynamischen Flugkörper wirken. Um ihnen die Bedeutung des Auftriebs besonders zu verdeutlichen, hatte er ihn durch einen breiten senkrecht nach oben gerichteten Pfeil dargestellt. Der Pfeil sah etwa so aus wie ein starker angespitzter Balken. Am Ende der Stunde forderte Dabatatse seine Hörer auf, sich am Nachmittag während des Selbststudiums an einer Rakete in der Stellung noch einmal die Form des Rumpfes, der Flügel und der Stabilisatoren anzusehen, um sich eine Vorstellung von den wirkenden Kräften zu verschaffen. Am nächsten Tag meldete sich der Älteste der Afghanen und erklärte Folgendes: „Herr Oberst, wir haben uns gestern eine Rakete sehr genau angesehen. Dabei haben wir alles so vorgefunden, wie Sie es uns erklärt haben: den Rumpf, die Flügel, die Stabilisatoren, nur den Auftriebsbalken konnten wir nicht finden. Ob man ihn an dieser Rakete vergessen hat?"

Rainer Porst
Weltmeister der Wolchow-Truppen

In Vorbereitung auf das jeweilige Gefechtsschießen in Aschuluk fanden die Sommerfeldlager auf dem Truppenübungsplatz bei Lieberose statt. Bereits vorher gab es im Hinblick auf das Feldlager 1976 den sogenannten „Wettkampf der Fla-Raketentruppen" an den Standorten der Abteilungen des Regimentes. In diesem Jahr waren wir, die FRA-134, als stolze Sieger aus dem Regimentsausscheid hervorgegangen. Entsprechend hoch waren die Erwartungen an uns in Lieberose.

Hier kam es zu weiteren Überprüfungen und Ausscheidungswettkämpfen mit den besten Abteilungen der anderen, am Feldlager teilnehmenden Regimenter der LSK/LV. Auch aus diesen Leistungsvergleichen gingen die Soldaten, Unteroffiziere und Offiziere der FRA-134 als Sieger hervor. Danach kam es zum Endausscheid mit der Sieger-Abteilung der sowjetischen Streitkräfte. Eigentlich stand schon von vornherein fest, dass wir einen „hervorragenden 2. Platz" belegen würden. Es begann u. a. mit den Wettkämpfen der Startrampenbedienungen im Feldlager der sowjetischen Einheit, was für sie einen Heimvorteil bedeutete. Sie hatten eine Startrampe samt Ladeblechen auf einem freien Platz aufgebaut, sodass hunderte Zuschauer dem Spektakel folgen konnten.

Die Gastgeber legten im Beladen der Startrampen mit guten Zeiten vor, dann waren unsere Jungs dran. Alles hunderte Mal trainiert, sollte es eigentlich auch hier klappen. Der TLF-Fahrer brachte aber das Fahrzeug nicht auf den Ladeblechen zum Stehen.

Was war passiert? Der Fahrer schwor Stein und Bein, dass die Bremse versagt hätte. Eine Kontrolle ergab: Sie konnte nicht funktionieren. „Fair", wie sie waren, hatten unsere sowjetischen Freunde die Bremse am TLF manipuliert. Wir beschwerten uns nicht lange, sondern baten um Trainingszeit. In der Wiederholung gewann unsere Startrampenbedienung den Wettkampf ziemlich klar.
Am nächsten Tag sollte der große Wettbewerb im „Stellungswechsel mit Herstellung der Gefechtsbereitschaft im neuen Raum" stattfinden. Am Abend fuhren einige Offiziere der FRA-134 in das Wettkampfgelände des kommenden Tages. Als Batteriechef war ich dabei. An einigen Stellen bemerkten wir einen eigenartigen Baumwuchs von welken jungen Birken und Kiefern. Unsere „Freunde" hatten ihre Stellung schon vorher vermessen und an den geplanten Stellen der Kabine PW sowie an den Mittelpunkten der vorgesehenen Startrampenstellungen diese Bäume „gepflanzt". Somit wäre ihrerseits ein Vermessen beim Wettkampf nicht mehr erforderlich gewesen, was viel Zeit gespart hätte.

Diesen Vorteil wollten wir nicht einmal unseren Freunden gönnen. Ich verpflanzte mit meinen Zugführern diese „Vermessungspunkte", was natürlich vor allem niemand von unserer Politabteilung wissen durfte. Denn für sie stand ja wohl schon vorher fest, wer gewinnen würde.

Es kam, wie es kommen musste. Beim Beziehen der neuen Feuerstellung entstand bei unseren Freunden ein heilloses, für sie unerklärliches Durcheinander, und wir wurden verdient „Weltmeister der Wolchow-Truppen"! Fragt sich nur, wo das kleine verchromte Modell eines TLF geblieben war, das für die sowjetischen Sieger vorgesehen war und das nun an uns gefallen wäre.

Rainer Porst
Beinahe ein „besonderes Vorkommnis"

Gefechtsschießen der FRA-134 im Jahr 1976 in Aschuluk. Gleich zu Beginn wurden wir bei der Einweisung durch den Kommandanten des Schießplatzes auf ein „fast besonderes Vorkommnis" einer bulgarischen Einheit hingewiesen, die vor uns geschossen hatte.

Was war geschehen? Das Feststofftriebwerk einer ihrer Raketen war falsch eingebaut worden, weshalb sich nach dem Zünden die Spannbänder lösten und das Triebwerk mehrere tolle Sprünge von 300 bis 400 m im Gelände vollführte. Dann war Ruhe. Das Marschteil, also die zweite Stufe der Rakete, lag noch auf der Rampe. Man ließ es dort zunächst liegen. Bloß gut, dass man gewartet hat. Nach ca. 45 Minuten ein Knall, die Rakete existierte nicht mehr und die Rampe war nur noch Schrott. Beinahe also ein „besonderes Vorkommnis".

Aber es sollte auch für uns noch dicke kommen. Am Tag des Schießens absolvierten wir unser Prüfungsschießen zeitgleich mit dem Gefechtsschießen sowjetischer Einheiten. Die Bedienungen unserer Startbatterie hatten sich außerhalb der Stellung als Zuschauer postiert. So konnten sie auch das Schießen der anderen Abteilungen verfolgen. Ein einmaliges Schauspiel. Während zunächst einige Abteilungen mit abgeklemmten Funkzünder schossen – bei ihnen wurden nur die Ablagen zwischen Ziel und Detonationspunkt gemessen – musste dann die letzte Einheit das Ziel vernichten, damit es nicht irgendwo unkontrolliert abstürzte. Während wir noch die Flugbahnen der Raketen verfolgten, wurden plötzlich noch während des Prüfungsschießens unsere Rampen synchronisiert, d. h. sie wurden in Richtung auf anfliegende Ziele ausgerichtet. Für unsere deutschen Verhältnisse ein Ding der Unmöglichkeit. Da wurde ich als Batteriechef zur Leitkabine gerufen. Auf dem Weg dorthin wollte ich mich nochmals vom ordnungsgemäßen Zustand unserer Rampen und Raketen überzeugen. Schon von weitem sah ich, dass irgend jemand die Stecker Oscha-10 verbunden hatte, was ausschließlich meine Aufgabe war. Von hinten näherte ich mich der ersten Startrampe.

Plötzlich zweimal kurz hintereinander ein Knall, wie ein Schuss, dann eine Detonation und die Rakete donnerte davon. Ich stand in einer heißen Wolke aus Staub, Sand und Gas. Als ich wieder etwas sehen konnte, lief ich wie in Trance weiter. Dann starteten nebenan auch schon die zweite und die dritte Rakete. Erst an einem Gasabweiser, an dem ich mir die Hand verbrannte, kam ich wieder zu mir. Da öffnete sich die Tür der Leitkabine und unser Leitoffizier, Oberleutnant Lewin, schrie heraus: „Getroffen, getroffen!". Was war geschehen? Da die letzte sowjetischen Einheit, die das Ziel vernichten sollte, es nicht getroffen hatte, entschied sich der zentrale Gefechtsstand dafür, es doch noch mit einem realen Schießen zu vernichten. Er fragte die Einheiten ab: „Wer ist bereit zur Zielbekämpfung?" Der sowjetische Oberinstruktor, der sich während des Prüfungsschießens bei uns in der Leitkabine aufhielt, meldete dem Kommandanten, dass die FRA-134 bereit sei. Er ließ durch seinen Startrampeninstruktor die Stecker Oscha-10 zwischen Rampe und Rakete verbinden, und es konnte los gehen. Eine Warnung an eventuell noch an den Rampen befindliche Bedienungen hielt man nicht für nötig. So kam es, dass ich den Start meiner Raketen unmittelbar und brandheiß erleben durfte. Beinahe wäre es ein „besonderes Vorkommnis" geworden.

Barbara Kirchhainer
Thema: Liebesbriefe

Die Mehrheit aller Haushalte hat ihn noch, den guten alten Briefkasten, oft versteckt am Gartentor oder reihenweise in den Hauseingängen, aber immer gefüllt mit Werbung und Katalogen. Gegen Mittag kommt bei uns die Post. Heutige „Ausbeute": Einladungen zum Kreistag, das letzte Protokoll vom Sozialausschuss der Gemeinde, die Rechnung für Trinkwasser der EURAWASSER Nord GmbH, ein Brief der BKK Gesundheit mit einer Beitragserhöhung für Bernd, und die Bausparkasse schickt den Antrag auf Wohnungsbauprämie. Private Briefe sind selten geworden. Vorgestern, da kam eine Karte aus Portugal, wo unsere Rentnernachbarn seit Jahren den Winter verbringen. Selbst zum Osterfest kam in diesem Jahr nur eine Karte. Dabei erinnere ich mich an Zeiten, in denen es über 20 Briefe und Karten zu den Feiertagen waren. Wir leben im Zeitalter der elektronischen Medien, und so sind bei Handy, E-Mail und Telefon die Aufwendungen wesentlich geringer als für einen Brief, dessen Kosten (inklusive Papier, Federhalter und Briefmarke) liegen darüber. Dann auch noch der Weg zum Briefkasten, also nicht nur umständlicher, sondern auch noch teurer als ein Anruf. Die Zeit der Briefe scheint vorbei zu sein.

So beginne ich mit meiner Erinnerung, die viele Ehefrauen, Bräute und Freundinnen ehemaliger Soldaten mit mir teilen, an eine Zeit, in der das private Telefon nicht zur normalen Wohnungseinrichtung zählte und die gemeinsame Wohnung erst noch gebaut oder freigezogen werden musste. Es war die Zeit, als Briefe noch fast das einzige Mittel der Kommunikation waren.

Darf ich uns vorstellen: Bernd, 28jährig, fast schüchtern, gerade das Fernstudium an der Technischen Universität in Dresden beendet, Oberleutnant der NVA, stationiert in Sanitz, trifft am 9. Februar 1974 an einer Tankstelle die temperamentvolle, lebenslustige Barbara, 24 Jahre alt, wissenschaftliche Assistentin an der Pädagogischen Hochschule in Güstrow.

Bernd sprach mich an! Bei mehreren Tassen Kaffee erzählte er zögernd von sich. Ich glaubte nicht alles, aber in meinem Hirn rotierte es: Das Alter stimmt. Bei dem Beruf dürfte auch keine Westverwandtschaft im Spiel sein, die ich mir als Mitarbeiterin der Sektion Marxismus-Leninismus nicht leisten konnte, ohne dabei zu ahnen, dass an anderer Stelle nur wenige Tage später meine „Durchleuchtung" beginnen würde. Bereits neun Tage später erhielt ich von Bernd den ersten noch immer existierenden Brief. Im April saßen wir zusammen und stimmten unsere Terminkalender ab. Ich war zu diesem Zeitpunkt für vier Monate an das „Franz-Mehring-Institut" nach Leipzig delegiert. Bernd nannte den Termin für ein „Zeltlager" – Aufbau einer Stellung in Kägsdorf, wo auch immer das sein mochte – ohne Bahnanschluss – und dann fuhr ich im August mit den Lehrerstudenten ins Pionierlagerpraktikum nach Kuhlmühle.

Ich habe nie einen Heiratsantrag bekommen. Militärisch exakt kam von dem ruhigen Bernd: „… Suche bitte einen Termin für unsere Hochzeit raus, wir heiraten, bekommen Kinder und Du bist aus dem Lagerleben raus …" Noch im April, Ostermontag, nur 64 Tage nach unserem Kennenlernen, reservierten wir auf dem Standesamt in Schwerin unseren Hochzeitstag für den 19. Juli 1974. Bis dahin haben wir uns nur an den Wochenenden gesehen. Die Briefkästen waren selten leer, und es gab zur „passenden Kaderakte" auch Aufmerksamkeit, Zuneigung und Liebe.

„Sanitz, d. 30. Dezember 1974, … den Antrag auf eine Wohnung habe ich heute noch abgegeben. Ich hoffe ja, dass Du diese Zeilen noch lesen kannst oder herrscht schon große Aufregung? Ich drücke uns allen, und natürlich vor allem Dir, die Daumen, Mucki, dass alles klappt und wir einen gesunden Murkel bekommen. Und vergiss nicht: Uwe, nicht Bernd-Uwe! Kommt gut ins neue Jahr und viele liebe Küsse für Dich." Ab Januar 1975 gab es dann auch für Berufssoldaten der NVA einen freien Sonnabend. Bernd ist also zu Hause, als ich per Krankenwagen am 11. Januar nach Crivitz zur Entbindung gebracht werde und unser Sohn Uwe geboren wird. „Zu Hause" sind wir in einem Zimmer im Studentenwohnheim in Güstrow mit kleiner Kochplatte für die Babywäsche (Pampers gab es noch nicht), eine Treppe tiefer die Damentoilette (die für Herren bitte zwei Häuser weiter). Nach 12 Wochen ging ich wieder arbeiten, einen Krippenplatz hatten wir nicht, und Bernd war in Sanitz.

„Ich danke Dir, dass Du mir einen Sohn geschenkt hast und dafür, dass Du alles auf Dich nimmst, um Deinen Mann und die ganze Familie glücklich zu sehen. Und für die Zukunft wünsche ich meiner Mucki das, was wir uns beide für unsere Ehe wünschen: endlich zusammen zu sein."

Ab 17. Juni 1975 gibt es dann eine Standorterweiterung nach Güstrow. Bis dahin musste bei jeder Heimfahrt ein Urlaubsschein ausgefüllt werden, der auch noch zu bestätigen war.

Ab September war ich dann Pädagogin an der Medizinischen Fachschule in Rostock. Zumindest der Wechsel der Arbeitsstelle klappte. Ich war im 6. Monat der Schwangerschaft mit unserem 2. Kind. Unser Sohn Uwe lebte bei der Oma in der Nähe von Schwerin, und wir hatten in Sanitz eine Dachkammer von 2 x 3 m, ausgestattet mit einem Stahlbett, einem kleinen Tisch, einem Stuhl, auf dem nachts mein Bauch lag, Kochplatte, Schmutzeimer, Waschschüssel, ein Eimer mit sauberem Wasser aus der Hofpumpe und einem Bahnheizkörper. Der „Donnerbalken" war auf dem Hof. Kurz vor der Entbindung zog ich zu meiner Mutter und unserem Sohn. Bernd versuchte so oft es ging, die Entfernung mit dem Trabant zu bewältigen. Ich fuhr wieder nach Crivitz zur Entbindung. Die kleine Station war voll belegt.

Man hatte mich noch in Erinnerung und kam mit einem seltsamen Anliegen: „Würden sie auch in ein Zimmer mit Schwangerschaftsabbrüchen gehen?" Als ich an der Seite der Hebamme den Raum betrat, erstarrte die rege Unterhaltung der drei Frauen. Jede versuchte anschließend, mir die Gründe für den Abbruch zu erklären. Ich lächelte, ging lieber in den Kreißsaal und brachte am 9. Dezember 1975 unsere Tochter Ellen zur Welt. Die Entbindung dauerte nur 90 Minuten. Ich wollte noch vor der Besuchszeit wieder auf dem Zimmer sein, weil Bernd kommen wollte. Vorher hatte ich noch vom Schwesternzimmer aus mit Sanitz telefoniert. Die Vermittlung sagte: „Sie haben aber Glück, der Genosse Oberleutnant ist hinten im Küchentrakt. Wir haben in der Nacht verlegt und sind im Wald." Alles klar, Besuchszeit abgehakt. Die Übung war bis zum Wochenende geplant, also noch volle fünf Tage bis dahin. Ich durfte an drei Tagen zur Mittagszeit aus dem Schwesternzimmer telefonieren. Besuch würde es für mich und unsere kleine Tochter keinen geben, denn die Fahrt nach Crivitz war für die Familie doch zu umständlich. Die drei Frauen auf dem Zimmer ließen kurz ihre Bemerkungen los:

„Ohne Besuch?! Würde mir nicht passieren!" Meine Antwort muss hart gewesen sein. Jedenfalls hatte ich für den Rest des Tages Ruhe. Am folgenden Tag wurden sie entlassen. Am Freitag kamen Bernd und Uwe.

„Sanitz, d. 4. Januar 1976 … Sicherlich habt Ihr am Sonntag noch lange auf mich gewartet … Ich bin am Sonnabend mit Verspätung angekommen. In Kritzkow stand der Trabbi still, bei dem Sturm und Regen. Der Tank war leer, den Reservekanister hatte ich schon in Schwerin benutzt und da am Startvergaser etwas nicht in Ordnung ist, hat das kleine süße Autochen unheimlich Sprit geschluckt. Der Dienst war nicht langweilig durch die Sturmwarnungen. Einige Bäume sind gefallen. Am Sonntag habe ich dann in der Garage bis 14 Uhr am Autochen gesessen. Vergaser, Zündunterbrecher … Es war nichts zu machen. Diese Woche wird sehr lang werden, und ich habe jetzt schon Sehnsucht nach meiner Familie."

Auf der Wohnungsliste hatten wir einen Dringlichkeitsvermerk. Die erste freiwerdende Wohnung, egal welcher Größe … Es waren dann zwei Zimmer für 42,50 Mark Monatsmiete mit Bad und Küche, Ofenheizung, eigenem Keller und Nutzung der Waschküche und großem Trockenplatz im Neubaublock. Nach wenigen Tagen bat man mich, die Waschmaschine nebst Spülwannen und die Wäscheleinen nach dem Gebrauch doch wieder fortzubringen. Meine Kontaktfreudigkeit erlaubte es mir, als berufstätige Frau und Mutter, die täglich für zwei Kleinkinder die Windeln, Strampler, Hemdchen usw. usf. waschen musste, allen Bewohnern unseres Aufganges, ohne Rücksicht auf Dienstrang und Alter zu erklären, dass unsere Leinen hängen bleiben und gern von allen Mitbewohnern genutzt werden können. Es blieb ein sehr freundliches Miteinander bis zu unserem Umzug 1979.

„Lieberose, d. 6. Juni 1976 … Gestern haben wir für zwei Tage ausgeliefert, um wenigstens etwas von Pfingsten zu haben. Nachts um 2 Uhr fahren die ersten zwei Mann los, um für das Frühstück alles ranzuholen. Dann geht es wieder los, um die anderen Lebensmittel zu beschaffen. Dann die Ausgabe, gegen 18 – 19 Uhr ist dann alles abgeschlossen, dann werden Lager und Behältnisse gesäubert, Kühlhänger gewischt und gegen 21 Uhr essen wir Abendbrot.

Mein Zelt sieht so aus: rechts ein Zelttisch mit weißer Tischdecke, dahinter ein Feldschreibtisch. In der Mitte ein Ofen, der schnell heiß wird und noch schneller erkaltet. Links stehen zwei Kohlekisten, daneben die Kisten mit Waschzeug, die von Dir gepackte, mit sauberer Wäsche und eine mit Schmutzwäsche und natürlich ein Stahlbett.

Heute kamen 3 Briefe und ein Paket. Über Eure Post habe ich mich gefreut wie jeder Soldat es tut, der Post erhält." Wenn der Vati fehlte, musste das Leben anders organisiert werden. Ich hatte zwar das Auto, aber keine Fahrerlaubnis. Also war ich auf Bus und Bahn angewiesen. Um 7 Uhr fuhr der Zug in den Nachbarort, wo Uwe und Ellen einen Krippenplatz hatten. Der nächste Bus hielt nicht in dem Ort, also zu Fuß nach Sanitz, dort in den Bus und zur Arbeit nach Rostock. „Ihre Kinder sind wieder die Letzten", hörte ich oft zur Begrüßung am Spätnachmittag. Ich lief dann singend mit den beiden in einem Kinderwagen zum Einkauf, dann nach Hause, Waschmaschine, Abendessen, Schlaflied, für mich dann Unterrichtsvorbereitung, gegen 23 Uhr der Brief für Bernd ins Feldlager. Es gab auch Tage, an denen mich ein Genosse schnell mal mit dem Auto zur Krippe brachte oder Hilfe bei Arztbesuchen. Im Jahre 1979, nach einjähriger Wartezeit und bestandener Prüfung, hatte ich dann auch eine Fahrerlaubnis.

Durch die täglichen Busfahrten und unsere „Spaziergänge mit Gesang" war ich schon bald in unserem Dorf mit rund 2600 Einwohnern bekannt. In den 70er Jahren hatte der Ort eine untypische, für seine Bewohner jedoch sehr vorteilhafte Entwicklung genommen. Neue Schule, ein Landambulatorium, ein Landwarenhaus, der Industriewarenladen, die Obst- und Gemüseverkaufsstelle, neben allen Kindereinrichtungen und modernen Neubausiedlungen auch ca. 25 selbständige Handwerksbetriebe. Also hinterfragte ich viele Dinge und mein Interesse bewirkte in der Gemeinde, dass man mich als Kandidatin für die Wahlen zur Gemeindevertretung aufstellte. An der schönen neuen Polytechnischen Oberschule gab es in den Elternaktiven Soldatenväter, aber in der Gemeindevertretung und in den dazugehörigen Kommissionen war ich das erste „Bindeglied" zwischen Wohnsiedlung und Dorf, zwischen militärischem und zivilem Leben. Wenige Jahre später war es selbstverständlich, dass Uniformträger in Ausschüssen arbeiteten, viele Schulsportgruppen Hilfe erhielten, Patenschaft zur Gesellschaft für Sport und Technik bestand und die Ehefrauen als Mitglieder der Frauenorganisation die Dorffeste mit Basaren bereicherten. Die größte Hilfe bei dieser gemeinsamen Arbeit waren unsere Kinder, die sich nie als „Gäste" in Sanitz fühlten, sondern eng mit dem Ort und der Schule verbunden waren.

Es war wie in jedem Jahr. Ende Februar wurden Kisten gepackt und Vati zog ins Feldlager nach Lieberose. Ich hatte mich über all die Jahre daran gewöhnt, dass pünktlich am 8. März gegen 9 Uhr ein Offizier der Politabteilung klingelte „… im Namen des Kommandeurs …" und sein Blümchen überreichte. Man dachte an uns Frauen. Angenehm waren auch die Gesprächsrunden, zu denen der Kommandeur, Oberst Prottengeier, alle Ehefrauen einlud. Es förderte den Zusammenhalt und vertiefte das Verständnis für militärische Belange in manch einer Familie. Der Oberst war es auch, der Verständnis dafür aufbrachte, dass ich bei Krankheit der Kinder nicht einfach zu Hause bleiben konnte. So war es für uns auch manchmal möglich, z. B. bei einer 14-tägigen Angina dann 3 oder 4 Krankenscheine vorzulegen (von/bis von Vati, und von/bis von Mutti). Wichtig waren meine Briefkasten-funde, die einzige Verbindung für vier bis fünf Wochen. Als Verpflegungsoffizier saß Bernd im ersten Fahrzeug des Transports und baute am Ende mit der Nachhut die Verpflegungsstelle bzw. das Divisionsverpflegungslager wieder ab.

„Noch schnell ein paar Zeilen. Die Blumen von uns sind ja bestimmt alle an Deinem Ehrentag angekommen. Ist die Überraschung groß gewesen? Einschließ-lich Blumen von der Dienststelle. Die Kinder hatten ja auch alles rechtzeitig vorbe-reitet, Ellen vor allem als Organisator. Wie geht es Euch Dreien? Bis jetzt klappt alles gut, aber ich schlafe schlecht, unruhig und immer wieder aufwachend. Um 5 Uhr stehe ich auf, dann Rundgang, ob alles klar ist mit Waschwasser, Essen usw. Wie war der 1. März in der Dienststelle? Ich habe schon die Nachricht bekommen, dass die Feldküche dicht umlagert war. Schön, dass es auch für jedes Kind mit einer Apfelsine geklappt hat."

Im April 1977 haben wir begonnen, ein Eigenheim zu bauen. In der Familie gab es keinen Handwerker, wir hatten auch keine Beziehungen, gingen nur legale Wege der Materialbeschaffung und wurden nach langen zwei Jahren Bauzeit fertig.

„Was ist mit den Balken? Ich habe übrigens beim Sägewerk einen handgeschrie-benen Auftrag abgegeben. Wenn Du noch etwas mit einem Eisenträger bei den Handwerkern erreichen könntest, das wäre die Wucht!"

Die Haustür war noch nicht fertig. Wir aber zogen ein, hatten eine Lkw-Plane vor dem Eingang, lebten zufrieden und gingen zur Arbeit. Der Schlüssel für den hin-teren Eingang lag unterm Blumentopf.

Irgendwann, die gesellschaftliche Arbeit im Ort war für mich umfangreicher geworden, haben wir dann beschlossen, dass ich „Außenminister" und Bernd „Innenminister" in der Familie sind. Alles Theorie! Der Innenminister war selten anzutreffen.

„Drücke meine beiden Kleinen ganz toll von mir, meinen Uwe und meine Ellen. Und sie möchten nicht mehr im Nachthemd draußen auf der Straße spielen im Regen, wenn Mutti zur Versammlung ist. Sonst bin ich traurig."

Als Uwe zur Schule kam, gab ich meine Tätigkeit als Pädagogin auf und arbeitete im Ort beim Gemeindeverband. So bekam ich einen Einblick in die Kommunal-politik, war aber nicht sehr glücklich auf diesem Posten. Nebenbei gründete ich als 35jährige „Beat-Oma" einen Jugendklub und betreute ihn. Im Rahmen der Zivilverteidigung wurde ich „Politnik", gab Kommandos, schminkte in realis-tischer Wunddarstellung bei der Übung die „Verletzten" und engagierte mich in der Ortsgruppe des DFD. Ich wollte zurück an die Schule, als die Partei mit der Bitte kam, für ein Jahr den DFD des Kreises Rostock-Land zu führen. Als Zivilist bekommt man 24 Stunden Bedenkzeit. Bernd in seinem Dienst war nie berechenbar. Zu der Frühjahrsreise nach Lieberose kamen noch die Verlegungen in den „Busch", die 24-Stunden-Dienste und die Fahrt nach Aschuluk. Unsere Kinder waren gerade 8 und 9 Jahre alt und neben der Schule sportlich und kulturell in Arbeitsgemeinschaften organisiert.

Inzwischen war im Nachbarort Prangendorf, mitten auf dem Feld, eine Wohnsiedlung und ein Objekt entstanden. Da gab es mehrere riesengroße Kuppeln mit Geräten darunter, die man nicht sehen durfte. Wenn die in Betrieb waren, dann wackelte das Fernsehbild und das Wehrkreiskommando benötigte andere Argumente als nur die Uniform und ein gutes Gehalt, um in der Öffentlichkeitsarbeit Verständnis und Vertrauen unter der Bevölkerung zu schaffen. Allein in unserem Kreis lagen zahlreiche militärische Objekte, z. B. in Graal-Müritz, Drüsewitz, Schwarzenpfost bei Rövershagen, Hinrichshagen, Prangendorf und Sanitz. Bernd traf die Entscheidung für mich. „Wenn jemand mit Frauen und Müttern reden kann, dann bist Du es. Außerdem ist es nur für ein Jahr."

Nach nur wenigen Wochen war ich Mitglied der Kreisleitung der Partei, wurde Abgeordnete des Kreistages, beriet in der Arbeitsgruppe der Nationalen Front, besuchte Beratungen der Jugendweihe und hielt Vorträge bei der Urania.

An mindestens drei Abenden pro Woche war ich in den DFD-Gruppen unserer Dörfer unterwegs. Die Arbeit mit den Frauen machte mir Freude. Das Echo war gut, und ich kannte mich sehr schnell in meinen 87 Gruppen aus. Meine Einschätzungen gegenüber den Mitgliedern der Nationalen Front waren nicht immer freundlich. „Lasst sie reden. Sie kommt in viele Gruppen und in Dörfer, in denen keine der Parteien auch nur drei Mitglieder zählt." Oft fuhr ich am Nachmittag nach Hause, holte die Kinder aus dem Hort und hörte ihren Geschichten zu oder wir spielten. Am Abend war ich dann wieder unterwegs.

Wenn ich zurück kam, sind Bernd und ich oft noch als „Fledermaustrupp" auf einen Spaziergang durch den Ort gegangen, auch wir wollten miteinander reden. Terminabsprachen erledigten wir am Frühstückstisch.

Wir hatten immer noch kein Telefon. Wenn es gegen 4:30 Uhr in der Frühe an der Haustür klingelte: „Maiglöckchen, Sie wissen schon.", ja, dann musste ich umplanen. War Bernd um 21 Uhr noch nicht zu Hause, fuhr ich ans Kasernentor. Wache mit Stahlhelm und voller Montur, dann war alles klar, wenn ohne, dann lag eine Nachricht für mich bereit.

Aus dem einen wurden fünf Jahre beim DFD. Ich erlebte und durchkämpfte hier die Wende 1989/90, die Öffnung der Grenze und saß mit einer beschließenden Stimme am Runden Tisch, was damals für eine Genossin nicht selbstverständlich war. Ich beriet meine Gruppen und bereitete mit ihnen die Wahlen zur Volkskammer vor. Einige Mitarbeiterinnen begleitete ich in ein neues berufliches Leben, ohne darauf zu achten, dass sie längst das Parteibuch abgegeben hatten.

Bernd und viele andere Berufssoldaten der NVA hatten es da schwerer. Gespräche und Beratungen zur Aufarbeitung ihrer Dienstzeit, ihres eigenen Arbeitslebens oder gar über die Zukunft fehlten. Sie waren wie Raketen, die abgeschossen wurden und ihr Ziel nicht erreichen konnten.

Vielleicht habe ich so manch einer Ehefrau Mut zugesprochen, die Familie einfach zu führen und stolz darauf zu sein, dass der Ehemann und Vater mit unserer Nationalen Volksarmee nie an einem Krieg teilgenommen hat, ihn aber mit seinem Wissen und Können verhindert hatte.

Uwe und Ellen stehen im Berufsleben. Sie haben uns immer Freude bereitet. Bernd ist Rentner geworden. Neben meiner beruflichen Tätigkeit haben mich die Bürger des Kreises Bad Doberan wieder in den Kreistag gewählt. Dort betreue ich als Vorsitzende des Sozialausschusses Menschen mit Hartz IV-Erfahrung, bin in Pflege- oder Asylbewerberheimen unterwegs, organisiere die Tafel, den Brotkorb, spreche im Sozialkaufhaus vor oder höre mir die Sorgen der Suppenküche an. Aber das ist wieder ein völlig neues Kapitel in meinem Leben.

Bernd Kolbe
Erinnerungen eines Pioniers

Es ist nun schon 30 Jahre her, dass ich das Fla-Raketenregiment verlassen habe. Dennoch habe ich immer wieder Erinnerungen an diese Zeit, besonders wenn ich mal wieder vor Ort bin, so wie am vergangenen Freitag. Inzwischen hat es dort sicher viele Veränderungen gegeben. Ich kann nur davon berichten, was ich zwischen 1976 und 1979 dort erlebt und gesehen habe. Ebenso kann ich auch immer nur wiederholen, dass dies keine schlechte Zeit war.

Nach meiner Ausbildung an der Unteroffiziersschule in Weißkeißel 1976 bin ich dort von einem Berufsunteroffizier und einem Unteroffizier abgeholt worden. Auf meine Frage, wohin es ginge, wurde mir nur lakonisch geantwortet: „Lassen Sie sich überraschen!" Danach haben wir uns auf der weiteren Fahrt nur noch angeschwiegen.

In den Abendstunden, es war Oktober und bereits dunkel, haben wir das Objekt des FRR-11 in Straßgräbchen erreicht. Da die Zufahrt zum Objekt ein langer Feldweg war und ich immer noch nicht wusste, was mich erwarten würde, dachte ich: „Das ist das Ende der Welt." Mir gingen in diesen Minuten sehr viele Gedanken durch den Kopf. Ich, ausgebildet als Gruppenführer und Fahrer für Pioniertechnik, mit Spezialausbildung Stellungsbau und Sperranlagen und dazu meine Begleiter in Uniformen der Luftverteidigung – das alles passte nicht in mein Bild, denn es waren auch Pioniere, zu erkennen an den Ärmelabzeichen.

Meine diesbezüglichen Fragen wurden nicht beantwortet oder mit den Worten abgetan: „Alles zu seiner Zeit!" Der weitere Verlauf dieser ersten Begegnung mit dem FRR-11 war dann die nächste Merkwürdigkeit. Wir hielten vor einem Gebäude, und beim Aussteigen begegneten uns Soldaten und Unteroffiziere einer Nachrichtentruppe, was ich an den Ärmelabzeichen erkannt hatte. Mein erster Gedanke war: „Was mache ich und die anderen beiden hier, wir sind doch Pioniere?" Die nächste Ungereimtheit ereignete sich nach dem Betreten der Unterkunft.

In dem kleinen Raum mit zwei Doppelstockbetten hielt sich nur eine Person im Trainingsanzug auf. Es war also kein Dienstgrad zu erkennen. Der „Trainings-anzug" fragte mich: „Bist du der neue Unteroffizier der Pioniere? Ich bin der Neue von den Chemikern!" Da habe ich gar nichts mehr verstanden. Ein Unteroffizier der Pioniere, ein Unteroffizier der Chemiker, ein Berufsunteroffizier Feldwebel, sowie der Fahrer ein Unteroffizier der Pioniere, und das alles in einer Nachrichten-truppe? Ich wusste nicht mehr, was ich so richtig denken sollte. Nachdem der Berufsunteroffizier und der andere Unteroffizier gegangen waren, sagte mir der Chemiker, dass es hier eine Gruppe von Pionieren der Stärke 0-1-7 gibt und meine zukünftige Gruppe eine Etage höher liegt.

Nach einer Weile stand dann die gesamte Gruppe in unserer kleinen Stube. Ein Gefreiter, mein Stellvertreter, machte eine exakte Meldung und stellte mir die Gruppe vor. So eine Meldung wurde danach nie wieder gemacht, wenn wir unter uns waren. Nun endlich bekam ich verständliche Antworten auf meine Fragen. Ich war in einem Fla-Raketenregiment gelandet. Der Unteroffizier, der mich hierher gebracht hatte, war mein Vorgänger und hatte nur noch wenige Tage zu dienen. Die alten Gruppen waren gerade erst aus Kroppen und Groß Döbbern zurück und hatten in der ihnen verbleibenden Zeit noch hier im Regiment zu tun. Während wir uns über persönliche Dinge unterhielten, stand plötzlich ein Stabsfeldwebel in der Tür und hinter ihm ein Major mit einer OvD-Binde am Arm. Der Major war für die nächsten 2 1/2 Jahre mein Chef, Major Lorenz.

„Morgen früh bei mir im Dienstzimmer!" waren seine ersten Worte, und der Stabsfeldwebel sagte danach zu mir: „Wenn du beim Major warst, kommst du dann zu mir!" Der Stabsfeldwebel war die „Mutter" der Kompanie, auch Spieß genannt. Das war mein erster Tag in der Luftverteidigung in Straßgräbchen.

In der darauf folgenden Zeit gab es mal gute und mal schlechte Tage – eben wie im richtigen Leben. Unser Alltag bestand vor allem aus Bauen und Wache stehen. Im Frühjahr 1977 wurde die gesamte Gruppe dann nach Großräschen in den Wald verlegt. Unsere Aufgabe war dort der Neubau einer Raketenstellung, die bis heute für mich und auch für andere ein Rätsel bleibt. Fragen dazu konnten wir nicht stellen, wem auch? Damals war es meine Pflicht, die Arbeiten auszuführen und es war auch eine Herausforderung an mich als Gruppenführer. Die erste Zeit in Großräschen waren wir allein, bis uns dann eine Reservisteneinheit unterstützte. Wir haben dort die Rodearbeiten und den Erdaushub durchgeführt. Was danach aus Großräschen geworden ist, bleibt bis heute ein Rätsel für mich. Nach ca. einem halben Jahr sind wir wieder nach Straßgräbchen zurück und dort folgten wieder kleinere Bauarbeiten und Wache stehen, das Übliche also. 1978 sind wir dann nach Großröhrsdorf verlegt worden, für den Bau einer Betankungsanlage und einer Ringstraße. Zwischendurch wurden wir auch mal kurzzeitig nach Prötzel zum Wegebau für eine neue Feuerstellung kommandiert. Der Winter 1978/79 hat uns dann zur Katastrophenhilfe in den Bergbau verschlagen. Ich bin auch nach meiner Dienstzeit dem Bergbau bis zur Wende treu geblieben.

Meine Zeit in der NVA hat mich weiter gebracht, und ich habe sie auch nie bereut. Über die Pioniere in den Fla-Raketentruppen wird leider noch immer kaum gesprochen. Vielleicht kann ich einen kleinen Beitrag dazu beisteuern, auch mal an diese spezielle Truppe zu erinnern. Ohne uns hätten die Rampenbedienungen ihre Stellungen selber buddeln müssen.

Siegfried Horst
Reservisten und Mobilmachung in den Fla-Raketentruppen

Reservisten wurden zum Reservedienst einberufen. Dabei bestand ein signifikanter Unterschied, ob sie zur Auffüllung bestehender Einheiten oder zur Aufstellung zusätzlicher Einheiten im Falle der Mobilmachung einberufen waren.
Beide Varianten habe ich als verantwortlicher Kommandeur aktiv erlebt. 1978/79 war ich für mehrere Wochen als Kommandeur einer Fla-Raketenabteilung eingesetzt, die aus einigen aktiven Kadern, die sozusagen das Rückgrat bildeten, und einberufenen Reservisten aufgestellt wurde. Mit ihnen wurde dann Ausbildung durchgeführt und abschließend der Versuch unternommen, mit dieser Einheit aktive Handlungen zu führen. Bei dieser Art der Mobilmachung und sofortiger Ausbildung habe ich größte Hochachtung vor den Leistungen der Reservisten unserer Waffengattung gewonnen. Diese Übung fand in den Wochen des Jahreswechsels 1978/79 statt, als weite Teile des Nordens der DDR in Folge außergewöhnlich starker, tagelang anhaltender Schneefälle lange Zeit von der Welt abgeschnitten waren.

Die Mob-Übung gliederte sich in drei Etappen:

Erste Etappe:
Vorbereitung der Ausbildung der zusammengezogenen aktiven Kader in der aufgegebenen Feuerstellung der FRA-162 bei Prötzel und Überführung der Fla-Raketentechnik aus dem Mobilmachungs-Lager in die Feuerstellung

Zweite Etappe:
Einberufung der Reservisten nach Prötzel und Durchführung der Ausbildung

Die dritte Etappe
Überprüfung des erreichten Ausbildungsstandes mit Prüfungsschießen und Stellungswechsel der FRA in eine neue Feuerstellung

Es gab in unserer mobil gemachten Einheit eine große Geschlossenheit zwischen Berufssoldaten und Reservisten bei der Bewältigung dieser Wetterunbilden. Die aktiven Kader waren 12 Stunden vor dem Eintreffen der Reservisten schon am Standort Prötzel. Wir waren aufnahmebereit und gespannt, was uns im weiteren erwartete. Die größte Verspätung eines einberufenen Reservisten betrug sechs Stunden, deutlich weniger als wir erwartet hatten. Die wenigsten waren alkoholisiert, und es wurde kaum gejammert.

Nach der Formierung der Einheiten begann die vorgesehene Ausbildung. Als erstes die allgemein-militärische Ausbildung: Exerzieren, Schießen mit der persönlichen Waffe und Übungen mit der Schutzausrüstung. Das Anlegen der vollständigen persönlichen Schutzausrüstung war eine höchst anstrengende, schweißtreibende und unangenehme Angelegenheit. Auch das wurde alles ohne Murren mitgemacht. Erst als ein Oberstleutnant vom Stab der 1. LVD bei Schnee und Eis eine Exerzierbesichtigung vornehmen wollte, gab es deutlichen Widerspruch. Ich erkannte, dass es angesichts der Situation unsinnig war, die Männer zum Exerzieren zu zwingen und versuchte, den „Oberoffizier für rechts und links um" von seinem Vorhaben abzubringen. Als mir das nicht gelang, blieb nur noch die Möglichkeit, den zuständigen Kommandeur des FRR-16 einzuschalten. Gemeinsam fanden wir eine Lösung. Ich erteilte dem Mann einen Platzverweis. Das brachte mir allerdings keinen guten Ruf bei den Kontrolloffizieren ein, aber was sollte es: Wir mussten die Reservisten ausbilden und wollten mit ihnen noch einige wichtige Aufgaben erfüllen. „Schlechtes Essen und dumme Befehle können die beste Truppe kaputt machen", hat mein Vater immer gesagt, und der hatte als Fallschirmjäger bei Monte Casino gekämpft.

Die Spezialausbildung der Einheiten verlief normal. Es war bezeichnend, dass bei den speziellen Verwendungen der Funktechnischen Kompanie und der Rundblickstation die größten Schwierigkeiten auftraten, weil die Wehrkreiskommandos die entsprechenden Verwendungen nicht richtig erkannt und berücksichtigt hatten. Es ist wenig sinnvoll, einen Funkorter, der bei den Funktechnischen Truppen gedient hatte, im Mobilmachungsfall als Funkorter für die Raketenleitstation einer Feuerabteilung der Fla-Raketentruppe einzuberufen.

Die Unterschiede der Tätigkeiten sind so groß, dass er nie und nimmer in einer verkürzten Ausbildung zu einem Funkorter der Raketenleitstation gemacht werden kann, der maßgeblich mit darüber entscheidet, ob die Einheit im Fall der Fälle einen Treffer oder einen Fehlschuss erzielt. Beeindruckend waren die Leistungen der Kraftfahrer, die im Zivilberuf ebenfalls auf dem Bock saßen. Als Zugmittel für die Kabinen und Startrampen hatten wir moderne Tatra 148 übernommen, einen Kfz-Typ, über den wir in unseren Einheiten nicht verfügten. Die eingesetzten Berufskraftfahrer kannten ihn auch nicht, aber nach zwei Tagen hatten sie das Auto im Griff.

Der Stellvertreter für Ausbildung des FRR-16 hatte auf meine Bitte drei Lehrgefechtsraketen zur Beladung für die Ausbildung bereitgestellt. Damit waren wir in der Lage, alle Elemente des Gefechtsdienstes zu trainieren. Für die letzte Ausbildungswoche war ein Lehr-DHS in der alten Feuerstellung in Prötzel vorgesehen. Aus dieser Lage heraus begann dann die Abschlussübung.

Die Bereitschaftsstufe 1 wurde ausgelöst, und danach waren reale Luftziele zu bekämpfen, zwei hoch fliegende und ein tief fliegendes. Kurz darauf kam der Befehl zum Herstellen der Marschlage. Der Regimentskommandeur erteilte mir den Befehl, im Kfz.-Marsch in den Raum Oranienburg zu verlegen und dort die Gefechtsbereitschaft der Abteilung herzustellen, um an den weiteren Handlungen zur Abwehr des Luftgegners teilnehmen zu können.

Das Herstellen der Marschlage hatten wir in den Tagen zuvor bereits geübt, sodass die Aufgabe in der Normzeit geschafft wurde. Beim Auffahren des Marschbandes hatte die Startbatterie ein paar Schwierigkeiten, weil auch die aktiven Kader der Startbatterie in ihren Stammabteilungen nur selten gleichzeitig mit allen Startrampen und sechs Transport-Ladefahrzeugen verlegten. Wir konnten den Marsch dennoch pünktlich beginnen. Er führte uns über Prötzel, Beiersdorf, Biesenthal, Zehlendorf und Schmachtenhagen in das Übungsgelände der 1. Mot-Schützendivision unserer Landstreitkräfte nördlich von Oranienburg. Der Marsch war mit ca. 65 Kilometer nicht lang. Er führte über die Dörfer nördlich von Berlin. Bei den Ortsdurchfahrten mussten wir mit den langen und schweren Fahrzeugen besonders vorsichtig fahren. Ich hatte eine Marschdauer von 2 bis 3 Stunden kalkuliert. Wie meistens ging es dann doch nicht so schnell wie erhofft. Mit der Spitze der über zwei Kilometer langen Marschkolonne waren wir nach gut drei Stunden am Ziel.

Die Einfahrt in die vermessenen Elemente der Gefechtsordnung erfolgte nach vier Stunden. Alles lief bestens. Dann kam der Kompaniechef der Funktechnischen Kompanie zu mir und meldete, dass ein Kabel in der alten Feuerstellung liegen geblieben sei. Es war das Kabel, das den in der Kabine AA untergebrachten Kommandosender mit der Antenne verband, die sich auf der Sende-Empfangs-Kabine befand. Ohne dieses Kabel war eine Fla-Raketenabteilung nicht gefechtsbereit, denn darüber werden die Lenkkommandos zu der Antenne übertragen, die sie an die Raketen sendet. Also, den Politstellvertreter in den Jeep gesetzt und ab nach Prötzel. Nach gut zwei Stunden war er mit dem Kabel und einem schweißgebadeten Kraftfahrer wieder da. Gerade richtig, um mit den elektrischen Kontrollen der Funktechnischen Kompanie beginnen zu können.

Als erstes war die Rundblickstation einsatzbereit. Bei ihr war der glückliche Umstand zu verzeichnen, dass alle einberufenen Reservisten früher in der gleichen Verwendung bzw. Dienststellung gedient hatten. So verfügten wir immerhin schon bald über Informationen zur Luftlage.

Es war an der Zeit, sich um die Versorgung der Truppe zu kümmern. Ich hatte mal gelernt, dass die Rückwärtigen Dienste der Abteilung das Ende des Marschbandes bilden. Das habe ich nur einmal so in der Praxis durchgeführt und dann nie wieder. Die Sicherstellungskräfte wurden am besten gemeinsam mit dem Vorkommando der Abteilung, das die neue Gefechtsordnung zu vermessen hatte, in den neuen Raum verlegt. Sie hatten ihre Versorgungsbasis zu entfalten und die Unterbringung der Hauptkräfte vorzubereiten. Spätestens, wenn die Abteilung im neuen Raum gefechtsbereit war, musste die Verpflegung gesichert sein. Es war für die Truppe eine Zumutung, wenn sie dann noch ewig auf ihr Essen warten musste.

Ich konnte dem vorgesetzten Gefechtsstand 15 Minuten vor Ablauf der Normzeit die Einsatzbereitschaft der Abteilung melden. Danach wurde die Technik mit den verfügbaren Mitteln getarnt, die Wachen organisiert, die Schlafplätze zugewiesen und Verpflegung ausgegeben. Wir waren alle ziemlich erschöpft. Man hatte uns am Vortag um 8 Uhr rausgeworfen. Jetzt war es 4 Uhr in der Frühe. Nach meinen Erfahrungen bei Übungen kamen die nächsten Aufgaben nach 13 Uhr. Bis dahin blieben uns noch ein paar Stunden Zeit. Es gab Erbsensuppe mit Bockwurst, also den Klassiker aus der Feldküche. Auch die Kontrolloffiziere aßen gern einen Schlag aus dem Kochgeschirr.

Ich rief meine Stellvertreter und die Kompaniechefs zusammen und wertete kurz diese Etappe aus. Mit Freude konnte ich ihnen dafür danken, dass sie sich bravourös geschlagen hatten. Unsere Reservisten hatten während der Verlegung hohe Disziplin und persönliche Bereitschaft gezeigt. Nun ging es um die Gewährleistung der Sicherheit, den Ausbau der Elemente zur Sicherung der Gefechtsordnung und um die Vervollkommnung der Tarnung. Da ich erfahren hatte, dass die Kontrolloffiziere eine Diversantengruppe gebildet hatten, ließ ich vorsorglich ein mobiles Verteidigungskommando unter Führung des Kfz-Schirrmeisters, einem ehemaligen Fallschirmjäger der NVA, zusammenstellen.

Nach der Aufgabenstellung ging ich mit meinen Stellvertretern frühstücken und haute mich anschließend aufs Ohr. Nach drei Stunden kontrollierte ich die Gefechtsordnung. Die Funktechnische Kompanie war im Rahmen des Möglichen mit Netzen hinreichend getarnt. In der Startbatterie waren auf drei von sechs Rampen Lehrraketen geladen. Die Kfz standen auf Waldwegen und wurden von Posten gesichert, ebenso die Transport-Ladefahrzeuge. In einem Fahrzeug fand ich eine zurückgelassene Maschinenpistole. Ich nahm sie mit und übergab sie meinem Kraftfahrer zur Aufbewahrung. Wenig später meldete mir der Batteriechef der Startbatterie den Verlust einer Waffe. Der Gefreite W., ansonsten ein guter Reservist, hatte sie im Fahrzeug vergessen. Das ständige Tragen einer Waffe war ihm noch nicht wieder zur Gewohnheit geworden.

Ich beauftragte den Batteriechef, die Auswertung selbst vorzunehmen. Dieser ließ seine Truppe antreten und machte sie, wie wir sagten „rund". Der Übeltäter musste auf eine Belobigung zum Abschluss der Übung verzichten.

Es war elf Uhr, als der Diensthabende das Signal für die Bereitschaftsstufe 1 auslöste. Ich hastete an meinen Gefechtsplatz in der Kabine UA. Auf dem Tochtersichtgerät der Rundblickstation hatte ich die Luftlage im Umkreis von 120 km und konnte mit dem elektronischen Visier die Antennen der Raketenleitstation auf die anfliegenden Ziele ausrichten. Das Prüfungsschießen auf reale Ziele begann. Neben mir hatte der Stellvertreter für Ausbildung des FRR-16 als Kontrollierender Platz genommen, um die Geschlossenheit der Gefechtsbesatzung zu beurteilen. Insgesamt wurden uns 12 Ziele zugewiesen bzw. waren auf eigenen Entschluss zu bekämpfen. Die Bewertung lautete „Gut". Kaum war der Anflug beendet, musste ich das Signal zur Bodenverteidigung auslösen.

Eine „Diversantengruppe" hatte einen Angriff auf die Abteilung eingeleitet. Mein Fallschirmjäger, der drei Gruppen gebildet hatte, rollte die Angreifer auf. In dem entstehenden Handgemenge ging es richtig zur Sache. Der Leitende beendete den Angriff vorzeitig, weil ihm die Auseinandersetzung zu heiß wurde. Für die Bodenverteidigung erhielten wir die Bewertung „sehr gut".

Als wir nach dem Mittagessen das Speisezelt verließen, schlugen uns erste Schneeböen entgegen. Der Himmel hatte sich verdunkelt, und es schneite heftig. Ich wusste, wir mussten den gesamten Komplex noch abbauen und benötigten danach mindestens drei Stunden, um zurück nach Prötzel zu verlegen. Deshalb bat ich den Leitenden der Übung, sofort den Befehl zur Rückverlegung zu geben und auf weitere Ausbildungselemente zu verzichten. Nach einem kurzen Telefonat mit dem Regimentskommandeur folgte er meinem Vorschlag. Ich ließ die Abteilung antreten, schilderte kurz die Lage und gab den Befehl, die Marschlage herzustellen. Der Schneesturm wurde immer heftiger. Aus den Kräften, die nicht am Abbau beteiligt waren, bildete ich eine Gruppe zur Kontrolle des Übungsgeländes unter Leitung meines Politstellvertreters. Sie sollte dafür sorgen, dass Manöverschäden möglichst vermieden werden, oder, wenn sie doch eingetreten waren, umgehend beseitigt wurden. Wegen des stark auffrischenden Windes gab es Schwierigkeiten beim Abbau der Antennen. Die Höhenwinkelantenne konnte nur mit großen Schwierigkeiten auf dem Transporthänger abgelegt werden. Nach drei Stunden stand das Marschband. Das war angesichts der Situation eine gute Leistung. Ein letztes Gespräch über die Standleitung mit dem Gefechtsstand des Regiments. Der teilte mit, dass das Wetter in Richtung Osten noch schlechter würde und im Raum Prötzel bereits erste Schneeverwehungen gemeldet waren. Ich gab die Losung aus, langsam aber kontinuierlich zu fahren und nicht anzuhalten. Bei einem Halt hätte die Gefahr bestanden, dass die schweren Startrampen und Kabinen nicht wieder in Fahrt zu bringen waren. Wir fuhren also ohne jeden Halt. Trotz widrigster Bedingungen, wir rollten und rollten und waren nach gut drei Stunden am Ziel. Als wir am Eingang zur Feuerstellung ankamen, war Schluss. Nichts ging mehr. Die Wege und Stellungen waren vollkommen zugeweht.

Nach kurzer Rücksprache mit dem Regimentskommandeur stellten wir die Technik auf dem Zufahrtsweg zur Stellung ab und sicherten sie. Natürlich war uns klar, dass im Kriege so etwas nicht möglich gewesen wäre. Wir aber führten Ausbildung mit Reservisten im Frieden durch und handelten verantwortlich, wenn wir zuerst die Sicherheit für Leib und Leben unserer Soldaten gewährleisteten und dann auch noch die Einsatzbereitschaft der Mobilmachungstechnik im Auge hatten. Nach Vollzähligkeitsappellen zur Bewaffnung und Ausrüstung und der Ausgabe von Verpflegung ging es in die Unterkünfte. Damit war diese Übung, formal gesehen, beendet.

An den folgenden Tagen musste aber die Technik wieder aufgebaut und einsatzbereit an den Ingenieurdienst übergeben werden, um zu gewährleisten, dass in diesem Jahr weitere Übungen stattfinden konnten. Nach uns trainierten noch Abteilungen eines anderen Regiments in gleicher Weise. Nur ihre Bedingungen waren bei anderem Wetter wohl etwas leichter.

Im Ergebnis bleibt festzustellen: Wir hatten die gestellte Aufgabe unter extrem schwierigen Bedingungen bewältigt. Ob das auch unter den Bedingungen eines realen Luftverteidigungsgefechts gereicht hätte, wage ich zu bezweifeln. Das zu überprüfen wäre letztendlich nur unter der Voraussetzung möglich gewesen, dass auch reale Starts hätten erfolgen können. Da unser Ziel darin bestand, einen Krieg zu verhindern, konnten wir gut damit leben, dass es nicht dazu gekommen ist. Mit dieser Übung hatten wir einen Beitrag dazu geleistet.

Die Verantwortlichen der FRT versuchten verzweifelt, mit der klar begrenzten Anzahl von Personal auch die Aufgaben zu erfüllen, die im Kriegsfall zu lösen gewesen wären. Dieser Lösungsansatz war nicht sinnvoll. Er führte dazu, dass die Strukturen immer stärker ausgedünnt wurden. Außerdem mussten die bestehenden DHS-Einheiten im Mobilmachungsfall die erfahrensten Offiziere und Unteroffiziere für die Mob-Einheiten bereitstellen. Ich meine, die davon ausgehende Schwächung des Bestehenden war größer als die Stärkung durch das hinzugewonnene Potential der mobilgemachten Einheiten gewesen.

Wolfgang Fiedler
Ein außergewöhnliches Ereignis im militärischen Alltag

Als ich von der Idee hörte, ein Buch über Geschichten und Ereignisse aus dem Alltag in den Fla-Raketentruppen der NVA zu schreiben, habe ich mich entschlossen, ein nicht alltägliches Erlebnis aus meiner Dienstzeit zu schildern. Dieses Ereignis liegt jetzt schon 34 Jahre zurück, aber viele Details sind mir so in Erinnerung geblieben, als wären sie erst gestern passiert.

Es war Ende August, Anfang September 1976. Wir hatten als Besatzung einer außerhalb von der Fla-Raketenabteilung entfalteten Funkmessstation P12-NP die Aufgabe, diese in die in Eigenleistung errichtete pioniertechnisch ausgebaute Stellung in Gefechtslage zu bringen. Die Arbeiten waren bis auf das Ausrichten der Antennenanlage und das Einnorden bereits abgeschlossen. Der Funkorter/ Gruppenführer hatte die Aufgabe, den Richtkreis zu entfalten. Bei dieser Tätigkeit bemerkte er in einiger Entfernung auf einer Wiese einen Pkw. Neugierig geworden, weil auf dieser Wiese eigentlich nie ein Pkw stand, schaute er durch die Optik und meldete mir aufgeregt, dass dort ein Fahrzeug der englischen Militärverbindungsmission steht und dass wir durch ein Fernglas beobachtet würden. Ein Blick meinerseits durch die Optik bestätigte das Gemeldete. Nachdem die Insassen des Fahrzeuges mitbekommen hatten, dass sie entdeckt wurden, fuhren sie in Richtung A. weg. Ich machte meinem Vorgesetzten Meldung und erhielt den Befehl einen Beobachtungsposten zu stellen und weiter nach den geltenden Vorschriften zu handeln.

Bemerken muss ich an dieser Stelle, dass sich mein Funkmessposten in einem ständigen Sperrgebiet befand und diese Gebiete eigentlich für die Miltärverbindungsmissionen tabu waren – eigentlich. Die Praxis sah da anders aus. Die Herren vom englischen Geheimdienst hatten jedenfalls eine Aufgabe zu erfüllen und da sie dabei gestört worden waren, würden sie wiederkommen – so meine Vermutungen. Diese sollten sich schon nach kurzer Zeit bestätigen. Eine Festnahme kam, solange sich die Personen im Fahrzeug befanden nicht in Betracht, es war ihr Hoheitsgebiet. Sie aber bei ihrem Spionageauftrag zu stören war im Rahmen der geltenden Vorschriften erlaubt.

Von meinem Beobachter kam die Meldung, dass sich das MVM-Fahrzeug mit der Nummer 7 wieder in Richtung unserer Stellung bewegt. Vorsorglich hatte ich schon die Wiesenzufahrt blockieren lassen und einen Lkw Typ Ural 375 D in Bereitschaft, um den Feldweg zu unserer Stellung zu blockieren. Davon ließen sich die Herren vom englischen Geheimdienst überhaupt nicht beeindrucken. Sie fuhren mit ziemlich hoher Geschwindigkeit auf dem frisch gepflügten Acker auf den Ural zu, der an der Stelle stand, wo man wieder auf die befestigte Straße auffahren konnte. Und dann überschlugen sich die Ereignisse.

Der Fahrer des MVM-Fahrzeuges versuchte mit unverminderter Geschwindigkeit auf die Straße zu kommen und hatte wahrscheinlich aufgrund von Sichtbehinderung den Lkw Ural nicht gesehen.

Der Zusammenprall war heftig. Der Lkw wurde ausgehoben und kippte nach rechts um – im Zeitlupentempo bis zum Kipppunkt, dann etwas schneller. Der Fahrer und ich hielten uns am Lenkrad fest und verließen das Fahrzeug über die Dachluke.

Der Pkw hatte sich am Lkw halblinks in die Stoßstange verhakt, ein halbe Drehung nach rechts ausgeführt, war mit der Beifahrertür auf die Radnabe geprallt und anschließend ca. 8 m zurück auf den Acker geflogen.

Das war eine Situation, die sich entwickelt hatte, an die keiner so gedacht hatte. Jetzt galt es meinerseits sinnvolle Entscheidungen zu treffen und entsprechende Maßnahmen einzuleiten. Erst einmal machte ich meinem Vorgesetzten Meldung (über meinen Funkmessmechaniker). Zwei Soldaten bargen den verletzten Beifahrer mit Hilfe des Pkw-Fahrers. Einen Soldaten schickte ich zur naheliegenden Poststelle, um Polizei und Rettungsdienst zu alarmieren.

Der Ranghöchste, ein Major, zeigte erste Reaktionen, als der Verletzte geborgen war. Er versucht mir im gebrochenen Deutsch zu erklären, dass er nicht in einem Sperrgebiet wäre. Ich sagte ihm erst einmal, dass ich weiß, dass er die deutsche und russische Sprache beherrscht, seine Würde bewahren und einen Offizier der NVA bitte nicht für dumm verkaufen sollte – falls doch, könnte ich mit ihm in den anderen beiden Sprachen die Unterhaltung fortführen. Danach klappte es mit der deutschen Sprache seinerseits ausgezeichnet.

Mein Funkorter/Gruppenführer hatte mein Zeichen verstanden und stellte aus dem demolierten Fahrzeug der MVM alle Dokumente sicher. Das wurde erst Stunden später durch den englischen Geheimdienstoffizier bemerkt. Da waren diese durch die entsprechenden Stellen schon abfotografiert und teilweise ausgewertet. In den Unterlagen waren nicht nur Angaben über unsere FRA, sondern auch viele Details von Industriebetrieben vermerkt. Wie viel Besuch dieses Ereignis an diesem Tag nach sich zog, kann ich nicht mehr genau sagen. Alle weiteren Maßnahmen im Zusammenhang mit der englischen Militärmission wurden durch die Militäraufklärung der sowjetischen Streitkräfte koordiniert und eingeleitet. Der umgekippte Lkw Ural wurde mittels Spill wieder aufgerichtet. Der Sachschaden an ihm war minimal – ein Spiegel war gebrochen. Der stark beschädigte Pkw konnte nur mittels Baumspill geborgen werden. Alle Dokumente wurden dem sowjetischen Offizier der Militäraufklärung ausgehändigt. Im Schlussgespräch brachte er zum Ausdruck, dass es gut sei, Spione an der Erfüllung ihres Auftrages zu hindern, aber es nicht gut ist, wenn es dabei Verletzte gibt, auch wenn wir keine Schuld dabei hätten. Weiter teilte er uns mit, dass der englische Major geäußert hat, dass er es nicht fassen kann, dass ein Leutnant ihn ausgetrickst hätte.

Rein militärisch gesehen war dies ein besonderes Vorkommnis. Niemand im Regiment war bis dahin in einer solchen Situation gewesen. Die Frage war – wie geht es für mich aus. Alle Vorgesetzten im Regiment hielten sich mit ihrer Meinung zurück. Es gab weder Zustimmung noch Ablehnung für meine Handlungen. Ungefähr drei Wochen später fand ein Regimentsappell und die abschließende Auswertung statt. Mein Funkorter/Gruppenführer und ich wurden durch den Minister für Nationale Verteidigung mit einer Sachprämie belobigt. Die sichergestellten Dokumente waren sehr aufschlussreich für die Spionageabwehr gewesen, so die Quintessenz der Auswertung.

Burghard Keuthe
Heimreise mit Hindernissen

Viele Jahre fuhren die am Gefechtsschießen teilnehmenden Besatzungen der Einheiten im Eisenbahntransport nach Aschuluk. Das änderte sich zu Beginn der 80er Jahre. Von nun an ging es per Flugzeug mit einer Zwischenlandung in Kiew zu einem Militärflugplatz in der Nähe von Astrachan. Von dort brachte man die Truppe mit Bussen und Lkw zum Bahnhof in Astrachan, wo die Weiterfahrt mit der Eisenbahn nach Aschuluk vorgesehen war. Auch der Rücktransport geschah auf die gleiche Art und Weise. Auf den ersten Blick erschien eine derartige Reise einem alten Aschulukfahrer, der an die langen Eisenbahntransporte gewöhnt war, fast wie eine Fahrt mit einem Reiseunternehmen. Für alles war gesorgt, keine Abenteuer und persönliche Reiseerlebnisse mehr, schnell, komfortabel, aber langweilig und emotionslos. Doch der erste Eindruck trügt bekanntlich oft.

Das FRR-13 hatte zu dieser Zeit mit zwei Feuerabteilungen und einer Technischen Kompanie erfolgreich an einem Gefechtsschießen teilgenommen und wollte wieder nach Hause. Am Tag der Abreise warteten die Truppen in Antreteordnung am Kfz-Park des Schießplatzes auf ihre Abholung. Schubweise rollten Lkw und Busse aus dem geöffneten Tor und hielten in einem gewissen Abstand zu den Kolonnen. Im Nu wurden sie von den Angehörigen der anderen Regimenter geentert. „Halt, Stehenbleiben!", lautete das Kommando des Regimentskommandeurs, als wir uns anschickten, ebenfalls aufzusteigen. „Wir sind nicht so undiszipliniert! Wir warten auf die Einteilung!" Als alle Fahrzeuge voll belegt waren, standen wir immer noch da und warteten. Es kamen jedoch keine weiteren Autos aus dem Kfz-Park. Unsicherheit kam auf.

Der Regimentskommandeur schickte seinen Stabschef zur Klärung los. Als der zurück kam, verließen die besetzten Lkw bereits das Objekt. „Da sollten wir mitfahren!", meldete der Stabschef. „Kann nicht sein, die waren doch alle voll besetzt!" Nun war guter Rat teuer. Wir mussten zur festgelegten Zeit am Zug sein. Dazu brauchten wir Fahrzeuge.

Die Zeit verrann, die Truppe stand brav, aber genervt in der Antreteordnung und wartete. Es geschah nichts. Offensichtlich gaben sich die Russen alle Mühe, für die verbliebenen Deutschen noch ein paar Autos aufzutreiben. Es brummte im Park. Schließlich öffnete sich erneut das Tor und weitere Lkw fuhren auf die Soldaten zu. „Aufsitzen!" und nichts wie los, hieß die Devise. Lieber schlecht gefahren, als gut gelaufen. Als die kleine Kolonne durchgeschüttelt am Bahnhof eintraf, rollte gerade der für uns vorgesehene Zug ein. Die vor uns abgefahrenen Kameraden standen vorn und schnappten die noch vorhandenen wenigen Sitzplätze weg. „Erst einmal einsteigen, aber zusammen bleiben!", lautete diesmal der Befehl. Die Vorgesetzten machten also schon Abstriche an der allen zuvor demonstrativ zur Schau gestellten Disziplin. Wie sich später herausstellte, gab es im Zug tatsächlich für die NVA reservierte Waggons. Doch die standen auf der Fahrt bis hierher allen Reisenden offen und waren somit belegt. „Na, wir werden ja sehen, wer die besseren Nerven hat!" Die Soldaten machten sich in den Gängen und Abteilen breit. Die mitgeführten Kisten und Koffer verwandelten den Durchgang durch den Waggon zur Hindernisbahn. Nach und nach erkannten die Einheimischen, dass sie die Plätze räumen mussten und verzogen sich. Nach etlichen Stunden im gefüllten, stickigen und aufgeheizten Waggon, die Fenster ließen sich nicht öffnen, erreichte der Zug Astrachan. Die Truppe schleppte sich mit ihrem umfangreichen Gepäck in den Wartesaal des Bahnhofs. Warten auf weitere Befehle. Der Nachmittag begann. Schließlich traf die Mitteilung ein: „Die Flugzeuge bleiben wegen schlechten Wetters in Kiew. Übernachten auf dem Bahnhof!" Damit wir nicht weiter die große Wartehalle blockierten, stellte die sowjetische Eisenbahn für uns freundlicherweise mehrere Waggons bereit. Einsteigen. Diesmal war Platz genug für alle. Eine Lok wurde vorgespannt und ruckte an. Sie brachte die Waggons weit nach draußen auf ein Abstellgleis und rollte von dannen. Das hieß: Kein Licht, kein Wasser, die Toiletten nicht benutzbar. Wegen der Hitze und der verschlossenen Fenster war ein Aufenthalt im Waggon alles andere als angenehm. Die Stimmung fiel ins Bodenlose.

Tatsächlich, wie bestellt und nicht abgeholt. Nach einiger Zeit fuhr ein sowjetischer Begleitoffizier mit einem Lkw vor, um nach dem Rechten zu sehen. Als er die niedergeschlagene Truppe erblickte, schlug er einen Ausflug nach Astrachan vor. Natürlich war das mit einem Lkw schlecht machbar. Schnell wurden also ein paar Mann bestimmt, die mitfahren sollten. Wer noch ein paar Rubel hatte, steckte sie ihnen zu, verbunden mit dem Wunsch, dafür noch Spielzeug oder Souvenirs für die Lieben daheim zu kaufen.

Astrachan machte trotz der hochsommerlichen Hitze einen vollkommen anderen Eindruck, als die nahe gelegene heiße Steppe bei Aschuluk. Breite Straßen unter schattenspendenden grünen Bäumen, frisch mit Wasser von den Sprengwagen besprüht, ließen den Aufenthalt zum Labsal werden. Doch wir mussten uns beeilen, um die gewünschten Einkäufe zu erledigen. Voll bepackt trafen wir zwei Stunden später wieder am Zug ein, um dort unter lautem Hallo die Mitbringsel zur Begutachtung vorzuzeigen. Es fand alles einen Abnehmer. Die Nacht begann. Für viele sollte sie eine der unbequemsten ihres Lebens werden. Als am anderen Morgen die Sonne blutrot über dem Horizont aufstieg, verfolgten die Soldaten das Schauspiel. Ungewaschen, unrasiert und fern der Heimat!

Ein Verbindungsoffizier traf ein. „Fertigmachen, fertigmachen! Die Transportmaschinen treffen gleich ein!" Die Truppe war schon lange fertig. Auf dem Flugplatz standen zwei eben eingetroffene Tu-134 der NVA. Sie boten Platz für eine größere Einheit. Das FRR-13 sollte wegen des geringeren Personalbestandes mit der noch zu erwartenden kleineren An-24 fliegen. Wieder stand unsere Truppe mit fast tränenden Augen da und verfolgte das „Einchecken" der anderen und den Start der Tupolew-Maschinen. „Ob wir wohl von hier noch einmal weg kommen?" Die Russen fühlten mit und luden uns zum Frühstück in den Speisesaal ein. Stunden später brummte es am Himmel. Die An-24 flog an und landete. Im Unterschied zu den schnellen Verkehrsmaschinen Tu-134 war die An-24 ein richtiger Transporter. Sie besaß einen großen Frachtraum, an den Seiten blecherne Sitzschalen für eventuelle Fallschirmspringer, die Mitte frei für Lasten. Fast ungedämpft erreichte das Dröhnen der Turboproptriebwerke den Lastenraum. Solange die Triebwerke liefen, war jede Unterhaltung ausgeschlossen. Die große Laderampe ermöglichte ein schnelles Beladen der Maschine. Es musste noch getankt werden. Dann schloss sich die Ladeluke und die An-24 rollte zum Start. Endlich! Ein Hochgefühl machte sich breit. Nach sechs Stunden Flug im Lärm der Motoren landete die Truppe auf dem Flugplatz Trollenhagen. Das Dröhnen klang noch lange in den Ohren nach. Deshalb verstand auch im ersten Moment keiner die Frage, die der auf uns wartende Offizier des FRR-13 an uns richtete: „Warum kommt ihr denn so spät?" „Was?" Lauter: „Warum kommt ihr so spät? Die Brigade ist schon lange durch!" Kein Kommentar. Dafür die Gegenfrage: „Wo stehen die Fahrzeuge?" Ein anderer Offizier winkte die Ankömmlinge heran. „Hier entlang, bitte schön!" Verwundert marschierte die Truppe in langer Reihe auf abgestecktem Pfad zu einem Zelt. „Das sieht nach Med.-Punkt aus!" „Sachen abstellen und ins Zelt gehen!" Drinnen stand uns ein ungewöhnlicher Willkommensgruß bevor: „Hosen runter und bücken!" Dann ein Stoß von hinten in den Po. Was für ein Empfang! Den etwas irritierten Heimkehrern erklärte ein Feldscher außerhalb des Zeltes, dass man das verstehen müsse, schließlich ginge es um eine vorbeugende Gesundheitsmaßnahme. Zum Trost gab es für jeden noch eine richtig schöne, heiße, lang entbehrte deutsche Bockwurst. Noch kauend verlud man das Gepäck. Bloß nicht länger bleiben als notwendig. Doch unsere Truppe hatte das Unglück gepachtet. Kurz vor Waren fing der Motor des letzten URAL an zu stottern.

Das Fahrzeug rollte mit lauten Fehlzündungen am Straßenrand aus. „Verdammte Sch…! Uns bleibt doch nichts erspart!" Die Insassen der vorausfahrenden Fahrzeuge merkten erst nach mehreren Kilometern, dass da einer fehlte. Sie wendeten und kehrten zurück. Für Reparaturen blieb keine Zeit. Eine Abschleppstange wurde hervorgeholt, die aufgesessene Truppe auf die anderen Fahrzeuge verteilt. Jetzt ging es unaufhaltsam der Heimat entgegen. Wieder ein Halt, vertraute Stimmen, dann ein Ausrollen der Fahrzeuge auf dem Ex-Platz. Der Kommandeur befahl: „Gepäck abladen, dann Einrücken in den Klub!" Er hatte für alle Heimkehrer ein Bankett vorbereiten lassen und lud jetzt zum üppigen Nachtmahl ein. Kurz darauf saßen alle an der langen Tafel. Gelöstes Lachen kam auf, als man die erst jüngst überstandenen Strapazen der Heimreise überdachte. Nicht alle konnten lachen. Dieser oder jener schaute bereits recht bleich über den Rand seines Bierglases. Noch in der gleichen Nacht meldeten sich einige freiwillig im Med.-Punkt. Am nächsten Morgen trafen die Ergebnisse der Gesundheitskontrolle ein. Noch weitere mussten in den Med.-Punkt ziehen. Die Abteilung hisste wegen Sommerruhr die gelbe Fahne – Quarantäne. Der Dienstbetrieb war davon nicht betroffen.

Burghard Keuthe
Waffenbrüderschaft

Kommandeure, Politstellvertreter, Parteisekretäre und diejenigen, die die NVA in der Öffentlichkeit und bei den Waffenbrüdern zu repräsentieren hatten, mussten vor allem trinkfest sein. Fast keine Zusammenkunft, Konferenz, Besprechung, Tagung oder ähnliche Veranstaltung ging ohne Alkohol ab. Man musste tatsächlich auf der Hut sein und sein Limit kennen. Nur wer in der Lage war, den Alkoholgenuss bei solchen Gelegenheiten in normalen Grenzen zu halten, kam ungeschoren davon. Erlebnisse der besonderen Art gab es in der Zeit, als Gorbatschow das Alkoholverbot in der Sowjetunion erlassen hatte. Das muss etwa 1985 gewesen sein. In diesem Jahr fuhr ich ein letztes Mal als Angehöriger einer Abteilung zum Gefechtsschießen. An sich war es üblich, Schnaps und Bier mitzunehmen, um insbesondere die sowjetischen Instrukteure günstig zu stimmen und für sich einzunehmen. Das sollte dieses Mal auf Befehl des Regimentskommandeurs unterbleiben. Vom Soldaten bis zum Offizier mussten alle nacheinander mit ihrem Gepäck in den Klub des Regimentes einrücken, um sich einer Kontrolle auf eventuell versteckten Alkohol zu unterziehen. Natürlich hatte man etwas einstecken. Wer wollte schon unter diesen Bedingungen auf die Gelegenheit verzichten, wie ein Retter in der Not zu erscheinen? Unser Politnik hatte, um einer Entdeckung zu entgehen, Schnaps in Konservenbüchsen einfüllen lassen. Der wurde aber entdeckt, weil beim Zunageln der Kisten bedauerlicherweise eine Büchse getroffen wurde und der Schnaps auslief. Meine Variante des Alkoholschmuggels, die Schnapsflaschen in die Ersatzsocken zu stecken, wurde nicht entdeckt. Es klapperte nicht, und wer fasst schon gern die Strümpfe anderer Leute an?

Wir trafen nachts auf dem Schießplatz in Kasachstan ein und was sahen wir? Zwei ziemlich betrunkene höhere sowjetische Chargen schlugen sich, als sie uns bemerkten, taumelnd in die dunkle Nacht. Die ganze Truppe lachte wie auf Kommando laut los. Hier war alles so, wie vordem auch. Wie sagt der Russe? „Russland ist groß, und Moskau ist weit". Sicherlich bedauerte unser Regimentskommandeur inzwischen im Stillen, diesen Befehl unserer Führung befolgt zu haben. Natürlich ließ man dann auf dem Schießplatz auch von oberer Stelle nachfragen, ob noch jemand eine Flasche für die Instrukteure hat – nicht für den Selbstkonsum, Gott bewahre. In diesem Jahr waren Bier und Schnaps aber leider knapp, nichts zu machen, Genossen Vorgesetzte.

Kontakte mit den Russen waren zu jener Zeit in unserer Waffengattung das Normale im militärischen Alltag. Sie mussten nicht verordnet werden, sie entstanden im gegenseitigen Einvernehmen. So wie es sich für eine gute Partnerschaft gehörte, profitierte jede Seite davon. So war es auch bei uns.

Besonders, als Hauptmann Winges als Absolvent der sowjetischen Militärakademie in Kalinin nach Tramm kam und die Abteilung übernahm. Damals hatten die sowjetischen Einheiten der Landstreitkräfte in Schwerin, Parchim und Perleberg den gleichen Fla-Raketen-Komplex wie wir in der Bewaffnung. Winges bahnte enge Beziehungen zu einer sowjetischen Fla-Raketen-Abteilung in Schwerin-Görries an und pflegte diese bis zu deren Abzug. Wer an den Treffen mit den Freunden teilnahm, musste trinkfest sein. Aber es ging eben nicht nur ums Feiern, es ging auch um den Austausch von Erfahrungen und manchmal auch von Ersatzteilen.

Mit mehreren Stunden Dauer für die Herstellung der Marsch- oder dann wieder der Gefechtslage war der Wolchow-Komplex für den Einsatz zum Schutz der beweglichen Landstreitkräfte eher ungeeignet. Die Russen demonstrierten uns dann, dass sie in der Lage waren, ihren Komplex in 30 Minuten aus der Gefechtslage in die Marschbereitschaft zu überführen. Das war für uns etwas vollkommen Neues und wurde bis dahin nicht für möglich gehalten. Da konnten wir von unseren Freunden wirklich lernen. Anfang der 70er Jahre waren gewaltsame chinesische Grenzverletzungen am chinesisch-sowjetischen Grenzfluss Ussuri zu einer lokalen bewaffneten Auseinandersetzung beider Mächte eskaliert. Die Einheit in Görries verlegte 1974 im Zuge der Modernisierung der sowjetischen Fla-Raketen in der DDR an die sowjetisch-chinesische Grenze, wo die Sowjetunion im Begriff war, ihren Fernöstlichen Kriegsschauplatz zu verstärken.

Die ablösende Abteilung in Görries war mit dem mobilen Fla-Raketen-Komplex vom Typ Kub ausgerüstet und durfte wahrscheinlich aus Gründen der Geheimhaltung keine Beziehungen mehr zu uns pflegen. In den Gesprächen mit den russischen Offizieren zu den verschiedensten Treffen und Anlässen merkte man, dass sie ihre Anwesenheit in „Deutschland" als Einsatz an der Front verstanden. Unter ihnen waren einige, die bereits Kriegserfahrung in den lokalen Kriegen jener Zeit in den arabischen Staaten oder Vietnam gesammelt hatten.

Dieter Bertuch
Ein stiller Held

Hart und anspruchsvoll war der Dienst in den Fla-Raketenabteilungen. Während der potenzielle Luftgegner, in persona die Luftwaffe und Raketentruppen, freitags nahezu vollständig die Kasernen verließ, um das Wochenende zu genießen, saßen die sozialistischen Luftverteidiger in Ihren Gerätekabinen, waren überall, wo sie sich aufhielten, jederzeit in Abrufbereitschaft, immer auf der Hut, den schrecklichen Ton des „Brüllaffen" (elektrisches Signalhorn) nicht zu überhören. Einige traf es noch härter. Das waren diejenigen, die wegen ihrer Spezialqualifikation und der geringen Anzahl gleich spezialisierter Kollegen oft sehr lange auf ihren Plätzen ausharren mussten. Dazu zählten Nachrichtenempfangsstellen, vorgeschobene Funkmess- und spezielle Aufklärungsstationen. Eine Kanne mehr vom Schokotrunk, auch ein zusätzliches, gekochtes Ei oder ein großes Schnitzel, von der Küche für sie extra zubereitet, wogen die fehlenden Annehmlichkeiten eines freien Wochenendes oder von Feiertagen nicht auf. Bei einem Kontrollgang trat der stets auf Ordnung, Sauberkeit und Sicherheit und noch mehr auf eine straffe Ausbildung bedachte Kommandeur in den Betonbunker der Empfangsfunker. Der erste Blick fiel auf den dichten Haarschopf, der zweite auf die abgelatschten Stiefelabsätze des Gefreiten Ahlgrimm. Sehr barsch rügte er den unvorschriftsmäßigen Zustand des kleinen Mecklenburgers. Doch der senkte nicht den Blick. Er schaute seinem Kommandeur direkt in die Augen und

274

fragte, ob er etwas sagen darf. „Jawohl, Kommandeur, Sie haben Recht. Bitte bedenken Sie aber mein heutiges Jubiläum. Ich bin den einhundertsten Tag und die einhundertste Nacht in diesem Bunker bei meinen Geräten. Dort steht mein Bett, und da der Schrank. Das und 20 Meter rund um den Bunker ist mein Freizeitbereich. Ich freue mich, dass Sie die dreihundert Meter von Ihrem Gefechtsstand bis zu mir bewältigt haben. Außer dem Fahrer des Verpflegungswagens und dem Richtfunker sind Sie in den hundert Tagen das erste mir ähnliche, wenn auch viel besser aussehende menschliche Wesen hier." Ich schäme mich noch heute, dass ich das besser aussehende Wesen war. Zwei Stunden nach unserem Gespräch kam die Ablösung für meinen Empfangsfunker aus einer Nachbarabteilung, erbeten, abgefordert, erzwungen über den Regimentskommandeur und den Leiter der Politabteilung.

Ahlgrimm fuhr sechs Tage in den Urlaub nach Dabel, darunter zwei Tage Sonderurlaub. Das war das Mindeste, was ich ihm schuldig war. Nach einer Woche war er wieder da, glatt rasiert, die Haare geschnitten und mit neuen Stiefelabsätzen, bereit, mindestens wieder zwanzig Tage und Nächte Dienst zu versehen.

Manfred Höhne, Gerhard Spakowski
Sauna in der Wüste

Angeregt, diese Episode überhaupt einmal niederzuschreiben, wurden wir durch zwei Dinge. Einmal war es ein Outsider-Film im Fernsehen über Australien und zweitens die Aufforderung von damaligen Mitstreitern, die das zu beschreibende Ereignis miterlebt haben und die Geschichte bei jedem Zusammentreffen gerne wieder hören möchten. Im oben angeführten Fernsehfilm wurde eine Eisenbahnkreuzung auf gleicher Ebene (d. h. ohne Brücke) als wohl einmalig in der Welt bezeichnet. Das stimmt nicht ganz. Ich weiß es, weil ich noch so ein Phänomen selbst gesehen habe und das war in der russischen Steppe. Eine solche Kreuzung kann man in Deutschland wahrscheinlich bei der Deutschen Bahn nicht erleben. Der australische Weltenbummler ist aber bestimmt noch nie mit dem D-Zug „Lotos" von Moskau nach Astrachan gefahren. Ich wusste bis dato aber auch nichts von dem Wunder bei der australischen Eisenbahn. Man muss sich eine solche Kreuzung als sicherheitsbewusster Bürger wirklich bildlich vorstellen. Da kreuzen sich im rechten Winkel zwei Schienenstränge. Nicht etwa Straßenbahn, Kleinbahn oder Vorortzug – nein – die Fernstrecke „Moskau – Saratow – Astrachan" kreuzt sich mit der Personen- und Güterstrecke „Nishni Baskunschak – Achtubinsk – Wolgograd". Das ist schon etwas Besonderes und heute weiß ich, dass es auch in Australien ein solches Wunder gibt. Als Offizier der Fla-Raketen-Truppen der NVA bin ich die Strecke von Moskau bis Tambowka/Aschuluk (ca. 100 km vor Astrachan) bis Ende der 70er Jahre in jedem Jahr mindestens einmal mit der Bahn gefahren. An der „Wunderkreuzung", ca. zwei km vor der Station Werchny Baskunschak, habe ich mich auch wecken lassen, wenn wir nachts dort durchfuhren. In den späteren Jahren sind wir mit Flugzeugen zum Realschießen in die russisch-kasachische Wüste geflogen. Mir haben die Fahrten mit der Bahn mehr Spaß gemacht, weil man viel erlebt hat. Die Flugreisen von Neubrandenburg oder Peenemünde über Kiew nach Astrachan gingen natürlich bedeutend schneller aber sie waren weniger romantisch, außer vielleicht der Landeanflug in Astrachan über das Wolgadelta mit den vielen tausend Vögeln.

Es gäbe viele Dinge am Rande zu erzählen, die so einmalig sind, dass sie heute fast nicht mehr geglaubt werden. Ich möchte nur einige Stichworte aufschreiben. Vielleicht werde ich mich irgendwann aufraffen und weitere Geschichten zu Papier bringen z. B. Begrüßung der NVA-Soldaten in Saratow mit dem „Deutschlandlied", Verkauf der „größten und besten Arbusen" (Melonen) von ganz Russland in Charabali durch die wohl bekannteste und umfangreichste Babuschka der damaligen Sowjetunion. Oder unsere Hochachtung vor dem „wichtigsten Arbeiter" der russischen Staatsbahn – dem Rangierer auf dem Verladebahnhof Aschuluk. Auch die Busfahrt zum Mamai-Kurgan in Stalingrad (Wolgograd) nach über fünf Stunden Verspätung unseres Zuges.

Nun sollte keiner denken, unser Dienst bei den Fla-Raketen bestand nur aus Jux und Dallerei. Wir haben unsere Aufgaben zur Sicherung des Luftraumes mit der gebotenen Ernsthaftigkeit ausgeführt. Das wird in den Veröffentlichungen z. B. von S. Horst – aus sehr persönlicher Sicht – oder von L. Herrmann – mehr aus sachlich-statistischer Sicht – gut zum Ausdruck gebracht.

Aber nun zu der eigentlichen Episode. Wir waren wieder einmal zum Gefechtsschießen (das ist ein Schießen mit scharfen Raketen auf unbemannte, anfliegende Luftziele, Flugzeuge oder Zielraketen) in Aschuluk in der russisch-kasachischen Wüste. Wir wollten, wie eigentlich immer, mit sehr guten Ergebnissen abschließen. Mit dabei war auch die Fla-Raketenabteilung-4325 aus Barhöft bei Stralsund. Diese Einheit war im betreffenden Jahr deshalb NVA-weit bekannt, weil sie alle Armeeangehörigen zum Wettbewerb aufgerufen hatte. Natürlich wollte der Wettbewerbsinitiator besonders gute Ergebnisse erzielen, was auch erreicht wurde. Kommandeur der Abteilung war der junge und ehrgeizige Major S.

Da der Schießplatz mit seinen vielen Möglichkeiten nicht nur von der NVA der DDR sondern auch von Polen, der ČSSR, Ungarn, Finnland, der Sowjetunion, Ägypten, Rumänien und anderen Ländern zum Gefechtsschießen genutzt wurde, traf man manchmal Bekannte aus andern Ländern, die man vom gemeinsamen Studium oder von Lehrgängen her kannte. So auch in diesem Jahr.

Während eines „Wüstenspaziergangs" am Wochenende traf unser Kommandeur, Oberst S., Kameraden aus einer sowjetischen Einheit aus der Nähe von Riga, damals lettische Unionsrepublik. Man kannte sich, es gab viel zu erzählen und es gab eine Einladung der Letten an uns, sie in ihrem Lager zu besuchen. Man muss wissen, dass die sowjetischen Truppen – wenn sie mit eigener Technik angereist waren – etwas abseits in Zeltlagern untergebracht waren. Wir konnten im sogenannten „Europa-hotel" im Zentrum der Basis schlafen.

Die Gastfreundschaft aller Waffenbrüder war hinlänglich bekannt, aber die Aussicht, frisches, gekühltes Bier aus Riga zu probieren, lockte uns dann doch. Die „Rigaer" hatten uns erzählt, dass die DDR in Riga eine Brauerei gebaut habe und das Bier besser schmecken würde als unser „Radeberger". Wir wollten das unbedingt prüfen. Weiter sprachen sie von ihrem „Starschina", der als Koch einen weit besseren Ruf hatte, als man das von einem „Militär" schlechthin erwartete. Der Clou aber war die sogenannte Wüstensauna. Welche Faszination das Wort „Sauna" auslöste, kann man sich nur vorstellen, wenn man die Klimaverhältnisse am Ort des Geschehens kennt. Strahlende Sonne ohne Schatten, ca. 45 Grad Celsius und eine geringe Luftfeuchtigkeit.

Unsere Waffengefährten aus Riga hatten zusätzlich zu ihrer Fla-Raketentechnik zwei ausgeschlachtete Technikkabinen mitgebracht. Befreit vom technischen Innenleben waren sie groß genug, um sehr zivile Dinge aufzunehmen. Eine Kabine war zu einer „Feldgaststätte" umgebaut worden. Sie bot mit ca. 30 Plätzen einer kleinen Küche und der Bar echten Luxus für diese Wüstenverhältnisse. Die zweite Kabine war zu einer 1a-Sauna mit Holzverkleidung, Wasserbecken, Heißdampf-ofen und Kühlschrank mit Bier ausgestattet. Für mich, der noch nie zuvor in einer Sauna war, machte die ganze Anlage schon einen imposanten Eindruck.

Am Sonnabend machten wir uns mit unserem „P 3" auf den Weg. Es waren so ca. 3 bis 4 km bis zum Zeltlager der Rigaer. Für die „Unwissenden": Der „P3" war ein allradgetriebener Jeep aus DDR-Produktion mit 7 Plätzen und sehr guten Gelände-eigenschaften. Natürlich hatten wir für diese Fahrzeuge auch immer sehr gute Kraftfahrer. Die „Straße" war praktisch unendlich breit, man musste nur den, zu hohen Sanddünen ausweichen. Um den Fahrer unseres P 3 mussten wir uns auch keine Sorgen machen. Die Soldaten fanden oft schneller Kontakt als die Offiziere. D. h. er war versorgt, bekam sein Essen und leider auch Bier aus der neuen Brauerei in Riga. Wir, das waren Vertreter der 43. FRBr mit Kommandeur, Polit-Stellver-treter, ich als Vertreter des Ing. Dienstes der FRBr sowie der Kommandeur der FRA-4325 und ein weiterer Kommandeur einer FRA. Im Lager angekommen, rückten wir sofort in die „Feldgaststätte" ein. Die Begrüßung war herzlich und da ein Wochenende bevorstand, auch recht feucht.

Ich weiß gar nicht, ob zu dieser Zeit Gorbatschows „Antialkoholbefehl" für die sowjetische Armee schon bestand. Wenn „Ja", dann war er noch nicht bis nach Aschuluk durchgedrungen. Nach den üblichen Trinksprüchen auf die Armee, die Sowjetunion, die DDR, die Partei und die Waffenbrüderschaft wurde ein wichtiger Punkt geklärt. Der Kommandeur der „Rigaer" stellte uns die Frage nach der Art des gewünschten Saunaganges. Es ging darum, ob wir die finnische oder russische Art der Sauna bevorzugen würden. Weil wir solche Feinheiten beim Saunagang noch nicht kannten, ließen wir uns aufklären. Also die finnische Art: man sitzt zusammen, unterhält sich, geht in die Sauna, kühlt sich ab, setzt sich wieder zusammen, trinkt Bier und Wodka und lässt sich das Essen gut schmecken. Die russische Art ist eigentlich genau so, nur wird bei der anfänglichen Unterhaltung schon Bier und Wodka getrunken und gegessen. Natürlich haben wir uns einheitlich für die russische Variante entschieden.

In dieser Anfangsphase waren wir jetzt. Um das spätere Saunaerlebnis schon vorzubereiten zogen wir alle unsere Uniformen aus und als Kleidungsstück gab es für jeden ein schneeweißes Bettlaken und ein Frotteehandtuch. Uns war das angenehm, denn über die Temperaturen hatte ich ja schon geschrieben. Also ging es weiter mit Trinksprüchen, Trinken und Essen. Der „Starschina"-Koch war wirklich ein Gourmet und zauberte die feinsten Gerichte für uns. Unser junger Kommandeur S. war begeistert. So hatte er die Waffenbrüderschaft bisher noch nicht erlebt. Die Trinksprüche und überhaupt die ganze Unterhaltung wurden natürlich in Russisch geführt. Während einige von uns durch Studium oder Lehrgänge in der SU der russischen Sprache mächtig waren, konnte unser Kommandeur S. zwar alles gut verstehen, aber mit dem Sprechen hatte er so seine Probleme. Irgendwann forderte der Kommandeur unserer Rigaer Waffenbrüder, dass auch der Kommandeur des NVA-Wettbewerbsinitiators einen Trinkspruch ausbringt. Frei nach den russischen und auch meinen Grundsätzen, „nach dem dritten Wodka spricht man besser" und „wenn dein Herz spricht, brauchst du keine Grammatik", erhob sich S. und begann mit seiner Rede.

Er stand also an der langen Tafel und lobte voller Begeisterung alles, was ihm an russischen Worten einfiel. Da er mit Herz und Kopf bei der Sache war, entging ihm die Tatsache, dass sein schneeweißer Lakenumhang immer tiefer rutschte. Nun ist das in einer solchen Männerrunde nicht unbedingt etwas Besonderes, wenn da plötzlich ein nackter Mann steht und eine Rede hält. Der Clou war aber, dass die gesamte „männliche Pracht" unseres Kommandeurs über seinem Teller hing. Auf dem Teller lag entsprechend der russischen Sitte ein gesalzener Trockenfisch (Wobla) als Snack zum Bier. Alle gegenüber Sitzenden konnten sich vor Lachen kaum halten und zeigten den anderen das gebotene Schauspiel. Einige machten schon unzweideutige Bewegungen mit Messer und Gabel. Da der Redner nichts bemerkte und die Freude der Anwesenden eher auf seine feurigen Worte zurückführte, hüpfte seine

„Männlichkeit" neben dem Trockenfisch auf und ab. Nach dem folgenden Umtrunk bemerkte S. das Malheur, zog mit hochrotem Kopf seinen Umhang wieder über und blieb nun bis zum Gang in die Sauna ruhig am Tisch sitzen. Nach einiger Zeit gingen wir recht fröhlich zur Nachbarkabine in die Sauna. Im Vorraum stand u.a. ein ca. 1 x 1 m großes Duschbecken. Es war gefüllt mit Eiswürfeln und dem neuen Rigaer Bier. In einem weiteren Becken lagen die Birkenreiser im kalten Wasser. Die eigentliche Saunazelle war groß genug, dass 10 Mann bequem Platz hatten. Nun wurde Wasser aufgegossen und alle „schlugen" sich gegenseitig mit den Birkenreisern. Wegen der hohen Temperatur und der schnell steigenden Luftfeuchtigkeit habe ich es nicht lange ausgehalten. Mein lettischer „Amtsbruder" forderte mich immer wieder auf doch zu bleiben. Er meinte, es sei einmalig, dass man mal seinen Kommandeur richtig „verhauen" kann. Aber ich war nun mal unerfahren betreffs heißer Sauna und fand das eisgekühlte Bier im Vorraum gar nicht so schlecht.

Nachdem sich alle in der Sauna „bedampft" und „geschlagen" hatten, fand sich die Truppe im Vorraum ein. Das Bier wurde für „gut" befunden, natürlich nicht ganz so gut wie unser „Radeberger". Wir probierten also das tief gekühlte „Nass", rubbelten uns gegenseitig trocken und tauschten unsere Umhänge wieder gegen die normalen Sachen. Nach einiger Zeit erschien der Koch in der Tür und lud die Gesellschaft in seine „Feldgaststätte" ein. Er hatte die Zeit genutzt, um ein Menü vorzubereiten, welches jedem Vergleich mit einem „First Class"-Restaurant standgehalten hätte.

Der Rest des Abends ist schnell gesagt. Es gab viel zu erzählen, viel zu trinken und viel und gut zu essen. Spät machten wir uns wieder auf den Weg zu unserem „Europahotel". Die sowjetischen Soldaten hatten es auch mit unserm Kraftfahrer gut gemeint. Jedenfalls wollte er auf der Rückfahrt immer über die Sanddünen fahren, anstatt sie zu umfahren. Selbst der wirklich gute, allradgetriebene „P 3" hatte sich irgendwann einmal festgefressen. Erwähnenswert finde ich das deshalb, weil daraufhin 5 leicht alkoholisierte, schwitzende Offiziere den Wagen aus dem Sand schoben und letztlich im Wüstensand lagen. Wegen der Schweißperlen haftete der feine Sand besonders gut am Körper. Auf jeden Fall war der Reinigungseffekt der Sauna hier wieder aufgebraucht. Was folgte, war ein normales Duschen in unserm „Europahotel" und somit hatte uns der Alltag wieder.

Dieter Bertuch
Sprachschätze

Spezies wie ihn gab und gibt es in allen gesellschaftlichen Bereichen, so auch beim Militär, wo sie sich besonders gut entfalten können. Gemeint sind Persönlichkeiten, die sich permanent zwischen Genie und Wahnsinn, Intelligenz und mangelnder Bildung und zwischen Berechnung und Unverschämtheit bewegen. Sie wissen um ihre Intelligenz und meinen, sie pausenlos allen demonstrieren zu müssen. Sie zwingen ihre Umgebung zum Weinen oder Lachen, machen sie wütend, frustriert oder verzweifelt. Nur ganz Wenige sind ihnen gewachsen. Das sind diejenigen, die erkannt haben, dass diese Typen häufig nur ihre eigenen Schwächen und mangelnde Bildung zu verbergen trachten. Doch auch diese Wenigen müssen vorsichtig sein, denn Spezies der beschriebenen Art sind nachtragend.

Ein typischer Vertreter der genannten Art war B. A. Mit besonderer Vorliebe bediente er sich der Methode gewollter und ungewollter Versprecher. Die Verballhornung von Worten und Wendungen geschah teils mit Absicht und Berechnung, teils aus Halb- oder Unwissen. Wer ihn nicht sehr genau kannte, wusste nie: Hat er das jetzt bewusst so falsch gesagt, oder hatte er nur eine Bildungslücke, die er überspielen musste?

Aber nehmen wir einfach Beispiele.
Wenn der diensthabende Offizier seinen Rapport gab, sagte B. A. schon mal: „Schubert, erzählen Sie mir keine Märchen von Agatha Christow." Oder: „Sie müssen doch dort brisant sein, wo es erforderlich wird." Unaufmerksame Teilnehmer forderte er auf: „Schlafen Sie nicht, verfallen Sie mir bitte nicht in Allergie."
Als sich drei Berliner bei der Rückkehr aus dem Urlaub verspätet hatten, hörte sich die versammelte Truppe folgenden Satz an: „Ich sage Ihnen hiermit, die drei Zuspätkommer aus dem Urlaub muss man mit den eigenen Waffen schlagen; es sind echte Waschberliner." Und weil wir gerade bei Berlin sind, hier eine weitere Äußerung, die vielleicht ein Versprecher oder vielleicht auch eine Bosheit war: „Am antifaschistischen Schutzwall in Berlin beweisen unsere Grunztruppen ihre Wachsamkeit." (Bloß gut, dass aus damaliger Sicht die Grenztruppen nicht grunzten.) Alle, die die Dinge genau so sahen wie er selbst, waren in seinen Augen Koniferen.

Es wäre schön gewesen, wenn im Verantwortungsbereich dieser Koryphäe tatsächlich Koniferen gezüchtet worden wären. Stattdessen gab es so treue Mitarbeiter wie Franz Nagel, der trotz einer Manufaktur an der Schulter weiter seinen Dienst versah. B. A. meinte dazu nur, dass der Parteisekretär darüber doch „juwelieren" könne. Als bekanntermaßen großer Fußballfan tat B. A. eines Tages kund, dass er mit seiner Frau vor dem Fernseher schon mal die Olala- oder Donauwelle geübt habe.
    Seiner Meinung nach sollte man mit der Ideologie der Kirchenoberen auch im Lutherjahr kritisch umgehen. Bischöfe und selbst „Abzessinnen" würden schließlich alles tun, um unsere Weltanschauung aufzuweichen, wie einen mit Butter bestrichenen „Bisque" in der Sonne.

Einsatzbereitschaft und Qualität in der Ausbildung müssten selbstverständliche Attribute werden. Man brauche dabei niemandem Auszeichnungen an den Tag legen, auch einen „Allraunenlehrer" nicht. Diese, seine Meinung, möchte er also hiermit annonciert haben. Wenn die Truppe mit ihm an der Spitze in das Feldlager fährt, dann wird auch er bescheiden im Zelt wohnen, versicherte B. A. Er brauche kein „Apponnementzimmer" wie andere. Auch im Zelt könne er gut abmatten. Sollten allerdings in diesem Zeltlager Zustände einziehen, wie sie bei den alten „Bobilianern" üblich gewesen wären, dann würde er mit „Braschalgewalt" zuschlagen. Das sollten sich die „Banaken" schon jetzt hinter die Ohren massieren. Lehroffizieren gab er den Rat, sie müssten in den ersten Stunden der Gerätelehre viel mehr nach der Methode „block bex" vorgehen. Ein Lehrstuhlleiter erhielt folgende Weisung: „Wenn der höchste Vorgesetzte zur Kontrolle mit seinem weißen ‚Busché' vorfährt, dann sind Sie mir verantwortlich, dass die besten drei Schüler bereit sind, ihm die ‚Bäsingprogrammierung' zu demonstrieren, natürlich mit einem ‚Beneluxgerät'." Den Erfolg setze er selbstverständlich voraus. Dennoch möchte er danach keine „chlorofizierten" Offiziersschüler um sich haben. Das wäre der Ausgangspunkt für „choatische" Zustände, die man sich ersparen könne. „Europhie" habe schon immer geschadet. Dem Leiter des Lehrstuhls Taktik und Gefechtsarbeit stellt er die Frage: „Warum fassen Ihre Offiziersschüler die Aeroplane mit der Raketenleitstation zu spät oder gar nicht auf? Weil Sie ihnen nicht die ‚epileptische' Zielsuche beibringen! Wenn das nicht umgehend besser wird, wird Ihnen der Teufel zwölfspännig in die Ohren fahren. Danach können Sie sich so fühlen wie eine gallertartige Seegurke, wie ein schlabbrig geratener Vanillepudding!"

In einer Beratung drohte er einmal: „Sollte der Offiziersschüler Korthals weiterhin Stimmung machen, werde ich mir überlegen, ob er eventuell ein ‚Fädelsführer' sein könnte. Fußballspieler können mich mit ihren Flinten zwar austricksen, aber diese junge Luftnummer nicht." „Mein Führungsstil ist zu hart und ungerecht? Das kann mir eventuell der ‚Karabiner' der jüdischen Gemeinde in Dresden flüstern, aber nicht dieser versoffene Lustgreis von Parteileitungsmitglied. Dafür lege ich meine Hand ins Feld, selbst wenn der auftritt wie der Letzte der Mohammedaner." Im engeren Kreis äußerte er auch schon mal: „Beim sozialistischen Wettbewerb ist es wie in einem Konkurrenzkampf. Ein jeder will sein Wässerchen ins Trockene bringen. Da wird getrickst und geschauspielert, sich gewunden wie in einem ‚orthographischen' Ballett. Da muss man geschickt mitmischen und nicht rumtrampeln wie ‚Porzellan im Elefantenladen', sonst kann man sehr leicht sein gesamtes ‚Resümee' verlieren."

B. A. würde mir, wenn er noch lebte, vielleicht übel nehmen, dass ich so über ihn geschrieben habe, wie er damals vieles übel genommen hat, was gut gemeint war. Er wäre jetzt fast 80 Jahre alt, und die Altersweisheit würde ihn eventuell über vieles schmunzeln lassen, auch über sich selbst. Möglicherweise würde er auch nicht mehr mit seinen harten „Bendaschen" an die Tagesgeschäfte gehen, sondern gerechter sein, so wie in der „Genitalgesellschaft".

Burghard Keuthe
Bei den Baupionieren

Es gab bei den LSK/LV Einheiten, die speziell ausgebildete Offiziere brauchten, für die es aber an den Offiziersschulen der Teilstreitkraft keine Ausbildungsprofile gab. Zu diesen zählten zum Beispiel die Pionierbataillone. Das Flugplatzbaupionierbataillon-14, das lange Zeit in Brück bei Potsdam stationiert war, führte entsprechend seiner technischen Ausrüstung Erd- und Betonarbeiten aus. Die in diesem Truppenteil eingesetzten Offiziere kamen aus den verschiedensten Waffengattungen. Sie hatten zum Teil bautechnische Berufe oder ein Studium an zivilen Einrichtungen absolviert. Wenn in einem Truppenteil in diesen Funktionen Fehlstellen auftraten, konnten sie nur schwer wieder besetzt werden. Deshalb mussten andere Truppenteile bei Bedarf Offiziere für eine bestimmte Dauer abkommandieren, bis eine Lösung gefunden wurde.

Nie hätte ich gedacht, dass ich eines Tages als Vorgesetzter in einem Flugplatzbau-Pionierbataillon landen würde. Schließlich musste man in einer derartigen Funktion über gewisse Kenntnisse verfügen, dachte ich zumindest. Die fehlten mir in dieser Branche völlig.

Aber: Befehl ist Befehl, und jammern kam nicht in Frage. Also entschloss ich mich, die Sache nicht tragisch zu nehmen und fuhr nach Brück.

So locker wie dort konnte ich später nie wieder meinen Dienst als Offizier versehen. Kein DHS, keine Bereitschaften, Anwesenheitsdienste sehr selten und höchstens einmal im Monat ein 24-Stunden-Dienst. Unterstellte wie Vorgesetzte waren alles andere als unangenehm. Mit den Soldaten gab es keine anderen Probleme, als im Fla-Raketenregiment-13 auch. Es waren mehrheitlich Soldaten im Grundwehrdienst, die für ein geringes Entgelt und unfreiwillig dienten. Das respektierte ich, solange sie die gestellten Aufgaben erfüllten. Daraus ergab sich ein gewisses gegenseitiges Einvernehmen. Meine Kommandierung dauerte vom Frühjahr bis zum Herbst 1978. Dazwischen lag ein herrlicher Sommer. Viel zu schnell verging die erlebnisreiche Zeit. Auf Grund der Umstände herrschte im Bataillon eine ganz andere Atmosphäre, als ich sie aus meinem bisherigen Armeeleben gewöhnt war. Man lebte viel freier und ungezwungener als in einer Fla-Raketenabteilung.

Um das zu belegen, hier einige Erlebnisse. Vorher muss ich aber noch sagen, dass nach der Wende über derartige Baupioniereinheiten auch von ehemaligen Angehörigen viel Unwahres, ja Böses geschrieben wurde. Meine Berichte fußen auf Erlebnissen im PiBau-14, wie das Bataillon kurz genannt wurde. Dort war ich mittendrin und kann mir ein Urteil erlauben. Vieles von dem, was an Geschriebenem vorliegt, scheint mir von Emotionen dominiert und von Klischees verzerrt. Verständlich ist mir, dass viele Soldaten sich natürlich Besseres vorstellen konnten. Ich werte das nach der Wende Geschriebene deshalb eher als einen Ausdruck von Frust oder verspätete Gehässigkeit, ehrlich ist es jedenfalls meistens nicht. Das PiBau-14 rekrutierte in früheren Jahren die sogenannten Spatensoldaten. Das waren Wehrpflichtige, die den Dienst mit der Waffe verweigerten.

Mein damaliger Kompaniechef, der die Zeit der Spaten auf den Schulterstücken noch kannte, erzählte mir, wie das PiBau-14 in einer Nacht- und Nebel-Aktion aufgestellt wurde und dessen Soldaten auf ihren Schulterstücken keine Spaten mehr trugen.

Spatenträger blieben sie insofern, dass sie keine Ausbildung an der Waffe erhielten. Unter ihnen gab es natürlich auch christlich gesinnte Soldaten. Es stand ihnen frei, sonntags zum Gottesdienst zu gehen.

Das PiBau-14 schlug zum Flugplatzbau in Holzdorf bei Herzberg auf. Im Ort stand die am nächsten gelegene Kirche. Der dortige Pfarrer soll bei der Wehrmacht als Hauptfeldwebel gedient haben. Als sich eines Tages zwei Soldaten des PiBau über den Kommiss bei ihm beschwerten, donnerte er sie zusammen. Sie hätten ordentlich zu dienen, hielt er sie an. Das verlangt der Dienst am Vaterland. Er verpflichtete sie im Weiteren, zu ihm zu kommen und zu berichten, wie sie ihre Aufgaben erfüllt hätten. Auch das gab es. Nicht immer hatten die Soldaten den Wunsch, mir ihren persönlichen Werdegang zu erzählen. Es waren ehemalige Studenten darunter oder Jugendliche, die in Leipzig für einen besseren Sozialismus demonstriert hatten. Aus der Militärstrafanstalt Schwedt Entlassene gab es auch. Weiterhin Jugendliche, die in irgendeiner Weise im Zivilen mit dem Gesetz in Konflikt gekommen waren. Kurz gesagt: Das Spektrum war breit gefächert.

Jeden Morgen fuhr der Regimentsbus die Berufssoldaten von Brück nach Holzdorf zur Arbeit, abends wieder zurück. Schon deshalb war ein pünktlicher Feierabend Gesetz. Der Zug, den ich zu führen hatte, besaß 16 Planierraupen T-100 und 8 Selbstfahrschrapper MOAS. Die MOAS konnten durch Absenken ihrer Mulde während der Fahrt ca. 7 Kubikmeter Erde aufnehmen. Der Boden wurde regelrecht abgeschnitten und in die dahinter liegende Mulde gedrückt. War genügend Erde aufgenommen worden, schloss sich die Mulde durch Anheben. Der Motor war aber für den MOAS zu schwach. Das selbstständige Aufnehmen gelang nur bei losem Sandboden. Ansonsten musste eine T-100 von hinten an die MOAS heranfahren und das Fahrzeug während der Bodenaufnahme schieben. Raupen und MOAS wurden für die Erdarbeiten an der Start- und Landebahn und in den Stellungsräumen benötigt. Eines Tages musste eine Panzerstraße der Russen umgelegt werden. Dazu gehörten das Anlegen von Überfahrten über bestehende Chausseen, ihre Kennzeichnung und der Bau von Rüttelstrecken, an denen die Panzerketten die anhaftende Erde abwarfen und so die zu überquerende Straße nicht verschmutzten. In Holzdorf war noch ein zweites Pionierbaubataillon stationiert, das PiBau-24. Es baute die Startbahn und die Flugzeugdeckungen.

Im Sommer zogen die alleinstehenden Berufssoldaten des Bataillons nach Herzberg in Neubauwohnungen um. Auch für die Bereitschaftsdienste gab es dort Platz. Wir wohnten zu dritt oder viert in einer Wohnung. An den Wochenenden waren wir meistens mit den Soldaten im Bus unterwegs. Wir machten Ausflüge in die Umgebung oder nahmen an Dorffesten teil. Irgendwo mussten wir die Woche über die eine oder andere LPG mit Technik oder Personal unterstützen, sodass anschließend von dort Einladungen zu Vergnügungen kamen. Auch Kegeln war ein beliebtes Vergnügen an den Wochenenden. In einem der Nachbardörfer befand sich eine derartige Bahn, man konnte zu Fuß dorthin spazieren.

Die Soldaten des dritten (letzten) Diensthalbjahres organisierten eine große Abschlussfahrt. Mit dem Regimentsbus ging es dann am letzten Tag der Dienstzeit auf Reise. Auf der Rückfahrt hielt der Bus an einer Gaststätte, wo Essen und Trinken bestellt waren. Hier wurde gefeiert, bis auch der letzte Soldat genug hatte. Selten kam es dabei zu irgendwelchen Vorkommnissen. Ich habe nach meiner Rückkehr ähnliche Unternehmungen bei den Fla-Raketentruppen sehr vermisst.

Politschulung fand jeden Monat an zwei aufeinander folgenden Tagen statt. Die Schulungsgruppenleiter, also diejenigen, die die Schulung in den jeweiligen Gruppen durchzuführen hatten, wurden zuvor am Standort in Brück in das Thema eingewiesen. Die Schulungsgruppen waren identisch mit den militärischen Kollektiven. Bei den Unteroffizieren leitete der Kompaniechef die Politschulung. Die Bausoldaten unterschieden sich in der Politschulung nicht von denen in den Fla-Raketentruppen. Es waren Jugendliche, die sich eigentlich für ganz andere Themen interessierten. Meistens besaßen sie auf Grund ihrer Vergangenheit einen wesentlich größeren Umfang an Lebenserfahrung als der normale Soldat im Grundwehrdienst. Man konnte gut mit ihnen diskutieren. Meistens handelten wir das Thema so ab, dass noch genügend Zeit für die Themenkomplexe blieb, die die Soldaten tatsächlich interessierten: Versorgung, Unterbringung, persönliche Probleme, zukünftige Bauvorhaben, Bauabläufe, aktuelle politische Tagesthemen usw. Jede Kompanie besaß damals einen Fernsehraum, in dem ein Schwarz-Weiß-Fernseher aufgestellt war. Die Gegend lag sehr ungünstig für einen guten Fernsehempfang. Der Empfang des für Armeeangehörige verbotenen Westfernsehens war hier nicht möglich. Ein hoher Gittermast, an dem die Antenne angebracht war, sorgte aber für einen ungestörten Empfang des DDR-Fernsehens. Eines Abends fiel dem OvD auf, dass die Antenne in eine ganz andere Richtung zeigte als sonst. Er kontrollierte den Fernsehraum und fand vier Mann vor, die „Westen sahen", wenn man das stark verrauschte Bild so bezeichnen konnte. Am nächsten Morgen begann die große Untersuchung. Schließlich galt Westfernsehen als besonderes Vorkommnis. Auf die Frage, warum er die Antenne verdreht hätte, antwortete der „Rädelsführer" so: Eigentlich hätte man gar nicht Westen sehen wollen, aber das Ostbild habe so geflackert, dass sie die Antenne verdrehen mussten. Und auf einmal sei der Westen auf dem Bildschirm gewesen. Das wollte man sich natürlich nicht entgehen lassen. Probe aufs Exempel: Antenne wieder in die ursprüngliche Position – natürlich flackerte das Ostbild nicht.

Alkoholgenuss in jeglicher Form war innerhalb des Objektes nicht gestattet. Für die Berufssoldaten gab es die „Ziehharmonika", eine aus mehreren teleskopartig verschachtelten Segmenten bestehende Baracke, die sie aufsuchen konnten, wenn sie aus dienstlichen Gründen im Objekt bleiben mussten. Die Soldaten benötigten, wenn sie dort ein Bier trinken wollten, dafür eine Ausgangsgenehmigung. Da sie aber bei den Baumaßnahmen oft nah am Zaun beschäftigt waren, hatten sie auch die Möglichkeit, sich Schnaps und Bier zu verschaffen, ohne die Ziehharmonika zu betreten. Viele besaßen außerdem durch ihren Einsatz im zivilen Bereich genügend Beziehungen, um an Alkohol zu kommen. Meistens blieb alles im Rahmen. Allerdings gab es auch immer wieder Zwischenfälle. Einer der Soldaten, ein Raupenfahrer, hatte es ganz schlau angefangen. Als er abends Durst auf Bier bekam, meldete er sich zum Kfz-Park ab. Er müsse seine Raupe T-100 noch einmal nachsehen, damit sie am nächsten Tag in Ordnung sei. Der Diensthabende vom Park (OvP) ließ ihn auch gewähren, obwohl mit Dienstschluss keiner mehr etwas im Kfz-Park zu suchen hatte. Der Soldat war aber nur zu faul, die drei Kilometer bis zur Gaststätte in Holzdorf zu laufen. Er warf den Motor seiner Raupe an und tuckerte mit der Wahnsinns-Raupen-Geschwindigkeit, die geringer war als die eines normal gehenden Fußgängers, in Richtung Holzdorf. Lieber schlecht gefahren, als gut gelaufen. Niemand nahm Anstoß an seiner Fahrt. Erst als er sich auf dem Rückweg befand, muss dem OvP einiges klar geworden sein. Er fing ihn an der Alarmausfahrt ab und entdeckte natürlich sofort das Netz mit den Bierflaschen. Pech gehabt. Die Fahrt war umsonst.

Das Gelände des Flugplatzes umfasste eine respektable Fläche. Allein die Start- und Landebahn war über zwei Kilometer lang. Als mit den Bauarbeiten begonnen wurde, war die Fläche noch nicht umzäunt. Erst nach und nach arbeitete man daran, wobei unter anderem auch ein Rudel Rotwild eingeschlossen wurde. Große Tafeln wiesen jedoch an allen möglichen ehemaligen Wegen, Schneisen und Pfaden auf das Verbot des Betretens des Geländes hin. Das Objekt musste bewacht werden, was durch die Bausoldaten geschah, ohne dass dadurch die Bautätigkeit eingeschränkt werden durfte. Das Objekt war nicht nur für die NVA von Bedeutung. Die westlichen Militärverbindungsmissionen (MVM) zeigten brennendes Interesse und schwirrten wie die Bienen auf der Suche nach Honig um den neuen Flugplatz. Hinweise auf ihre Aktivitäten kamen mit Warnmeldungen, die meistens von Kräften der Volkspolizei abgesetzt wurden. Die trafen dann beim OvD des PiBaubataillons ein, weil es hier noch keinen Gefechtsstand gab. Der OvD hatte dann die Wache davon in Kenntnis zu setzen: „Militärmission unterwegs, USA, Frankreich oder Großbritannien, Wagen Nr. XYZ!" Eines Tages kam auch tatsächlich ein Rückruf von einem Posten. „Hier ist so ein Wagen!" Der OvD schnappte sich den wartenden Fahrer des Einsatzwagens. Mit dem bereitstehenden Lkw URAL rasten sie los. Als sie in den bewussten Waldweg einfuhren, kam ihnen der olivgrüne Wagen der Militärmission bereits entgegen. Zu spät. Ein Vorbeikommen gab es nicht an dieser Stelle. Die Leute von der MVM stießen zurück. Sie suchten einen anderen Weg, auf dem sie entkommen konnten. Der URAL folgte ihnen, fast Stoßstange an Stoßstange und Auge in Auge. Allein es war der sprichwörtliche Holzweg, der immer schmaler wurde bis es nicht mehr weiter ging. Von Bäumen und dem Lkw eingekeilt, warteten die Insassen missmutig in ihrem Fahrzeug, was nun geschehen würde. Erst einmal passierte nichts. Der OvD war nicht berechtigt, sie festzunehmen. Sie besaßen diplomatische Immunität, ihr Fahrzeug war Territorium ihres Staates. So blieben sie in ihrem Fahrzeug sitzen und dachten gar nicht an eine Erklärung. Der OvD erhielt bald Unterstützung durch einige Leute der Wache. Die stellten sich mit der MPi im Anschlag drohend direkt am Fahrzeug auf.

Der vorgesetzte Stab wurde durch den Kommandeur informiert. Nach einer knappen Stunde traf ein Jeep der GSSD ein. Ihm entstiegen sowjetische Offiziere, die den NVA-Soldaten bedeuteten, sie könnten die Absperrung aufheben. Mit Gesten und Worten unterstrichen sie das noch einmal eindeutig, als keiner dazu Anstalten machen wollte. Langsam fuhr dann der URAL zurück und gab den Weg frei. Vorn der sowjetische Jeep, dann der olivgrüne US-Straßenkreuzer, so fuhren sie von dannen.

Es war im Hochsommer, als gegen Feierabend dünne Rauschwaden durch das Objekt zogen. Es roch nach verbranntem Holz. Als sich noch alles wunderte, erreichte auch schon ein Anruf die Dienststelle. Der Bürgermeister des Nachbardorfes rief an. In der Nähe seines Dorfes war ein Waldbrand ausgebrochen. Feueralarm. Die zur Feuerwache eingeteilten Soldaten sammelten sich beim OvD. Meine Raupenfahrer aber rannten gleich auf den Kfz-Park. Sie schienen zu wissen, worauf es ankam. Dort begann es zu brummen und zu rasseln. Die Motoren der Planierraupen sprangen an. Eine T-100 nach der anderen drehte auf ihren Ketten in Richtung Alarmausfahrt und verschwand dröhnend in dem immer stärker werdenden Rauch. Mir wurde angst und bange um die Technik, denn die Sicht war fast null. „Wenn die bloß nicht aufeinander fahren!" Ein Waldbrand war unberechenbar. Ein plötzlicher Windstoß hätte eine liegengebliebene Raupe in Brand setzten können. Als ob sie nie etwas anderes getan hätten, verteilten sie sich um den brennenden Wald, eine vielleicht zehn Jahre alte Schonung, schlugen Schneisen und schoben die dünnen Stämme zu einem riesigen rauchenden Haufen auf. Hier brauchte keiner mehr etwas anzuweisen. Sie wussten, was sie taten. Wie sie sich untereinander verständigen konnten, ohne sich gegenseitig ins Gehege zu kommen, für Außenstehende ein Rätsel. Immerhin waren knapp zehn Raupen im Einsatz. Einzig die eingeschalteten starken Scheinwerfer konnten Orientierung geben. So professionell handelten unsere Pioniere. Als die Feuerwehr eintraf, war das meiste schon erledigt. Noch Tage darauf qualmte es aus dem gewaltigen Berg an aufgeschobenen Stämmen.

Meine tägliche Arbeit bestand außer Diensteinweisung und -ausgabe aus Kontrolle und Beaufsichtigung der einzelnen Baustellen. Zu Fuß wäre ich am Tag nie herumgekommen, weil sie sich nicht nur über den gesamten zukünftigen Flugplatz erstreckten, sondern auch außerhalb, wie zum Beispiel bei der zu bauenden Panzerstraße. Ich hatte ein Motorrad MZ ES zur Verfügung, mit dem ich die Baustellen abfuhr. War Not am Mann durch defekte Geräte, Bauteile und dergleichen oder funktionierte der Nachschub an Baumaterial nicht, gab es unvorhergesehene Zwischenfälle, musste ich entsprechendes in Bewegung setzen und die Mängel abstellen. Handys gab es damals noch nicht. Fiel ein Fahrzeug aus, versuchte der Fahrer selbst klar zu kommen oder setzte sich neben sein Kfz und wartete auf mich.

Anders als in unseren Feuerabteilungen, in denen viel zu viel reglementiert wurde, waren es die Pionier-Soldaten gewöhnt, selbstständig zu arbeiten. Als die Erdarbeiten für den dritten Staffelraum des Flugplatzes beginnen sollten, gab es ein großes Problem. An dieser Stelle lag ein Moor. Stellenweise hatte die Moorschicht eine Stärke von über zwei Metern. Erst darunter begann der Kiesboden. Das Moor musste bis dahin abgetragen werden. Die erste MOAS rollte an und blieb nach wenigen Metern stecken. Eine Raupe schob sich von hinten heran und begann, mit dem Planierschild gegen das Heck der MOAS zu drücken. Langsam schoben sich beide durch das Moor. Der Kübel der MOAS füllte sich zusehends, doch das Fahrzeug sackte dabei immer tiefer ab. Vom Rand des Moores aus war bald nur noch das Fahrerhaus zu sehen. Dann tauchte die MOAS wie aus einer Versenkung empor. Das andere Ufer war erreicht. Gas geben, noch im Fahren den riesigen Kübel hochklappend schwenkte die MOAS zur Seite und rollte ab, dem nächsten Pärchen Platz machend. Der abgetragene Boden wurden zu Halden aufgefahren. Die MOAS fuhren darüber hinweg, öffneten die Kübel und ließen während der Fahrt das Erdreich heraus rieseln. Nach und nach wuchsen diese Halden zu gewaltiger Höhe an. Es kam vor, dass die MOAS dort oben stecken blieben oder von der Halde abrutschten. Es sah gefährlich aus, wenn diese riesigen Ungetüme auf ihren mannshohen vier Rädern über den Rand der Böschung hinausragten. Ein Beobachter von unten hätte nicht geglaubt, dass das Fahrzeug unbeschadet zu bergen sei. Sacht ließ der Fahrer den gepanzerten Bug der MOAS den seitlichen Hang hinunter rutschen. Das Fahrzeug hatte in der Mitte über dem Kübel ein Gelenk. Wie bei einer Echse schob sich nun das Mittelteil dem Bug mit dem Fahrerhaus folgend über die Hangkante. Ein kurzer Rutsch, dann saß die Schnauze unten am Hang in der Erde. Das Ende der MOAS ragte oben noch über die Kante hinaus. Eine Raupe ratterte schon heran. Sie spannte sich diesmal vor die MOAS. Ein Anrucken und das Fahrzeug stand wieder mit allen vier Rädern auf sicherer Erde. Kein Blechschaden, nichts.
Soweit meine Erinnerungen an meine schöne Zeit bei den Baupionieren.

Gunar Fleißner
Das Ausbildungsjahr 1978/79 –
meine Feuertaufe als Kommandeur

Das Ausbildungsjahr war auch bei den Fla-Raketentruppen das Maß der Dinge, trotz DHS. Im Zeitrahmen des Ausbildungsjahres wurden die sogenannten „großen Maßnahmen", wie beispielsweise Feldlager, Prüfungsschießen oder Gefechtsschießen, geplant und durchgeführt. Der Erfolg oder Misserfolg bei den „großen Maßnahmen" war von entscheidender Bedeutung, da sie die Grundlage für die maßgebenden Beurteilungen wie „Gefechtsbereit" oder „Bereit für das Diensthabende System" waren und somit auch allgemeine Laufbahnchancen oder mögliche Beförderungen, vor allem der leitenden Offiziere, beeinflussten.

Nach erfolgreicher Absolvierung der „Militärakademie für Kommandeure der Luftvereidigung des Landes G. K. Shukov" der Sowjetunion in Kalinin wurde ich 1977 als Kommandeur der Fla-Raketenabteilung-161 in Fürstenwalde eingesetzt. Als junger Hauptmann übernahm ich die Abteilung von Oberstleutnant Heinz Leschinsky, einem sehr erfahrenen Kommandeur. Mir zur Seite standen gleichermaßen erfahrene Stellvertreter, alles gestandene Majore, die ihre Aufgaben kannten und beherrschten. Ich dagegen war ein junger Spund, angefüllt mit dem neusten Stand an theoretischem Wissen aus Kalinin, aber ohne Erfahrung in der Führung einer Einheit.

Die Ausbildung für Offiziere der Luftverteidigung an der Militärakademie in Kalinin war bestimmt von einem hohen theoretischen Niveau und dennoch praktischem Inhalt. Das lag zum einen an einer sehr komplexen und praxisbezogenen Ausbildung durch die Lehroffiziere. Sie mussten laut der Festlegung des Kommandeurs der Akademie, Marschall der Fliegerkräfte Simin, mindestens 15 Jahre in der Truppe gedient haben, um an der Militärakademie in Kalinin eingesetzt zu werden. Zum anderen hatte ein großer Teil unserer Lehroffiziere durch Einsätze in Vietnam und Nahost an realen Kampfhandlungen teilgenommen. Sie vermittelten ihren Hörern neben der Theorie auch ihre eignen Erlebnisse und Erfahrungen beim Einsatz unserer Waffentechnik. Der Chef der staatlichen Prüfungskommission für die Diplomverteidigung und die Abschlussprüfung meines Jahrgangs kam zum Beispiel auf direktem Weg von den Golanhöhen. Die Prüfungskommission bestand immer aus akademiefremden Offizieren aus der Truppe bzw. von anderen Akademien oder Hochschulen, um vorurteilsfrei den Wissenstand der Hörer zu prüfen und zu beurteilen.

Mein erstes Ausbildungsjahr als junger Kommandeur 1977/78 brachte mir zunächst noch keine „großen Maßnahmen" und damit relativ wenige hohe Anforderungen. Ich hatte sozusagen noch eine Schonfrist. Dafür sah das Jahr 1978/79 für meine Abteilung und die Nachbar-FRA-162, die unter der Führung von Oberstleutnant Werner Scholz stand, das volle Programm vor: Prüfungsschießen, Feldlager, Truppenübung „Elbe 79" mit Verlegung im Eisenbahntransport und Gefechtsschießen, d. h. scharfes Schießen auf reale Luftziele. Mehr ging nicht in einem Ausbildungsjahr.

Die Übungen „Elbe" waren immer Übungen des Verbandes, also mit Fla-Raketentruppen und Jagdfliegerkräften im direkten Zusammenwirken, unter der Führung der Division, in einer Zone, in der beide Waffengattungen ihre Mittel zum Einsatz brachten. Gleichzeitig erhielten wir bei diesen Übungen in der Regel mehrere Luftziele zur realen Vernichtung zugewiesen. Die Fla-Raketen, die dabei zum Einsatz kamen, waren Raketen aus unserem eigenen Bestand, deren Nutzungsfristen abgelaufen waren, sie hatten ihren Dienst im DHS getan.

Um die FRA auf die Aufgaben des Jahres vorzubereiten, wurde uns für zwei Wochen die Kontroll- und Trainingsapparatur Akkord zugeteilt. Mit dieser Apparatur war es möglich, den Verlauf eines Luftangriffs in allen Höhenbereichen, mit allen Manövern und elektronischen Störungen aktiver und passiver Art zu imitieren und in den Fla-Raketenkomplex „einzuspielen". Für die Gefechtsbesatzung ergab sich so die sehr reale Lage eines Luftangriffs. Ich war an dieser Apparatur in Kalinin ausgebildet worden und konnte mein Wissen und meine Erfahrung einbringen, um die ausgewählte Gefechtsbesatzung mit allen nur denkbaren Varianten eines Luftangriffs zu konfrontieren. Wir erreichten mit unseren Soldaten, Unteroffizieren und Offizieren eine wirkliche Meisterschaft im Beherrschen der Kampftechnik. Ein ganz wichtiges Kriterium war die sogenannte „Bearbeitungszeit". Das war die Zeit, die zwischen dem Moment der Zielsuche mit aktiver Abstrahlung der RLS bis zum Start der ersten Fla-Rakete verging. Je kürzer diese Zeit war, umso besser für uns. Die USA hatten aufgrund ihrer bitteren Erfahrungen in Vietnam Antifunkmessraketen entwickelt, z. B. des Typs Shrike, die für uns eine ernsthafte Bedrohung darstellten. Sie resultierte daraus, dass diese Raketen direkt unter Ausnutzung der von uns abgestrahlten elektromagnetischen Energie gelenkt wurden und die, wenn wir sie nicht bemerkten und nicht schnell genug waren, in die Antennen der Sendekabine einschlagen konnten. Unsere Chance, dem zu entgehen, bestand darin, dass wir schneller sein mussten als der Luftgegner. Die Shrike selbst zu bekämpfen, war aus zeitlichen Gründen und wegen ihrer geringen Reflexionsfläche nicht möglich. Nur wenn es uns gelang die Zeit von dem Moment, zu dem wir auf Antenne schalteten bis zum Start unserer Rakete kürzer zu halten, als die Zeit, die der Pilot benötigte, um unsere Frequenz zu erfassen, den Start der Shrike auszuführen plus ihrer Flugzeit bis zur RLS, dann waren wir relativ sicher. Um sicher zu gehen, dass nicht auch das Antennenäquivalent erfasst werden konnte, wurden die Sender erst unmittelbar vor dem Umschalten auf Antenne hochgefahren.

In der Ausbildung und bei Prüfungsschießen wurde die Bearbeitungszeit exakt gemessen. Wurde sie überschritten, konnte das dazu führen, dass das Ziel als nicht vernichtet galt. Das wiederum bedeutete, das Prüfungsschießen war an den „Baum gegangen". Ein Prüfungsschießen konnte insgesamt nur als erfüllt gewertet werden, wenn alle Ziele „vernichtet" wurden. Entscheidenden Einfluss auf die Bearbeitungszeit hatte der Kommandeur bzw. der Schießende. Er gab den Befehl zur Zielsuche, bestimmte also den Moment, wann die RLS-Sender auf Antenne geschaltet wurden. Bis dahin standen ihm die Aufklärungsdaten aus dem Flugmeldenetz der Funktechnischen Truppen und der eigenen Aufklärungsmittel zur Verfügung. Auf der Grundlage dieser Daten musste der Kommandeur die Größe der zu erwartenden Startzone für dieses Ziel, für die eignen Fla-Raketen plus der benötigten Zeit der Gefechtsbesatzung zum Erfassen des Zieles abschätzen. Je länger er warten konnte, bis er das Kommando zur Zielsuche mit der RLS gab, desto kürzer die Bearbeitungszeit und umso größer die Chance, einer Shrike zu entgehen. Je besser die Besatzung trainiert war, desto schneller fand sie das Ziel, um es in die automatische Begleitung zu übernehmen und den Start der ersten Fla-Rakete durchzuführen. Diesen Ablauf also trainierten wir bis zur absoluten Perfektion. Was ich als Kommandeur zum damaligen Zeitpunkt jedoch total vernachlässigte, war das Zusammenspiel mit meinem Stabschef/Aufklärer. Aufgrund des Akkord-Trainings verließ ich mich nur auf die gelieferten Daten der eigenen Aufklärungsmittel. So kam es, dass ich ein hoch und schnell fliegendes Ziel zu spät bemerkte und dadurch das Prüfungsschießen „verrasselte". Die sich anschließende Untersuchung dieses Besonderen Vorkommnisses ergab neben den disziplinaren Konsequenzen allerdings auch, dass wir allein mehr Ziele bearbeitet hatten, als die anderen drei Abteilungen des Regiments zusammengenommen.

Da wir aber nun einmal für „Elbe 79" vorgesehen waren, wurden uns weitere Trainingsmöglichkeiten eingeräumt. Wir „durften" zweimal in das Feldlager fahren. Nach Herstellung der Feuerbereitschaft im Feldlager Lieberose begannen die Trainings mit realen Zielen, die hauptsächlich von Geschwadern der NVA gestellt wurden. Der TÜP Lieberose hatte eine ideale Lage, weil er sich im Zentrum der Geschwaderflugplätze unserer JG-1, -3, -7 und -8 sowie mehrerer Plätze der sowjetischen Luftstreitkräfte befand. So konnten wir auf reale Ziele trainieren, ohne dafür unnötige Flugstunden für An- und Abflug zu verbrauchen.
Aufgebaut wurde nach folgender Ordnung:

Die Gefechtstechnik wurde in einem Streifen in Ost-West-Richtung entfaltet. Dadurch konnten die Anflüge in Nord-Süd- oder Süd-Nord-Richtung erfolgen. Dahinter, in östlicher Richtung, ebenfalls in einer Reihe, standen die Zelte der Gefechtsstände. In der nächsten Reihe schloss sich die Zeltstadt an, um dann mit den Rückwärtigen Einrichtungen das Lager zu beschließen. Dieser Aufbau hatte den Sinn, dass nicht in Richtung Osten abgestrahlt wurde, um den Personalbestand nicht der massiven elektromagnetischen Bestrahlung auszusetzen. Dazu wurde ein sogenannter Verbotssektor eingerichtet. Der wurde auch so lange eingehalten, wie die erste

Garnitur der höheren Chargen des Kommandos LSK/LV sich auf dem Platz befand. An den Wochenenden, wenn die Führung des Feldlagers vorübergehend an die zweite Garnitur übergeben worden war, wurde der Verbotssektor oft aufgehoben, und dann kam es schon mal vor, dass in den Zelten die Leuchtstoffröhren anfingen zu leuchten.

Eine Zahl war nämlich wichtig: Die Anzahl bearbeiteter Ziele, und in östlicher Richtung befand sich der Platz des JG-7/JGB-31, und die flogen auch an Sonnabenden. Auf dem Schießplatz wurde in der Regel drei Wochen lang trainiert und danach mit einem Prüfungsschießen abgeschlossen. Die Rückverlegung erfolgte ebenfalls als taktische Übung und war mit dem Herstellen der Gefechtsbereitschaft in der Stellung der ständigen Dislozierung abgeschlossen.

Im ersten der zwei Feldlager, die wir zu absolvieren hatten, lernten wir aus den begangenen Fehlern. Im zweiten Feldlager erweiterten wir unsere Meisterschaft um genau diesen Punkt. Alle weiteren Prüfungsschießen erfüllten wir ab sofort mit der Note „sehr gut". Bei den letzten Überprüfungen erhielten wir dann das Prädikat „Bereit für Elbe 79".

Die Verlegung zum Schießplatz in die Sowjetunion nach Aschuluk sollte als Militärtransport in Liege- und Mannschaftswagen von Fürstenwalde über Frankfurt/ Oder, Brest und Charkow erfolgen. Nach einer gewissen Verzögerung, auf dem Schießplatz war die Ruhr ausgebrochen, ging es dann los.

Die Führung der FRA bestand aus dem Stellvertreter des Kommandeurs und Stabschef Major Volker Klauß, dem Politstellvertreter Major Roland Schrimpf, dem Stellvertreter des Kommandeurs Major Peter Bendel und mir als Kommandeur. Bis Brest belegten wir vier ein Liegewagenabteil. Das war uns im Vorfeld bekannt, ebenso die Dauer der Fahrt. Also packten wir eine große Kiste für die Hinfahrt und eine ebensolche für die Rückfahrt mit Waren aus der Verkaufsstelle in unserer Dienststelle, ohne zu bezahlen. Das überließen wir unseren Frauen, die es erst nach unserer Abreise erfahren würden. Da sich ein Offizier aus unserer Abteilung im Jahr zuvor auf dem Schießplatz mit Ruhr infiziert hatte, waren wir gewarnt und besonders vorsichtig. Entsprechend streng waren meine Befehle, die für alle galten. So war es z. B. verboten, die herrlichen Melonen, die es dort wie an anderen Orten Äpfel, gab, auch nur zu berühren, da die Felder auch mit menschlichen Fäkalien gedüngt sein konnten. Alle hielten sich streng an diese Weisungen, mit Ausnahme des VO (Verbindungsoffiziers der Hauptabteilung I „Äußere Abwehr" des MfS). Die von ihm mitgeführten Melonen ließ ich mit Schutzhandschuhen ergreifen und aus dem Zug werfen. Als eine weitere „Präventionsmaßnahme" gaben sich meine Stellvertreter und ich jeden Morgen auf nüchternen Magen eine „Impfung" aus Nordhausen, aus dem Zahnputzglas, getreu der sächsischen Spruchweisheit: „Was gut gegen Cholera ist, kann nicht schlecht gegen die Ruhr sein." Sicher ist das heute vor allem lustig, aber unser

Transport war der einzige, der auf der Rückreise ab Frankfurt/Oder nach Hause fahren konnte und nicht mit gelben Fahnen gekennzeichnet in Quarantäne verblieb. Unser Küchenchef legte mir für den Transport den Speiseplan vor, den ich aber überarbeiten lassen musste, da er nicht berücksichtigt hatte, dass es immer nur dann Essen gab, wenn der Zug hielt und dass wir aus dem Kochgeschirr essen mussten. Aber die Verpflegung war Spitze, zumal wir von unserem Patenbetrieb, dem Bezirksfleischkombinat Eisenhüttenstadt, noch mit prächtigen „Fresspäckchen" für jeden einzelnen Mann ausgestattet waren.

Gerne erinnere ich mich auch an eine Begebenheit, die sich in Charkow abspielte: Unser Zug hatte ein heißgelaufenes Radlager. Da, wo wir zum Stehen kamen, war genau gegenüber ein Wohnheim der sowjetischen Bahn. Voraussichtlich hatten wir fünf Stunden Aufenthalt.

An diesem Tag spielte die DDR gegen die SU ein Fußballländerspiel. Also sind wir in das Wohnheim gegangen und haben uns nach einem Fernsehgerät erkundigt. So wurden wir Zeuge der typischen russischen Gastfreundschaft. Aus allen Zimmern des Wohnheims wurden die auf dem Markt erstandenen Äpfel, Gurken usw. herbeigebracht. Unsererseits kamen Halberstädter Würstchen und eine Flasche Nordhäuser Korn auf den Tisch, und die Party konnte beginnen. Wenn ich mich recht erinnere, hat die DDR das Länderspiel gewonnen. Aber das war nicht so wichtig. Dazu war unser kurzes Zusammensein viel zu harmonisch. Zum Schluss versicherten wir uns unserer unverbrüchlichen Freundschaft und verschwanden wieder in unserem Zug. Die sauren Gurken – russische Salzgurken sind die besten der Welt, die Ukrainer mögen mir verzeihen – hatte ich besonders gelobt. Als ich in unser Abteil kam, lag dort bereits ein Päckchen mit solchen Gurken auf meinem Platz.

In Aschuluk angekommen, lief alles wie immer. Bis Montag hatten wir jetzt Zeit, die wir vor allem mit Sport, Kino und Lesen verbrachten. Als Gastgeschenke für unsere sowjetischen Instrukteure wurde gern Angelzubehör mitgebracht. Angeln war für sie so ziemlich die einzige Möglichkeit einer Freizeitbeschäftigung, und die Flüsse im Wolgadelta sind bekanntlich sehr fischreich.

Mit dem Ziel, an der Achtjuba, einem kleineren Nebenfluss der Wolga, zu angeln, fuhr die Führung der FRA mit den Instrukteuren am Sonntag zur „Rybalka". Dabei handelt es sich um gemeinsames Angeln und Kochen einer exquisiten Fischsuppe aus der geangelten Beute. Gegen die Mücken wurde mit Nordhäuser Korn gekämpft. Nie wieder in meinem Leben habe ich eine so wohlschmeckende Fischsuppe gegessen, wie an der Achtjuba.

Am Montag wurde die Kampftechnik übernommen, und es begannen die Kontrollarbeiten an der Technik. Alles musste auf „nominal" abgestimmt werden.

Wir versuchten immer die Nennwerte einzustellen, ohne die entsprechenden Toleranzen in Anspruch zu nehmen. Dafür hatten wir nur zwei Tage Zeit. Bis zum Dienstschluss am Dienstagabend mussten die Kontrollarbeiten abgeschlossen sein, denn pünktlich zum Dienstschluss wurde der Strom abgeschaltet, und es war eben Feierabend.

Am Mittwoch wurde der Personalbestand in den theoretischen Kenntnissen, die Geschlossenheit der Besatzungen und die Technik überprüft. Es wurden alle Offiziere in ihren Kenntnissen, die Soldaten und Unteroffiziere in ihren Fertigkeiten, die Bedienungen in ihrer Geschlossenheit geprüft. Die Ergebnisse drückten sich in Noten aus wie in der Schule, nur dass die „5" die beste und die „1" die schlechteste Note war. Der Donnerstag war der Tag der Wahrheit. An diesem Tag wurde geschossen. Nach alter Flak-Regel blieben am Vorabend die Stiefel ungeputzt und alle liefen irgendwie nachdenklich und auch angespannt herum. Für meinen verehrten Regiments-kommandeur, Oberst Heinz Naumann, war diese Übung und dieses Schießen das letzte seiner langen Laufbahn als Kommandeur. Oberst Naumann hat sich als Regimentskommandeur immer vor seine Unterstellten gestellt. Er versuchte stets, sie zu schützen, auch wenn sie mal Mist gebaut hatten. Dabei kam ihm sein phänome-nales Namens- und Gesichtsgedächtnis sehr zu Hilfe.

Nach dem Kummer, den ich ihm mit dem verpatzten Beginn des Ausbildungsjahrs bereitet hatte, fühlte ich mich verpflichtet, ihm mit einem sehr guten Ergebnis ein würdiges Abschiedsgeschenk zu bereiten. Bisher hatten wir bei den Überprüfungen sehr gute Ergebnisse erreicht. Sowohl die Kenntnisse der Offiziere als auch die Fertigkeiten wie die Begleitgenauigkeit der Funkorter bei stark manövrierenden Zielen oder solchen unter Störungen bzw. mit sehr kleiner Reflektionsfläche waren mehrheitlich mit „sehr gut" bewertet worden. Das Prüfungsschießen am Nachmittag – reale Zieldarstellung mit 40 Flugzeugen ohne realen Start von Fla-Raketen bei gleichzeitiger Handlung der eigenen Jagdfliegerkräfte in einer Zone – erfüllten wir. Das hatten wir erfahren, aber wir wussten nicht, wie die Noten aussahen.

Wer es nicht erlebt hat, kann sich die ständig steigende Spannung nicht vorstellen, zumal vom Ende des Prüfungsschießens bis zum Gefechtsschießen noch einmal eini-ge Stunden vergehen konnten. Alles an der Technik wurde noch einmal überprüft, alle vermittelten Tipps und Tricks gingen durch die Köpfe und die Temperatur in den Kabinen trug auch nicht zur Entspannung bei. Welche Aufgabe wir zu schießen hat-ten, war bekannt. Unser Regiment sollte zwei hoch- und schnellfliegende Ziele vom Typ RM 207 (H=22,5 km, V=650 m/s) vernichten. Dazu kam noch ein tieffliegendes Ziel vom Typ La17 (H<300 m, V=270 m/s). Dieses Ziel sollten wir allein bekämpfen. Das erste der beiden hoch- und schnellfliegenden Ziele musste die FRA-162 vernich-ten. Das zweite Ziel sollte im zusammengefassten Feuer der beiden FRA vernichtet werden, wobei wir mit der zweiten Rakete treffen sollten. Wegen der hohen Geschwindigkeit hält sich das hochfliegende Ziel nur eine relativ geringe Zeit in der Startzone auf. Deshalb stand uns nur ein kleines Zeitfenster für seine Bekämpfung zur Verfügung. Die gemeinsame Aufgabe mit der Nachbarabteilung trug natürlich einen spannenden Wettbewerbseffekt in sich. Wenn wir den Start der ersten Rakete des Nachbarn, der etwa 1,5 km entfernt lag, nicht mitbekommen, könnten wir ins „Blaue" schießen, weil die zwei Raketen der FRA-162 das Ziel schon vollständig zerlegt hatten und unsere Rakete keine Reflektionsfläche zum Ansprechen des Funkzünders gehabt hätte. Unser Ehrgeiz bestand aber darin, unbedingt an der vollständigen Aufgabenerfüllung beteiligt zu sein. Endlich kam von der Führung des Polygons das Signal: „Luftraum frei, Beginn des Gefechtsschießens".

Zuerst stand die Aufgabe der Bekämpfung des tieffliegenden Zieles, die wir allein erfüllen mussten. Die Startpunkte der Zieldarstellungsmittel waren bekannt. Unsere La-17 wurde vom Flugplatz Astrachan-Priwolschki, ca. 110 km von uns entfernt, gestartet und flog nach dem Start zunächst in einer Höhe von ca. 2300 m, sodass unsere P-18 sie zeitnah auffassen konnte. Da auch beim Gefechtsschießen die Bearbeitungszeit gemessen wurde, konnten wir uns unser Ziel nicht mal so ein wenig „ansehen", nur ich sah auf meinem Bildschirm die La-17 zeitweilig im Anflug, bis sie Höhenmanöver ausführte. Da ich das Anflugprofil kannte, war mir mein Befehl für die Anzahl der Raketen und ihre Leitmethode von vornherein klar. Endlich war unser Ziel in Reichweite. Ich gab den Befehl zur Zielsuche und meine Besatzung hatte in wenigen Sekunden unser Ziel aufgefasst, in Hand- und dann in Automatische Begleitung übernommen. Die einsetzenden elektronischen Störungen konnten wir mittels der speziellen Apparatur weitgehend unterdrücken. Als sich das Ziel in der Startzone befand, gab ich den Feuerbefehl. Genau in dem Moment sagte unser Hauptinstruktor zu seinem Gehilfen: „Anatolie Iwanowitsch, wir wollen jetzt schießen, komm doch bitte mal vor." Selbiger ging zum Leitschrank, schaute auf die Instrumente und schloss die Startkreise, was eigentlich Sache des Leitoffiziers ist. „So, jetzt könnt ihr schießen." Nur wer sich, wie wir, über Monate motiviert und engagiert hat, kann verstehen, wie das an die Nerven ging.

Der Leitoffizier, Leutnant Karl-Frieder Kämpfe, drückte den ersten Startknopf. Die Anzeigen der Rakete verloschen, und er meldete ganz ruhig: „Start geht durch!" Nach einer scheinbaren Ewigkeit war das Fauchen des Starttriebwerks zu hören. Der Leitoffizier meldete, dass die Rakete erfasst wurde und startete die zweite. Die zweite Rakete lag im Startmoment in einer Linie zwischen Leitkabine und Ziel, sodass wir nur einen lauten Knall, nicht aber das bekannte Fauchen hörten, was mich zu der Bemerkung hinriss: „Jetzt ist die Rakete explodiert." Aber auch sie wurde von der Raketenleitstation erfasst, genau wie die dritte. Während des Fluges der Raketen geschah eine Besonderheit: Die erste Rakete wurde von der zweiten überholt, sie war auch eindeutig schneller als die dritte. Die zweite detonierte am Ziel, die ehemals erste stürzte sich auf das sinkende Ziel und zerlegte es, aber auch die dritte explodierte in der Trümmerwolke. Ziel vernichtet!

Das waren wir alleine, aber jetzt mussten wir die gemeinsame Aufgabe erledigen, und da konnten wir nicht wie vor der ersten Feuereröffnung so entspannt wie unsere Instrukteure herangehen. Deshalb befahl ich meinem Leitoffizier, dass er , wenn ich „Feuer!" befehle, ein Begriff, der in keiner Dienstvorschrift der FRT definiert ist, sofort und unverzüglich den Startalgorithmus auszulösen hat. Wir wollten doch an der Vernichtung des zweiten Ziels unbedingt beteiligt sein.

Auch der Startpunkt der RM war bekannt. Beim Schießen auf die RM-207 stellten die geringe Reflektionsfläche und das sehr kleine Zeitfenster die Hauptschwierig-keiten dar. Wenn dann auch noch unter aktiven und passiven Störungen gehandelt werden musste, erreichte man ganz schnell die Grenzen von Mensch und Technik. Wir bemerkten den Start der RM-207 und richteten unsere Antennen auf den voraus-berechneten Auffasspunkt. Über die Wechselsprechanlage konnten wir die Ergebnisse der Gefechtshandlungen der FRA-162 durch die Bestätigung des Regimentskomman-deurs mitverfolgen. Als wir das Startgeräusch einer Rakete und die Quittung durch den Regimentskommandeur vernahmen, zählte ich in Gedanken die Sekunden und befahl: „Feuer!" Auf unseren Sichtgeräten konnten wir die erste Rakete der FRA-162, unsere Rakete und dann auch noch die zweite der FRA-162 beobachten. Alle flogen in geordneter Reihenfolge, sodass sich die Raketen nicht gegenseitig vernichteten. Die erste Rakete der FRA-162 und unsere Rakete sprachen am Ziel an, d.h. sie detonierten und vernichteten das Ziel. Heute kann ich nicht mehr sagen, ob auch die dritte Rakete am Ziel detonierte. Das Gefühl, das sich nach einem solchen Ereignis einstellt, ist vielleicht mit dem Ablegen einer schweren Bürde, wie z.B. eines Bleimantels ver-gleichbar. Nach einem erfüllten Gefechtsschießen, bei dem ich als Dolmetscher ein-gesetzt war, sah ich persönlich einen Kommandeur, der unter Tränen hinten aus der Kabine stürzte. Wir kannten zwar noch nicht die Note, die wir erreicht hatten, aber wir wussten, dass wir es geschafft hatten.

Im „Hotel", wo alle Offiziere untergebracht waren, begann eine spontane Feier. Die durchlebten Stunden wurden anschaulich und dramatisch geschildert, die Flaschen kreisten und ringsum war nur Freude. Als wir unsere Ergebnisse erfuhren, brach ein gewaltiger Jubel los. Hatte doch unser Regiment zum letzten Schießen seines schei-denden Kommandeurs eine 4,91 als Abschlussnote erreicht. Nach unserem dama-ligen Notensystem war das für einen Truppenteil eine 1,09 als Gesamtabschlussnote. Das war einfach gigantisch. Für mich kam es noch schöner: Meine Abteilung erhielt als Gesamtabschlussnote eine 4,94, also 1,06. Nach Aussage der Instrukteure war diese Note bisher noch nie erreicht worden. Bis 1989, als ich zum letzten Mal auf dem Schießplatz war, soll dieses Ergebnis von niemand getoppt worden sein. Man möge mir nicht verübeln, dass ich es zu gern glaube möchte.

Noch heute bewahre ich den Staurohrpfropfen mit dem kleinen roten Fähnchen und der Raketennummer meiner ersten Rakete auf. Hatte sie doch nicht nur ihre letzte Unterschrift im Raketenjournal über den erfolgreichen Verschuss von mir bekommen, sondern auch ihre erste Unterschrift überhaupt. Raketen, die aus der Sowjetunion geliefert wurden, kamen im Eisenbahntransport, werksmäßig verpackt, bei uns an. Als ich 1972 Stellvertreter des Kompaniechefs und 1. Zugführer in der Technischen Abteilung des FRR-16 war, kam in einem Transport aus der Sowjetunion eben auch diese Rakete mit an, und ich führte die Eingangskontrolle an ihr durch.

Wenn Raketen verschossen werden, stehen die Soldaten der Startbatterie in der Feuerstellung Brandwache. Das ist eine sehr beliebte Aufgabe, sehen sie doch dabei häufig das Ziel und immer die Raketen starten, fliegen und detonieren. Unsere Startbatteristen waren so beeindruckt, dass sie verkündeten, freiwillig ein halbes Jahr länger dienen zu wollen, was sie zu Hause natürlich längst wieder vergessen hatten.

Mit Fug und Recht kann ich behaupten, dass wir nach diesem Ausbildungsjahr einen Stand in der Beherrschung unserer Kampftechnik erreicht hatten, der uns in jedem Fall befähigt hätte, selbst die schwierigsten Aufgaben des Fla-Raketengefechts dieser Zeit zu meistern.

Siegfried Zimmermann
Aus dem Leben der FRA-234 am Standort Weggun

Das Leben in den Abteilungen der Fla-Raketentruppen war in vielen Dingen vergleichbar, vielfach sogar identisch. Grundlage dafür waren der einheitliche STAN (Stellenplan und Ausrüstungsnachweis), die Grundsatzdienstvorschriften, der Tagesdienstablauf, die Organisation der allgemeinen und der Gefechtsausbildung und ganz besonders die generellen Bedingungen des Diensthabenden Systems. Selbst die Kasernenobjekte waren Typenbauten und in vielem identisch. Trotzdem hatte wohl jede Abteilung irgendwo ihre Besonderheiten, etwas, was es so woanders nicht gab.

Ein Beispiel dafür: Mit Beginn des Ausbildungsjahres 1981/82 wurde unserem Regiment vom Kommando LSK/LV die Aufgabe gestellt, ein Führungsbeispiel zur inhaltlichen Gestaltung der geistig-kulturellen Arbeit „an einem entlegenen kleinen Standort" zu schaffen. Die Wahl fiel auf uns, die FRA-234. Das war bestimmt kein Zufall, denn gelegen im Waldgebiet zwischen den Dörfern Arendsee und Weggun, ca. 25 km von der Kreisstadt Prenzlau entfernt, erfüllten wir in idealer Art und Weise die Standortkriterien. Und noch eins wussten unsere Vorgesetzten natürlich sehr genau: Weggun war auch vor der Aufgabenstellung keine kulturlose Dienststelle. Dies belegen die Fotos aus den 60er und 70er Jahren. Die Aufgabenstellung, die wir erhielten, lief über zwei Jahre. Es wurde ein Kulturaktiv gebildet, das dann zum Klubaktiv wurde. Mitglieder waren selbstverständlich der Kommandeur, sein Stellvertreter für Politische Arbeit und der Parteisekretär, aber auch die Vorsitzenden aller am Standort existierenden Organisationen, wie der Gewerkschaftsgruppe, der FDJ-Grundorganisation, der Armeesportvereinigung ASV und die DFD-Gruppe aus der Wohnsiedlung waren vertreten.

Wir haben die Kulturarbeit nicht neu erfunden, aber wir haben sie intensiviert und nutzten die Hilfe und die echt guten Angebote, die uns auch aus der Division geboten wurden. So war z. B. das Stabsmusikkorps der 3. LVD zum Weihnachtskonzert bei uns. Es gab jeden Sonntag Kino, vormittags um 10 Uhr für unsere Kinder, Eintritt 50 Pfennige, und am Abend für alle Soldaten, Unteroffiziere, Berufskader und Familienangehörige und auch für Besucher aus den Dörfern. Gespielt wurden nicht die Filme aus dem Armeefilmzyklus, die gab es zusätzlich an Wochentagen, sondern die aktuellen Filme aus dem Programm des Filmtheaters aus Prenzlau. Wir hatten ein Theaterabonnement beim Intimen Theater in Prenzlau, wir organisierten Vorträge zu interessanten Themen, veranstalteten Tanzabende und vieles mehr. Den offiziellen Abschluss dieser besonderen Aufgabenstellung gab es mit der Sitzung des Sekretariats der politischen Verwaltung der LSK/LV am 03.10.1983 bei uns in Weggun. Nach den vorausgegangenen entsprechenden Rechenschaftslegungen, Auswertungen und Grundsatzreferaten wurde uns eine sehr gute geistig-kulturelle Arbeit mit beispielhaftem Charakter attestiert. Die Aufgabe war erfüllt. Eine Besonderheit ganz anderer Art war das Leben als so genannte „Feuerabteilung im verkürzten Bestand". Ende der 80er Jahre mussten wir gravierende Einschnitte in unser Dasein als Fla-Raketensoldaten erleben. Der Personalbestand im Soll I wurde gekürzt, Kommandierungen und auch Versetzungen in andere Einheiten waren an der Tagesordnung, Arbeitseinsätze in der Volkswirtschaft wurden zur Normalität. Der Fla-Raketenkomplex und die Funkmesstechnik waren langfristig konserviert, verschlossen und versiegelt in der Feuerstellung abgestellt. Der Personalbestand beschränkte sich auf maximal drei Wach- und 24-Stundendienstaufzüge. Eine sinnvolle allgemein-militärische oder gar Gefechtsausbildung war nicht mehr möglich. Wir waren nur noch eine bessere Mobilmachungsreserve.

Das änderte sich schlagartig im Februar 1989. Als ich nichtsahnend mit meiner Familie aus dem Winterurlaub wieder nach Hause kam, begrüßte mich mein Stabschef mit einem breiten Grinsen und beglückwünschte mich zu einer Auslandsreise nach Aschuluk. An meinem ersten Diensttag nach dem Urlaub durfte ich die Aufgabenstellung des Regimentskommandeurs, Oberst Wieche, zur Kenntnis nehmen. Sie lautete: Zusammenstellung einer Gefechtsbesatzung aus dem Bestand aller vier Feuerabteilungen des Regiments, Organisation und Durchführung der Gefechtsausbildung und Teilnahme an der Truppenübung „Elbe-89", die mit einem Gefechtsschießen in der Sowjetunion enden sollte. Innerhalb von nur drei Monaten musste unter denkbar schwierigen Voraussetzungen und Bedingungen eine Gefechtsbesatzung zusammengeführt und soweit trainiert werden, dass sie den Anforderungen eines Gefechtsschießens genügen konnte. Die Stimmung in unserer bunten Truppe war eigentlich gut. Unser Ehrgeiz war geweckt und wir wollten beweisen, was in uns steckt. Zur Gefechtsausbildung fuhren wir tageweise in Abteilungen der 43. FRBr.

Vom 3. bis 9. Juni 1989 waren wir dann zum Gefechtsschießen in der Sowjetunion. Dort konnten wir die uns gestellten Aufgaben erfüllen. Unter solchen Umständen hatte nach meiner Kenntnis noch nie eine Abteilung ein reales Schießen vorbereitet und durchgeführt. Dass es zugleich das letzte Gefechtsschießen der Fla-Raketentruppen der NVA war, unterstreicht noch einmal seine Besonderheit.

Gunar Fleißner
Kosmonautenbesuch in Sprötau

Längst nicht alle Truppenbesuche waren erfreulich, waren sie doch generell mit viel Arbeit in der Vorbereitung verbunden und brachten gewöhnlich den Dienstplan total durcheinander. Am Ende eines solchen Besuchs gab es, auch bei erfolgreicher Vorbereitung, fast immer noch einige „hilfreiche" und kritische Hinweise. Ohne Kritik konnten die meisten Vorgesetzten nicht wieder abziehen, also zeigte man sich zum Schluss am besten noch dankbar und unter Umständen auch zerknirscht. Ganz anders war es bei diesem Besuch.

1982 jährte sich zum fünften Mal das Ereignis, dass Siegmund Jähn als erster Deutscher und Offizier der NVA in den Weltraum geflogen war. Da wir in der DDR gern unsere Erfolge feierten, war das natürlich ein gegebener Anlass, diesen Jahrestag entsprechend zu würdigen. Das geschah unter anderem mit einer Rundreise der Kosmonauten Oberst Jähn, Oberst Bykowsky und Oberst Kölner, der unser Reservekosmonaut gewesen war.

Ein Etappenziel auf dieser Reise war unser Standort in Sprötau mit den Truppenteilen FRR-51 und FutB-51. Entgegen der sonst üblichen Praxis erhielten wir nur den zu organisierenden Ablauf mit den gewünschten Maßnahmen und die zur Verfügung stehende Zeit. Keine der so beliebten „Hilfe und Anleitung", weder vom Kommando LSK/LV noch von unserer 1. LVD traf bei uns ein. Wir hatten im Rahmen des zu organisierenden Ablaufs richtig freie Hand. Es war auch nicht besonders kompliziert: Der Saal und die Räume mussten vorbereitet, der Imbiss und das Mittagessen sowie Blumen und „Ehrenjungfrauen" organisiert werden – alles kein Problem. Wir hatten auf dem Appellplatz ein Treffen aller Soldaten, Unteroffiziere und Offiziere mit den Kosmonauten vorzubereiten, ein Meeting im großen Klubsaal und ein paar eindrucksvolle Demonstrationen unserer Gefechtsarbeit, dabei handelte es sich um Kontrollarbeiten an den Fla-Raketen durch die Technische Abteilung sowie Essen und Trinken.

Unsere Dienststelle lag abseits von dem Dorf Sprötau auf einem ehemals freien Feld. Unmittelbar an die Dienststelle schloss sich die Wohnzone an. Also beschlossen wir Kommandeure, dass auch die Familienangehörigen, allen voran die Kinder, an dem Treffen mit den Kosmonauten auf dem Appellplatz teilnehmen können.

Als verantwortlicher Kommandeur hatte ich einen Adjutanten mit Wartburg in Bereitschaft gestellt, was sich als sehr sinnvoll herausstellen sollte. Jetzt, kurz vor den Kosmonauten, trafen auch die Vertreter der Division ein. Ich meldete meinen Entschluss für den Ablauf an Oberst Jung, dem Leiter der Politabteilung der LVD. Der bestätigte ihn mit der Ausnahme, dass Familienangehörige und Kinder nicht mit in die Dienststelle kommen dürfen. Es verschlug mir nur ganz kurz die Sprache, dann entschied ich: Entweder die Familien und Kinder dürfen teilnehmen oder die Kosmonauten bleiben draußen. Was man sich als Kommandeur und Dienststellenältester eben so traut. „Das geschieht ausschließlich auf ihre Verantwortung, und wenn etwas schief geht, stehen sie dafür gerade", war die Antwort. Das ist doch völlig normal, dachte ich. Ich setzte auf die alte Erfahrung: Wo Kinder sind, ist das Glück zu Hause. Als dann die Abordnung des Kommandos LSK/LV unter Führung von Generalleutnant Heinz Trautsch eintraf, war die Teilnahme der Familien kein Thema mehr.

Die Kosmonauten kamen, und es gab eine sehr herzliche, freundschaftliche Begrüßung. Danach gingen wir gemeinsam zum Appellplatz. Als wir dort ankamen und Siegmund Jähn die Kinder sah, fragte er seinen sowjetischen Partner: „Valerie, gehen wir erst mal gleich zu den Kindern?" Selbstverständlich war Valerie Bykowsky einverstanden, und ich wurde moralisch zehn Zentimeter größer. Es war dann so, wie das Sprichwort sagt: Der Erfolg hat viele Väter, nur der Misserfolg ist Vollwaise. Der weitere Ablauf verlief planmäßig, und wir gingen in den Klub, um einen kleinen Imbiss einzunehmen. Nachdem wir an den Tischen Platz genommen und die Fotografen ihre Bilder geschossen hatten, wandte sich Bykowsky an mich – ich kümmerte mich wegen der Sprachkenntnisse persönlich um ihn – und bat mich darum, die Reporter wegzuschicken. War ja kein Problem, aber warum? Das wurde mir klar, als sie weg waren. Valerie Bykowsky wollte rauchen, aber nicht in der Öffentlichkeit und im Beisein von Reportern. Als ich ihn fragte, was er trinken möchte, antwortete er: „Was hast du denn da?" Ich: „Kaffee, Tee, Saft, Wasser usw." Also das Übliche tagsüber „… und Bier?"

Selbstverständlich hatten wir auch Bier, das gute Radeberger. Also bekam der zweifache Held der Sowjetunion, Oberst Valerie Bykowsky, sein Bier, sozusagen seinen 11-Uhr-Zug. Wer so wie ich das russische „Shigulewskoe pivo" schon getrunken hatte, konnte mehr als Verständnis für diesen Wunsch aufbringen.

Die nächste Überraschung kam von Oberst Kölner. „Kommandeur, hast du einen Frisör in deiner Dienststelle?" Hatte ich nicht, aber ich hatte meinen Adjutanten und den Wartburg. Der fuhr sofort in unsere Kreisstadt Sömmerda und hatte natürlich kein Problem, in der PGH eine Sofortbedienung zu erreichen. Auf einmal wollten alle drei zum Friseur, nur eben einzeln. Thüringer sind sehr freundliche Menschen und für Autogramme und Souvenirs war auch das kein Problem, denn die wartenden Kunden bekamen auch welche. Wer rechnet bei aller Vorbereitung denn mit so etwas?

Das Meeting im Klubsaal verlief auch anders als erwartet. Vom vorherigen Treffen hatten wir gehört, dass bei diesem kaum Fragen an Valerie Bykowsky gestellt worden waren. Das wollten wir ändern. Unser Saal war geteilt, also hatten wir die Armeeangehörigen in der vorderen Hälfte aufgefordert, Fragen an Oberst Bykowsky zu stellen, und die hintere Hälfte sollte die beiden Deutschen befragen. Ich war der Gesprächsleiter, heute würde man das einen Moderator nennen, und, um die Atmosphäre erst einmal aufzulockern, forderte ich zuerst einen aus der hinteren Saalhälfte auf, seine Frage zu stellen. Und wem stellte der die Frage? Unserem sowjetischen Gast. Das Meeting verlief so locker und absolut gegen die Planung, dass es am Ende regelrecht abgebrochen werden musste, so viele Fragen gab es an die drei Gäste.

Zum Abschied übergaben uns die Kosmonauten einige Souvenirs. Es wurde ein sehr herzlicher Abschied. Siegmund Jähn sagte mir zum Schluss noch, dass sie am Vortag in Jena zu einem Treffen waren und dort den Eindruck hatten, dass die Fragesteller dort bereits die Antworten kannten. Seine Worte waren: „Das war bei Euch ein wunderschöner und für uns auch sehr erholsamer Tag. Dafür bedanken wir uns sehr herzlich." Das sagte er übrigens auch zur Abschlussvisite unserem Minister, Armeegeneral Heinz Hoffmann.

Siegfried Horst
Tarnung – eine militärische Kategorie und ein Riesenproblem

Seit Distanzwaffen die Handlungen der kriegführenden Seiten bestimmen, also der Gegner aus mehr oder minder großen Entfernungen mit unterschiedlichen Mitteln einwirken kann, muss man wissen, wo er sich befindet, um ihn direkt oder indirekt zu bekämpfen.

Das gilt auch und vor allem bei der Bekämpfung von bodenständigen Zielen durch Flugzeuge. Wenn die Besatzungen ein Bodenziel nicht oder nicht rechtzeitig erkennen, wird der Einsatz ihrer Bomben, Raketen oder Bordkanonen nicht möglich oder wenig wirksam sein.

Diese Erkenntnis war dem Chef unserer Teilstreitkraft, Generaloberst Reinhold, aus eigenem Erleben bestens bekannt. Als Feldwebel und erfolgreicher Jagdflieger am Ende des 2. Weltkrieges hatte er zahlreiche Abschüsse erzielt und Bodenziele angegriffen. Er wusste genau, wie schwer es für einen Flieger war, ein gut getarntes Ziel am Boden aus einem Flugzeug zu erkennen und wirksam zu bekämpfen. Ausgehend von dieser Erkenntnis und den Verlusten der Fla-Raketentruppen in verschiedenen Konflikten drängte er in der operativen Ausbildung und bei der Vervollkommnung der Gefechtsordnung der FRT auf die Vervollkommnung der Tarnung und die Verbesserung des Deckungsgrades der Elemente der Gefechtsordnungen. Ich konnte zweimal erleben, wie intensiv er sich mit diesen Fragen beschäftigte. Das erste Mal 1978, als meine Abteilung im Rahmen einer taktischen Übung die Aufgabe erhielt, mit allen in der FRA verfügbaren Mitteln die Gefechtsordnung zu tarnen, damit wir aus der Luft nicht aufzuklären waren.

Wir hatten zwölf Stunden Zeit „zu verschwinden", dann erfolgte der mehrfache Überflug von zwei MiG 21 aus der 1. LVD. Und siehe da: Wir wurden nicht gefunden. Der Chef war so beeindruckt, dass er den Abteilungskommandeur mit einer wertvollen Uhr auszeichnete. Das zweite Mal ereignete sich im Rahmen einer Kommandeursausbildung 1988 auf dem Truppenübungsplatz Goldberg. Hierbei war die Aufgabe weiter gefasst. Eine FRA S-75 und eine FRA S-125 wurden auf den Platz verlegt und waren so zu tarnen, dass die Luftaufklärung sie nicht ausmachen konnte. Dabei mussten die Normzeiten zur Herstellung der Gefechtsbereitschaft trotz Tarnung unbedingt eingehalten werden. Burghard Keuthe beschreibt die Handlungen der FRA-131 bei der Lösung dieser Aufgabe in seinem Beitrag „Schläge aus dem Hinterhalt" sehr eindrucksvoll.

Nach meiner Versetzung als Stellvertreter des Kommandeurs der 3. LVD nach Neubrandenburg erkannte ich die Möglichkeiten, die mit dem Einsatz der Flugzeuge Z-43 und AN-2 im Interesse einer besseren Tarnung der FRT vorhanden waren und fand in Oberst Gunter Harzbecher, ehemals Kommandeur JG-2, einen verständnisvollen Partner. Zwei Dinge lagen mir am Herzen: Die Tarnung der Elemente der Gefechtsordnung der FRT der 3. LVD und Vervollkommnung der Handlungen der FRA auf Ziele in extrem geringen Höhen.

Ich kann mich an den ersten gemeinsamen Flug mit Gunter Harzbecher in der Z-43 zur Beurteilung der Wirksamkeit der Tarnung der Abteilungen der 43. FRBr erinnern. Es war ein wunderschöner Sommermorgen. Gunter übernahm die Maschine. Ich stieg zum ersten Mal in ein so kleines, aber schmuckes Flugzeug. Wir erhielten die Startfreigabe und nach wenigen hundert Metern waren wir in der Luft und dort blieben wir fast drei Stunden lang. Die Sicht war großartig. Wir flogen in 300 m Höhe die Abteilungen und den Gefechtsstand der 43. FRBr ab.

Die Fla-Raketenabteilungsgruppe durften wir nicht überfliegen. War auch nicht nötig, denn das Kasernenobjekt, die Wohnblöcke und die Kuppeln waren noch aus großen Entfernung sehr gut erkennbar. Das Ergebnis des ersten Abflugs war niederschmetternd. Die FRA S-125 waren von See aus sofort erkennbar. Die Feuerstellungen wurden durch die Blöcke der Kaserne und Wohnsiedlung regelrecht enttarnt. Der grüne Anstrich deutete sofort auf eine militärische Nutzung. Das Ergebnis war für die FRA-4325 Neuenkirchen in gleicher Weise deprimierend. Der Gefechtsstand 43 Rövershagen konnte aufgrund der zahlreichen Funkmessstationen ebenfalls nicht wirksam getarnt werden. Bei den FRA S-75 der Brigade und Regimenter bestanden gute Möglichkeiten, sie durch Tarnmaßnahmen aus der Luft weniger erkennbar zu machen.

Die Abflüge wurden noch mehrfach wiederholt, um die Wirksamkeit einzelner Tarnmaßnahmen zu prüfen. Ein generelles Verschwinden durch Tarnung, wie sich das mancher unserer Vorgesetzten gewünscht hatte, war nicht möglich. Dennoch galt es besonders nach Manövern alle Tarnungsmöglichkeiten zu nutzen.

Noch ein Wort zum Einsatz der guten alten AN-2, liebevoll auch „Tante Anna" genannt. Dieses Flugzeug war äußerst zuverlässig und wurde vorwiegend als Kurier- und Verbindungsflugzeug eingesetzt. Wir nutzten es, um die Ortungsmöglichkeiten der Raketenleitstationen in extrem geringen Höhen zwischen 50 bis 300 m auszuloten. Alle FRA hatten ihre Ortungsmöglichkeiten in extrem geringen Höhen nach Messung der Deckungswinkel theoretisch berechnet und auf Karten im Maßstab 1:25.000 dargestellt. Anhand dieser Werte wurden die Abflugstrecken für die AN-2 festgelegt. In der FRA war die Flugstrecke der AN-2 bekannt und ihr Auffassen mit der RLS wurde genau dokumentiert.

Dieses Verfahren brachte für die Leitoffiziere mehr Sicherheit. Bei ihren Bemühungen, die AN-2 möglichst früh in der örtlichen Rose zu entdecken und sicher aufzufassen, sahen sie ihre Berechnungen bestätigt oder mussten nach Fehlern suchen.

Nachdem die Abflüge beendet waren, wurden auf den gleichen Strecken überraschende Überprüfungen durchgeführt. Die Ergebnisse zeigten, dass die Leitoffiziere nach diesen Abflügen in extrem geringen Höhen deutlich sicherer handelten.

Burghard Keuthe
Gefechtseinsatz „Jastreb"

Im Jahr 1966 stellten die US-amerikanischen Luftstreitkräfte ein neues strategisches Aufklärungsflugzeug in Dienst, das die Bezeichnung SR-71 trug. SR steht für strategic reconnaissance – strategische Aufklärung. Die SR-71 operierte in den ersten Jahren vorwiegend von Okinawa aus und führte strategische Aufklärungsflüge an den Ostküsten der Sowjetunion, Chinas, Koreas und Vietnams durch. Gelegentlich hielten sich Maschinen dieses Typs auf dem RAF-Fliegerhorst in Mildenhall (Großbritannien) auf, bis man sich 1982 dazu entschloss, hier ständig zwei SR-71 zu basieren. Sie gehörten zur 9. Strategic Reconnaissance Wing, Det. 4 der USAF und hatten die Aufgabe, Aufklärung entlang der Westgrenzen der Staaten des Warschauer Vertrages zu fliegen. Hin und wieder wurden sie zu Einsätzen in den Nahen Osten beordert. Für diese Zeit entfielen dann in der mitteleuropäischen Region Aufklärungsflüge mit der SR-71. Etwa um 1982 stationierten die sowjetischen Luftstreitkräfte auf dem von ihnen genutzten Flugplatz bei Finowfurt in der DDR das Jagdfliegerregiment 787. Es wurde mit dem bis dahin höchst geheimen Flugzeugtyp MiG-25 ausgerüstet, das laut „Buschfunk" eine Antwort der Sowjetunion auf die hoch- und schnellfliegenden Aufklärungsflugzeuge SR-71 der USA war. Eben zu dieser Zeit fand ein neues Alarmierungssignal Eingang in die Luftverteidigung der DDR, das Signal „Jastreb" (Habicht). Es bedeutete für die im Diensthabenden System befindlichen Fla-Raketenabteilungen die Einnahme von B-1 ohne die Herstellung der Startbereitschaft der Fla-Raketen. Das Signal kündigte den Anflug der SR-71 an. Den festgestellten Umständen nach flogen diese Maschine entsprechend der Wetterlage ein- bis zweimal in der Woche ihren Einsatz. An Wochenenden und international üblichen Feiertagen (Ostern, Weihnachten u. a.) blieb es ruhig. Wahrscheinlich wusste man auf NATO-Seite, dass die Kräfte der Luftverteidigung des Warschauer Vertrages an diesen Tagen noch argwöhnischer wachten als sonst üblich. Die Planer der Flüge nahmen allerdings auch keine Rücksicht, wenn in den Fla-Raketeneinheiten Politunterricht auf dem Dienstplan stand, den doch eigentlich niemand stören durfte.

Hatte über mehrere Tage eine Schlechtwetterfront einen Einsatz der SR-71 nicht zugelassen und kündete der Wetterbericht danach Sonnenschein an, so war mit hoher Wahrscheinlichkeit davon auszugehen, dass die SR-71 Aufklärung fliegen würden. Meistens starteten sie um die Mittagszeit zu ihren Flügen. Sie benötigten etwa eine Stunde, um ihre Aufklärungsstrecken abzufliegen. Der Anflug erfolgte über die Nordsee und Dänemark bis etwa in den Raum über Kiel, wo sich die Route teilte, entweder auf die Aufklärungsstrecke 2 (Ostseeküste bis Leningrad) bzw. Aufklärungsstrecke 5 (Westgrenze der DDR, Schleife bei München). Der Rückflug geschah auf den gleichen Strecken. Die Fla-Raketenabteilungen wurden in der Regel so alarmiert, dass sie rechtzeitig die Bereitschaftsstufe 1 einnehmen konnten. Im Normalfall flog die SR-71 dann trotz ihrer hohen Marschgeschwindigkeit von etwa 2500 km/h noch in einer Entfernung, die ihre Verfolgung auf den Sichtgeräten der Raketenleitstation noch nicht ermöglichte (max. Entfernung 150 km). Das führte unter den Soldaten immer wieder zu Spekulationen darüber, mit welchen Mitteln es wohl gelang, die SR-71 so zeitig zu orten. Satellit, Aufklärungsschiffe in der Nordsee, Funkmessstationen mit extremer Reichweite oder? Heute weiß man, dass unsere Funk- und Funktechnische Aufklärung in der Lage war, bereits ihren Start in Mildenhall aufzuklären. Unsere Spezialisten des Funkaufklärungsregiments 2 hörten mit, wenn die SR-71 noch auf der Betonpiste zum Start rollte. Danach kamen dann die Funkmessstationen P-14 zum Zug, deren Reichweite bis über 600 km betrug. Ganz selten erfolgte die Alarmierung erst, wenn sich die SR-71 bereits im Vorbeiflug befand.

Die von den sowjetischen und deutschen Funktechnischen Truppen übermittelten Daten des Fluges der SR-71 und des „Eigenen" (MiG-25) wurden von den FRA der 3. LVD insbesondere in den Funknetzen der LVD (FN 4601461) genutzt. So konnten auf den großen Planchettes der Gefechtsstände beide Flugwege nahezu in Echtzeit dokumentiert werden. Wenn die MiG-25 in Finowfurt startete, flog sie nicht direkt der SR-71 entgegen, sondern schlug einen Kurs ein, der anfangs rechtwinklig zum Flugkurs des Aufklärers lag. In einer großen Hundekurve näherte sie sich dann von unten und hinten der SR-71, bis sie quasi parallel flog. Wenn die Piloten in ihren Berichten nicht geflunkert haben, so konnten sie manchmal direkten Sichtkontakt aufnehmen.

Das Signal „Jastreb" löste bei den Soldaten der diensthabenden Besatzungen stets Emotionen besonderer Art aus, hatte man es doch tatsächlich mit einem realen Luftgegner zu tun. Das brachte Abwechslung in das zermürbende Abwarten des DHS, zumal der Gegner ins elektronische Visier genommen werden konnte. Wenn es die Wetterlage gestattete (klare Sicht, kein Dunst) und die SR-71 nahe genug heran war, sahen die Funkorter den dunklen Punkt am Himmel sogar mit der teleoptischen Kamera. Die effektive Reflektionsfläche der SR-71 war zumindest so groß, dass sie schon in Entfernungen zwischen 100 und 150 km von den Raketenleitstationen aufgefasst und begleitet werden konnte. Ein angeblicher Unsichtbarkeitseffekt (STEALTH-Eigenschaften) bei der SR-71 wurde zumindest bei dem Einsatz der Fla-Raketen-Komplexe S-75 Wolchow nicht festgestellt. Wenn in den ersten Jahren des Erscheinens der SR-71 das Abstrahlen mit eigenen Funkmessmitteln untersagt war, mit Ausnahme der FRA-eigenen Rundblickstation P-12/P-18, änderte sich das bald. Man nutzte die SR-71 als willkommenes Zieldarstellungsmittel, das es in dieser Höhe und Geschwindigkeit in dieser Region sonst nicht gab. Nach dem ersten Auffassen und dem Feststellen der Flugparameter schaltete man die Sender der Raketenleitstation auf Äquivalent, drehte die Antennen vom Ziel weg, um dann erneut das Auffassen des Ziels SR-71 zu trainieren.

1989 stellte die USAF aus Kostengründen die Flüge der SR-71 ein. Inzwischen lieferten Satelliten mindestens ebenso gute Ergebnisse. Im Herbst 1989 verlegten die sowjetischen MiG-25 aus Finow/Eberswalde zurück in ihre Heimat.

Burghard Keuthe
Auf Irrwegen – als es noch keine Handys und Navis gab

Ein kleiner Junge stand mit seiner Mutter an einer Kreuzung und beobachtete eine Kolonne von Militärfahrzeugen, die sich näherte. Direkt vor der Kreuzung stoppte das Spitzenfahrzeug. Nach einer Weile stiegen der Fahrer und ein Offizier aus. Jeder zeigte in eine andere Richtung. Da holte der Offizier eine Karte aus seiner Tasche. Sie breiteten sie aus, zeigten mit den Fingern darauf dahin und dorthin, diskutierten heftig miteinander, nahmen noch einen Kompass zu Hilfe und waren sich offensichtlich nicht einig darüber, wie sie weiter fahren sollten. Während die beiden noch miteinander diskutierten, sagte der kleine Junge: „Mutti, pass auf, gleich fragt Dich der Onkel nach dem Weg."

Die Fla-Raketenabteilungen aus dem Norden verlegten jedes Jahr mit ihrer Technik und dem Personalbestand im Eisenbahntransport ins Feldlager Lieberose. Im Verlaufe der Jahre lernten beinahe alle Offiziere, die an diesen Verlegungen teilnahmen, die Entladebahnhöfe Peitz, Tauer, Jamlitz und Weichensdorf kennen.

   In Peitz ließ es sich am besten entladen, weil hier nicht nur eine Kopframpe, sondern auch eine Seitenrampe zur Verfügung stand. Dieser Bahnhof war einmal der FRA-133 zur Entladung zugewiesen worden. Die Eisenbahner verhielten sich stets kooperativ und erfüllten die Wünsche der Militärs, soweit es ihnen möglich war. In Peitz koppelten die Eisenbahner die Waggons mit der schnell zu entladenden Technik der Kabinen der FuTK und den Rampen der Startbatterie ab und schoben sie mit den PW-Antennenhängern, die wegen ihrer Höhe nur mit abgebauten Rädern transportiert werden durften, an eine andere Rampe. Ein Autokran des Regiments stand dort schon bereit, um die Hänger zum Anbau der Räder anzuheben. Kurze Einweisung des Kommandeurs mit allen Fahrzeug-verantwortlichen. „Wir können diesmal durch paralleles Arbeiten viel Zeit beim Entladen sparen! Wir formieren kein vollständiges Marschband. Jeweils drei Fahrzeuge bilden eine Kolonne und fahren zum Platz, ohne auf die Nachfolgenden zu warten. Das erste Fahrzeug fährt vor bis an die Einfahrt zum Bahnhof und wartet, bis die nachfolgenden zwei Fahrzeuge aufschließen. Dann Abfahrt. Nach rechts auf die Fernverkehrsstraße auffahren. Dort steht kein Einweiser. Immer der Hauptstraße folgen. Nach etwa 10 km, wo der Gelbe Weg auf den Platz führt, steht ein Regulierer, der zweite auf dem Gelben Weg an der Abfahrt zum Aufbauplatz. Nach Eintreffen sofort mit dem Aufbau beginnen. Fragen? Keine! An die Arbeit!"
   Eigentlich war das eine klare Ansprache. Ob sie aber allen Fahrzeugführern und Fahrern vollkommen verständlich war und ins Gedächtnis drang, war fraglich. Die Seitenplanken der Waggons knallten herunter. Die KrAS-Motoren sprangen an. Bald rollte ein erstes Zugmittel nebst Anhängung vom Waggon, die anderen

folgten. Zusehends leerte sich der Zug. Auch der Anbau der Räder an die PW-Hänger ging inzwischen gut voran. Zum Schluss stand nur noch die Kabine PW mit den drei Antennenhängern auf der Bahnhofsstraße. Als Leiter dieser Kolonne gab der Obertechniker der PW nach einer kurzen Kontrolle den Befehl zum Abmarsch. Mit der Kabine im Schlepp fuhr er vornweg. An der Auffahrt zur Fernverkehrsstraße ein kurzes Zögern. Wie war das gleich? Links oder rechts? Er entschloss sich, nach links abzubiegen. Von nun an, so erinnerte er sich, musste er immer der Hauptstraße folgen bis am gelben Weg ein Einweiser auftauchen musste. Der Abteilungskommandeur verließ als letzter das Bahnhofsgelände. Bis zum Übungsplatz gelang es ihm mit seinem Fahrzeug jedoch nicht, auf eine der vor ihm fahrenden Kolonnen aufzuschließen. „Sind die denn geflogen?" Die erste Frage an den den Aufbau leitenden Ingenieur der FRA: „Sind alle eingetroffen?" „Ja, nur die PW fehlt noch, na und die Antennenhänger!" „Was? Die sind doch vor mir losgefahren und überholt habe ich sie nicht!" Dem Kommandeur stieg so eine Ahnung hoch. „Wir warten noch eine Viertelstunde. Bis dahin müssten sie spätestens eingetroffen sein." Die Zeit verging, doch von der PW und den Hängern keine Spur. Die rollten inzwischen immer noch mit der vorgegebenen Geschwindigkeit von 30 km/h auf der Fernverkehrsstraße, aber in die entgegengesetzte Richtung. Als sie den Stadtrand von Cottbus erreichten, wurde dem Oberleutnant klar, dass er nicht auf der richtigen Route sein konnte. Er entschloss sich zu wenden. Das aber war mit den langen Gespannen auf der stark befahrenen Chaussee nicht möglich. Langsam dahintuckernd fanden sie endlich am Rande der Straße einen Platz, wo man wenden konnte.

Der Kommandeur hatte inzwischen einen Suchtrupp losgeschickt. „Achtet auf Soldaten am Straßenrand! Vielleicht gab es eine Schiedsrichtereinlage!" Nach einer Stunde kehrte der Suchtrupp ergebnislos zurück. Der Kommandeur wollte gerade die peinliche Meldung über seine verlorene Kolonne an den vorgesetzten Stab absetzen, da dröhnten Motoren aus Richtung der Zufahrtsstraße. Die Umrisse einer KrAS nebst einer Kabine PW schimmerten durch die aufsteigenden Staubfahnen hindurch, drei URAL folgten. Und sie bogen tatsächlich auf den Platz ab. Es waren die sehnlichst Erwarteten.

„Immerhin anderthalb Stunden Verspätung, aber nicht zu spät!", sagte jemand lakonisch. Der Oberleutnant meldete sich beim Kommandeur. Die Frage, warum er denn nach links abgebogen sei, konnte er nicht schlüssig beantworten. Seine Unaufmerksamkeit hätte für die FRA und besonders deren Kommandeur üble Folgen haben können.

Ein kleiner Junge mit seiner Mutti, die er hätte fragen können, hat leider nicht an der Kreuzung gestanden, und es gab damals weder Handys noch Navis.

Burghard Keuthe
Schläge aus dem Hinterhalt

1988 fanden kurz aufeinander folgend die Luftverteidigungsübungen „Opal 8" (14.–16. April) und „Bilanz 88" (19.–21. April) statt. Im Mittelpunkt stand die taktische Ausbildung der Luftverteidigungskräfte der NVA bei Mitwirkung sowjetischer Fliegerkräfte aus Wittstock und Ribnitz-Damgarten. Zu den Schwerpunkten der Übungen zählte unter anderem das Führen von Schlägen der Fla-Raketentruppen aus dem Hinterhalt. Das war für uns ein vollkommen neues Element in der Gefechtsausbildung, denn bis dahin waren wir immer davon ausgegangen, dass wir den Gegner aus der vordersten Linie der Feuer- und Wechselfeuerstellungen abwehren. Dementsprechend hieß es im Gefechtsbefehl 001 „… den Durchbruch des Gegners in die Tiefe der Warschauer Vertragsstaaten nicht zuzulassen."

Hinterhalt bedeutete zunächst, die Stellung zu wechseln, sich zu verstecken, sich zu tarnen und sich dem Gegner nicht zu zeigen, um dann überraschend zuzuschlagen. In der Übung „Opal" wurden zunächst die neuen Elemente und Anforderungen an die Tarnung trainiert. Neu war zum Beispiel, dass beim Verlassen der ausgebauten heimatlichen Feuerstellung Attrappen aufgestellt wurden für die Technik, die nun nicht mehr vor Ort war. Die gegnerischen Aufklärer sollten den Eindruck gewinnen, als ob die Stellung noch bezogen sei. Die meisten Attrappen konnten erst nach dem Abbau des Komplexes aufgebaut werden. Hierzu waren spezielle Kräfte nötig. Wer den Personalmangel in den Abteilungen kannte, weiß um die Probleme, die sich daraus ergaben. Die Tarnung des Fla-Raketenkomplexes umfasste nicht nur die herkömmliche Tarnung mit den üblichen Netzen, sondern natürlich auch die Funkmess-Tarnung, das Aufstellen von Winkelreflektoren und Wärmequellen, das Anlegen von Scheinstellungen und die Auflösung typischer Elemente der Gefechtsordnung. Die dem Gelände angepasste Tarnung durfte allerdings nur so weit vorgenommen werden, wie sie die Gefechtsarbeit des Fla-Raketenkomplexes nicht beeinträchtigte. So mussten die Antennen und Rampen natürlich uneingeschränkt dreh- und schwenkbar sein, und es durften keinerlei Schäden am Gerät entstehen. Was hätte die beste Tarnung genutzt, wenn die Technik dabei ausgefallen wäre?

Es kam darauf an, einen guten Kompromiss zwischen Einsatzbereitschaft und bestmöglicher Tarnung zu finden. Die FRA-131 entwickelte hierbei ein besonderes Verfahren zur Tarnung des Antennensystems der PW. Die Antennen wurden in den oberen Anschlag (maximaler Höhenwinkel) gedreht. Die Antennenöffnungen zeigten also senkrecht nach oben. Dann zog man die strukturmäßigen Tarnnetze von zwei Seiten nach oben und verband sie in der Mitte mit einer Reißleine. Wurde sie gezogen, fielen die Netze nach den Seiten herab und gaben die Antennen frei.

Das geschah alles innerhalb der Normzeit von 3,5 min für die Herstellung von B-1. Die Antennen-Antriebe konnten eingeschaltet werden, und die Station war gefechtsbereit.

Nachdem die einzelnen Schritte während der im kleineren Rahmen (auf niederer Führungsebene) durchgeführten Übung „Opal" mehrfach geübt worden waren, fieberte man jetzt der Bewährung bei der Übung „Bilanz" entgegen. Hier sollten spezielle Aufklärungsflugzeuge zum Einsatz kommen.

Um 4 Uhr morgens begann die Übung mit der üblichen Alarmierung. Der Kommandeur der FRA-131 erhielt die Aufgabe, nach Abwehr des ersten Luftangriffs mit seiner FRA in den Hinterhalt zu verlegen, der sich auf dem Übungsplatz der sowjetischen Truppen nordwestlich von Flecken Zechlin bei der Höhe 100 befand, heute bekannt unter „Wittstocker Heide".

Unmittelbar nach der Bekämpfung des letzten Zieles begann die Demontage des FRK zur Herstellung der Marschlage. In der hereinbrechenden Dämmerung des Abends verließ die Abteilung ihre Feuerstellung. Der Marsch in die neue Feuerstellung verlief zügig und ohne Vorkommnisse.

Das neue Gelände ähnelte dem des Truppenübungsplatzes in Lieberose. Es gab nur einen Unterschied: Der Sandboden war viel feinkörniger. Es schien, als ob man durch Mehl watete. Jahrelang hatten hier Panzerketten den Boden zermahlen, bis er diesen Zustand erreichte. Umso leichter fiel das Verwischen der beim Aufbau hinterlassenen Fahrspuren. Als am nächsten Morgen die aufgehende Sonne die Gegend in ein tiefrotes Licht tauchte, konnten selbst Eingeweihte kaum noch etwas von einem Fla-Raketenkomplex entdecken. In der Ferne drehten sich die Antennen sowjetischer Kub- und Krug-Komplexe, Fla-Raketenstationen der Landstreitkräfte.

Die FRA-131 war einsatzbereit. Meldung an den vorgesetzten Stab. Bald darauf traf über die Wechselsprechanlage die Information ein: Der Oberst XY wird mit einem Hubschrauber die Stellung überfliegen und sich die Tarnung von oben ansehen. „Alles in Deckung! Keiner läuft im Freien herum!" Hubschraubergeräusche in der Luft. Dann kam der Anschiss: „Da steht doch noch ein TLF (Transportfahrzeug für Fla-Raketen) im Gelände herum!" Grimmig blickte der Kommandeur der FRA den zuständigen Batteriechef an. „Das kann nicht sein, unsere TLF stehen alle getarnt im Wald! Was der Oberst sieht, ist mit Sicherheit die Scheinstellung!" Befreiendes Gelächter in der Kabine. Der Kommandeur meldete: „Genosse Oberst, was Sie sehen, ist die Scheinstellung!" „Die Scheinstellung? Und wo ist die Feuerstellung?" Der Kommandeur der FRA feixte sich eins. Absolute Stille im Funkverkehr. Die Hubschraubergeräusche entfernten sich, näherten sich wieder, um sich erneut zu entfernen. Mehrere Überflüge folgten. Nichts zu finden. Der Oberst gab auf. Übungselement „Tarnung" mit Bravour bestanden.

Danach B-1 und Abstrahlverbot. Die Abteilung durfte sich nicht enttarnen. Eigene Jäger handelten und durchflogen dabei mehrfach die Vernichtungszone der Abteilung. Noch waren wir nicht am Zuge. Für die übernächtigte Truppe blieb ein wenig Zeit zum Frühstück. Wieder B-1. Diesmal befand sich der Gegner im Anflug. Schnell die Tarnung entfernt, Antenne in Richtung der anfliegenden Ziele und Handlungen wie im Normalfall (Schießen mit imitierten Raketen).

Die FRA-131 handelte erfolgreich auf die zugewiesenen Ziele. Danach musste wieder getarnt werden. Noch einmal ein Luftangriff. Wieder die Tarnung runter, Ziele bekämpfen und Tarnung wieder drüber. Es folgte noch ein dritter Angriff. Als die letzten Maschinen in Wittstock, Neubrandenburg und Ribnitz-Damgarten gelandet waren, erhielt die Abteilung das Signal zur Ausgangslage. Die Rückverlegung wurde vorbereitet. Am späten Nachmittag begann die Herstellung der Marschlage. Gegen 19 Uhr war das fast kilometerlange Marschband aufgefahren, bereit zum Kfz-Marsch in die heimatliche Stellung. Eine weitere schlaflose Nacht lag vor den Soldaten. Schnell noch Essen fassen. Dann kam das Signal zum Aufsitzen. Anlassen der Motoren, Abmarsch.

Hans-Ulrich Maynicke
Meine Kommandeure

Im April 1961 trat ich als Freiwilliger in die NVA ein und wurde im Lehr- und Ausbildungsbataillon 12 in Pinnow zum Gruppenführer einer Startrampen-bedienung ausgebildet. Damals hatte ich noch nicht begriffen, was es hieß, bei den Fla-Raketentruppen der Luftverteidigung, der modernsten Waffengattung der NVA, zu dienen. Ich wurde später Berufssoldat und blieb 25 Jahre dabei.

Ich hatte das Glück, in meiner Dienstzeit mit Ausnahme weniger kurzer Kommandierungen immer nur an einem Standort zu dienen, in der Fla-Raketen-abteilung S-75 in Retschow, die erst zum FRR-18 und ab Beginn der 70er Jahre zur 43. Fla-Raketenbrigade gehörte. Das Besondere an meiner Dienstzeit war, dass ich alle Kommandeure dieser FRA kennen lernte. Es waren von 1961 bis 1986, dem Jahr meiner Entlassung aus dem aktiven Wehrdienst, insgesamt sechs verschiedene Abteilungskommandeure.

Vorweg einige Gedanken. Eine Fla-Raketenabteilung war nicht vergleichbar mit einem Bataillon der Landstreitkräfte. Sie war in nahezu allen Fragen selbstständig. Der Kommandeur war Einzelleiter. Er entschied, sein Befehl galt für seine Unterstellten und zum Teil darüber hinaus, natürlich auf der Grundlage der beste-henden Vorschriften und der Befehle seiner Vorgesetzten. Seine Verantwortung war ebenso wenig eingeschränkt wie seine Befehlsgewalt. In einem Krieg hätte er die volle Verantwortung für mehr als 260 Menschen, für einen Fla-Raketen-komplex und 45 Raketen, für eine Haupt- und eine Nebenfeuerstellung, das Kasernenobjekt und die Wohnsiedlung tragen müssen. Eine solche Verantwortung lastete schon in Friedenszeiten schwer auf ihm.

Helmut P.
war mein erster Kommandeur in Retschow von 1961 bis 1963. Er war ein großer, kräftiger Mensch mit tiefer und lauter Bassstimme, die er bei allen guten und auch weniger guten Anlässen ertönen ließ. Er hatte zuvor offensichtlich schon in der Kasernierten Volkspolizei und anderen Einheiten der NVA gedient. Ich bin der Meinung, dass P. von allen Kommandeuren, die ich kennen lernte, die schwierigste Aufgabe zu bewältigen hatte. Die Objekte der Abteilung befanden sich noch im Bau. Der Kommandeur wohnte mit seiner Familie mitten drin in einer Baubaracke. Die komplizierte Fla-Raketentechnik befand sich in einem anderen Objekt und musste erlernt und gewartet werden. Die Menschen, die ihm unterstellt waren, kamen aus verschiedenen Waffengattungen und sollten zu einem Kollektiv zusam-mengeführt werden. Von Montag bis Freitag lernten wir als Fla-Raketensoldaten in Barth an der modernsten Technik und am Samstag und Sonntag schippten wir in Retschow Kabelgräben. Zur Eigendeckung erhielt die FRA eine Flakbatterie 57 mm zugeordnet. Mit den älteren Wacht- und Oberwachtmeistern, die sich für etwas Besseres hielten, gab es immer wieder mal Konflikte.

Vor der Übernahme in das Diensthabende System musste die FRA ein Gefechts-schießen in der Sowjetunion erfolgreich absolvieren. Es war ein hoher Druck, der auf der ganzen Abteilung lastete. Alle, die an der Fla-Raketentechnik eingesetzt waren, hatten ihre Ausbildung erst kurz davor in Pinnow erhalten, auch der Kommandeur. Die Stellung musste fertig gestellt werden. Danach war die Technik von Barth unter größter Geheimhaltung nach Retschow zu überführen, und schließlich hatte die Kuba-Krise im Herbst 1962 über mehrere Wochen keinen unbedeutenden Einfluss auf den militärischen Alltag. Das Gefechtsschießen in der UdSSR wurde mit guten Ergebnissen erfüllt. Die Schwierigkeiten der Anfangsjahre hatten wir unter unserem Kommandeur gut gemeistert. Major P. verließ 1963 unsere Fla-Raketenabteilung. Leider hatte ich nie wieder Kontakt zu ihm.

Fritz P.
Er war ein Mecklenburger und stammte aus Bastorf nahe der Ostsee, nicht weit weg von Retschow. Oberstleutnant P. war einer aus der neuen Generation von Offizieren, die Führungspositionen in den FRT übernahmen. Er war erfolgreicher Absolvent der Militärakademie „Friedrich Engels". Die Aufgaben wurden von Jahr

zu Jahr komplizierter. Die Fla-Raketentechnik wurde modernisiert und ausgetauscht. Es gab neue Zugmittel und die Feuerstellung musste nach den Erfahrungen im Nahen Osten und Vietnam pioniertechnisch ausgebaut werden. Das Gefechtsschießen 1965 erfüllten wir unter Leitung unseres neuen Kommandeurs mit der Note „sehr gut". P. legte großen Wert auf Disziplin und Ordnung und begann damit bei den Vorgesetzten der Soldaten. Ich hatte damals als Berufssoldat, der ich inzwischen war, noch keine Wohnung am Standort. Mit meinem Hauptfeldwebelkollegen von der Startbatterie, Walter Klein, teilte ich mir ein Zimmer im Kompaniebereich. Der Stubendurchgang des Kommandeurs begann immer bei uns. Es wurden die gleichen Maßstäbe wie bei den Soldaten und Unteroffizieren angelegt. Großen Wert legte er auch auf die Erfüllung der Normen der militärischen Körperertüchtigung. So haben wir das „Schweinebaumeln", sprich Klimmziehen, oft unter dem verhaltenen Schmunzeln der jungen Soldaten geübt. Kein Wunder, denn wir hatten nicht nur mehr Lebenserfahrung, sondern auch ein paar Kilo mehr Gewicht als sie.

P. war auch ein sehr humorvoller Mensch, der Witze auf Platt so gekonnt erzählte, dass selbst viele Mecklenburger Schwierigkeiten hatten, sie zu verstehen. Sein anschließender Einsatz als Regimentskommandeur im FRR-13 war nach meiner Meinung eine folgerichtige Entscheidung seiner Vorgesetzten.

Werner M.

Er war ebenfalls Absolvent der Militärakademie und hatte aufgrund seines Alters schon viel Lebenserfahrung. Werner M. war ein sportlicher Typ, der zwei Hobbys hatte: Fußball und Angeln. Manche hielten ihn für einen kleinen „Giftzwerg". Doch nach dem ersten Kennenlernen verflog dieses Vorurteil. Oberstleutnant M. war am längsten Kommandeur in Retschow, von 1965 bis 1976. In dieser Zeit hatten wir viele Aufgaben zu erfüllen, darunter den Bau eines Raketenbunkers, die Einrichtung eines technologischen Ablaufes für die Technische Kompanie und den Bau eines neuen DHS-Gebäudes zur Verbesserung der Dienst- und Lebensbedingungen. Jährlich mussten wir ins Feldlager und alle zwei Jahre zum Gefechtsschießen in die Sowjetunion. Es gab regelmäßige Überprüfungen des DHS, Abnahmen der Gefechtsausbildung durch das Regiment und die 3. LVD. Höhepunkte waren die Inspektionen im Auftrage des Ministers, Überprüfungen durch das Oberkommando des Warschauer Vertrages sowie Luftverteidigungsübungen im größeren Rahmen.

Werner M. kümmerte sich um die Gestaltung der Anlagen in der Wohnsiedlung ebenso wie um den Bau einer Garagenanlage, die in Eigenleistung durch die Berufssoldaten errichtet wurde. Seine Beziehungen im Territorium, zum Bürgermeister, Hartmut Schweitzer, und dem Direktor des VEG Vorderbollhagen,

Manfred Breda, seien hier nur stellvertretend genannt. Beim pioniertechnischen Ausbau der Feuerstellung entstand ein kleiner See in einer Grube, aus der man Kies für die Erdanwallungen entnommen hatte. Das Gewässer wurde nach seinem Bauherrn benannt. Im Winter spielte man, Kälte vorausgesetzt, hier Eishockey und im Sommer wurde geangelt. Wenn nichts an den Haken ging, gab es Bratwurst vom Grill. Alles unter strenger Beachtung der Normzeiten, denn man war ja im DHS und nicht in der Sommerfrische. Die militärische Körperertüchtigung der Berufssoldaten wurde regelmäßig durchgeführt und endete immer mit einem Fußballspiel. M. war der „Bestimmer". Er wählte die Spieler für die Mannschaften aus, bestimmte die Spielregeln, war Schiedsrichter und gehörte fast immer zu den Siegern. Und trotzdem machte es einen Heidenspaß. Aus der langen Dienstzeit des Kommandeurs Werner M. in Retschow ergab sich ein kameradschaftliches, ja oft freundschaftliches Verhältnis zu den Berufssoldaten und Zivilbeschäftigten, was nie zu einer persönlichen Auslegung von Befehlen ausgenutzt wurde. Leider ist Werner M. nach seiner Versetzung in das Kommando LSK/LV viel zu früh verstorben. Wir werden ihn stets in guter Erinnerung behalten.

Siegfried H.

Der Wechsel 1976 von Oberstleutnant M. zu Hauptmann H. kam für die Offiziere und Berufssoldaten der Fla-Raketenabteilung 4324 recht überraschend. Bei seiner Vorstellung zum feierlichen Appell anlässlich der Übernahme der neuen Dienststellung wurde kurz sein militärischer Weg aufgezeigt. Es wurde mit Erstaunen zur Kenntnis genommen, dass er gegenüber allen vorherigen Kommandeuren die höchste militärische Qualifikation besaß. Ich beginne bei meiner persönlichen Einschätzung erneut mit Äußerlichkeiten. Bei H. handelt es sich um einen körperlich großen Menschen, der in seiner Haltung und seiner Uniform immer eine gute militärische Figur abgab. Seine Sprache war klar und deutlich, was natürlich auch schon auf eine solche Befehlserteilung hinwies. Einige weibliche Zivilbeschäftigte meinten ganz spontan, er sei ein großer und hübscher Mann.

Unsere Gedanken als Berufssoldaten gingen in eine andere Richtung. Es wurde in den Anfangstagen und -wochen darüber spekuliert, welche militärischen Veränderungen und Neuerungen er wohl als sehr erfolgreicher Absolvent der Militärakademie einführen wird? Was wird sich für mich und alle anderen Berufssoldaten in der Dienstdurchführung verändern? Wird es Einschnitte an die persönlichen Freiheiten geben? Nach den vielen Jahren verschiedener Kommandeure wurden schnell Vergleiche gezogen. Das kameradschaftliche Verhältnis, das zwischen den Berufssoldaten und dem letzten Kommandeur bestanden hatte, konnte nicht einfach fortgesetzt werden, es war erst wieder aufzubauen. Ältere Berufssoldaten hatten auch ein sehr persönliches Verhältnis zu den verbliebenen Stellvertretern des Kommandeurs entwickelt. Sie hatten hinter vorgehaltener Hand von einer neuen Qualität der Aufgabenstellung und der Abrechung der Erfüllung der Aufgaben gesprochen. Die militärische Anrede mit dem Dienstgrad wurde wieder durchgesetzt. Die Einheitskommandeure berichteten ebenfalls von konkreter Aufgaben- und klarer Terminstellung. Es waren im Prinzip keine neuen Festlegungen, sie mussten nur wiederbelebt werden. H. war in seiner Dienstdurchführung stets Vorbild, und er forderte das auch von allen Vorgesetzten der Abteilung.

Das sollen zwei Begebenheiten zeigen. Um einen pünktlichen Dienstbeginn der Berufssoldaten durchzusetzen, war er bei seinen Kontrollen am Morgen als Erster im Besucherzimmer der Wache und registrierte persönlich den Dienstbeginn der Militärs und Zivilbeschäftigten. Die Zivilbeschäftigten waren von den Kontrollen zum Arbeitsbeginn nicht begeistert und bemängelten die noch wenig vorhandene Zusammenarbeit mit dem Kommandeur. Unser Kummerkasten, Harald, der Politstellvertreter, und die Parteileitung übten Kritik an dieser Vorgehensweise, aber die Pünktlichkeit wurde durchgesetzt. Beeindruckt hat mich seine Motivationsfähigkeit, als wir gemeinsam eine Waffenschau für die Repräsentanten unserer Staatsführung 1979 in Preschen vorbereiteten. Mehr als nur einmal wurden seine und unsere Kräfte bis zur Belastungsgrenze strapaziert. Wir richteten uns aneinander auf.

Siegfried H. hat stets besonderen Einfluss auf ein gutes Verhältnis zwischen den Diensthalbjahren der Soldaten im Grundwehrdienst genommen und Gleiches von seinen unterstellten Vorgesetzten gefordert. Ich habe ihn oft mit Fritz P. verglichen und festgestellt, dass er viele gute Maßnahmen genau so oder so ähnlich wie P. durchgeführt hat. Seine größten Erfolge waren jedoch die ausgezeichneten Ergebnisse der FRA bei den Gefechtsschießen in den Jahren 1977 und 1979. Abschließend kann ich feststellen, dass H. ein sachlicher und konsequenter Kommandeur war. Er war militärisch streng, aber auch ein geselliger und fröhlicher Mensch, der sich durch Zielstrebigkeit, Ehrgeiz und Gerechtigkeit auszeichnete.

Wilfried S.
S. übernahm die Abteilung von Siegfried H. als dieser Stellvertreter des Regimentskommandeurs im FRR-17 wurde. In den folgenden Jahren kam es auch zum Wechsel mehrerer Stellvertreter des Abteilungskommandeurs wegen Erreichen der Altersgrenze. Sie wurden aus der jungen Garde der Abteilung ersetzt, die sich durch gute Leistungen dafür empfohlen hatten.

Unser neuer Kommandeur war ebenfalls Absolvent der Militärakademie und verfügte über ausgezeichnete Kenntnisse zur Fla-Raketentechnik. Ich persönlich habe Wilfried S. in der Zeit kennen gelernt, als seine FRA S-125 bei uns in Retschow zu Gast war, weil ihre Kaserne und Feuerstellung auf der Insel Poel noch gebaut wurden. Viele Offiziere, die später Kommandeure und Stellvertreter wurden, kamen aus den Abteilungen der Fla-Raketenbrigade.

S. konnte in seinen Jahren als Kommandeur viel von den Erfolgen seines Vorgängers und der Bereitschaft der Offiziere, Berufssoldaten und Zivilbeschäftigten profitieren. Ich habe ihn oft als „Hans Dampf in allen Gassen" in der Dienststelle erleben können. Seine langsamste Gangart war der Laufschritt. Weisungen und Aufgaben an seine Unterstellten wurden im Vorbeilaufen zugerufen. Wilfried S. kümmerte sich um alle Bereiche des militärischen Lebens, die MHO-Verkaufsstelle, die Gaststätte usw. Er nahm dadurch den Stellvertretern und verantwortlichen Berufssoldaten in vielen Fällen die Verantwortung ab. Er war ein freundlicher und höflicher Mensch, der auch in ernsten Situationen nicht laut wurde. Ich hatte von Anbeginn seines Einsatzes als Kommandeur den Eindruck, dass er sich auf seine nächste Dienststellung freute. Wie ich später hörte, wurde er als Lehroffizier an die Militärakademie versetzt, erwarb den Doktortitel und wurde zum Oberst befördert.

Die FRA-4324 war also ein wichtiger Meilenstein für die weitere militärische Entwicklung einer ganzen Reihe von Offizieren. Fritz P. wurde erfolgreicher Regimentskommandeur des FRR-13, Werner M. Abteilungsleiter im Kommando LSK/LV, Siegfried H. Stellvertreter für FRT der 3. LVD und Wilfried S. erfolgreicher Militärwissenschaftler in Dresden.

Klaus K.
Mein letzter Kommandeur in der FRA-4324 war Klaus K. Mit ihm hatte es eine besondere Bewandtnis. Ich kannte ihn seit dem ersten Tag seines Dienstes als Offizier in der Funktechnischen Kompanie der FRA-184. Er kam 1967 als junger Offizier in diese Kompanie, die von dem erfahrenen Kompaniechef Friedrich Forkert geführt wurde. K. begann als Obertechniker der Sende-Empfangs-Kabine PW. Ich schätzte seine Ruhe und Ausgeglichenheit, die er bei der Bewältigung der militärischen Aufgaben ausstrahlte. Über die Dienststellungen Zugführer, Kompaniechef und Stabschef der FRA erwarb er sich die Qualifikation auch ohne Akademiebesuch, eine Fla-Raketenabteilung zu führen. Als er die FRA-4324 von Wilfried S. übernahm, war er ein „alter Hase", der jeden Offizier, Berufssoldaten und Zivilbeschäftigten kannte. Mir imponierte, wie er die Probleme, Vorschläge und Beschwerden mit großer Sachlichkeit und Gerechtigkeit behandelte. Nach fast 20 Jahren, die wir miteinander als Angehörige unserer Abteilung in Retschow gedient hatten, verabschiedete mich Klaus K. im April 1986 in würdiger Form mit

herzlichen Worten aus dem aktiven Dienst in der NVA. Wie ahnten damals nicht im Geringsten, was vier Jahre später in Deutschland geschehen würde.

Wenn die Forderungen, Befehle und Entscheidungen meiner Kommandeure wieder einmal nicht mit meinen Ansichten übereinstimmten, habe ich mir gesagt, dass die Kommandeure auch Vorgesetzte bis zum Minister hatten und von diesen ihre Befehle bekamen. Deren Gedanken, Gründe und Überlegungen zu beurteilen, war mir nicht möglich.

Siegfried Horst
Der S-300 PMU Angara – Eine neue Dimension

Im Zeitraum von 1. bis 4. September 1987 nahmen die Chefs der Fla-Raketentruppen des Warschauer Vertrages in Gatschina an einer instruktiv-methodischen Ausbildung zum Fla-Raketensystem S-300 teil, das in der Sowjetarmee zu diesem Zeitpunkt bereits 10 Jahre im Einsatz war. Als zukünftiger Stellvertreter FRT der 3. LVD war ich dazu eingeladen, weil unser Verband der erste sein sollte, der das neue Waffensystem erhalten würde. Gemeinsam mit Generalmajor Kronig, unserem Chef der FRT, Oberst Metzler, dem Leiter FRID und einem weiteren Offizier des Ministeriums flogen wir nach Leningrad und fuhren von dort in die Ausbildungsbasis nach Gatschina. Für mich war diese erste und letzte Begegnung im Kreise der großen Chefs der FRT des Warschauer Vertrages nicht einfach, weil ich von den Teilnehmern nur General Kronig und Oberst Metzler kannte und meine Russischkenntnisse durchaus nicht perfekt waren. Was man uns vorführte, war sehr beeindruckend. Es war genau das, was wir uns immer gewünscht hatten: ein Fla-Raketenkomplex mit mehreren Zielkanälen, sodass man mit dem Feuer manövrieren konnte, und der so mobil war, dass man ihn in Minuten auf- und abbauen und damit Stellungswechsel vollziehen konnte.

Es war ein völlig neues Fla-Raketensystem, das die sowjetischen Instrukteure in Anlehnung an den amerikanischen Komplex „Patriot" selbst gern als „nasch patriot – unser Patriot" bezeichneten. Das System arbeitete nach neuen Prinzipien der Zielortung und -begleitung und auch der Raketenleitung. Die Beweglichkeit zum Standortwechsel war sehr gut und nicht vergleichbar mit den vorhandenen Systemen. Der Komplex verschoss Fla-Raketen einer neuen Generation, die in Containern untergebracht waren, aus denen sie auch gestartet wurden. In vier Tagen zeigten die sowjetischen Offiziere in sehr beeindruckender Weise das Neue dieses Systems. Damals war alles sehr geheim. Heute sind die Parameter dieser Technik zumindest denen bekannt, die sich dafür interessieren.

Die Amerikaner haben sich einige Komplexe beschafft und werten sie immer noch aus. Wer mehr wissen will, findet die wichtigsten Daten direkt beim Hersteller unter *www.raspletin.ru.*

Am meisten waren die Teilnehmer der methodischen Konferenz von der Manövrierfähigkeit des Gesamtsystems beeindruckt. Die Zeiten zum Herstellen sowohl der Marschlage als auch der Gefechtslage schrumpften von Stunden auf Minuten zusammen. Daraus ergaben sich neue Möglichkeiten, im Verlauf des Luftverteidigungsgefechts auf Ausfälle zu reagieren oder Verstärkungen vorzunehmen. Auch die neuen Elemente für die Aufklärung und Zielzuweisung verfügen über eine hohe Manövrierfähigkeit und sind äußerst störfest. Sie schaffen für den Kommandeur die nötige Übersicht über die Luftlage im Umkreis von 180 km und weiter.

Zum S-300 PMU gehört eine Funkmessstation zur Ortung von Zielen in extrem geringen Höhen. Auf einem Mast von 15 m Höhe rotiert mit hoher Drehzahl eine Antenne und tastet den Luftraum direkt über dem Boden ab. Diese spezielle Station ortet Ziele in extrem geringen Höhen, gewährleistet ihre automatisierte Übergabe an den FRK S-300 und sichert damit eine wirksame Bekämpfung tief fliegender Ziele.

Das System PMU ist wegen der Mastkonstruktion zwar etwas langsamer bei einer Verlegung, aber immer noch wesentlich schneller als bisherige Systeme. Der Mast wird abgesenkt, die Antenne demontiert und auf ein separates Transportmittel gesetzt und los geht es.

Die Mehrfunktions-Funkmessstation ist das Herzstück des Systems. Sie nimmt die Zielzuweisungen entgegen oder sucht die Ziele nach den Angaben der eigenen Aufklärungsmittel. Sie sichert die Übernahme der Ziele in automatische Begleitung und nimmt die Freund-Feind-Kennung vor. Die Apparatur erfasst die gestarteten Raketen. Dabei wird die Beleuchtung der zu bekämpfenden Ziele zur Gewährleistung der Arbeit der halbaktiven Gefechtsköpfe der Raketen durchgeführt.

Diese Startvorrichtungen haben nicht mehr den Charakter von Startrampen wie bei den alten Systemen. Der Start erfolgt aus den senkrecht aufgerichteten Containern mittels Luftdruck. In einer bestimmten Höhe über dem Container zündet das Feststofftriebwerk der Rakete, diese wird von der RPN erfasst und vom Zielsuchkopf zum Ziel gelenkt. Die Raketen können in den verschlossenen Containern bis zu 10 Jahren gelagert werden. Die Informationen und Vorführungen zum neuen Fla-Raketenkomplex haben die anwesenden Vertreter der FRT des Warschauer Vertrages deutlich beeindruckt.

Im Oktober 1987 machte uns Generalmajor Kronig mit der neue Aufgabe vertraut, das Fla-Raketensystem S-300 PMU in der 43. FRBr einzuführen. Es galt, das Personal für die neue FRA-4351 aus dem Personalbestand der FRT der 3. LVD auszuwählen. Es sollten Offiziere, Unteroffiziere und Soldaten mit guten fachlichen Kenntnissen und hoher politisch-moralischer Zuverlässigkeit sein. Geplant war, das neu formierte Personal im Ausbildungszentrum Gatschina bei Leningrad durch sowjetische Instrukteure auszubilden, danach den Komplex am Standort Prangendorf in der FRAG-431 zu übernehmen, die Einsatzbereitschaft herzustellen und die Gefechtsbedienungen vor Ort auszubilden. Ziel war es, 1989 das erste Gefechtsschießen mit der FRA-4351 durchzuführen und nach Fertigstellung der neuen Feuerstellung in Retschow mit dem System S-300 PMU am Diensthabenden System teilzunehmen. Kommandeur der neuen FRA wurde Major Gebbert, ein junger zielstrebiger Offizier mit exzellenter Ausbildung und guten Führungseigenschaften. Zu seiner fachlichen Unterstützung kamen einige Offiziere meines Bereiches hinzu, darunter Oberstleutnant Thomas – heute Oberst der Bundeswehr. Diese Offiziere unterstützten die Vorbereitung des Personals der FRA-4351 in Prangendorf und nahmen selbst an der Ausbildung am neuen System in Gatschina teil.

Die FRA-4351 kam nach absolvierter Ausbildung kurz vor Weihnachten 1988 nach Hause zurück. Die Ausbildung in Gatschina war in zwei Etappen abgelaufen. 1. Etappe – theoretische Ausbildung zum System, und die 2. Etappe – praktische Ausbildung der Gefechtsbesatzungen am System. In einer Taktischen Übung als Höhepunkt sollte das Erlernte praktisch angewendet und überprüft werden. Die Ausbildung hatte am 1. September 1988 begonnen und wurde am 21. Dezember beendet. Die erste Etappe wurde mit „sehr gut" bewertet, für die zweite und dritte Etappe gab es die Einschätzung „gut". Gemeinsam mit Generalmajor Kronig nahm ich an der Abschlussübung teil, und wir erlebten einen hochmotivierten Personalbestand, der mit Freude auf zu Hause demonstrierte, was er gelernt hatte. Unter Winterbedingungen verlegte die FRA-4351 den Fla-Raketenkomplex in einen neuen Raum in der Nähe von Gatschina, stellte dort die Gefechtsbereitschaft her und bekämpfte anfliegende Luftziele. Danach ging es wieder zurück in die Ausbildungsbasis und dann nach Hause, wo alle zunächst einmal Urlaub bis ins neue Jahr 1989 erhielten.

Die Formierung der FRA klappte ganz gut. Probleme gab es beim Bau der neuen DHS-Stellung und bei der Bereitstellung von Wohnraum für die verheirateten Berufssoldaten. Der Bau war im Verzug (3 bis 4 Monate) und die Wohnungen noch belegt. Die Übernahme der gelieferten Technik leitete Oberst Schaarschmit, der das schon beim S-200 in Prangendorf getan hatte. Seine Erfahrungen und die Exaktheit seiner Arbeit bei der Erfüllung derartiger Aufgaben waren nicht ersetzbar. Deshalb hatte er bei seinen Offizieren im Bereich und in den Truppenteilen ein hohes Ansehen, bei manchen war er auch gefürchtet.

Der Divisionskommandeur, Generalmajor Schwipper, hatte das gesamte Ausbildungsjahr 1988/89 auf den Höhepunkt ausgerichtet. Das war die taktische Übung mit Gefechtsschießen der JFK und FRT mit der Bezeichnung „Elbe 89", die in der

Zeit von Ende Mai bis Anfang Juni 1989 durchzuführen war. Es sollte das größte Gefechtsschießen werden, das je von einer Luftverteidigungsgruppierung der DDR realisiert wurde. Wir ahnten damals nicht, dass es auch das letzte sein würde.

Generalmajor Schwipper war ein Offizier mit vorzüglicher Ausbildung und hohem technischen Verständnis. Er war der erste und der letzte deutsche Offizier, der ein an reale Bedingungen angenähertes Luftverteidigungsgefecht mit 12 Jagdflugzeugen und 14 Zielkanälen der FRT gleichzeitig führte und dabei über vierzig Luftziele ohne realen Start von Raketen und 12 reale Zieldarstellungsmittel unterschiedlicher Art durch reale Raketen und Jagdflugzeugen bekämpfen ließ. Dazu setzte er ein automatisiertes Führungssystem, vier verschiedene Fla-Raketenkomplexe und einen Typ eines universellen Abfangjagdflugzeugs im Zusammenwirken ein. Es war sehr beeindruckend zu erleben, wie das komplizierte System der unterschiedlichen Luftverteidigungsmittel seine Wirkung entfaltete, genau so wie seine Konstrukteure es konzipiert hatten. Ich empfand die Teilnahme an diesem Schießen als einen wahren Höhepunkt meiner langjährigen Tätigkeit als Offizier bei den Fla-Raketentruppen. Das Erstschießen der Einheit Gebbert mit dem neu eingeführten Fla-Raketensystem S-300 PMU wurde am 8. Juni 1989 nachmittags erfolgreich durchgeführt. Alle, die das Schießen der FRA 4351 beobachten konnten, waren begeistert von der Kraft und Eleganz des Fluges der Raketen zum Ziel. Es war wirklich eine neue Dimension.

Wieder zurück in der Heimat überreichte mir Major Geppert bei meinem nächsten Besuch in Prangendorf den Teil einer Verschlussklappe eines Containers, aus denen unsere Raketen gestartet waren, zur Erinnerung an das gemeinsame Erlebnis in Aschuluk. Es ist für mich bis heute ein wertvolles Souvenir.

Klaus Möhring
Ein traumhaftes Schießen – S-300 PMU

Als ehemalige Offiziere der Fla-Raketentruppen der Luftverteidigung hatten wir viele Erlebnisse, positive und auch negative. Sicher hat man 20 Jahre danach manches davon vergessen. Es gibt jedoch Ereignisse, die vergisst man sein Leben lang nicht. Sie haben sich als etwas Besonderes in das Gedächtnis eingeprägt. Ein solches, für mich unvergessliches Erlebnis war das Kennenlernen des Fla-Raketensystems S-300 PMU. Das war 1988 in Gatschina bei Leningrad.

Schon das Äußere unterschied sich in allen Details von der Technik, die wir in der Fla-Raketenbrigade hatten. Da waren drei Elemente, die dem Fachmann sofort ins Auge fielen. Die Raketenleitstation mit der phasengittergesteuerten Antenne, die die gleichzeitige Bekämpfung von sechs Zielen ermöglichte, die

Starteinrichtungen auf mächtigen Transportfahrzeugen, auf denen jeweils vier Raketen in Containern lagerten, aus denen sie auch gestartet wurden und schließlich eine völlig neue Ortungsstation für Ziele in extrem geringen Höhen, deren Sende- und Empfangsteil sich auf einem Stahlrohrmast in ca. 15 m Höhe drehte.

Ich hatte ein unbeschreibliches Gefühl, und mir wurde bewusst, welches hervorragende Waffensystem wir für die Erfüllung unserer Aufgaben erhalten würden. Dabei hatte ich die Leitkabine noch nicht einmal betreten. Ich wusste, mit dieser Technik würden sich unsere Möglichkeiten vervielfachen, sie würde die Gefechtsarbeit erleichtern und die Plackerei des Stellungswechsels über Stunden war Vergangenheit. Zur Herstellung der Marsch- und Gefechtslage wurden nur noch Minuten benötigt. Dazu musste allerdings die neue, schwere Kfz-Technik erlernt und beherrscht werden. Die planmäßigen Kontroll- und Wartungsarbeiten an der Technik wurden nach neuen Prinzipien durchgeführt. Beeindruckend auch die Tatsache, dass die Raketen in den Transportcontainern 10 Jahre gelagert werden konnten und nur elektrische Kontrollen zur Überprüfung ihrer Einsatzbereitschaft erforderlich waren. Eigentlich traurig, denn die Soldaten der Startbatterie sahen während ihrer Dienstzeit im DHS überhaupt keine Raketen mehr. Nur beim Schießen in der Sowjetunion konnten sie die ungeheure Kraft und Dynamik dieser eleganten Flugkörper bewundern.

Dieses Waffensystem hätte sich sehr wohltuend auf unseren Dienst im DHS ausgewirkt. Es hätte uns personell und zeitlich entlastet, was auch den Familien der Berufssoldaten zugute gekommen wäre. Die Gefühle und Gedanken, die mich bei der ersten Begegnung mit dieser neuen Technik bewegten, wurden später beim ersten Gefechtsschießen mehr als bestätigt.

Das Waffensystem S-300 hatten wir in der 43. FRBr am Standort des Waffensystems S-200 bei Prangendorf für die Gefechtsausbildung entfaltet. Die Technik wurde gut getarnt untergebracht. Der Bereich der Entfaltung durfte nur vom Personal der FRA-4351 und ausgewählten Offizieren betreten werden. Die Luftverteidigung der DDR war die erste und einzige des Warschauer Vertrages, die damals außerhalb der UdSSR dieses Fla-Raketensystem erhielt.

Nun bereiteten wir uns auf das Gefechtsschießen in Aschuluk vor, das dann im Juni 1989 stattfand. Es war eine sehr interessante und aufregende Zeit für uns. Wir waren alle voller Anspannung und zugleich begeistert von den Gefechtseigenschaften und -möglichkeiten dieses Waffensystems. Die Ausbildung verlief ausgezeichnet. Der potenzielle Luftgegner, ob als reales oder imitiertes Ziel dargestellt, ob unter Störungen, mit Manövern und beim Einsatz von Anti-Funkmessraketen. Er hatte keine Chance.

Das Prüfungsschießen und das Gefechtsschießen am 08.Juni 1989 in Aschuluk waren dann einmalig und unvergesslich. Wir konnten es zu diesem Zeitpunkt nicht ahnen, dass es nicht nur das schwierigste, wirksamste und interessanteste Schießen, sondern auch das letzte der Fla-Raketentruppen der DDR war. Dieses Schießen fand automatisiert erstmalig mit dem System Senesh und vier Waffensystemen S-75, S-125, S-200 und S-300 statt. Die Aufgabe musste im Zusammenwirken mit den Jagdflugzeugen MiG-23 des JG-9 und einem Fla-Raketenregiment der Truppenluftabwehr der Landstreitkräfte erfüllt werden. Ich kann mich noch gut erinnern, wie die sowjetischen Offiziere mitleidig lächelten und insgeheim dachten: Das schafft ihr nie!

Natürlich herrschte eine unbeschreibliche Anspannung im automatisierten Gefechtsstand, aus dem die 43. FRBr geführt wurde. Ich hatte den Arbeitsplatz für den Komplex S-300 PMU zu besetzen. Mein Kommandeur, Oberst Spakowski, gab mir noch einmal kurz vor Beginn des Schießens zu verstehen: „Denke daran, du bist die Reserve der Brigade; es darf uns kein Ziel durchschlüpfen." Ich war mir der Verantwortung bewusst und sicher, dass es bei sechs Zielkanälen, kurzer Bearbeitungszeit, hoher Störsicherheit, großer Vernichtungswahrscheinlichkeit und dem guten Ausbildungsstand der Gefechtsbesatzung der FRA-4351 gut gehen musste. Zur Sicherheit reservierte ich zwei Zielkanäle für unvorhergesehene Ereignisse als wirkliche Reserve.

Das Resultat des Schießens ist bekannt. Wir erreichten durchgehend Bestnoten. Es war ein einmaliges und unvergessliches Erlebnis, und ich gehörte zu den wenigen Angehörigen der FRT, die es erleben durften. Nach dem Schießen verließen wir die Kabinen des AFS Senesh, umarmten uns und gratulierten einander, dass alles geklappt hatte.

Während der vielen Umarmungen bemerkte ich eine schmerzhafte Stelle an meiner Schulter, die mir bei der Anspannung in der Kabine nicht aufgefallen war. Der Grund und der Verursacher waren schnell gefunden. Es war der Chef unserer Waffengattung, Generalmajor Kurt Kronig. Er hat während der Gefechtshandlungen am Arbeitsplatz hinter mir gestanden und war genauso angespannt wie wir alle. Da wir automatisiert arbeiteten, bekam er nur wenig von den ablaufenden Handlungen mit, sodass er mir ständig auf die Schulter pochte und die Frage stellte: „Hat Gebbert aufgefasst?" Gebbert war der Kommandeur unserer S-300 Abteilung. Ich konnte ja unseren Chef verstehen, schließlich waren die Handlungen des S-300 auch für ihn in diesem Moment sehr wichtig. Der dynamische Verlauf der Gefechtshandlungen ließ mir kaum Zeit zu antworten, und er hatte zu viele Fragen in zu kurzer Zeit. Das war beinahe echte „psychologische Kriegführung".

Hans-Jürgen Berg
Zeitenwende

Für viele Menschen in der DDR könnte das Jahr 1989 in vielerlei Hinsicht ein Wendepunkt gewesen sein. Kinder, die zu dieser Zeit das Licht der Welt erblickten, nennt man heute vielleicht „Wendekinder", Menschen, die in der DDR, wie auch immer Verantwortung übernommen hatten, wurden zu Wendehälsen, entweder zu tatsächlichen oder auch nur zu vermeintlichen, und einige nannte man Gewinner oder auch Verlierer der Wende. Manche meinen, es wäre besser, wenn es die Wende nie gegeben hätte, andere wiederum schwärmen von dieser Zeit und bedauern, dass sie nicht schon früher gekommen war. Wiederum gibt es solche, die damals der Wende mit Euphorie begegnet sind, aber heute dem Wiederaufbau von Trennendem eine Favoritenrolle einräumen. Andererseits findet man bestimmt auch Zeitgenossen, die das so empfunden haben könnten oder heute noch so empfinden wie ich.

Irgendwie habe ich sowohl bei oberflächlicher als auch bei tieferer Betrachtung den Eindruck, als ob man charakteristische Widersprüchlichkeiten zu den persönlichen und gesellschaftlichen Entwicklungen dieser Zeit nahezu endlos weiter definieren könnte. Ich werde dabei das Gefühl nicht los, dass mir keine Definition so richtig gefällt. Und ich meine, das ist auch gut so. Für mich hat das Jahr 1989 eine Polarisierung in meinem Leben vollzogen, wie ich sie wohl nie mehr erleben werde. Einerseits schloss ich am 28. Juli 1989 das Studium an der Militärpolitischen Hochschule Berlin Grünau ab und war fortan berechtigt, den akademischen Grad eines Diplomgesellschaftswissenschaftlers zu tragen. Und ich war stolz auf mich, denn ich hatte das Diplom mit Auszeichnung bestanden. Ich weiß nicht, ob das zutreffen könnte, aber ich nahm an, zukünftig in der NVA der DDR eine höhere Verantwortung für die politische Bildung und Erziehung von Soldaten, Unteroffizieren, Fähnrichen und Offizieren sowie Zivilbeschäftigten übernehmen zu können und auch zu müssen, als das in meiner vorangegangenen Dienstzeit der Fall war.

Andererseits waren die drei Jahre in Berlin, so grotesk das für manchen auch erscheinen mag, die wohl wichtigste Zeit, um die innere Zerrissenheit des Lebens in der DDR auf nahezu allen Gebieten zu erfassen. Zwei Umständen hatte ich das zu verdanken. Zum einen hatte ich das Glück, einen Mann kennen zu lernen, der mich mit seiner offenen Art, Probleme der Entwicklung der DDR offensiv und ehrlich zu diskutieren, begeisterte. Es war Dr. oec. Bernd Scholze. Er war Mitarbeiter im Institut für Ökonomie und Politik Sozialistischer Länder an der Akademie für Gesellschaftswissenschaften beim ZK der SED und Reserveoffizier der NVA. Über diesen Weg haben wir uns auch im FRR-23 kennen gelernt. Gut möglich, dass so mancher Angehöriger des Regiments sich noch an ihn erinnert.

Ich verdanke ihm, dass ich lernte, die Dinge zu hinterfragen und nicht mehr einfach alles zu glauben, was in der Zeitung stand. Und zum anderen waren es die Jahre vor der Wende selbst. Als Offizier hat man nie wieder die Zeit, sich mit Zeitgeschichte im Rahmen einer Ausbildung so intensiv zu beschäftigen. Und mit Ende 20, Anfang 30 ist man in einem Alter, in dem man von dem Gedanken beseelt ist, „die Welt verändern zu müssen".

Das galt natürlich auch für mich, freilich immer vor dem Hintergrund, die DDR besser machen zu wollen, als sie momentan war. Mir war allerdings durchaus auch klar, dass ich nur ein kleines Rad drehen konnte und das auch mit vielen Gleichgesinnten einer Herkulesaufgabe gleichkam. Auch nach über 20 Jahren komme ich zu dem Schluss, dass ich wohl gewusst oder zumindest geahnt haben muss, an wie vielen Stellen die Säge geklemmt hat, was dann letztendlich das historische „Aus" der DDR bedeuteten. Das Tempo und die Art und Weise des Niedergangs der DDR und damit natürlich auch meiner beruflichen Entwicklung waren dann allerdings eine böse Überraschung, die mich und auch meine Familie kalt getroffen hat. Denn Kassandra war ich bisher nur in Büchern begegnet, die von Troja und seiner Geschichte erzählt haben, aber nie im wirklichen Leben.

Ich erinnere mich an einen warmen Sommer 1989. Nach dem Abschluss des Studiums galt es zunächst, die familiären Dinge auf die Reihe zu bekommen. Ich wusste, dass ich an den Standort Prangendorf versetzt werde. Für meine Frau und mich war nach einem Kurzbesuch klar, dass die Gegend fast genauso eintönig und abgelegen war, wie die, die wir schon kannten. Das Wohnumfeld war allerdings deutlich schlechter als in Stallberg. Eine Kinderbetreuungseinrichtung war da und eine MHO. Mehr allerdings auch nicht. Unsere große Tochter musste per Bus in die Schule. Das wurde eine Erfahrung, die sie fast ihr ganzes Schulleben begleitete und die sie ihrer kleinen Schwester mit auf den Weg geben konnte.

Meine Frau wollte sich verständlicherweise auch nach einer neuen beruflichen Tätigkeit umsehen. Denn im Organisations- und Abrechnungszentrum des Konsumgüter Binnenhandels Pasewalk konnte sie ja nun nicht mehr arbeiten. Und dann musste ja auch noch der Umzug von Stallberg nach Prangendorf organisiert werden. Irgendwie haben wir das auf die Reihe bekommen und uns arrangiert, sodass ich am 21. August 1989 meinen Dienst als Stellvertreter des Kommandeurs der FRAG-431 für politische Arbeit aufnahm.

Eigentlich war vieles wie immer, wenn man eine neue Tätigkeit an einem neuen Ort aufnahm. Neue Leute, ein neues berufliches und privates Umfeld und wieder ein neues Waffensystem, um das sich vor allem in der ortsansässigen Bevölkerung viele Legenden rankten. Aber eines war neu. Unausgesprochen sah ich in vielen Gesichtern, wie die sich ständig weiter anspannende innenpolitische Lage in der DDR auch bis in den verschlafenen Ort Prangendorf vorrückte und vor dem

Kasernentor nicht Halt machte. Wurde die westliche Welt 1957 ihrerseits vom Sputnikschock erschüttert, so war es diesmal die östliche Welt, die einen Schock erlitt. Der Aufreger war allerdings nicht ein kleiner Flugkörper, der piepsend um die Erde kreiste, sondern eine kleine Zeitschrift mit dem gleichen Namen, die sich anschickte, mit Inhalten von Perestroika und Glasnost in die festgefahrene Medienlandschaft der DDR einzubrechen. Dabei wurden mehr Fragen aufgeworfen als Antworten gegeben. Das galt uneingeschränkt auch für mich.

Im ereignisreichen Herbst 1989 kam eine Art Tendenz moderner Maschinenstürmerei in Mode. Da vielen Bürgern der DDR Informationen über ihr Land selbst, aber auch über die Sicherheitslage allgemein nicht nur vorenthalten wurden, sondern man sie bisweilen auch im heftigen Umfang belog, war es nur natürlich, dass sich ein bislang nicht gekannter Grad „der unkomplizierten Selbstbeschaffung" von Informationen breit machte. Signifikanter Ausdruck war die Stürmung der Stasi-Zentrale in Berlin. Von dieser Tendenz moderner Maschinenstürmerei war auch der Standort Prangendorf bei Rostock betroffen, dessen Stellvertreter des Kommandeurs für Politische Arbeit ich ja seit August 1989 war. Grundsätzlich galt in Ost wie in West, dass die Aufklärung von Standorten mit wichtigen Waffensystemen die gleiche hohe Priorität hatte. Die Stationierung des FRK S-200 Anfang der 80er Jahre und in der Folge des FRK S-300 mahnten folgerichtig die Verantwortlichen für die militärische Sicherheit zur erhöhten Bereitschaft in Fragen der Geheimhaltung. Umgekehrt versuchte der potenzielle militärische Gegner, diese Waffensysteme und Standorte besonders intensiv aufzuklären.

Ich bin mir nicht ganz sicher, ob meine nachfolgenden Sätze so ganz den tatsächlichen Gegebenheiten entsprechen (wenn ja, ist das in Ordnung, wenn nein, bin ich gerne bereit, mich zu korrigieren), zumindest verdeutlichen sie aber das Problem. Es war ja unausweichlich nötig, der ansässigen Bevölkerung eine plausible Erklärung für die Errichtung eines militärischen Objektes zu geben. Man verbreitete also offiziell, dass am Standort Prangendorf eine Einrichtung der Rückwärtigen Dienste der LSK/LV entstehen soll. Entgegen der sonst üblichen Uniformen der Fla-Raketentruppen wurde hier die Fliegeruniform getragen. Wen das wirklich verwirren sollte, war nicht so ganz klar. Hinzu kam, dass das erkennbare Ausmaß des pioniertechnischen Ausbaus einer Feuerstellung auf einer Fläche von über 120 ha zu dem einer Lagerhalle für Konserven und anderes Material wohl selbst einem absoluten Leihen deutlich unangemessen vorkommen musste. Tage- und wochenlang wurden viele Tonnen Beton und anderes Material verbaut. Auch weithin sichtbare kuppelförmige Traglufthallen über den Antennen des Fla-Raketenkomplexes sind nicht gerade eine typische Silhouette für Einrichtungen der Rückwärtigen Dienste. Fla Raketen des S-200, die in einem Container verpackt und auf einem TLF auf öffentlichen Straßen transportiert werden, können schon mal den Eindruck erwecken, dass hier taktische Boden-Boden-Raketen, womöglich noch mit einem nuklearen Sprengkopf, bewegt und gelagert wurden. Man konnte der Bevölkerung auch nicht die erforderlichen Maßnahmen zum Schutz vor unerwünschter elektromagnetischer Strahlung vernünftig erklären, die schließlich nicht von eingelagerten Konserven ausgehen sollte. Summa summarum war über kurz oder lang klar: In Prangendorf gab es alles Mögliche, nur keine Wurstkonserven. Irgendwie drang dann das Gerücht in die Dienststelle, dass es politische Kräfte gab, die es in Erwägung gezogen hätten, sich gewaltsam Zugang zur Stellung zu verschaffen, um die Informationsdefizite zu beseitigen. Das machte nicht nur mir sehr große Sorgen. Es mag schon fraglich sein, wenn Fensterscheiben und Büroeinrichtungsgegenstände sowie Unmengen von Akten, egal in welcher Form, durcheinander gebracht werden, wie in Berlin in der Ruschestraße. Wenn aber Menschen ein militärisches Objekt betreten wollen, das von einer Hochspannungssicherungsanlage und einer Objektwache gesichert wird, dann stellt das ein erhebliches Risiko für alle Beteiligten dar.

Also musste etwas getan werden, nur was? Der Kommandeur der Dienststelle, Oberstleutnant Oldenburg, war zum fraglichen Zeitpunkt auf einem mehrmonatigen Lehrgang in der Sowjetunion. Das Kommando hatte der Stabschef, Major Albitz. Ich weiß nicht mehr so genau, wer von uns beiden auf die Idee kam, in jedem Fall haben wir uns entschlossen, den Pfarrer in Tessin aufzusuchen, um mit ihm zu sprechen. Ehrlich gesagt, ich hatte auch nicht wirklich eine Vorstellung davon, wem ich sonst von meinen Bedenken erzählen sollte. Der Leser wird sicherlich nachvollziehen können, dass ein Stellvertreter des Kommandeurs und Stabschef sowie ein Stellvertreter für Politische Arbeit nicht gerade bei der politischen Opposition in der DDR ein- und ausgingen. Außerdem war mir nicht klar, ob das oben beschriebene Gerücht etwas mit der politischen Opposition im Großraum Rostock zu tun hatte. Wir haben einfach darauf gesetzt, dass, wenn es Planungen von Aktionen gegen das Objekt Prangendorf gab, dann gab es vielleicht auch eine Verbindung zur Kirche in unserer Region.

Kurz entschlossen fuhren Major Albitz und ich also nach Tessin. Ich muss gestehen, wohl war mir nicht in meiner Haut. Uns empfing ein Mann, der einen überaus besonnenen und ruhigen Eindruck machte. Ich versuchte folgende Dinge ins Gespräch zu bringen. Erstens, ich habe von einem Gerücht gehört, das besagt, dass die Dienststelle Prangendorf einen nicht autorisierten Besuch erhalten soll. Zweitens, wenn das zutrifft, dann kann das für alle Beteiligten sehr gefährlich werden. Ich bin mir sicher, Major Albitz und ich konnten dem Kirchenmann deutlich machen, dass wir ein unkontrolliertes Eindringen in das Objekt unter keinen Umständen zulassen würden.

Drittens legten wir dar, dass sich Major Albitz dafür einsetzen wird, dass dem berechtigten Interesse der Bevölkerung, sich selbst zu überzeugen, dass in Prangendorf keine Nuklearwaffen lagern, entsprochen wird, indem er die Genehmigung der Vorgesetzten zu einer Besichtigung kurzfristig einholen wird.

Unser Gesprächspartner hörte aufmerksam zu und stellte eigentlich nur eine Frage: „Was erwarten Sie nun in dieser Angelegenheit von mir?" Meine Antwort war einfach. „Wenn an dem Gerücht etwas dran sein sollte, und wenn es zutreffend ist, dass sich die Kirche als ein Bestandteil der Opposition in der DDR versteht, dann finden Sie sicher auch Mittel und Wege, um unseren Vorschlag zur Deeskalation an die richtigen Stellen zu leiten." Danach haben wir uns verabschiedet. Zu meiner Überraschung musste ich mir eingestehen, dass ich die Art und Weise der Unterhaltung mit unserem Gesprächspartner und die Atmosphäre des Gesprächs so nicht erwartet hatte. Was mich dann nicht mehr überraschte, war die Tatsache, dass es nur wenige Tage später eine Anfrage zur Besichtigung der Dienststelle Prangendorf gab. Es hatten sich ca. 50 Besucher angemeldet. Darunter waren Vertreter der Presse ebenso wie Mitglieder verschiedener politischer Gruppierungen. Sowohl der amtierende Brigade- als auch der Divisionskommandeur haben das Vorhaben dann auch so genehmigt und es konnte wie besprochen ablaufen. Der Besuch fand statt, unspektakulär und vernünftig. Mir persönlich blieb unbekannt, ob dafür unser Besuch in Tessin ausschlaggebend war. Möglich bis sehr wahrscheinlich ist das schon. Allerdings war es letzten Endes ohne Belang. Entscheidend war nur, dass einem berechtigten Interesse ohne viel Aufregung und vor allem ohne Risiken entsprochen werden konnte. Was mir in diesem Zusammenhang aber auch noch wichtig erscheint, ist Folgendes: In Gesprächen und Publikationen über die Ereignisse in der Zeit der Wende ist häufig von Intoleranz und Gewaltbereitschaft der Schutz- und Sicherheitsorgane die Rede. Tatsache ist aber, dass es häufig auch anders ging. Das zu ergänzen erscheint mir wichtig. Denn mir ist bis heute kein Fall bekannt, dass in Prangendorf ein Soldat, Unteroffizier, Fähnrich oder Offizier eine andere Lösung gewollt hätte als die ohne Konfrontation und ohne Gewalt.

Rolf Stiehler
Hoffnung und Ernüchterung – Kontakte hin, Kontakte her

Am 9. Juni 1990 hätte ein Treffen zwischen Soldaten des FRR-13 und des Feldjägerbataillons 610 aus Neumünster sowie ausländischen Gästen zu einem städtepartnerschaftlichen Ereignis zwischen Neumünster und Parchim werden können. Im Rahmen der jährlich in Neumünster stattfindenden „Holstenköste" plante der Veranstalter, das „Spiel ohne Grenzen 1990" durchzuführen und aus gegebenem Anlass auch eine Mannschaft der Partnerstadt Parchim einzuladen. In der Stadtverwaltung Parchim, Abteilung Kultur, traf dazu am 22. Mai 1990 eine schriftliche Einladung vom Organisator, Major Uwe Radike, aus dem Feldjäger-bataillon 610 ein. Die Abteilungsleiterin, Frau Host, deutete diese Einladung als gewollte Kontaktaufnahme zu dem in Parchim stationierten FRR-13 und übergab die Einladung an dessen Kommandeur, Oberstleutnant Katzmann. Vielleicht fehl-te ihr auch nur der Mut, die Sache im kommunalen Rahmen zu gestalten. In sol-chen Fällen hatte immer die Armee geholfen, warum jetzt nicht mehr?

Ohne Bedenken traf die Führung des FRR-13 sehr schnell die Entscheidung zur Teilnahme. Am 29. Mai 1990 wurde dem Major Radike mit offiziellem Antwort-schreiben die Teilnahme einer Frauen- und einer Männermannschaft am „Spiel ohne Grenzen" zugesagt. Die organisatorische Vorbereitung war zu diesem Zeit-punkt abgeschlossen, und als Stellvertreter des Kommandeurs für Ausbildung sollte ich den Maßnahmeplan umsetzen.

Der Stab der 3. Luftverteidigungsdivision in Neubrandenburg, den wir über das geplante Vorhaben mit einer „Kontaktmeldung" informiert hatten, hegte ebenfalls keinerlei Bedenken oder Vorbehalte. Grünes Licht gab es durch die Rahmen-richtlinie über dienstliche und außerdienstliche Kontakte zwischen Soldaten der Bundeswehr und Angehörigen der NVA.

Die Verteidigungsminister beider deutscher Staaten hatten bei einer Begegnung bereits am 27. April 1990 beschlossen, über die schon aufgenommenen persön-lichen Kontakte von Soldaten hinaus ab sofort offizielle Beziehungen und Kontakte zwischen Führungsstäben, Verbänden und Einheiten sowie Institutionen der Bundeswehr und der NVA aufzunehmen und zu fördern.

Also, ab sofort und unverzüglich, so haben wir es verstanden, ebenso wie die Grenzöffnung am 9. November 1989 von Schabowski verkündet wurde. Soldaten zweier unterschiedlicher Armeen sollten im Annäherungsprozess der bisher feind-lich gegenüberstehenden Systeme ihren Beitrag zur friedlichen Revolution auf deutschem Boden leisten und die politische Wende in der DDR vor allem in den Köpfen der Menschen vorantreiben.

Dann kam das Ausladungsschreiben vom 1. Juni 1990. Major Radike schrieb an den Rat der Stadt Parchim, dass die Einladung aus Rücksicht auf mögliche Befindlichkeiten seiner Verbündeten zurückgezogen wird. Seine Vorgesetzten bezweifelten, ob es Amerikanern und Briten, die ebenfalls an diesem Spiel teilneh-men sollten, zugemutet werden kann, sich mit Soldaten des Warschauer Vertrages im friedlichen Wettkampf zu messen. In einem persönlichen Schreiben an Major Radike brachte ich mein Bedauern zum Ausdruck und äußerte die Hoffnung auf ein gemeinsames Treffen in absehbarer Zukunft. Aufgeben wollte ich auf keinen Fall. Die Zeit schien einfach noch nicht reif zu sein, dachte ich. Am 19. Juli 1990 konnte ich Major Radike als offiziellen Teilnehmer der Bundeswehr mit seiner Ehefrau in Parchim als meine Gäste anlässlich der feierlichen Vereidigung der Armeeangehörigen auf den neuen Fahneneid in der NVA-Dienststelle Dargelütz begrüßen. Sie erlebten gemeinsam mit uns, wie die Soldaten des FRR-13 und des FuTB-43 in Anwesenheit des Landrates Plestinsky, des Bürgermeisters Frankenberg und von Vertretern der sowjetischen Garnison Parchim den Eid auf die Fahne der DDR ablegten.

Siegfried Horst
Vom Ende der Fla-Raketentruppen der Luftverteidigung

Der Kommandeur der 4. Luftwaffendivision der Bundeswehr, Generalmajor Sasse, hatte zum Anfang des Monats August 1990 den Kommandeur der 3. Luftverteidigungsdivision der NVA, Generalmajor Schwipper, und weitere leitende Offiziere der Division gemeinsam mit ihren Ehefrauen für drei Tage nach Aurich eingeladen.

Wir benötigten mit dem Bus der Divison für die Strecke von Neubrandenburg nach Wittmund ca. acht Stunden. Dort angekommen, übernachteten wir in der Kaserne des Jagdfliegergeschwaders 71 „Richthofen". Am Abend waren wir zu einer ersten Begegnung in das Offiziersheim nach Aurich eingeladen. Ich führte im Auftrage unseres Kommandeurs, der an diesem Tage dienstlich verhindert war und am nächsten Tag nachkommen sollte, unsere Abordnung. Generalmajor Sasse begrüßte uns zurückhaltend, aber freundlich. Was konnten wir anderes erwarten? In den Gesprächen stellte sich bald heraus, dass es bei unseren Gastgebern zwei Gruppen von Offizieren gab. Die eine Gruppe waren echte Bundesbürger, die in der Bundesrepublik geboren und aufgewachsen und dann zum Militärdienst gekommen waren. Diese Gruppe ging offen mit uns um und war bemüht, Verletzungen zu vermeiden. Die andere Gruppe bestand aus ehemaligen DDR-Bürgern, die das Land verlassen und in der Bundeswehr eine berufliche Möglichkeit gefunden hatten. Sie waren zwischen 45 und 50 Jahre alt und trugen den Dienstgrad Major oder Oberstleutnant. Da wir alle in Zivil waren, konnte man Name und Dienstgrad an dem Kärtchen erkennen, das jeder an seiner Kleidung trug. Diese Vertreter waren aufdringlich und verletzend. Sie verhielten sich wie „Sieger". Aber sie waren deutlich in der Minderheit. Wir führten miteinander „smalltalk", denn Konkretes hatten wir nicht zu besprechen.
Am zweiten Tag unseres Aufenthaltes war der Vormittag mit Vorträgen und Gesprächen unter Leitung des Chefs der 4. Luftwaffendivision ausgefüllt. Parallel

dazu absolvierten unser Ehefrauen ein Damenprogramm im Moormuseum und der Kunsthalle in Emden. Am Abend waren wir auf das Grundstück des Chefs der Stabes, Oberst i. G. Brüggemann, zu einem Empfang eingeladen. Sein Haus lag außerhalb von Aurich, auf einem Grundstück mit hohen Hecken und einem natürlichen kleinen Wasserbecken. Alles sehr groß und sehr idyllisch. Für zwei, drei Stunden führten wir mit den Vertretern unseres Gastgebers höfliche und von beiden Seiten nichtssagende Gespräche, dann ging es zurück nach Wittmund.

Der letzte Tag begann mit einem Abschlussfrühstück bei Generalmajor Sasse, danach fuhren wir nach Oldenburg, wo ein Teil der Fla-Raketenkräfte der 4. LWD stationiert war. Wir besuchten das FAMILA-Einkaufzentrum und aßen in der „Donnerschwee"-Kaserne zu Mittag. Nach herzlicher Verabschiedung traten wir eine sehr nachdenkliche Rückreise nach Neubrandenburg an.

Es gab viele Anzeichen, an denen man ablesen konnte, wohin wir uns bewegten. Ganz weit weg von dem, was einmal war, und nicht hin zur Armee der Einheit, sondern ins Nichts. Es war der Zeitpunkt gekommen, an dem der verantwortungsbewusste Kapitän seiner Mannschaft zuruft: „Rette sich, wer kann!" Dieser Ruf blieb bei uns aus.

Die Begegnungen mit den Angehörigen der Bundeswehr waren darauf gerichtet, uns zu beruhigen. Konkrete Antworten zur Zukunft gab es weder von ihnen noch von unserem neuen Minister. Ich nahm an drei Begegnungen mit Generalmajor Sasse teil. Mir schien, dass er ein gebildeter und verständnisvoller Offizier war, der die ihm zugewiesene Aufgabe, unser Vertrauen zu gewinnen und uns ruhig zu stellen, sehr genau erfüllte. Während der Bestandsaufnahme und Übergabe konnten wir viele interessante Gespräche mit unseren Berufskollegen aus der Bundeswehr führen. Sie waren sehr erstaunt über den Grad der Gefechtsbereitschaft und den Zustand, in dem sich die Technik und das Personal der Einheiten der 43. FRBr und des FRR-13 zum Zeitpunkt ihres Eintreffens noch befanden. Diese hohe ständige Gefechtsbereitschaft war ihnen unbekannt. Der Zustand der Unterbringung und Ausstattung fand dagegen ihr eindeutiges Missfallen. Es endete mit der üblichen deutschen Arroganz in dem Urteil: „Wir sind in der NATO die Besten, ihr seid es im Warschauer Vertrag." „Gewesen", sagte ich, in Wehmut zurückblickend.

Am 28. August 1990 übermittelte Oberst Metzler die Weisung, die Hochspannungssicherungsanlagen für die Objekte der FRT abzuschalten und am 31. August 1990 kam auf der Linie der Gefechtsstände der Befehl, das Diensthabende System der Luftverteidigung zu beenden. Damit ging im September 1990 die Ära der Luftverteidigung der DDR zu Ende. Auf der Grundlage des Befehls 35/90 von Herrn Eppelmann wurden die Fla-Raketen entladen und enttankt und zur Konversion übergeben. Der Fla-Raketenkomplex S-300 PMU wurde als sensible

Technik an die Sowjetarmee am Standort Olympisches Dorf in Elstal zurück gegeben. Wenig später erließ Herr Eppelmann bereits seinen letzten Befehl, den Befehl 48/90 vom 21. September 1990 über die Bildung gesamtdeutscher Streitkräfte.

Alles, was man jetzt noch von uns verlangte, taten wir nicht mehr aus Überzeugung. Wir erfüllten einfach unsere Dienstpflichten. Die Lage in den Fla-Raketenabteilungen war traurig, die Stimmung bei den Soldaten und Unteroffizieren, soweit sie noch da waren, wurde von der Fragestellung bestimmt: Was wird, wenn wir nach Hause kommen? Die Berufssoldaten und Zivilbeschäftigten stellten die Frage: Wie lange noch? Und auf alle Fragen hatten wir als Vorgesetzte keine Antworten, und nach dem 3. Oktober 1990 hatten wir auch keine Befugnis mehr, danach zu suchen. Die über 50jährigen Offiziere konnten bereits vor dem 3. Oktober 1990 mit einer besonderen Versorgung den Dienst beenden. In meinem Bereich waren das Oberst Schaarschmidt und Major Gnilitza. Als sie Generalmajor Schwipper am 30. September 1990 mit den Worten verabschiedete „... und wir sind doch die Sieger der Geschichte!", schüttelten sie empört und verständnislos den Kopf.

Einen Tag danach, am 1. Oktober 1990 wurde Generalmajor Schwipper sowie alle anderen Generäle zu Herrn Eppelmann bestellt, der den Enthauptungsschlag gegen die Nationale Volksarmee ausführte. Bis auf ganz wenige Ausnahmen wurden alle Generäle mit sofortiger Wirkung in den Ruhestand versetzt. Als ich davon erfuhr, ergriff ich die Initiative zu einer Intervention beim Befehlshaber des Bundeswehrkommandos Ost, Generalleutnant Schönbohm, die alle Stellvertreter unterzeichneten. Natürlich ohne Erfolg.

Zum Abschied von der Nationalen Volksarmee versammelten sich alle Angehörigen meines Bereiches am 1. Oktober 1990 zu einem gemeinsamen Abendessen in der Lohmühle zu Neubrandenburg. Es war ein trauriger und schwermütiger Abend. Am Tag vor dem 3. Oktober 1990 erhielten alle Armeeangehörigen, die noch nicht entlassen waren, eine neue Uniform, für alle Felddienstuniform, große Schuhe und ein Käppi, kein Ehrenkleid zum Tag der Einheit. Es war, als ob es galt, Buße zu tun. Das Ganze nannte sich „befristete Weiterverwendung". Offensichtlich sollten die meisten auch nicht mehr lange bleiben.

Am 3. Oktober 1990 lag der Befehl Nr. 1 des Befehlshabers des Bundeswehr Kommandos Ost vor, und in der Dienststelle Neubrandenburg übernahm Brigadegeneral Jaunig die Führung der 3. Luftverteidigungsdivision der ehemaligen NVA. Ab jetzt war für uns alles „ehemalig". Der noch immer Stabschef der LVD, Oberstleutnant Bergelt, meldete den Auskunftsbericht zur Lage in der Division. Ich hatte meinen Teil zur Lage der Fla-Raketentruppen beigetragen.

Der nun kommandierende General war in seinen jungen Jahren als Zehnkämpfer ein sportliches Ass in der BRD gewesen. Er hatte nicht den Ehrgeiz, mit seinem Kommando zur Auflösung der NVA Karriere zu machen.

Er war ruhig und ausgeglichen. Wenn man ein Problem an ihn herantrug, verwendete er gern den Satz: „Darauf muss ich erst mal eine Weile rumdenken." Es war sehr schnell klar, dass die Bundeswehr sich nur für die Standorte Sanitz, Röbershagen und Prangendorf in der 43. FRBr interessierte. Die gesamte Fla-Raketentechnik wurde für die Konversion freigegeben. Aus den Kasernen der FRA machte man bald Asylantenheime oder Obdachlosenasyle.

Kurz vor Weihnachten fielen die Entscheidungen: Wer bleibt und wer geht? Im Stellvertreterbereich FRT blieben nur zwei, Oberstleutnant Joachim Thomas und meine Sekretärin Frau Brandt. Alle anderen wurden in den Ruhestand versetzt.

Am 17. Dezember 1990 gab ich meine letzte Meldung zum Stand der Auflösung des Bereiches A3b ab und ließ mir meine Abmeldung auf dem persönlichen Laufzettel bestätigen. Frohe Weihnacht 1990!

Peter Hoheisel
Vor 20 Jahren

Am 2. Oktober 1990 gegen 16 Uhr traf ich mich mit einigen Bundeswehroffizieren und Unteroffizieren aus verschiedenen FlaRak-Verbänden der Bundeswehr am Marktplatz in Sanitz. Von der Bevölkerung neugierig, aber freundlich wahrgenommen, machten wir Soldaten uns, soweit wir uns noch nicht kannten, bekannt. Geschlossen fuhren wir mit Bundeswehrfahrzeugen und natürlich in Uniform zur nur wenige Kilometer entfernt gelegenen „Erich-Weinert-Kaserne". An der Wache ließen uns die NVA-Wachen ohne Kontrolle durchfahren. Vor dem Stabsgebäude stiegen wir aus und kurz darauf kam auch schon Oberst Spakowski, der Kommandeur der FlaRak Brigade 43, aus dem Stabsgebäude. Nachdem wir uns begrüßt hatten, stellte ich ihm die mich begleitenden Offiziere und Feldwebel vor. Oberst Spakowski bat uns in sein Dienstzimmer, wo er uns seinen Stabschef und seine Stellvertreter vorstellte.

Bei einer Tasse Kaffee tauschten wir zunächst mehr oder weniger Belangloses aus, um danach durch Oberst Spakowski in zunächst angespannter, aber freundlicher Atmosphäre ein Briefing über Stärke, Dislozierung und Auftrag der Brigade zu erhalten. Ich erläuterte Oberst Spakowski danach meinen Auftrag und unsere Absicht, die Übernahme der Brigade am 4. Oktober, der 3. Oktober war nationaler Feiertag, vor angetretener Truppe durchzuführen. Die Abstimmung der Einzelheiten erfolgte rasch, sodass ich beabsichtigte, in unsere Quartiere nach Camin aufzubrechen. Doch Oberst Spakowski lud mich und die mich begleitenden Soldaten zum Essen mit seinen Offizieren ein. Diese freundliche Geste trug mit dazu bei, dass die nächsten zwei bis drei Stunden in gelockerter Stimmung verliefen und wir uns nicht nur persönlich etwas näher kamen, sondern uns Bundes-

Von links: Oberst Spakowski (NVA), der russische Vertreter aus Güstrow,
Oberst Hoheisel (Bundeswehr)

wehrangehörigen noch deutlicher wurde, vor welch schwerer Situation unsere
ehemaligen „Gegner" im Blick auf ihre ungewisse Zukunft standen. Diese Stunden
haben für mich auch mit dazu beigetragen, unsere zukünftigen Kameraden nicht
nur als solche zu sehen und zu behandeln, sondern ihnen, wo immer möglich,
ihren zukünftigen Weg zu erleichtern. Gegen 21 Uhr begleitete uns dann Oberst
Spakowski in unsere Unterkünfte in die Kaserne nach Camin. Dort feierten wir im
Aufenthaltsraum bei einem Glas Sekt um Mitternacht die Wiedervereinigung
unseres Vaterlandes und bereiteten uns auf die uns zukommende nicht leichte
Aufgabe der Übernahme der Brigade vor.

An dem Morgen des 4. Oktober 1990 gegen 8 Uhr fuhr ich in die Kaserne in
Sanitz, stieg am Appellplatz aus, sah die angetretenen Soldaten und zivilen
Mitarbeiter und nahm die Meldung von Oberst Spakowski entgegen. Nach der
Begrüßung der Angetretenen durch mich verlas ich zunächst den Tagesbefehl des
damaligen Verteidigungsministers, Dr. Stoltenberg, um danach in einer kurzen
Ansprache u. a. zu betonen: „Unsere gemeinsame Aufgabe ist zukünftig nicht, die
Vergangenheit zu bewältigen, sondern die Zukunft zu gestalten und das in
Kenntnis der Vergangenheit." Und weiter sagte ich: „Unser Ziel muss es sein, dass
wir, sicherlich nach einer Übergangsphase, zu der Einsicht gelangen, derselben
Rechtsordnung und denselben Werten zu dienen." Ich schloss mit dem Satz: „Uns
allen möchte ich zurufen, nicht in der Gegenwart über die Vergangenheit zu

Gericht zu sitzen, denn dann werden wir die Zukunft, von der wir uns alle so viel versprechen, verlieren." In diesem Sinne bat ich abschließend um Vertrauen und Unterstützung für die zukünftige gemeinsame nicht leichte Arbeit.

Nachdem ich in den darauf folgenden Tagen die Führungspositionen mit den mir mitgegebenen Offizieren besetzt hatte, begann zunächst für mich der Besuch aller Verbände und Einheiten, daneben unendlich viele Gespräche mit Soldaten, Zivilbediensteten und teilweise auch mit deren Angehörigen über die für alle offene Zukunft, einer Zukunft, die für nahezu alle ein nicht leichter Neuanfang bedeuten würde und tatsächlich auch wurde.

Bei diesen und bei allen in den nächsten Wochen erfolgten Aktivitäten wurden wir von Oberst Spakowski und den Offizieren der nun ehemaligen NVA trotz der für sie alle nicht leichten Umstände nicht nur herzlich aufgenommen, sondern in einem Umfang unterstützt, der nicht selbstverständlich war.

Meinen Dank für die kameradschaftliche Unterstützung mit Rat und Tat für eine ungewöhnliche Aufgabe formulierte ich anlässlich eines Appells Ende des Jahres 1990, als u. a. viele Offiziere und einige Zivilbedienstete, an der Spitze Oberst Spakowski, den ich mit nachfolgenden Worten persönlich ansprach und damit natürlich auch seine Offiziere und Soldaten meinte, die Bundeswehr verließen: „Ich habe Sie anlässlich der Übernahme in die Bundeswehr am 2. und 3. Oktober als einen Mann kennen gelernt, der trotz der ungewöhnlichen und sicherlich auch persönlich belastenden Situation im besten Sinne des Wortes seinen Verband unter Zurückstellung möglicher persönlicher, und mir verständlicher Probleme und Konsequenzen geordnet und in beispielhafter Weise übergeben hat. Sie, wie auch der größte Teil Ihres Stabes, haben mir und meinen Kameraden aus der ehemaligen Bundeswehr durch diese Art und Weise die Übernahme der Brigade erleichtert und dazu beigetragen, dass wir unsere Aufgabe rasch ohne größere Hemmnisse beginnen konnten. Ich danke Ihnen dafür persönlich und auch im Namen des Kommandeurs der 5. Luftwaffendivision, General Mende, der mich damit beauftragt hat, und wünsche ihnen privat alles Gute, insbesondere Gesundheit und beruflich viel Erfolg. Die guten Wünsche für einen Neubeginn im beruflichen Bereich gelten auch allen Soldaten und Zivilbediensteten, die in wenigen Tagen aus der Bundeswehr ausscheiden."

Für mich waren diese Wochen und Monate mit einer einzigartigen Aufgabenstellung der Höhepunkt meiner militärischen Laufbahn. Ehemalige Gegner wurden ohne Waffengewalt in einer Armee vereint. Für mich war damit mein Auftrag, unser Land vor einem Krieg zu bewahren, in Erfüllung gegangen. Ich verließ die Bundeswehr, nachdem die Voraussetzungen geschaffen worden waren, um noch einmal einen beruflichen Neuanfang zu wagen, der dann für mich nicht nur erlebnisreiche Jahre, sondern viele neue Erfahrungen mit sich brachte, die mein Leben bereichert haben.

Bernd Kirchhainer
Erich Weinert ist wieder bei uns

Am 01. September 1969 kam ich von der Offiziersschule Löbau nach Sanitz. Da war Erich schon an seinem Platz. Am 27. Februar war in Vorbereitung des Jahrestages der NVA für den Antifaschisten, Dichter und Schriftsteller Erich Weinert ein Denkmal errichtet und eingeweiht worden. Auf einem großen Feldstein mit einer Bronzebüste des Dichters stand:

„DEN GEDANKEN LICHT, DEN HERZEN FEUER, DEN FÄUSTEN KRAFT!"

Fast täglich führte mich mein Weg von der Wache zum Küchentrakt vorbei am Stabsgebäude und dem Denkmal. Unbewusst begleitete mich und viele meiner Genossen dieser Spruch durch den Dienst. Es war lieb gewordene Gewohnheit und lächelnd nahm ich zur Kenntnis, wenn wieder Fotos bei der Verabschiedung von Wehrpflichtigen dort aufgenommen wurden oder das Fahnenkommando bereitstand, um dort Auszeichnung vorzunehmen oder an besonderen Tagen ein Vorbeimarsch stattfand. Am 6. Oktober 1972 wurde der Brigade mit der Übergabe der Ehrenschleife an unseren Kommandeur, Oberst Prottengeier, der Ehrenname „Fla-Raketenbrigade Erich Weinert" verliehen.

Im Garnisonsort Sanitz war inzwischen der Name präsent. Die Internatsoberschule und die GST-Grundorganisation trugen den Ehrennamen, und jährlich fand im Frühjahr der Erich-Weinert-Gedenklauf statt, letztmalig am 17. März 1990. Erich war da, er gehörte zu unserem Leben.

Es war am 2. Oktober 1990: Am Vormittag der letzte Appell, die Fahne der Brigade wurde eingerollt und verpackt, das Schild am Kasernentor abgeschraubt, in den Kollektiven saß man zusammen und sprach über die für viele Genossen ungewisse Zukunft. Am nächsten Tag waren wir schon Bundeswehr. Im Dezember dann, die Übergabe meines Verantwortungsbereiches war bereits erfolgt, da führte mich der Weg noch einmal durch das Objekt. Ich wollte für mich Abschied nehmen von 23 Jahren Dienstzeit. Die Tür zum Traditionszimmer war offen, ich schaute hinein. Die Vitrinen waren geöffnet, einige fast leer. Im Papierkorb, achtlos weggeworfen, eine alte, unbeschriftete Hülle mit einer Tonbandspule. Ich nahm sie an mich und verließ das Gebäude mit vielen aufgewühlten Gedanken im Kopf, dann ein Blick zurück:

„DEN GEDANKEN LICHT, DEN HERZEN FEUER, DEN FÄUSTEN KRAFT!"

Erich Weinert war noch da. Etwa im Juli 1991, so erfuhr ich später, war die Büste in einer Party-Laune und als ungeliebtes Geschenk von Oberst Hoheisel nach Bremervörde gebracht worden.

Die folgenden Jahre waren eine Zeit der Arbeitslosigkeit, des Aufbaus einer Existenz als Selbstständiger, der Umschulung und des Neuanfang im Berufsleben bis zur Krankheit und Rente. „Wer keine Vergangenheit hat, wird auch keine Zukunft haben." Neben diesem Spruch lagen zwei Fotoalben meiner Dienstzeit, Broschüren und Schriftstücke der NVA, Orden und Ehrenzeichen. Ich schaute darauf und dachte darüber nach, was daraus werden sollte.

„Wir werden eine Ausstellung vorbereiten mit dem Arbeitstitel *50 Jahre Garnison Sanitz* und Du wirst Kontakte knüpfen, Berichte und Geschichten suchen, Briefe versenden, die ich als Kommunalpolitikerin unterschreibe. Wir holen Erich wieder nach Hause …" Das waren die Worte meiner Ehefrau, sie waren wie ein Auftrag. Es folgten unzählige Gespräche mit ehemaligen Weggefährten, Telefonate und Briefkontakte zu Museen. Wir fuhren zu Hinterbliebenen in die ehemaligen Objekte Barth, Hinrichshagen, Retschow … Dabei wurden uns liebgewordene Erinnerungsstücke und kleine Erinnerungsberichte übergeben, aber auch Absagen erteilt. Wir durchstöberten auch Flohmärkte, aber den Weg zu unserer Büste fanden wir nicht. Nach 18 Monaten, der Dauer eines Grundwehrdienstes, hatten wir die passende Telefonnummer und erfuhren mehr über die Odyssee der Büste von Erich Weinert.

Von dem Party-Gag für den scheidenden Kommandeur Oberst Hoheisel war sie schließlich in Bremervörde in einer Gartenecke gelangt. Der Oberst, der die Büste retten und zugleich loswerden wollte, hatte sie Herrn Olmes, einem Künstler mit Skulpturenpark in Ostfriesland, ins Auto gepackt. Dieser, kaum ahnend, wen er bei sich hatte, stellte sie neben eine bereits vorhandene MiG-21. Damit seine frei laufenden „Rasenmäher", die Ziegen, nicht hinauf kletterten, füllte er die Bronzebüste mit Beton und umzäunte alles mit Stacheldraht.

Ich schilderte Herrn Olmes in einem Telefonat unser Anliegen mit der Aus–stellung und bat um eine Leih- bzw. gar eine Rückgabe. Er willigte sofort ein. Der Standort der Büste war Emlichheim an der holländischen Grenze, also nicht gerade nebenan. Meine Gesundheit erlaubte keine schnelle Reise, aber ich hatte seit ein paar Monaten Freunde vor Ort. Detlef Kaul, ein Düsseldorfer, mit Grundwehrdiensterfahrung in der Bundeswehr, hatte nur 170 km mit dem Auto zurückzulegen. Detlef verabredete sich mit dem Künstler zum 31. Oktober 2009. Kurz vorher erfuhr er noch, dass die „Grafschafter Nachrichten" den Abbau begleiten würde. So schrieb ich in der Nacht noch schnell eine Presseerklärung incl. einer Kurzbiografie von Erich Weinert.

Der Abbau wurde dann auch von einem Journalisten dokumentiert und wenige Tage später mit der Überschrift „Gedenken an Arbeiter-Autor, Büste aus Kunstpark Olmes zurück in Mecklenburg-Vorpommern" veröffentlicht.

Unsere Büste fuhr schon eine Woche durch Nordrhein-Westfalen, als uns die rettende Idee kam. Meine Nichte Berit aus Parchim besuchte gerade einen Lehrgang in Rheine, nur 120 km von Düsseldorf entfernt. Natürlich hilft uns auch Berit. Von Stund an hätte jeder Abhördienst bei unseren Gesprächen glühende Ohren bekommen: „Wir haben umgeladen, ich habe Erich übernommen."

Am 6. November gab es mehrere Anrufe: „Bin mit Erich auf dem Heimweg. Erich befindet sich jetzt auf Höhe Bremen", und dann „Erich ist wohlbehalten in Parchim gelandet!" Die Meldestrecke und Kommunikation hat geklappt.
Am 7. November 2009 fuhren wir nach Parchim. Ja, er war es! In Folie und Decken verpackt lag der Bronzekopf im Kofferraum. Wir luden um und begaben uns auf den Heimweg, nicht ohne uns bei allen Beteiligten zu bedanken. Freunde halfen in Sanitz, die Büste aufzustellen, dann wurde geputzt und eine vorbereitete Blumenschale aufgestellt. In einer kleinen Rede sagte ich: „Heute ist ein besonderer Feiertag für uns, auch weil wir sagen können: Erich ist wieder in Sanitz."

Inzwischen hatten wir auch das Tonband abgespielt. Darauf ist die Meldung aufgezeichnet, die Oberst Prottengeier am 6. Oktober 1972 im Rahmen des militärischen Zeremoniells dem Chef LSK/LV, Generalmajor Reinhold, erstattet hat. Neben vielen Berichten, Fotos, Modellen und Erinnerungsstücken habe ich auch Tagebücher erhalten. Unser Hof ist zu einer Begegnungsstätte, einem Treffpunkt mit Weggefährten aus der Dienstzeit bei der NVA geworden. Ungläubig, auch mit Tränen in den Augen, aber voller Stolz streicheln sie die Bronzebüste und so mancher erinnert sich an die Worte:

„DEN GEDANKEN LICHT, DEN HERZEN FEUER, DEN FÄUSTEN KRAFT!"

Bernd Biedermann
20 Jahre danach

Schon im November 1988, als ich nach einem fast fünfjährigen Einsatz als Militärattaché der DDR in Belgien nach Berlin zurück kehrte, gab es deutliche Anzeichen einer Destabilisierung des politischen und ökonomischen Systems in den sozialistischen Staaten. Deshalb verband ich damals, wie viele meiner Zeitgenossen, mit Gorbatschows Politik von „Glasnost" und „Perestroika" gewisse Hoffnungen auf Reformen auch in der DDR, die sich dann allerdings nicht erfüllten. Ende der 80er Jahre erwies sich die Partei- und Staatsführung der DDR als unwillig und unfähig, den Forderungen des Volkes nach Reformen Rechnung zu tragen. Sie enttäuschte mehr und mehr das eigene Volk, das sich von dieser Führung abwandte, und die Armee folgte dem Willen des Volkes. Ich bemerkte, dass ich zunehmend auf Distanz zur Führung meiner Partei ging.

Als Soldat fühlte ich mich aber an meinen Eid gebunden und erfüllte weiter meine militärische Pflicht. Zweimal war ich als Manöverbeobachter im Rahmen der KSZE eingesetzt, letztmalig im September 1989 in Frankreich. In dieser Zeit verließen immer mehr, vor allem junge DDR-Bürger ihren Staat und gingen in den Westen. Das waren schmerzliche Stunden und Tage für mich. Als dann in den späten Abendstunden des 9. November 1989 durch ein Versehen der desolaten SED-Führung die Grenzübergänge in Berlin geöffnet werden mussten, änderte das nicht nur die Lage in Berlin und Deutschland, sondern auch in Europa und in der Welt. Die Grenze zwischen den beiden Weltsystemen, die in den Jahren des Kalten Krieges undurchdringlich war, war von einem Tag zum anderen offen. In dieser Nacht gingen tausende Ostberliner nach Westberlin. Die meisten kamen am nächsten Morgen wieder zurück. Viele erschienen verspätet bei der Arbeit oder machten einen Tag frei. Ich selbst erfuhr erst in den Morgenstunden des 10. November, dass die Mauer gefallen war.

Der Mann, der als erster den Mut hatte, den Befehl zur Öffnung einer Grenzübergangsstelle zu geben, war Oberstleutnant Harald Jäger von den Passkontrolleinheiten. Um 23 Uhr ließ er an der Bornholmer Straße den Schlagbaum öffnen. Jäger handelte auf eigenen Entschluss. Der Diensthabende im operativen Leitzentrum der Grenztruppen Schöneweide konnte ihm keine entsprechende Weisung geben, billigte aber angesichts der Situation seine Entscheidung. Von der höheren militärischen Führung war zu diesem Zeitpunkt, wie schon in den Wochen vorher, nichts zu spüren. Diejenigen, die sonst jeden Kommandeur wegen einer nicht erfüllten Alarmübung strengstens bestraft haben, waren quasi untergetaucht als es um alles ging.

Mit der Grenzöffnung setzte eine Entwicklung ein, die sich immer mehr von den Zielen entfernte, für die viele Bürger vorher auf die Straße gegangen waren. Sie wollten nur eine bessere DDR. Aus der Losung „Wir sind das Volk!" wurde bald „Wir sind ein Volk!". So wie Gorbatschow sich selbst aus der Verantwortung für seine Verbündeten entließ, so verstärkte der Westen seine Anstrengungen zur Restauration der gesellschaftlichen Verhältnisse in der DDR. Mit massiver Unterstützung der politischen Parteien der Bundesrepublik erzielte die CDU im März 1990 bei den Wahlen zur Volkskammer eine Mehrheit. Der Gedanke, die beiden deutschen Staaten im Prozess einer Konföderation zu vereinen, wurde bald verworfen. Bundeskanzler Kohl und Präsident Gorbatschow trafen eine Entscheidung, in deren Folge die DDR an die Bundesrepublik angeschlossen wurde. Das so entstandene Deutschland war nicht mehr die alte Bundesrepublik. Es war geografisch, ökonomisch, ethnisch, kulturell und völkerrechtlich ein anderer Staat geworden. Dieser Staat hätte dringend eine neue Verfassung, eine andere administrative Gliederung und eine neue Regierung gebraucht. Die Chance, all das bei dieser

Gelegenheit zu tun, wurde verpasst. Weder die Eliten der BRD noch die der DDR hatten dafür je ein Konzept erarbeitet.

Am 3. Oktober 1990 gab es die Nationale Volksarmee nicht mehr. Der Staat, der sie zu seinem Schutz geschaffen hatte, war im Kampf der Systeme gescheitert. An seinen Soldaten hat es nicht gelegen.

Was wurde aus den ca. 50.000 Soldaten auf Zeit und Berufssoldaten der NVA? Bis Ende 1990 verließen etwa 13.000 Offiziere und 9000 Unteroffiziere auf eigenen Wunsch die von der Bundeswehr übernommenen Einheiten. Sie zogen die Konsequenz aus der unwürdigen Rechtslage, die sich aus ihrem „ruhenden Dienstverhältnis" ergab. Juristisch gesehen hatten sie weder soldatische Rechte noch Pflichten. Ein „unabhängiger Ausschuss" sollte über ihr Schicksal entscheiden.

Trotz dieser Bedingungen bewarben sich ca. 12.000 Offiziere, 12.000 Unteroffiziere und etwa 1000 Mannschaftsdienstgrade. Übernommen wurden dann insgesamt etwa 18.000 Mann. Davon befanden sich 1994 noch 2811 Offiziere und 5702 Unteroffiziere als Berufssoldaten oder Soldaten auf Zeit bei der Bundeswehr. Die Bewaffnung und Ausrüstung der NVA (Gesamtwert ca. 100 Mrd. D-Mark) wurde teilweise verkauft, der Konversion zugeführt, verschenkt oder sinnlos zerstört. Nur die sog. sensitive Technik wurde an die Sowjetunion zurück gegeben.

Wie gestaltete sich das Leben der ehemaligen Soldaten der NVA? Ein Teil von ihnen nahm eine befristete erweiterte Versorgung an, d. h. sie gingen mit entsprechenden Abzüge in den Ruhestand. Andere suchten Arbeit in der Wirtschaft. Ihr Problem bestand darin, dass sie für die meisten Arbeiten zu hoch und zu speziell qualifiziert waren. Mancher Oberst a. D. fuhr Taxi, Majore und Hauptleute waren Aufseher in Museen oder versahen irgendwo Wachdienst. Viele verkauften Versicherungen und Bausparverträge. Als ehemalige Soldaten waren sie es gewohnt, niemals aufzugeben und immer wieder aufzustehen. Nur wenige scheiterten. Von den Jüngeren schafften es im Laufe der Zeit viele, sich auf der Grundlage ihrer guten Bildung eine neue zivile Existenz aufzubauen. Ich selbst fand 1991 Anstellung in einem Unternehmen der Kampfmittelräumung. Dort konnte ich mein in der Armee erworbenes Wissen und meine Erfahrungen in der Menschenführung einsetzen. Bis 2002 war ich als Geschäftsführer einer GmbH tätig. Es waren noch einmal gute Jahre. Es war mein zweites Leben.

Inzwischen hat sich die Lage in Europa und weltweit stark verändert. Die NATO hat sich weit über ihre alten Grenzen hinaus ausgedehnt. Sie ist immer näher an Russland herangerückt. Es ist den USA gelungen, ihre Bündnispartner in Aktionen einzubeziehen, die vorrangig amerikanischen Interessen dienen. Die Behauptung des ehemaligen Bundesministers für Verteidigung, Hans-Peter Struck, wonach die Bundesrepublik am Hindukusch verteidigt wird, ist politischer und militärischer Schwachsinn, und sie ist angesichts der Opfer zynisch.

Diese Politik hat dazu geführt, dass die Bundeswehr heute nicht mehr in der Lage ist, unser Land selbst zu verteidigen. Die bodenständige Luftverteidigung verfügt nur noch über drei Fla-Raketengeschwader, die Zahl einsatzbereiter Jagdflugzeuge ist extrem gering. Deutschland ist seit geraumer Zeit ein „Haus ohne Dach". Diejenigen, die behaupten, es gäbe keine Bedrohung aus der Luft, seien daran erinnert, dass sich diese Lage durchaus auch wieder ändern kann. Ob wir dann in der Lage sind, zeitnah zu reagieren, darf bezweifelt werden.

Was mich wie viele ehemalige Soldaten der NVA seit Jahren enttäuscht und wütend macht, ist die arrogante Politik der deutschen Bundesregierung gegenüber Russland und China. Zudem befinden sich die deutschen Medien auf einem bösartigen antirussischen und antichinesischen Kurs, der Augenmaß und Anstand vermissen lässt. Alles, was gegen diese Länder gerichtet ist, wird unterstützt. Ob es sich um einen durchgeknallten georgischen Präsidenten handelt, der einen Krieg gegen Russland angezettelt und verloren hat, oder um die von den USA bezahlten Anhänger des Dalai Lama, die im Vorfeld der Olympischen Spiele in Beijing 2008 bewusst Unruhen in Tibet auslösten, alles wird wohlwollend beurteilt und einseitig ausgeschlachtet.

Wir Deutschen sollten uns daran erinnern, was General York von Wartenburg, der sich in den Befreiungskriegen mit seinem preußischen Ersatzkorps auf die Seite Russlands stellte und gegen Napoleon kämpfte, bei der Unterzeichnung der Konvention von Tauroggen 1812 erklärte:

„Es kann in Europa keine Politik an Russland vorbei geben." Was China angeht, so müsste jedem vernünftigen Deutschen klar sein, dass die aufstrebende Wirtschaftsmacht China uns nicht unbedingt braucht, wir sie aber umso mehr.

Am Ende des Kalten Krieges hatte die eine der beiden Supermächte ihr strategisches Ziel einer unipolaren Welt scheinbar erreicht. Wir erleben jetzt, dass der vermeintliche Sieger keineswegs die Probleme lösen kann, die sich schon in der bipolaren Welt aufgetan haben. Der Einfluss des militärischen Faktors in der internationalen Politik ist zwar geringer geworden, aber er ist noch immer viel zu groß. Die Erkenntnis, dass militärische Mittel nicht geeignet sind, gesellschaftliche Widersprüche zu lösen und unterschiedliche Interessen auszugleichen, muss sich erst noch durchsetzen.

Epilog

Die 40jährige Periode des Kalten Krieges hatte ihrem Wesen nach die Merkmale einer einmaligen Epoche. Oberst a. D. Joachim Schröter (†), ein glänzender Analytiker und strategischer Aufklärer der NVA, der in seiner über dreißigjährigen Dienstzeit mehr als 15 Jahre als Militärattaché im Auslandseinsatz war, definierte den Kalten Krieg so:

„Niemals zuvor gab es in der Weltgeschichte eine intensivere Verflechtung von weltanschaulichen Auseinandersetzungen mit einem innen- und außenpolitischen Konfliktpotential dieser globalen Dimension. Die sich daraus ergebenden Konsequenzen führten übergangslos zu militärischen Blockbildungen, in deren Ergebnis jegliche Politik von sicherheitspolitischen Ansprüchen und militärischen Bedürfnissen dominiert wurde. Die Welt erlebte die bisher intensivste und längste Periode der Militarisierung und der Konfrontation unter der Schwelle eines offenen Konflikts."

Wir betrachten die vorliegende Geschichte unserer Waffengattung als einen Beitrag zur Überwindung der im Laufe des Kalten Krieges entstandenen Auffassungen von der jeweils bösen anderen Seite, die an allem Schuld war. Eine ost-westdeutsche Aussöhnung ist ohne einen wahrheitsgerechten Vergleich nicht möglich. Dazu wollen wir mit diesem Buch beitragen. Wir wünschen uns von den Verantwortungsträgern der Bundesrepublik eine realistische Bewertung des Dienstes in der NVA, der ohne Zweifel auf die Erhaltung des Friedens gerichtet war.

Als Herausgeber wollten wir grundsätzlich nur authentische Beiträge veröffentlichen. Deshalb haben wir uns ausschließlich an Zeitzeugen gewandt. Das Echo, das wir fanden, war in jeder Hinsicht positiv und nachhaltig. Wir nahmen es als ein Zeichen dafür, dass der Geist der Truppe noch lebt. Im Zuge der Erarbeitung der einzelnen Artikel wurden alte Beziehungen, die schon verloren schienen, wieder aufgefrischt und neue sind entstanden. Wohltuend dabei war, dass alte Befindlichkeiten keine Rolle spielten.

Alle Beiträge tragen die Namen ihrer Autoren. Sie haben selbst darüber entschieden, ob sie die Änderungen und Ergänzungen, die wir vorgeschlagen haben, akzeptieren oder nicht. Außer bei Personen der Zeitgeschichte haben wir es den Autoren überlassen, handelnde Personen mit ihrem vollen Namen zu nennen oder eine Abkürzung bzw. ein Synonym zu verwenden. Die Geschichte der Fla-Raketentruppen der Luftverteidigung macht deutlich, dass die NVA in der Lage war, unter schwierigen Bedingungen in kürzester Zeit eine völlig neue Waffengattung aufzubauen. Alle, die daran aktiv beteiligt waren, haben persönlich dazu beigetragen, ein Luftverteidigungssystem zu schaffen, dessen Stärke sich zweifellos aus dem Verbund verschiedener Waffensysteme unterschiedlicher Bestimmung und Gefechtseigenschaften und dem hohen Ausbildungsstand seiner Angehörigen ergab. Das grundsätzliche Führungsprinzip in der NVA, die Einzelleitung, die die Einheit von politischer und militärischer Führung realisierte, war gerade für eine so kollektive Waffengattung wie die Fla-Raketen unerlässlich. Dieses Prinzip hat sich in all den Jahren bewährt, auch weil die meisten Kommandeure gute Einzelleiter waren.

Während die Fla-Raketentruppen die Hauptfeuerkraft der Luftverteidigung darstellten, waren die Jagdflieger ihre mobilsten Kräfte. Auch die Flak-Artillerie, die mit wesentlich verbesserten Systemen der Zielortung und -begleitung für das Schießen in geringen Höhen ausgerüstet war, hatte spezielle Aufgaben des Luftabwehrgefechts zu erfüllen und war unverzichtbar. Hinzu kamen die Funktechnischen Truppen, die mit ihren Stationen nahezu alle Höhen und Räume abdeckten und mit der ununterbrochenen Darstellung der gesamten Luftlage die Handlungen der Mittel der Luftverteidigung sicherstellten, und die Rückwärtigen Dienste, die alle versorgten.

Der Preis, den wir für eine permanent hohe Gefechtsbereitschaft bezahlt haben, war hoch. Heute darf man fragen: „Zu hoch?" Damals, in den 60er und 70er Jahren haben wir uns diese Frage nicht gestellt. Obwohl in Friedenszeiten, befanden wir uns doch in ständiger und direkter Konfrontation mit einem potenziellen Gegner, der mit der 2. und 4. ATAF, dem Kommando Ostseeausgänge und der 3. US-Luftarmee in Großbritannien über starke, offensiv ausgerüstete taktische und strategische Luftstreitkräfte in Europa verfügte, von denen mehr als ein Drittel mit Kernwaffen bestückt werden konnte. Hinzu kamen noch hunderte strategische Bomber weltweit. Fortwährende Aufklärungsflüge und immer wieder auch Luftraumverletzungen zwangen uns zu hoher Wachsamkeit. Unsere Funkorter und Leitoffiziere an den Bildschirmen hatten eine sehr konkrete Vorstellung vom potenziellen Gegner.

Wir erlebten den Kalten Krieg mehr als einmal am Rande eines heißen. So gab es, wie der Chef des Hauptstabes, Generaloberst Streletz, am 31. Mai 1985 an das Oberkommando der Vereinten Streitkräfte meldete, vom Juni 1984 bis Mai 1985 allein sechs Luftraumverletzungen, 93 Anflüge von Kampfflugzeugen mit gefährlichem Kurs und 236 Flüge strategischer und taktischer Aufklärungsflugzeuge der NATO entlang der Staatsgrenze der DDR. Wir haben uns sicher nicht geirrt, wenn wir zum Beispiel die immer wieder ausgerechnet am 24. Dezember auftretenden gefährlichen Annäherungen von NATO-Flugzeugen an unsere Staatsgrenze nicht als Zufallserscheinung, sondern als Absicht deuteten, damit das DHS zu aktivieren und uns den Heiligabend zu verderben. Aber hätte es nicht auch der Beginn einer Eskalation sein können?

Mit dem Abstand von nunmehr 20 Jahren sollte es möglich sein, das Denken in den Kategorien des Kalten Krieges zu beenden und frei von einseitigen Schuldzuweisungen und Verdächtigungen zu urteilen. Die überwiegende Mehrheit derer, die ihren Dienst in den Fla-Raketentruppen der Luftverteidigung versehen haben, tat das mit dem Motiv, etwas Notwendiges und Gutes zum Schutz ihres Landes und seiner Menschen zu leisten. Diejenigen, die sich zum Militärdienst gezwungen fühlten, stellten eine kleine Minderheit dar. Sie haben zu keiner Zeit den guten geistig-moralischen Zustand der Truppe maßgeblich beeinflusst.

Die Zahl der Menschen, die den Kalten Krieg nicht mehr selbst erlebt haben, wächst ständig, und Vertreter dieser Generation erreichen gerade die Hochschulen. Sie in die Lage zu versetzen, sich selbst ein Bild von der jüngeren deutschen Geschichte zu machen, erfordert Quellen, die nicht ausschließlich den gängigen Klischees konservativer Geschichtsdeutung folgen.

In diesem Sinne verstehen wir dieses Buch als unseren Beitrag dazu.

Bernd Biedermann   Siegfried Horst
Berlin 2010   Neustrelitz 2010

Die Fla-Raketentruppen
der Luftverteidigung der DDR
in Bildern

Dieser Teil des Buches zeigt Bilder der
Technik und der Fla-Raketen-Soldaten
in Ausbildung und Alltag

Die Bilder stammen aus dem Privatbesitz
ehemaliger Angehöriger der Fla-Raketentruppen der Luftverteidigung der DDR,
die der Veröffentlichung zustimmten.
Bei Bildern aus dem Besitz von
Fotokünstlern wurde die Erlaubnis
eingeholt. Für Anfragen liegt ein Gesamt-
verzeichnis bei den Herausgebern bereit.

Die Fla-Raketen der Luftverteidigung der DDR

Diese Fliegerabwehrrakete der Fla-Raketenkomplexe DWINA und WOLCHOW war in großer Anzahl und zahlreichen Modifikationen bis 1990 das Rückgrat der Luftverteidigung der DDR.

Auf der Startrampe des Fla-Raketenkomplexes NEWA lagen 4 Feststoffraketen. In der höchsten Bereitschaftsstufe waren 16 Raketen je FRA schussbereit. Das war die 2,6-fache Feuerkraft eines Fla-Raketenkomplexes Wolchow.

Die Startrampe und die Rakete des weitreichenden Fla-Raketensystems WEGA. Die Reichweite der Rakete betrug maximal 255 km. In den Fla-Raketenabteilungsgruppen Prangendorf und Badingen waren in der höchsten Bereitschaftsstufe jeweils 24 Raketen zum Verschuss bereit.

Die Fla-Raketen des Fla-Raketensystems ANGARA, das sechs Luftziele gleichzeitig bekämpfen kann, werden in Containern gelagert, in diesen transportiert und aus ihnen verschossen.

Sowjetische Fla-Raketen am Beginn der 60er Jahre

Zwischen 1955 und 1965 produzierte die Sowjetunion mehr als 175 Fla-Raketen-komplexe mittlerer Reichweite und stationierte sie zum Schutze wichtiger admini-strativer und wirtschaftlicher Zentren. Als erster ausländischer Partner erhielt die Volksrepublik China sowjetische Fla-Raketen. Die chinesische Volksarmee schoss damit am 7. Oktober 1959 eine RB-57 D, die von Taiwan aus in den chinesischen Luftraum eindrang, im Umfeld von Peking ab. Lange Zeit geheim gehalten, war das der erste erfolgreiche Einsatz von Fla-Raketen sowjetischer Herkunft.

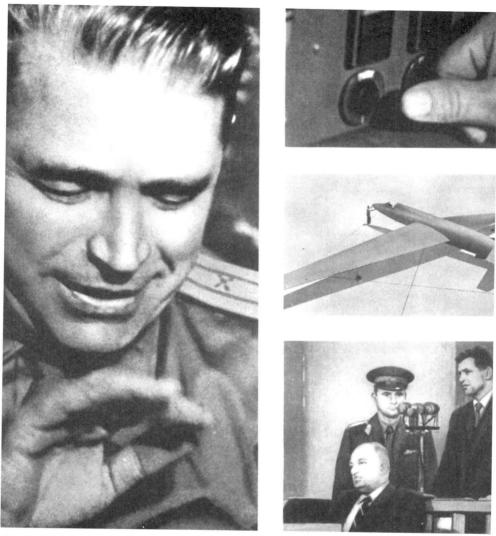

Am 1. Mai 1960 wurde bei Swerdlowsk eine amerikanische U-2 abgeschossen.

Es war der erste erfolgreiche Abschuss eines amerikanischen Luftraumverletzers über dem Territorium der UdSSR. Die Bilder zeigen links den verantwortlichen sowjetischen Offizier, Major Woronow. Rechts ist der Startknopf des Fla-Raketen-Komplexes zu sehen, darunter das Flugzeug U-2 und der Pilot Francis Gerry Powers vor dem Obersten Sowjetischen Gerichtshof. Er wurde später auf der Glinicker Brücke in Potsdam gegen den sowjetischen Aufklärer Abel ausgetauscht.

Der Stellvertreter des Ministers und Chef der LSK/LV Generaloberst Reinhold besuchte gemeinsam mit Generalleutnant Trautsch und Generalmajor Kronig das Feldlager der Fla-Raketentruppen in Lieberose.

Generaloberst Reinhold sprach mit Kanonieren der Startbatterie der FRA-4122 über die Gefechtsausbildung. Links neben ihm der Kommandeur der 41. FRBr, OSL Kahle und der Kommandeur der Fla-Raketenabteilung 4122, OSL Scholz

Der Kommandeur der 41. Fla-Raketenbrigade zur Mai-Parade

Die zweite Rotte des Marschblocks der MAK zur Mai-Parade 1975

Sportausbildung im Winter – 10 km Langlauf – in Geising,
v. r.: Major Schwipper, Hauptmann Beuch, Major Reibe, Hauptmann Skorubski

Die Wohnheime der Offiziershörer der Militärakademie in Dresden

Die Lehrstuhlleiter der Sektion LSK/LV der Militärakademie Dresden 1988, v. l.:
Oberst Dr. Dienel, Oberst Dr. Dienewald, Oberst Dr. Düring, Oberst Dr. Reiche,
Oberst Prof. Dr. Demmer, Oberst Dr. Janka, Oberst Prof. Dr. Wöbke

Lehrstuhl FRT der Militärakademie mit vietnamesischen Offiziershörern

Militärwissenschaftliche Beratung mit dem Chef FRT im Lehrstuhl FRT

Die Chefs der Fla-Raketentruppen des Warschauer Vertrages 1987 in Gatschina

Offiziersschüler des ersten Lehrjahres 1963 in Pinnow

Offiziersschüler bei einer Kulturveranstaltung im Kloster Chorin

Offiziersschüler des dritten Lehrjahres und Lehroffiziere im Feldlager Lieberose

Messe der Meister von Morgen 1975 an der Offiziershochschule der LSK/LV

Angehörige der Fachrichtung FRT der MTS Bad Düben im Feldlager

Generaloberst Reinhold besuchte die Fachrichtung FRT der MTS

Instandgesetzte Kabine PW im Instandsetzungswerk Pinnow

Die Fla-Raketenwerkstatt führte die Hauptinstandsetzung der Raketen aus.

Oberst Fleißner mit Oberst Walter und Oberst Scholz in Aschuluk

Feldführungsstelle eines Fla-Raketentruppenteils

Funkorter und Mechaniker der FRA-141 auf dem Weg nach Aschuluk

Vor der Steinernen Blume auf der Allunionsausstellung in Moskau

Leitoffiziere und Techniker in Moskau, auf dem Weg nach Aschuluk

Im Gespräch mit sowjetischen Offizieren der Fla-Raketentruppen

Kaserne des Regimentsstabes des FRR-19 in Sprötau

Kommandeur Oberstleutnant Fleißner bei der Aufgabenstellung im Feldlager

Oberst Ringelhan nach der Meldung von Oberstleutnant Düring

Vereidigung von Soldaten des FRR-19 in Sömmerda durch Oberst Ringelhan

Die Kosmonauten Sigmund Jähn und Pavel Bykowski zu Gast in Sprötau

Die Kosmonauten stellen sich den Fragen der Armeeangehörigen

Das FRR-19 erhielt die Fahnenschleife der 51. Fla-Raketenbrigade.

Letzter Lehrgang des Chefs der Waffengattung für leitende Offiziere der FRT 1989

Kommandeur der 41. Fla-Raketenbrigade Oberst Scholz mit seinen Stellvertretern

Volleyball nach Ausbildungsende im Feldlager bis zum Umfallen

Fla-Rakete des FRS S-200 WEGA in der Fla-Raketenabteilungsgruppe Badingen

Start einer Fla-Rakete des FRK S-125 NEWA

Eine Fla-Rakete des FRK S-75 WOLCHOW lag gefechtsbereit auf der Rampe in
Aschuluk. Das Schießen auf reale Luftziele stand unmittelbar bevor.

Winterstimmung in einer Fla-Raketenabteilung S-125 NEWA

Im Gefechtsstand wurde die Luftlage beurteilt und die Einsatzbefehle für das Diensthabende System der Luftverteidigung werden gegeben.

Inspektionsgruppe des MfNV in der 3. LVD 1987

Die Kommandeure der Truppenteile der 3. LVD verabschiedeten ihren
Kommandeur Generalmajor Berger, der Chef des Stabes der LSK/LV wurde.

Übergabe der Truppenfahne des Fla-Raketenregiments 13 an Hptm. Prottengeier

Gefechtsnahe Ausbildung in der Startbatterie einer FRA

„Wir gründen eine LPG, die Arbeit macht die Volksarmee …"

Mobilmachungsübung mit aktiven Kadern des FRR-13 in der 41. FRBr

Teilnehmer der Bestenkonferenz des FRR-13 in einer Pause

Operativ-taktischer Kurs des Chefs der Waffengattung 1986 im FRR-13

Sorgfalt und Qualität bestimmten die Wartungsarbeiten in den Startbatterien.

Leichtsinn und Übermut gab es auch.

Oberstleutnant Horst, Oberst Artuschewski, Oberstleutnant Schippan, FRR-23

Lehrmethodische Übung der Rückwärtigen Dienste zum Thema „Das Übersetzen einer FRA mit Glattdeckschubpramen über den Strelasund"

8. Mai 1985 in Altwarp – 40. Jahrestag der Befreiung

Zu Gast bei den polnischen Fla-Raketensoldaten in Gryfice, Kranzniederlegung auf dem Friedhof zu Ehren der im 2. Weltkrieg Gefallenen

Besuch aus Rostock in Sanitz beim Stab der 43. Fla-Raketenbrigade

Führungsgruppe der 43. FRBr nach dem Gefechtsschießen 1985 in Aschuluk

Einkaufsbummel in Moskau vor dem berühmten „Djetski Mir"

Drei gute Freunde aus der erfolgreichen Startbatterie der FRA-184

380

„Winterschlacht 1978/1979" an der Küste

Die Startrampen mussten ständig schneefrei sein. Das DHS ging weiter.

Die Stellungswege mussten befahrbar sein. Die Ausbildung ging weiter.

Nichts ging mehr – auch URAL und LO blieben stecken.

Zwischenziel Glashagen war erreicht. Endlich eine Straße zu sehen ...

Die Berufssoldaten hatten für ihre Familien eingekauft und alles gut verpackt.

Mit der Last wurde nun der Rückweg angetreten, zurück nach Hause.

Der Lehrgang der 43. FRBr zum Fla-Raketensystem S-200 WEGA in Gatschina

Ankunft zum methodischen Kurs zum Fla-Raketensystem S-300 PMU

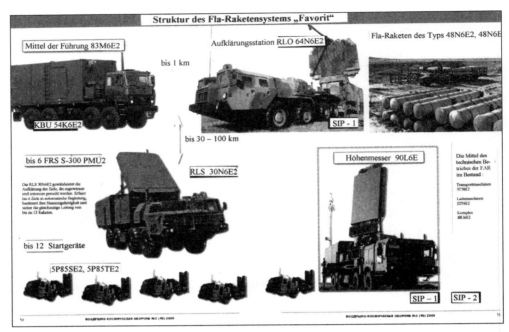

Bestandsschema des weiterentwickelten FRS S-300 Angara, hier S-300 FAVORIT

Teil des Verschlussdeckels eines Startcontainers des FRS S-300 PMU

Durch den verbliebenen und zeitweilig von der Bundeswehr übernommenen Personalbestand des FRR-13 wurde die letzte Fla-Rakete des Regiments 1991 demontiert.

In einer Feuerstellung wurden die zusammengezogenen Elemente der Fla-Raketentechnik zum Abtransport abgestellt.

Ankunft des Kommandeurs der 3. LVD, Generalmajor Schwipper, Mitte, in der Kaserne der 4. LWD in Aurich; auf dem Wege zum Empfang durch Generalmajor Sasse, Kommandeur der 4. LWD

Gruppenbild mit den Kommandeuren und den begleitenden Ehefrauen

Die Fla-Raketentruppen sicherten den Luftraum der DDR und den Frieden in Europa

Anhang

Herausgeber

Biedermann, Bernd:
Oberst a. D., Dipl. rer. mil., Jahrgang 1942

Oberst a. D. Bernd Biedermann begann Ende 1960 die Ausbildung zum Offizier der Fla-Raketentruppen. 1962 dann die erste Dienststellung als Leitoffizier einer Feuerabteilung „Dwina". Nach Jahren im DHS 1967 Einsatz als Politstellvertreter einer Technischen Abteilung und Vorbereitung auf ein Studium an der Militärakademie „Friedrich Engels". Abschluss mit Sonderdiplom 1971 und Verbleib an der MAK als Lehroffizier im Fach Schießlehre der FRT. 1973 Beginn einer Ausbildung für den militär-diplomatischen Dienst. Nach einem Praktikum beim Militärattaché in Peking und einjährigem Kurs an einer sowjetischen Militärakademie Einsatz in der Verwaltung Aufklärung beim Chef des Hauptstabes. 1979 bis 1982 als Gehilfe des Militärattachés in Peking, von 1984 bis 1988 Militär-, Marine- und Luftwaffenattaché bei der Botschaft der DDR in Brüssel und in Luxemburg.
Danach Dienst im Bereich Aufklärung und ab 1990 im Verifikationszentrum, Einsatz als Manöverbeobachter.
Ende des aktiven Dienstes am 31.12.1990.

Horst, Siegfried:
Oberst a. D., Dipl. rer. mil., Ing., Jahrgang 1944

Oberst a. D. Siegfried Horst wurde 1962 Offiziersschüler und übernahm 1965 sein erstes Kommando als Leitoffizier einer Fla-Raketenabteilung S-75.
Nach erfolgreichem Ingenieurstudium kam er als Lehroffizier an die Offiziershochschule der LSK/LV nach Kamenz.
Die Militärakademie „Friedrich Engels" beendete er mit Sonderdiplom und durchlief danach die Stationen Kommandeur einer FRA, Kommandeur eines Fla-Raketenregimentes und wurde 1987 Stellvertreter des Kommandeurs der 3. LVD für Fla-Raketentruppen. In dieser Funktion führte er das Waffensystem S-300 PMU in der 43. Fla-Raketenbrigade ein. Abschließender Höhepunkt seiner Laufbahn als Offizier war das letzte Gefechtsschießen der FRT 1989.
Unter Führung des Kommandeurs der 3. LVD wurde das größte reale Schießen einer Luftverteidigungsdivision automatisiert mit vier verschiedenen Waffensystemen der FRT und den MiG-23 des JG-9 durchgeführt.
Ende des aktiven Dienstes am 31.12.1990.

Autoren

Berg, Hans-Jürgen: Major a. D., Dipl. rer. mil., Jahrgang 1957,
Offizier in der FRAG 431, Prangendorf

Bertuch, Dieter: Oberst a. D., Dipl. rer. mil., Jahrgang 1939,
Lehrstuhlleiter in der Sektion FRT an der Offiziershochschule der LSK/LV

Brix, Michael: Oberst a. D. Dipl. rer. mil., Jahrgang 1934,
Leiter der Operativen Abteilung im Bereich TLA der Landstreitkräfte der NVA

Düring, Siegfried: Oberst a. D., Dr., Dipl. rer. mil., Jahrgang 1940,
Kommandeur der Sektion LSK/LV der MAK „Friedrich Engels" Dresden

Fiedler, Wolfgang: Major a. D., Ing. (FH), Jahrgang 1950,
Offizier für Aufklärung der FRAG-511

Fleißner, Gunar: Oberst a. D., Dipl. rer. mil., Jahrgang 1945,
Stellvertreter des Kommandeurs der 1. LVD für Fla-Raketentruppen

Günther, Hartmut: Major a. D., Ing., Jahrgang 1939,
FRID Arbeitsgruppe Sicherstellung mit Fla-Raketen im FRR-13

Helmer, Gunter: Major d. R , Dipl.-Ing., Jahrgang 1943,
GWD 1963/65, wiederholte Einsätze als Reserveoffizier

Herm, Jürgen: Major a. D., Ing., Jahrgang 1939,
Mitarbeiter TKO der Industriewerke Pinnow

Herrmann, Lothar: Oberst a. D., Dipl.-Ing., Jahrgang 1937, Stellvertreter des
Kommandeurs und Leiter des FRID der 43. FRBr

Hertwig, Dieter: Oberst a. D., Dipl. rer. mil., Jahrgang 1939,
Vorsitzender der PKK der OHS „Franz Mehring"

Höhne, Manfred: Oberstltn. a. D., Dipl.-Ing., Jahrgang 1945,
Mitarbeiter des FRID der 43. FRBr

Hoheisel, Peter: Oberst a. D.,
Leiter des Übernahmeteams der 5. LWD der Bundeswehr für die 43. FRBr

Hümer, Ludwig: Stabsfähnrich a. D., Jahrgang 1943,
Leiter des Med-Punktes einer Fla-Raketenabteilung in der 43. FRBr

Kerner, Wolfgang: Oberstltn. a. D., Dr. Dipl.-Ing., Jahrgang 1936,
Fachlehrer im Lehrstuhl Taktik höherer Verbände der Luftverteidigung an der
MAK "Friedrich Engels", Dresden

Keuthe, Burghard: Major a. D., Jahrgang 1947,
Oberoffizier Gefechtsausbildung im FRR-13

Kirchhainer, Barbara: Dipl.Ök., Pädagogin, Jahrgang 1949,
Vorsitzende DfD Rostock-Land, Ehefrau eines Berufssoldaten

Kirchhainer, Bernd: Major a. D., Ing.Ök., Jahrgang 1944,
Oberoffizier für Verpflegung der 43. FRBr

Kolbe, Bernd: Unteroffizier d. R., Jahrgang 1958,
Pioniergruppenführer im Stab des FRR-11

Kreller, Joachim: Oberfeldwebel a. D., Jahrgang 1943,
Zugführer in der Startbatterie der FRA-174

Langrock, Ernst-Jürgen: Stabsgefr. d. R., Doz. Dr. rer. nat. habil., Jahrgang 1943,
Freiwilliger von 1961 bis 1963

Maynicke, Hans-Ulrich: Stabsfähnrich a.D., Jahrgang 1942,
Hauptfeldwebel einer Fla-Raketenabteilung in der 43. FRBr

Möhring, Klaus: Oberstleutnant a. D., Dipl. rer. mil., Jahrgang 1952,
Stellv. des Kommandeurs und Stabschef der 43. FRBr

Porst, Rainer: Major a. D., Ing., Jahrgang 1941,
Stabschef eines WKK

Prager, Wolfgang: Major a. D., Ing., Jahrgang 1940,
AG Technische Ausbildung und Nutzung FRID im FRR-13

Ringelhan, Bruno: Oberst a. D., Dipl. rer. mil., Jahrgang 1930,
Leiter der Fachrichtung FRT an der MTS der LSK/LV

Schäller, Hans, Ferdinand: Oberst a. D., Dr., Dipl.-Ing., Jahrgang 1938,
Lehrstuhlleiter in der Sektion FRT der Offiziershochschule der LSK/LV „Franz
Mehring"

Schenk, R.: Unterleutnant d. R., Ing., Jahrgang 1963,
Grundwehrdienst 1981 – 1983 in der FRA-233, Burg Stargard

Spakowski, Gerhard: Oberst a. D., Dipl. rer. mil., Jahrgang 1939,
Kommandeur der 43. FRBr

Stefezius, Peter: Oberstltn. a. D., Dipl. rer. mil., Jahrgang 1940,
Stellvertreter Ausbildung beim Stellvertreter für FRT der 3. LVD

Stiehler, Rolf: Oberstltn. a. D., Dipl. rer. mil., Jahrgang 1947,
Stellvertreter des Kommandeurs des FRR-13

Zimmermann, Siegfried: Oberstltn. a. D., Dipl. rer. mil., Jahrgang 1951,
Kommandeur der FRA-234, Weggun

Literaturquellen

Autorenkollektiv, „Beiträge zur Geschichte der Luftstreitkräfte/Luftverteidigung
der Nationalen Volksarmee der DDR", Strausberg 2009

Heinz Keßler, „Zur Sache und zur Person, Erinnerungen",
edition ost, Berlin 1996

Hans-Georg Löffler, „Soldat der NVA von Anfang bis Ende",
edition ost, Berlin 2006

Paul Kneiphoff, Michael Brix (Hrsg.), „Die Truppenluftabwehr der NVA",
Verlag am Park, Berlin 2004

Klaus Froh, Rüdiger Wenzke, „Die Generale und Admirale der NVA",
Ch. Links, Verlag, Berlin 2000

Klaus Froh, „Chronik der NVA",
Verlag Dr. Köster, Berlin 2010

Bernd Biedermann, „Offizier, Diplomat und Aufklärer der NVA – Streiflichter aus dem Kalten Krieg", Verlag Dr. Köster, Berlin 2008

Siegfried Horst, „Offizier bei den Fla-Raketen der NVA – Gedanken und Erinnerungen", Verlag Dr. Köster, Berlin 2009

Lothar Herrmann, „Zur Geschichte der 43. Fla-Raketenbrigade", Eigenverlag, Celle 2009

Autorenkollektiv, „Das Militärtransportwesen der NVA der DDR", Eigenverlag, Strausberg 2010

Lothar Willmann, Oswald Kopatz, „Gefechtsbereit – Die LSK/LV der NVA", Militärverlag der DDR, Berlin 1984

Karl-Heinz Eyermann, „Raketen – Schild und Schwert", Deutscher Militärverlag, Berlin 1967

Hartmut Günter, Burghard Keuthe, Rudolf Wolf, „Die Chronik des Fla-Raketenregimentes 13 Edgar André", Eigenverlag, Parchim 2003

Burghard Keuthe, Wilfried Rühe, „Der Kanonier", Informationsblatt der Gemeinschaft der 13er e.V., Ausgabe 2008

Autorenkollektiv, „Jubiläumsschrift zum 50. Jahrestag des Kommandos LSK/LV", Strausberg 2010

Internetquellen

Die Luftverteidigung auf dem Territorium der DDR bis 1990
www.lv-wv.de

Die Nationale Volksarmee http://home.snafu.de/veith/nva.htm

Alles zur NVA – NVA-Forum http://www.nva-forum.de/

Die Luftstreitkräfte/Luftverteidigung
http://home.snafu.de/veith/lsk-lv-m.htm

Die Funktechnischen Truppen der NVA
http://www.nva-futt.de/

Die Fla-Raketenabteilung 231
http://www.fra-231.de/

FRT in Ost und FlaRak in West
http://www.peters-ada.de.

Spezialseite zum S-200
http://s200-wega.de

Das FRR-13
http://home.snafu.de/veith/frr-13.htm

Die 43. FRBr
http://home.snafu.de/veith/43.htm

Luft-Kosmische Verteidigung (russisch)
http://www.vko.ru/Default.aspx

Vestnik PVO (russisch)
http://pvo.guns.ru/

Zu den Chinesischen FRT (englisch)
http://www.sinodefence.com/special/airdefence/fortress-china.asp

AIR POWER AUSTRALIA zu S-300 und S-400 (englisch)
http://www.ausairpower.net/APA-Grumble-Gargoyle.html

Prüfsteine für die FRT, Bilder im Internet zum Text Peking 7.10.1959 RB-57D
http://de.wikipedia.org/wiki/English_Electric_Canberra#Technische_Daten_Martin_B-57G

01.05.1960 Swerdlowsk U-2 http://de.wikipedia.org/wiki/Lockheed_U-2
http://pvo.guns.ru/combat/u2_ural.htm

27.10.1962 Kuba-Krise
http://de.wikipedia.org/wiki/Lockheed_U-2
http://legion.wplus.net/others/cuba3.shtml

Dezember 1972 Vietnam
http://de.wikipedia.org/wiki/Vietnamkrieg
http://en.wikipedia.org/wiki/Operation_Linebacker_II#U.S._Aircraft_lost
http://www.lv-wv.de/gedanken/statistik_gefecht.html

06.10.1973 Yom-Kippur-Krieg
http://de.wikipedia.org/wiki/Jom-Kippur-Krieg
http://www.lv-wv.de/gedanken/statistik_gefecht.html

14.04.1986 Libyen
http://de.wikipedia.org/wiki/F-111_Aardvark
http://de.wikipedia.org/w/index.php?title=Datei:USS_America_CVA-66.jpg&filetime...

Strategischer Aufklärer SR-71
http://de.wikipedia.org/wiki/Lockheed_SR-71

„Unangenehme" Waffen
AGM-45 „Shrike" http://de.wikipedia.org/wiki/AGM-45_Shrike
AGM-88 „HARM" http://de.wikipedia.org/wiki/AGM-88_HARM

Patriot MIM-104, Amerikanischer Rüstungskonzern Raytheon:
http://www.raytheon.com/

Patriot MIM-104, Amerikanischer Rüstungskonzern Lockheed Martin:
http://www.lockheedmartin.com/

Bildnachweis

Private Bilder, die von den Eigentümern zur Verfügung gestellt wurden, aus folgenden Veröffentlichungen:

„Erlebtes und Geschaffenes — Beiträge zur Geschichte der LSK/LV der NVA", Strausberg 2009.

„Gefechtsbereit", Lothar Willmann, Oswald Kopatz, Militärverlag der DDR, Berlin 1984

„Raketen — Schild und Schwert", Karl-Heinz Eyermann, Deutscher Militärverlag 1967.

Von der website www.lv-wv.de

Abkürzungen

AA/AW	Gerätekabine von Dwina bzw. Wolchow
AFS	Automatisiertes Führungssystem
AIZ	Aufklärungs- und Informationszentrum
AMA	Allgemeinmilitärische Ausbildung
ASV	Armeesportvereinigung Vorwärts
ATAF	Alliierte Taktische Luftflotte
ATS	Kettenzugmittel sowjetischer Bauart
BSF	Bereitschaft zum Start der Fla-Raketen, die höchste Bereitschaftsstufe der Fla-Raketentruppen der Luftverteidigung
B-1	Bereitschaftsstufe 1 im Diensthabenden System
B-2	Bereitschaftsstufe 2 im Diensthabenden System
B-3	Bereitschaftsstufe 3 im Diensthabenden System
B.V.	Besonderes Vorkommnis
C-FRT	Chef der Fla-Raketentruppen der LSK/LV
C-TLA	Chef der Truppenluftabwehr der Landstreitkräfte
DFD	Demokratischer Frauenbund Deutschlands
DHS	Diensthabendes System
Eloka	Elektronischer Kampf
EK	Entlassungskandidat, Soldat am Ende seiner Dienstzeit
EWZ	Ersatzteile, Werkzeug, Zubehör
FAS	Flak-Artillerieschule
FlaRak	Fla-Raketenverbände der Bundesluftwaffe
FRA	Fla-Raketenabteilung
FRR	Fla-Raketenregiment
FRBr	Fla-Raketenbrigade
FRAG	Fla-Raketenabteilungsgruppe
FRID	Fla-Raketeningenieurdienst
FRT	Fla-Raketentruppen
FRK	Fla-Raketenkomplex
FRS	Fla-Raketensystem
FuTK	Funktechnische Kompanie
FuTA	Funktechnische Abteilung
FuTB	Funktechnisches Bataillon
FuTR	Funktechnisches Regiment
FUTT	Funktechnische Truppen
GSP	Glattdeckschubprame
GS	Gefechtsstand

GSSD	Gruppe der Sowjetischen Streitkräfte in Deutschland
GWD	Grundwehrdienst
HSA	Hochspannungssicherungsanlage
ITS	Ingenieurtechnische Sicherstellung
IWP	Instandsetzungswerk Pinnow/Industriewerke Pinnow
JFK	Jagdfliegerkräfte
JG	Jagdfliegergeschwader
LAR	Lehr- und Ausbildungsregiment
LFRT	Lager Fla-Raketentechnik
LVD	Luftverteidigungsdivision
LVK	Luftverteidigungskorps
LSK/LV	Luftstreitkräfte/Luftverteidigung
MAK	Militärakademie
MB	Militärbezirk
MGA	Militärische Grundausbildung
MHO	Militärhandelsorganisation
MTS	Militärtechnische Schule
NVA	Nationale Volksarmee
OHS	Offiziershochschule
OvD	Offizier vom Dienst
PA/PW	Kabine PA/PW, Sende-Empfangskabine Dwina/Wolchow
PRW	Höhenmessstation
RA/RW	Kabine RA/RW, Schaltkabine Stromerzeugung
RBS	Rundblickstation
RLS	Raketenleitstation
RTS	Raketentechnische Sicherstellung
SAC	Strategic Air Command – Strategisches Luftkommando
Sankra	Sanitätskraftwagen
SA-75	Fla-Raketenkomplex mittlerer Reichweite Dwina
S-75	Fla-Raketenkomplex mittlerer Reichweite Wolchow
S-125	Fla-Raketenkomplex geringer Reichweite Newa
S-200	Fla-Raketenkomplex großer Reichweite Wega
S-300	Fla-Raketensystem mittlerer Reichweite Angara
S-400	Fla-Raketensystem für ballistische Ziele Triumph
STAN	Stellenplan und Ausrüstungsnachweis
TA	Technische Abteilung
TIE	Truppeninstandsetzungseinrichtung
TKA	Trainings- und Kontrollapparatur
TKO	Technische Kontrollorganisation (-organ)
TLF	Transport-Ladefahrzeug

TSK	Taktik-Spezialkabinette
TLA	Truppenluftabwehr (der Landstreitkräfte)
2K11	FRK Krug SA-4
2K12	FRK Kub SA-6
9K31	FRK Strela-1 SA-9
9K32	FRK Strela-2 SA-7
9K33	FRK Osa AK SA-8
9K35	FRK Strela 10 SA-13
9K38	FRK Igla SA-18
UA/UW	Leitkabine von Dwina bzw. Wolchow
WKK	Wehrkreiskommando
ZGS	Zentraler Gefechtsstand
ZLR	Zerlegbare Laderampe
ZU-23	Flak-Geschütz Kaliber 23 mm, Doppellafette

Neues Forum - Aufbruch 89

In unserem Land ist die Kommunikation zwischen Staat und Gesellschaft offensichtlich gestört.

Belege dafür sind die weitverbreitete Verdrossenheit bis hin zum Rück-zug in die private Nischeoder zur massenhaften Auswanderung.Flucht-bewegungen dieses Ausmaßes sind anderswo durch Not,Hunger und Gewalt verursacht.Davon kann bei uns keine Rede sein.

Die gestörte Beziehung zwischen Staat und Gesellschaft lähmt die schöpferischen Potenzen unserer Gesellschaft und behindert die Lösung der anstehenden globalen und lokalen Aufgaben.Wir verzetteln uns in übelgelaunter Passivität und hätten doch Wichtigeres zu tun für unser Leben,unser Land und die Menschheit.

In Staat und Wissenschaft funktioniert der Interessenausgleich zwischen den Gruppen und Schichten nur mangelhaft.Auch die Kommunikation über die Situation und die Interessenlage ist gehemmt.Im privaten Kreis sagt jeder leichthin,wie seine Diagnose lautet und nennt die ihm wichtigsten Maßnahmen.Aber die Wünsche und Bestrebungen sind sehr verschieden und werden auch nicht rational gegeneinander gewichtet und auf Durchführbarkeit untersucht.Auf der einen Seite wünschen wir uns eine Erweiterung des Warenangebotes und bessere Versorgung,andereseits sehen wir deren soziale und ökologische Kosten und plädieren für die Abkehr von ungehemmtem Wachstum.Wir wollen Spielraum für wissen-schaftliche Initiative,aber keine Entartung in eine Ellenbogengesell-schaft.Wir wollen das bewährte erhalten und doch Platz für Erneuerungen schaffen,um sparsamer und weniger naturfeindlich zu leben.Wir wollen geordnete Verhältnisse aber keine Bevormundung.Wir wollen vor Gewalt geschützt sein und dabei nicht einen Staat von Bütteln und Spitzeln ertragen müssen.Faulpelze und Maulhelden sollen aus ihren Druckposten vertrieben werden,aber wir wollen dabei keine Nachteile für wehrlose und sozial Schwache.Wir wollen ein wirksames Gesundheitswesen für jedermann;aber niemand soll auf Kosten anderer krank feiern.Wir wollen am Export und Welthandel teilhaben;aber weder zum Schuldner und Diener der führenden Industriestaaten noch zum Ausbeuter und Gläubiger der wirtschaftlich schwachen Länder werden.

Um all diese Widersprüche zu erkennen,Meinungen und Argumente dazu anzuhören und zu bewerten,allgemeine und Sonderinteressen zu unter-scheiden,bedarf es eines demokratischen Dialogs über die Aufgaben des Rechtsstaates,der Wirtschaft und Kultur.Über diese Fragen müssen wir in aller Öffentlichkeit,gemeinsam und im ganzen Land,nachdenken und mit-einander sprechen.Von der Bereitschaft und dem Wollen dazu wird es abhängen,ob wir in absehbarer Zeit Wege aus der gegenwärtigen Krisenhaften Situation finden.Es kommt in der jetzigen gesellschaft-lichen Entwicklung darauf an,daß eine größere Zahl Menschen an gesell-schaftlichen Reformen mitwirkt,daß die vielfältigen Einzel- und Gruppenaktivitäten zu einem Gesamthandeln finden.Wir bilden deshalb eine politische Plattform für die ganze DDR,die es den Menschen aus allen Berufen,Lebenskreisen,Parteien und Gruppen möglich macht,sich an der Diskussion und Bearbeitung lebenswichtiger Gesellschaftprobleme in diesem Land zu beteiligen.Für eine solche übergreifende Initiative wählen wir den Namen NEUES FORUM.

Die Tätigkeit des NEUEN FORUMS werden wir auf gesetzliche Grundlage stellen.Wir berufen uns hierbei auf das in Art. 29 der Verfassung der DDR geregelte Grungrecht,durch gemeinsames Handeln in einer Vereinigung unser politisches Interesse zu verwirklichen.Wir werden die Gründung der Vereinigung bei den zuständigen bei den zuständigen Organen der DDR entsprechend der VO vom 6.11.75 über die"Gründung und Aktivität und Tätigkeit von Vereinigungen"(Gbl.I Nr.33 S.723) anmelden.Allen Bestrebungen,denen das NEUE FORUM Ausdruck und Stimme verleihen will, liegt der Wunsch nach Gerechtigkeit,Demokratie,Frieden sowie Schutz und Bewahrung der Natur zugrunde.Wir rufen alle Bürgerinnen und Bürger der DDR,die an einer Umgestaltung unserer Gesellschaft mitwirken wollen dazu auf,Mitglieder des NEUEN FORUM zu werden.Die Zeit ist reif:

Bärbel Boley,1o54 Berlin,Fehrbellinrstr.91,Tel. 2826356
Katrin Eigenfeld,Marthastr.1,Halle 4o2o
Dr. Frank Eigenfeld,Diesterwegstr.15,Halle4o7o
Lutz Strophal,Bruno Wille str.11,Berlin1162,Tel.6453457
Michael Arnold,Zweinaundorferstr.2oa,Leipzig7o5o

Aufruf des Neuen Forum, Herbst 1989

Stellvertreter des Kommandeurs
für Fla-Raketentruppen

Aufgabenstellung zur Unterstützung, Sicherstellung und Durchführung von Bestandsaufnahmen in den Truppenteilen und Einheiten der 3. Luftverteidigungsdivision

Im Zeitraum vom 23. 08. 1990 bis 29. 08. 1990 werden durch das Bundesministerium für Verteidigung bzw. den Führungsstab der Luftwaffe durch Offiziersgruppen Bestandsaufnahmen in der 3. Luftverteidigungsdivision durchgeführt.

Die Arbeit in den Truppenteilen und Einheiten ist auf der Grundlage der Festlegungen der Anlage 1 zu realisieren.
Die Arbeitsorganisation wird flexibel auf Entschluß der Leiter der Gruppen gestellt.

Schwerpunkte der Arbeit bilden:

- Infrastruktur und baulicher Zustand der Objekte, Stellungen, Anlagen und Flugplätze,
- Be- und Zustand der jeweils vorhandenen technischen Ausrüstungen bzw. Einrichtungen,
- Stellenpläne- und Ausrüstungsnachweise,
- Organisationsformen des Tages- bzw. Gefechtsdienstes,
- Fragen des Umweltschutzes,
- Unterbringung des Personalbestandes und der Technik,
- Nachrichtenverbindungen,
- jegliche Art von Auskunftsunterlagen.

Zur Gewährleistung der Arbeit der Offiziersgruppen sind folgende Aufgaben zu erfüllen:

1. Schaffung optimaler Arbeitsbedingungen, insbesondere

   - Bereitstellung von Arbeitsräumen,
   - umfassende Auskunftsbereitschaft und Sicherung der Besichtigung von Gebäuden, Objekten und Technik,
   - Erteilung von Betretensberechtigungen,
   - Gewährleistung der Einsichtnahme in Verschlußsachen (außer Einsatzdokumente).

   Verantwortlich: Stellvertreter des Kommandeurs, Chef Funktechnische Truppen,
   Kommandeure der Truppenteile,
   Leiter des Gefechtsstandes 33

Das Ende der Fla-Raketentruppen begann konkret zu werden.

2. Erstattung eines Auskunftsberichtes entsprechend den Schwerpunkten der Bestandsaufnahme und Sicherstellung mit Auskunftsunterlagen.

   Verantwortlich: Kommandeure der Truppenteile,
   Leiter des Gefechtsstandes 33

3. Sicherstellung der Arbeit der Gruppen durch:
   - Gewährleistung der uneingeschränkten Empfangsbereitschaft bei ihrem Eintreffen;
   - unentgeltliche Unterbringung in Ledigenwohnheimen an den Standorten;
   - Versorgung mit Verpflegung gegen Bezahlung;
   - kostenlose medizinische Betreuung;
   - Versorgung der mitgeführten Kraftfahrzeuge mit Treib- und Schmierstoffen;
   - Bereitstellung mit topogrphischen Karten auf Anforderung der Leiter der Bestandsaufnahmegruppen gegenüber den zuständigen Begleitoffizieren des Kommandos der LSK/LV und des Führungsorganes der 3. Luftverteidigungsdivision.

   Verantwortlich: Kommandeure der Truppenteile,
   Leiter des Gefechtsstandes 33

4. Zur Begleitung der Bestandsaufnahmegruppen werden Offiziere des Kommandos der LSK/LV und des Führungsorganes der 3. Luftverteidigungsdivision entsprechend Anlage eingesetzt.

   Verantwortlich: Stellvertreter des Kommandeurs, Chef Funktechnische Truppen,
   Kommandeure der Truppenteile,
   Leiter des Gefechtsstandes 33

5. Das Fotografieren bzw. die Verwendung von Videoaufzeichnungsgeräten in den Objekten, Stellungen bzw. Anlagen ist grundsätzlich gestattet. Aufnahmen von sensibler Technik oder geschützer Bauwerke werden durch die verantwortlichen Begleitoffiziere genehmigt.

   Verantwortlich: Stellvertreter des Kommandeurs, Chef Funktechnische Truppen,
   Kommandeure der Truppenteile

6. Durch eine ununterbrochene Meldetätigkeit über die Linie der Diensthabenden der Gefechtsstände ist die ständige Information über die Lage in den Truppenteilen zu sichern.
   Besondere Vorkommnisse sind durch die Kommandeure sofort an mich zu melden.
   Durch die Kommandeure der Truppenteile sind die wesentlichen Ergebnisse des Tages täglich an mich in der Zeit von 06.40 bis 07.00 Uhr zu melden.

   Verantwortlich: Kommandeure der Truppenteile,
   Leiter des Gefechtsstandes 33

Seite 2 der Aufgabenstellung des Kommandeurs der 3. LVD

Fla-Raketentruppen

1. Bestand:

   - die Fla-Raketenverbände sind an 26 Einzelstandorten
     vorrangig im Land Mecklenburg/Vorpommern entfaltet;

   - zwei Standorte befinden sich mit Wirkung vom
     14. 10. 1990 im Land Brandenburg (Weggun, Steffens-
     hagen);

   - die Fla-Raketenverbände sind mit folgender Kampf-
     technik ausgerüstet:

     . zwei Fla-Raketensysteme großer Reichweite SA-5, max.
       Schußentfernung 240 km, max. Höhe 41 km,

     . 12 Fla-Raketenkomplexe mittlerer Reichweite SA-2, max.
       Schußentfernung 43 - 56 km, max. Höhe 23 - 35 km,

     . fünf Fla-Raketenkomplexe geringer Reichweite SA-3,
       max. Schußentfernung 17 km, max. Höhe 18 km;

   - die Führung wurde durch zwei automatisierte Führungs-
     systeme gewährleistet;

   - für den Objektschutz stehen zur Verfügung:

     . 46 tragbare Fla-Raketenkomplexe, max. Schußentfernung
       4,5 km,

     . 18 Flakbatterien (6 Geschütze), max. Schußentfernung
       1,5 km.

Auszug aus dem Auskunftsbericht an den Leiter der Aufnahmegruppe der
Bundeswehr vom August 1990

2. Erstattung eines Auskunftsberichtes entsprechend den Schwerpunkten der Bestandsaufnahme und Sicherstellung mit Auskunftsunterlagen.

   <u>Verantwortlich:</u> Kommandeure der Truppenteile,
   Leiter des Gefechtsstandes 33

3. Sicherstellung der Arbeit der Gruppen durch:

   - Gewährleistung der uneingeschränkten Empfangsbereitschaft bei ihrem Eintreffen;

   - unentgeltliche Unterbringung in Ledigenwohnheimen an den Standorten;

   - Versorgung mit Verpflegung gegen Bezahlung;

   - kostenlose medizinische Betreuung;

   - Versorgung der mitgeführten Kraftfahrzeuge mit Treib- und Schmierstoffen;

   - Bereitstellung mit topogrphischen Karten auf Anforderung der Leiter der Bestandsaufnahmegruppen gegenüber den zuständigen Begleitoffizieren des Kommandos der LSK/LV und des Führungsorganes der 3. Luftverteidigungsdivision.

   <u>Verantwortlich:</u> Kommandeure der Truppenteile,
   Leiter des Gefechtsstandes 33

4. Zur Begleitung der Bestandsaufnahmegruppen werden Offiziere des Kommandos der LSK/LV und des Führungsorganes der 3. Luftverteidigungsdivision entsprechend Anlage eingesetzt.

   <u>Verantwortlich:</u> Stellvertreter des Kommandeurs, Chef Funktechnische Truppen,
   Kommandeure der Truppenteile,
   Leiter des Gefechtsstandes 33

5. Das Fotografieren bzw. die Verwendung von Videoaufzeichnungsgeräten in den Objekten, Stellungen bzw. Anlagen ist grundsätzlich gestattet. Aufnahmen von sensibler Technik oder geschützer Bauwerke werden durch die verantwortlichen Begleitoffiziere genehmigt.

   <u>Verantwortlich:</u> Stellvertreter des Kommandeurs, Chef Funktechnische Truppen,
   Kommandeure der Truppenteile

6. Durch eine ununterbrochene Meldetätigkeit über die Linie der Diensthabenden der Gefechtsstände ist die ständige Information über die Lage in den Truppenteilen zu sichern.
   Besondere Vorkommnisse sind durch die Kommandeure sofort an mich zu melden.
   Durch die Kommandeure der Truppenteile sind die wesentlichen Ergebnisse des Tages täglich an mich in der Zeit von 06.40 bis 07.00 Uhr zu melden.

   <u>Verantwortlich:</u> Kommandeure der Truppenteile,
   Leiter des Gefechtsstandes 33

Seite 2 der Aufgabenstellung des Kommandeurs der 3. LVD

Fla-Raketentruppen

1. Bestand:

- die Fla-Raketenverbände sind an 26 Einzelstandorten
  vorrangig im Land Mecklenburg/Vorpommern entfaltet;

- zwei Standorte befinden sich mit Wirkung vom
  14. 10. 1990 im Land Brandenburg (Weggun, Steffenshagen);

- die Fla-Raketenverbände sind mit folgender Kampftechnik ausgerüstet:

  . zwei Fla-Raketensysteme großer Reichweite SA-5, max.
    Schußentfernung 240 km, max. Höhe 41 km,

  . 12 Fla-Raketenkomplexe mittlerer Reichweite SA-2, max.
    Schußentfernung 43 - 56 km, max. Höhe 23 - 35 km,

  . fünf Fla-Raketenkomplexe geringer Reichweite SA-3,
    max. Schußentfernung 17 km, max. Höhe 18 km;

- die Führung wurde durch zwei automatisierte Führungssysteme gewährleistet;

- für den Objektschutz stehen zur Verfügung:

  . 46 tragbare Fla-Raketenkomplexe, max. Schußentfernung
    4,5 km,

  . 18 Flakbatterien (6 Geschütze), max. Schußentfernung
    1,5 km.

Auszug aus dem Auskunftsbericht an den Leiter der Aufnahmegruppe der
Bundeswehr vom August 1990

NATIONALE VOLKSARMEE
3. LUFTVERTEIDIGUNGSDIVISION
Der Kommandeur

O. U., den 12. 09. 1990
Tgb.-Nr.: *-1/90*

Kommandeur/Leiter

STK FRT

Aufgabenstellung

Auf der Grundlage des Befehls Nr.: 35/90 des Ministers für
Abrüstung und Verteidigung über die Entmunitionierung der
Kampftechnik sind durchzusetzen:

1. Alle Fla-Raketen der vollen Bereitschaft, außer 5 W 28 A,
   sind in die Transportlage zu überführen und gesichert abzustellen.

   Termin: 27. 09. 1990

   Vollzugsmeldung per Fernschreiben: 27. 09. 1990, bis 14.00 Uhr

   Verantwortlich: Kommandeure der Fla-Raketentruppenteile
   ----

2. Die Fla-Raketen 5 W 28 A der vollen Bereitschaft sind in
   den Teilobjekten 04 auf Lademaschine zu lagern. Dazu sind
   die Sicherheitsmaßnahmen entsprechend der Anlage durchzusetzen.

   Verantwortlich: Kommandeur der 43. FRBr

Letzte Aufgabenstellung des Kommandeurs der 3. LVD vom 12. September 1990

3. Die Fla-Raketen aller Modifikationen, außer S W 28 X,
   sind ab 17. 09. 1990 in die langfristige Aufbewahrung
   zu überführen. Dazu sind Ablaufpläne zu erarbeiten, durch
   die Kommandeure der Truppenteile zu bestätigen und bis
   zum 20. 09. 1990 mir vorzulegen.

   Verantwortlich: Kommandeure der Fla-Raketentruppen-
   ----------------   teile

4. Zur Lagerung der enttankten Raketentreibstoffe sind die
   stationären Tankanlagen vollständig auszunutzen.

   Verantwortlich: Kommandeure der Fla-Raketentruppen-
   ----------------   teile

5. Aus allen Flugzeugen sind die Bordwaffenkampfsätze auszubauen. Die Gefechtsmittel (Raketen und Kanonenmunition)
   sind in die Technische Dienstzone bzw. in die Munitions-
   lager sowie in gesicherte Bunker auf den Flugplätzen zurückzuführen.

   Termin: 27. 09. 1990

   Vollzugsmeldung per Fernschreiben: 27. 09. 1990, bis 14.00 Uhr

   Verantwortlich: Kommandeure der Jagdfliegertruppenteile
   ----

6. In der Gefechtsausbildung der Fliegerkräfte sind keine
   Schießen mit scharfem Schuß durchzuführen.

   Termin: ab sofort

   Verantwortlich: Kommandeure der Jagdfliegertruppenteile
   ----

7. Die DHS-Sicherstellung erfolgt ab 28. 09. 1990, 00.00 Uhr,
   ohne Bewaffnung der Jagdflugzeuge.

   Verantwortlich: Kommandeure der Jagdfliegertruppenteile

Seite 2 der letzten Aufgabenstellung

8. Bei der Durchführung der Entmunitionierung und Einlagerung der Raketen und Munition ist die Nachweisführung zu gewähr- leisten und die Sicherheitsbestimmungen konsequent durch- zusetzen.

Verantwortlich: Kommandeure der Truppenteile

9. Mit sofortiger Wirkung treten meine Befehle Nr.: 44/87 und 43/89 außer Kraft.

Anlage

Schwipper
Generalmajor

Seite 3 der letzten Aufgabenstellung

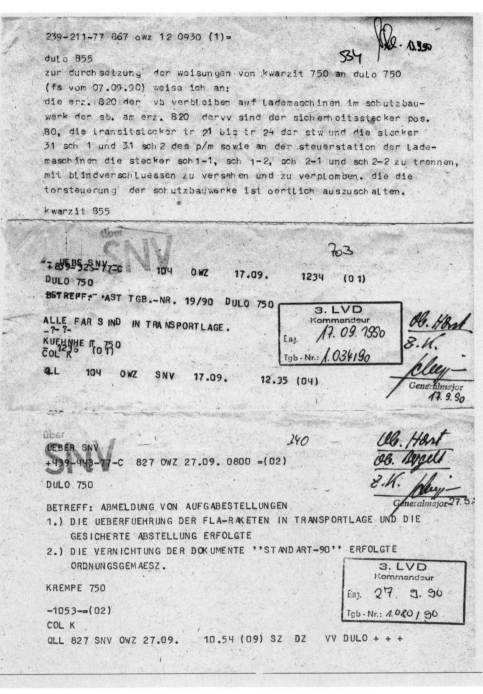

239-211-77 867 owz 12 0930 (1)=

dulo 855

zur durchsetzung der weisungen von kwarzit 750 an dulo 750
(fs vom 07.09.90) weise ich an:
die erz. 820 der vb verbleiben auf lademaschinen im schutzbauwerk der sb. am erz. 820 der vv sind der sicherheitsstecker pos.
80, die transitstecker tr 21 bis tr 24 der stw und die stecker
31 sch 1 und 31 sch 2 des p/m sowie an der steuerstation der lademaschinen die stecker sch 1-1, sch 1-2, sch 2-1 und sch 2-2 zu trennen,
mit blindverschluessen zu versehen und zu verplomben. die die
torsteuerung der schutzbauwerke ist oertlich auszuschalten.

kwarzit 855

UEBE SNV
+839-525-77-C   104   OWZ   17.09.   1234   (01)
DULO 750
BETREFF: AST TGB.-NR. 19/90 DULO 750

ALLE FAR SIND IN TRANSPORTLAGE.
-?- ?-
KUEHNHE N 750
COL K   (01)

QL   104   OWZ   SNV   17.09.   12.35 (04)

> 3.LVD
> Kommandeur
> Eing. 17.09.1990
> Tgb-Nr.: 1.034190

über
UEBER SNV
+439-443-77-C 827 OWZ 27.09. 0800 =(02)
DULO 750

BETREFF: ABMELDUNG VON AUFGABESTELLUNGEN
1.) DIE UEBERFUEHRUNG DER FLA-RAKETEN IN TRANSPORTLAGE UND DIE
    GESICHERTE ABSTELLUNG ERFOLGTE
2.) DIE VERNICHTUNG DER DOKUMENTE ''STANDART-90'' ERFOLGTE
    ORDNUNGSGEMAESZ.

KREMPE 750

-1053-=(02)
COL K
QLL 827 SNV OWZ 27.09.   10.54 (09) SZ DZ   VV DULO + + +

> 3.LVD
> Kommandeur
> Eing. 27. 9. 90
> Tgb-Nr.: 1.080/90

Vollzugsmeldungen disziplinierter Kommandeure bis zum Schluss

NATIONALE VOLKSARMEE
Luftstreitkräfte und Luftverteidigung
Der Chef

O.U., den . . 1990

3. LVD
Kommandeur
Eing. 26.9.90
Tgb.-Nr.: 1.518 /90

Abgabe Plan am 25.9.

Brifl. am 25.09. dem Kdr. der 43. FRBr übergeben.

AUFGABENSTELLUNG

zur Abverfügung der Fla-Raketentechnik
der FRAG-511

1. Bis zum 01. 10. 1990 hat die Übergabe nachfolgender Fla-
   Raketentechnik aus dem Standort WENDFELD an die Westgruppe
   der Sowjetarmee am Standort RIBNITZ-DAMGARTEN zu erfolgen:

   Position 1 der Anlage 1 der Anordnung Nr. 24/90 des Chefs der
   LSK/LV über die Vorbereitung und Durchführung der Rückführung
   des Fla-Raketenkomplexes S-200 WÄ ... vom 06.09.1990.

   Der Transport ist im Landmarsch durchzuführen.

   Verantwortlich: Kommandeur 3. LVD

2. Bis zum 01. 10. 1990 hat die Übergabe nachfolgender Fla-
   Raketentechnik aus den Standorten SPRÖTAU und ECKOLSRÄDT an
   die Westgruppe der Sowjetarmee am Standort WEIMAR zu erfolgen:

   Position 3 der Anlage 1 der Anordnung Nr. 24/90 des Chefs der
   LSK/LV ...

   Bis zum 08. 10. 1990 (nicht am 02. und 03.10.1990) ist die
   Übergabe der restlichen Fla-Raketentechnik (Positionen 4 bis
   22) am Standort WEIMAR abzuschließen.

   Verantwortlich: Kommandeur 1. LVD

3. Zur Vorbereitung und Durchführung der Übergabe sind operative
   Gruppen in Verantwortlichkeit der Stellvertreter für Fla-Raketentruppen der Kommandeure der 1. und 3. LVD ab **25.09.1990** an
   den Standorten SANITZ und SPRÖTAU einzusetzen.

4. Die Marschanmeldung hat gemäß der Militärtransportordnung am
   25.09.1990 schriftlich bei den Wehrbezirkskommandos ROSTOCK
   und ERFURT (Leiter Militärtransportwesen) zu erfolgen.
   Regulierung für Ortdurchfahrten und Marsch durch die Volkspolizei ist zu fordern.

5. Die Rekognoszierung der Marschstrecken ist am 26.09.1990 in
   Verantwortlichkeit der operativen Gruppen durchzuführen.

6. Die körperlichen Übergaben sind anhand von Übergabe-/Übernahme-
   protokollen durchzuführen.

Nicht bezahlte und „sensitive" Technik wurde an die Sowjetarmee zurückgegeben.

Fernschreiben/~~Funkspruch~~ 695
(Телеграмма)

Von (Rufzeichen/Tarnname) (из/позывной)	Spruch-Nr. (№ Теленгр.)	Anzahl d. Gr./Worte (групп/слов)	Datum/Tag (Дата)	Aufgabezeit Stunden, Minuten (Время подачи)	GVS/VVS COB. ~~CEKP.~~/CEKP.
	194		01.10	11¹⁰	Leitweg: 3102 — Dringlichkeit (Сроч.) / VS-Nr.: ___ Ausfertigung ___ Blatt / + Mitleseblatt ___ Blatt / Gesamt ___ Blatt

Dienstvermerke: (Служ. отметка)		ausgearbeitet Oberst Hors~~t~~
Dringlichkeit (Срочность)	Empfänger (кому) ~~Bundeswehrteb~~ ~~est~~ ~~3.Hd.~~ ~~WOSTOCK~~ Herrn Generalleutnant Schönbom	geschrieben ZB Brandt
F?	Absender (откуда) ~~DULO~~ 3. LVD	geschlüsselt
		gesendet/empfangen

Wenige Stunden trennen uns vom Beitritt der DDR zur Bundesrepublik Deutschland und damit vom Eintritt großer Teile
der noch vorhandenen Streitkräfte Ostdeutschlands in die
Bundeswehr.

Wir sind für die Einheit Deutschlands und haben durch unsere
Loyalität den Prozeß der Veränderungen, die in der DDR
vonstatten gingen unterstützt.
Herr Kohl hat sich unumwunden über den gewaltfreien Verlauf
der Veränderungen in diesem Lande geäußert. Wir sagen, daß war
ohne die Loyalität, Umsicht und politische Position jener,
die die Waffen in ihren Händen halten nicht möglich.

Wir sind erschüttert, daß unser Kommandeur, Generalmajor Dr.
Schwipper, mit Wirkung vom 02. 10. 1990 seiner Funktion
enthoben und in den Ruhestand versetzt wurde.

Dr. Schwipper ist einer der loyalsten und fachlich kompetentesten
Militärs in den LSK/LV, der durch seine persönliche Arbeit
dafür gesorgt hat, daß die 3. Luftverteidigungsdivision in
allen Phasen der gesellschaftlichen Veränderungen ihre
Aufgaben erfüllte und die Sicherheit der Waffen und Munition
bis zur heutigen Stunde gewährleistet hat.

Wir erkennen an diesem Vorgehen, daß nicht Fairneß und
Partnerschaft, Loyalität und Sachkompetenz, sondern politisches
Kalkül die Grundlage personeller Entscheidungen sind. Damit
werden die Unsicherheit der Berufssoldaten und die Demotivation
~~nicht beendet~~/weiter geschürt.
Wir wissen das personelle und strukturelle Entscheidungen
anstehen. Die Frage ist, in welcher Art und Weise solche
notwendigen Entscheidungen getroffen werden. Nach sorgfältiger
personeller Prüfung oder mit dem politischen Rasenmäher.

Für uns wäre es selbstverständlich gewesen, daß unser
Kommandeur, beraten durch Vertreter der Bundeswehr, die
3. Luftverteidigungsdivision in der Umstrukturierung selbst
führt und letzlich sein Führungsorgan auflöst.

Sollte dieser Stil personeller Entscheidungen nach dem
03. 10. 1990 weiter geführt werden, so werden anstelle der
Mauer aus Beton menschliche Mauern errichtet werden.

b. w.

Die Stellvertreter standen zu ihrem Divisionskommandeur.

Um dem entgegen zu wirken *bitten Ho.* ~~fordern~~ wir, daß unser Divisionskommandeur und mit ihm die Kommandeure der Truppenteile in
kameradschaftlicher Zusammenarbeit mit den Vertretern der
Bundeswehr den Prozeß der Umstrukturierung und Konversion
der 3. Luftverteidigungsdivision, wenn sie dazu bereit sind
persönlich führen.
Es gibt zur Zeit keine Offiziere der Bundewehr, die mehr
Sachkompetenz besitzen, um diese Prozesse zu führen.

* ⟶

O. U., den **01. 10.** 1990

Bergelt
Oberst

Horst
Oberst

Paul
Oberst

Weichel
Oberst

Schmidt
Oberst

* Herr Generalleutnant wir erwarten, daß am 03. 10. 90
an, alle Entscheidungen (auch in personellen Fragen) von
Rechtsstaatlichkeit bestimmt sind. Ho.

Die Stellvertreter standen zu ihrem Divisionskommandeur – Seite 2.

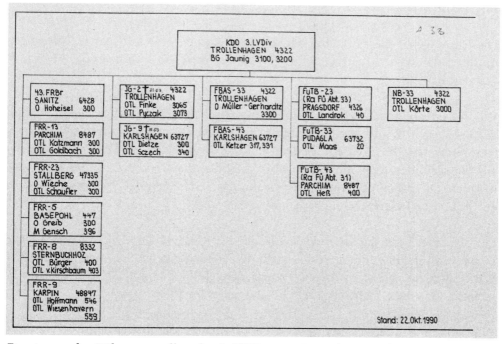

Besetzung der Führungsstellen der 3. LVD unter Brigadegeneral Jaunig

Alle Dokumente befinden sich im Besitz der Herausgeber.

Wir danken!

Die Herausgeber dieses Buches danken allen Autoren, die mit sehr sachkundigen und nachdenklichen Beiträgen, lustigen sowie kritischen Aufsätzen das Buch mitgestaltet haben.

Wir waren überrascht von der hohen Bereitschaft unserer ehemaligen Waffengefährten, sich an unserem Vorhaben zu beteiligen. Dass es zum Schluss fast vierzig Autoren waren, die ihre Beiträge lieferten, war für uns ein Fest. Leider konnten wir aus Platzgründen nicht alle Erlebnisberichte, die uns erreichten, in das Buch aufnehmen. Diese Beiträge werden wir nach dem Erscheinen des Buches im Internet einem breiten Leserkreis zugänglich machen.

Ein herzlicher Dank gilt unserem ehemaligen Fla-Raketenmann Dr. Wolfgang Kerner. Er hat viel zur Entwicklung und Gestaltung der verwendeten Schemata beigetragen. Wir danken sehr herzlich unserem Freund, dem Grafiker und Maler Joachim Lautenschläger, für seinen Beitrag bei der Gestaltung des Buches.

Wir danken dem Steffen Verlag für die förderliche Zusammenarbeit.
Wir danken unseren Ehefrauen Heidi und Veronika für ihre Geduld und Unterstützung in den Monaten der Erarbeitung unseres Buches.

Im September 2010

Bernd Biedermann   Siegfried Horst
Berlin   Neustrelitz